江苏省高等学校重点教材(编号：2021-2-192)

高等学校教师教育专业教材

班级组织与管理

王 珏 编著

南京大学出版社

图书在版编目(CIP)数据

班级组织与管理 / 王珏编著. -- 南京 :南京大学
出版社，2022.12
　　ISBN 978 - 7 - 305 - 26262 - 3

　　Ⅰ. ①班… Ⅱ. ①王… Ⅲ. ①中小学－班级－学校管
理 Ⅳ. ①G632.421

　　中国版本图书馆 CIP 数据核字(2022)第 213390 号

出版发行　南京大学出版社
社　　址　南京市汉口路 22 号　　　　　邮　编　210093
出 版 人　金鑫荣
书　　名　**班级组织与管理**
编　　著　王　珏
责任编辑　丁　群　　　　　　　编辑热线　025 - 83597482
照　　排　南京南琳图文制作有限公司
印　　刷　丹阳兴华印务有限公司
开　　本　787×1092　1/16　印张 19.25　字数 445 千
版　　次　2022 年 12 月第 1 版　2022 年 12 月第 1 次印刷
ISBN 978 - 7 - 305 - 26262 - 3
定　　价　56.00 元

网址：http://www.njupco.com
官方微博：http://weibo.com/njupco
微信服务号：njuyuexue
销售咨询热线：(025) 83594756

P 前 言
PREFACE

 2021年4月,教育部颁布《中学教育专业师范生教师职业能力标准(试行)》等文件,明确师范生必须具备"综合育人"等四大能力;综合育人主要从"开展班级指导、实施课程育人、组织活动育人"等方面强调教育"育人为本"的本质要求,落实立德树人根本任务;开展班级指导包括"育德意识、班级管理、心理辅导、家校沟通"四方面,组织活动育人包括"课外活动、主题教育"两方面。如何结合新形势和新要求,融合、创新班级管理课程,是提升师范生教师职业能力、进行教师教育课程改革的重要任务。

 本书的酝酿始于2012年教育部颁布《教师教育课程标准(试行)》后本校师范专业进行教师教育课程改革,当时面临的主要问题是:课时数被对半压缩,那什么才是最紧要的班级管理知识? 怎样让师范生喜欢上班级管理课程? 我们发现,"新手组建新班"就是未来班主任最可能碰到的实践困境,我们从这一班级管理实务出发来设计课程,经过好几轮的课程方案实践,逐渐明晰了主要课程架构与教学内容。在教学实施上,我们不断尝试案例开发、实操练习、作业设计、Blackboard平台互动,发现只要结合学生已有的知识经验、热点教育问题进行批判反思,就能调动起学生自主的学习热情、交流愿望与探究精神,学生每次入情、入理的作业分享,给了我们很大的信心与鼓舞。2020年初,疫情下的线上教学又让我们思考该如何设计网络课程。因为在课程视频制作以及上线资料的准备过程中,我们不得不进一步审视班级管理这门课程到底有哪些知识点,其专业性又如何。我们发现,理论基础的缺失与混乱使得许多班级管理问题似是而非,得不到科学回答,经常徘徊在经验水平。为此我们查阅、比较十几年积累下来的国内外相关教材,搜集、检索最新学术研究成果,进一步统整思路,开始重新建构理论与实践相平衡的班级管理课程。2021年我们以《班级组织与管理》为名申报江苏省高校重点教材,通过立项后即着手开始写作,历时一年半,数易其稿,终于将在2022年底付梓印刷。在本书的写作过程中,主要贯穿了如下三方面的思考:

一、关于课程性质与教材任务

 在教师教育课程体系中,本书认为班级管理课程的如下性质,影响着对班级管理教材任务的认识。

1. 基础性。从课程地位上看,班级管理应是师范专业本科必修的基础课程。它为中小学班级管理工作提供专门的知识和技能,促进班主任工作由教书的"副业"变为育人的"主业",促进班级管理由经验性的职位转变为专业化的岗位。

2. 实践性。从课程特点上来说,与教育学、心理学等教育理论课程不同,班级管理是实践取向的专业课程。它不空谈理论,也不虚构原则,而是直面问题情境,提供实践对策,使未来教师能够在入职后较快适应班主任的角色与行为。

3. 反思性。从课程学习上来说,班级管理是一项专业性很强的工作,具有管理上的复杂性和不可预见性,因此应着力培养未来教师批判反思能力与复杂性思维能力,引导他们学会"专业化地思考和决策",为日后成长为优秀班主任打下根基。

二、关于课程内容与教材体系

在对国内外关于"班级管理""班主任工作""班级经营""教室经营"等教材、著作学习、借鉴的基础上,本书对班级管理的知识体系进行了重构,分为三编十二章。

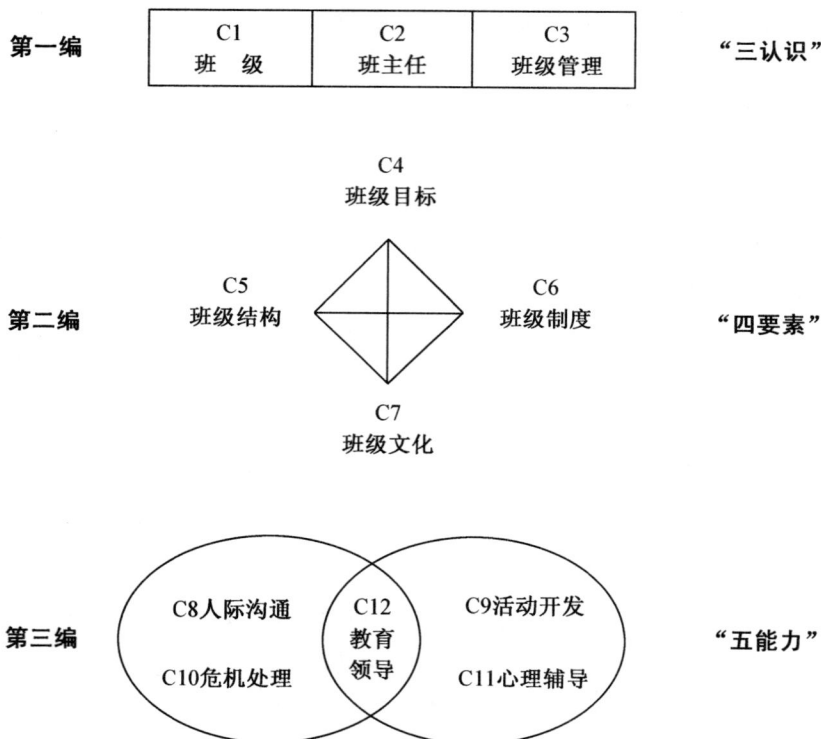

本书体系架构图

1. "三认识"。本书第一编从学生已有的知识经验入手,对"班级""班主任"与"班级管理"这三个他们从小经历过、看上去有所了解的事物,以更广阔的历史和社会视野进行重新审视,以新的理论视角对熟悉的事物加以"陌生化",从而唤起理性探索的兴趣,并初步勾勒出班级管理专业的面貌。

2."四要素"。本书第二编针对"新手班主任如何组建新班"这一班级管理的核心问题,以组织管理理论为依据,集中阐述班级组织建设的四个要素:"班级目标""班级结构""班级制度"与"班级文化",探索班主任工作的核心奥秘,发现其中的问题,揭示可靠的原理,提供可行的策略。

3."五能力"。本书第三编着力构建班主任的专业能力体系:从"班级沟通""班级危机"两个领域,强调班主任的管理专业特性;从"班级活动""班级辅导"两个领域,凸显、深化班级管理的教育内涵与品质;从"班级领导"这个管理与教育交叉领域,拓展对班级管理的认识,提高班主任的专业追求与可持续发展。

三、关于课程学习与教材体例

根据最新的学习科学理论,本书认为班级管理课程的学习必须具有情境性、对话性与反思性。为此,我们在教材内容设计上强调了以下三点,并在教材体例中做了安排。

1.提供问题情境。每节开头都有"引导案例"帮助学生进入核心问题;正文阐述中还穿插工作案例分享,加深学生对理论的认识;每章"推荐阅读"中还有若干案例,拓展学生对当下丰富多彩的班级管理实践的了解。

2.加强理论分析。本书不满足于堆砌各种班主任工作经验,而是努力从教育管理学、教育社会学、教育心理学、教育哲学等多学科出发,通过相关理论知识,直击问题产生的原因、行为背后的原理,提升师范生在班级管理复杂情境中进行专业判断与理性决策的能力。

3.帮助认知建构。每章正文前有"名家格言""本章导读""本章架构图",提示学生本章的学习要点;每章正文中有较为丰富的实践案例、学术图表,并通过设置二维码,帮助有兴趣的同学及时阅读相关政策、理论与实践资讯,拓展知识面;每章正文后有"关键词""讨论题",帮助学生系统回顾、巩固强化对本章知识点与问题的思考。以上设计的最终目的,是希望每个学生通过课程学习,能够建构起个人的班级管理知识体系与价值信念。

本书主要供本科师范生教学之用,也可以作为教育硕士研究生选修以及中小学班主任培训的教材或参考读物。

由于本人水平有限,本书的瑕疵与纰漏难免,敬请专家、教师和同学批评指正,以便将来有机会修改完善。

王 珏

2022 年 11 月 28 日

C 目 录
ONTENTS

第三编　班级管理行为

第一编

班级基本认识

> 我认为在理想的学校里,我们得到了个人主义和集体组织的理想之间的调和。
>
> ——杜威
>
> "班级"这一社会,对教师而言是头等重要的实践据点;对儿童来说,是他们全身心地投入,以达到"自我实现"的学习与生活的据点。
>
> ——钟启泉

第一章 班 级

本章导读

　　班级,对我们来说,是熟悉而陌生的存在。熟悉,是因为我们从小学到大学很长一段时间都生活在班级中,经历过各色班级生活;陌生,是因为站在班级管理者的角度重新审视班级,我们需要知道与辨析些什么呢？这些知识又会怎样影响我们的班级管理实践呢？本章将带领大家站在更广阔的历史与社会视角来重新看待班级,也许我们会有一些新的认识。

本章架构

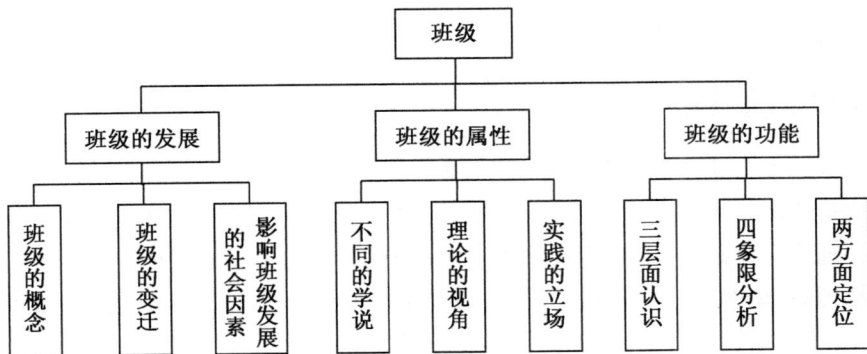

第一节 班级的发展

引导案例

走班制

北京市十一学校以实施"走班制"教学改革而闻名。他们的学生根据所选课程走班上课,不同的课程在不同的学科教室,与不同的老师、同学接触。

例如:高中物理有物理Ⅰ、Ⅱ、Ⅲ三个层次的课程。高考不选考物理的学生可以选择物理Ⅰ;而选考物理的学生,又可以根据自己未来的发展方向和学习基础,选择物理Ⅱ或物理Ⅲ。这样,在物理Ⅲ的教学班里,就集中了一批特别喜爱物理学并有志于从事物理专业研究的学生,他们更容易结成学习伙伴,进行更加深入的物理研究。在物理Ⅱ的教学班里,由于学生的学习基础比较相近,他们之间的合作交流、小组研讨更加充分,彼此之间更容易获得认可。而在物理Ⅰ的教学班里,由于学生高考不选考物理,老师更容易根据学生的学习基础控制教学难度,让学生获得物理学习的成就感。

固定的行政班、固定的同学和教室,往往有利于学生建立"我是某某班一员"的意识,归属感相对容易形成。选课走班后,学生由从属于一个行政班变成了属于多个教学班,这种流动的状态会不会让学生缺少归属感呢?[①]

你在中小学经历过"走班"吗?走班与传统班级有何不同?为何会出现"走班制"?班级在其历史变迁中还出现过哪些其他形态?其内在的发展逻辑是怎样的?又受到哪些社会因素的影响?走班制,会带来传统班级的消亡吗?本节将从班级的概念、变迁、社会影响因素三方面考察这些问题。

一、班级的概念

班级(class)是班与级的复合称谓。同一年龄段、发展水平相当的一群学生,根据学校的安排固定地聚集在一起,形成了"班";又因为"班"处在一定的教育阶段上,这就是"级"。通常一个班,按照一定步调进行统一教学,达到了一定的水平就升入高一级。

概括地说,班级是一定年龄阶段、发展水平相当的一群学生组成的学校教育基层组织,是学校教学、管理和学生生活的基本组织单位。

二、班级的变迁

班级,是社会发展到一定阶段的历史产物。

[①] 王春易. 选课走班背景下如何帮助学生建立归属感?[J]. 中小学管理,2020(3). 案例节选自该文。

（一）班级的确立

古代并没有班级。无论是春秋时期的孔子讲学，还是古希腊的吕克昂学园，都采用"个别教学"。这种教育组织形式适应了古代社会生产力低下、只有少数人能接受教育的历史条件，所以存在了很长时间。直到16世纪，受资本主义大工业生产以及宗教改革的影响，社会需要大量有文化的劳动力，"班级"这种新的教育组织形式，才开始在欧洲零星出现。

17世纪的大教育家夸美纽斯在其著作《大教学论》中，首次对班级授课制加以理论上的肯定，指出：因为班级的出现，一个教师可以同时教很多学生，它适应了大工业生产的需要，其教育组织效率远远高于只适应农业与小手工业生产方式的个别教学组织形式。

（二）班级的发展

19世纪，随着西方资本主义的进一步发展，教会开始推动国民基础教育。英国国教会牧师贝尔和公谊会教师兰卡斯特发明了"导生制"，即在一个班级中，由教师先教少数比较优秀的学生，再由这些学生作为教师的助手，把刚学到的内容教给其他学生。有了这些导生的帮助，教师可教更多的学生。导生制推动了初等教育的普及，加速了班级授课制在全世界的发展。

我国最早采用班级授课制的是1862年清政府在北京设立的京师同文馆，这也标志着中国近代教育的开端。1901年清政府废科举兴学堂，班级授课制才在我国正式推行，逐渐普及开来。

（三）班级的改革

作为历史的产物，班级授课制的存在是因为可以大面积培养人才，大大提高了教育组织的效率，但如何针对个别差异、因材施教的问题随之而来。从20世纪初开始，围绕班级授课制的弊端，教育家们不断推出解决问题的方案，一种是比较温和的改良方案，一种是比较激进的取消方案。

温和的改良方案，又有两条路径：一种是加强个别辅导。在保留原来班级并进行集体授课的基础上，对个别学生进行课内外个别辅导，提优补差。另外一种是实施能力分组。主要是在班级内部，按学习能力或学习水平将学生组成不同的小组，然后教师在教学目标、教学进度等方面采取不同的、有针对性的教学。能力分组又有同质分组与异质分组之别，适应不同的教学科目与教学内容。比如强调学业成绩提升的，同质分组的效率更高；强调合作讨论、能力培养的，常常考虑异质分组。

另一类比较激进的改革方案，是在对班级授课制的弊端进行激烈批判的基础上，创立新的教学组织形式取而代之。比如20世纪的道尔顿制，它由美国教育家H. H. 帕克赫斯特于1920年在马萨诸塞州道尔顿中学创行，因此得名。道尔顿制，是一种完全个别化的教育方案，由学生个人与教师协商制订"学习计划"，然后学生各自在"作业室"中自主学习,可以是不同的教材和学习进度。这个方案的好处是适应了学生不同的能力、兴趣和发展需要,20世纪20—30年代曾经风行一时,直到今天依然有影响力。我国著名教育家廖世承先生曾在东南大学附属中学(今南师附中)主持过道尔顿制试验,发现它对学生的学习自主性要求很高,容易造成教学上的放任自流。

进入21世纪,另一种打破原有教学班的"走班制"应运而生。走班,是民间的说法,学名应是"分层教学"。学生根据自己的兴趣、发展方向及现有的学习水平选择适合自己的课程,进入相应的教学班;由于在整个过程中,学生游走于各个教学班,所以该教学组织形式被形象地称为走班制。走班制改变了以往班级授课制过于强调统一"班、课、时"的情况,使学生在课程选择上更加灵活、多样,避免了统一、标准化的班级教学对学生个性化发展的束缚。在"北京十一"这所我国开展走班制最彻底的学校,已经实现了"一人一课表"的量身定制,以往固定不变的教室、统一规划的课程、千篇一律的课表、熟悉的同桌、热闹的班级都已随之发生了变化。

虽然2019年国务院办公厅《关于新时代推进普通高中育人方式改革的指导意见》提出"有序推进选课走班"的要求,选课走班将成为高中教学的主要组织形式。但在未来相当长的一段时期内,传统班级依然会在中小学组织生活中扮演着主要角色,因为决定班级这种教育组织形式产生的外部社会需求与条件依然存在。

三、影响班级发展的社会因素

影响班级发展的支配性因素,除了教育的内在规律外,还有社会系统中政治、经济、文化、人口、科技等其他子系统的影响。

(一)政治的影响

比如在社会主义国家,班级不仅仅是一种教学组织,更是一种教育组织,少先队、共青团的基层组织都有平行建在班上的传统。我国中小学的班级是一个班队、班团合一的组织。

(二)经济的影响

一般情况下,我们将同一年龄或同一学习程度的儿童编在一个班,这称为单式班级;若是将两种年级以上的学生合编成一个教学班,则称为复式班级,只有在特殊情况下才会采用这种教学组织形式。比如在偏远贫困地区,师资和生源都不足的情况下,往往采用复式教学,即把相隔年级的学生编在一起上课。复式编班必须同时指导不同发展阶段的学生,在上课时间的安排、教材编制和指导方法上都必须特别考虑和设计,因此会加重教师的教学负担。

(三)文化的影响

基于不同的文化,每个国家的教学制度与学校管理制度都有不同,我国大中小学每个班级设一位班主任的制度,其他国家和地区就不一定有。比如在欧美国家和我国台湾地区,小学普遍采用包班制,即一个班由一位全科老师负责所有文化科目的教学,但不负责学生的思想和生活管理。在美国,学校中有"顾问"(counselor)负责指导学生选课、解决思想问题,有训导主任(dean)负责纪律问题,有心理咨询师负责心理辅导。另外,由于各国文化传统不同,对班级性质、班级功能的认识和对班级教育研究的关注点也存在一定程度的差异,比如美国崇尚自由与个性,日本追求团体精神,中国注重集体主义。

(四)人口的影响

各国人口的出生率与人口密度影响着班级的平均人数。学者普遍将班级规模在15～20人的班级称为小班额或最优班额。研究认为,小规模班级中教师对学生更为关注,师生交流更充分,教学质量更高,并且教师能够更好地控制自身负面情绪,有利于学生个性的发展和创造性的培养,促进教学公平。2006年教育部《关于进一步加强中小学校校舍建设与管理工作的通知》要求"城市小学、中学每班班额分别不超过45人和50人","农村非完全小学、完全小学、初中每班班额分别不超过30人、45人和50人"。与2001年相比,2018年我国普通小学、初中56人以上的大班,分别下降了33.99%、90.93%;普通小学、初中66人以上的超大班,分别下降了79.48%、98.03%。这种下降趋势,除了有行政调控的因素外,更主要的是受到我国人口规模下降的影响,很多地区已经出现小班化的趋势,这有利于因材施教和教学改革。

(五)科技的影响

每一次科技的进步与发展,都会影响到课室里的教学。计算机、平板电脑、互联网＋、人工智能等科技元素不断影响着班级面貌。例如:北京市中学教师开放型在线辅导计划就是一个典型的"互联网＋教育"实践案例,该项目针对传统集体教学环境下教师难以关注每个学生的个性发展、各区域师资配置不均的问题,通过信息网络技术对全市优秀师资进行有效流转与配置,为学生提供多种精准化、个性化教育服务供给。浙江省丽水市通过分布式学习平台的运用,使处于不同学校的学生可以方便地进行交流,把一些优秀学生引入该平台,促进不同层次学生之间的交流和学习。疫情期间,互联网成为学生居家学习的主要载体,教育部协调北京、上海等地优质学校的网络学习资源,免费开放,各地中小学以较低成本获取优质资源成为可能,线上与线下相结合的学习方式正成为热点。

从16世纪到21世纪,班级这种教育组织形式在不断发展演变,未来还将在追求效率与保障公平、谋求统一进度与适应个别差异之间继续寻找平衡。

推荐阅读1-1,了解不同国家的班级教育研究。

推荐阅读1-1
黄小莲,刘力(2010):多元文化背景下的当代班级教育研究比较

第二节　班级的属性

引导案例

个体与集体

苏联著名教育家马卡连柯曾说：

我从17岁起就当教师，曾长时间地想过：最好先把一个学生管理好、教育好，然后再教育第二个、第三个……当所有的学生都被教育好了，就会有一个良好的集体。

可是，后来的实践使我得出一个结论：有时不应跟个别学生谈话，而要向大家公开讲话，要采取这样的方式使每个学生都不得不参加公共活动。这样一来，我们就教育了集体，团结了集体，加强了集体，以后，集体自身就能形成很大的教育力量了。

马卡连柯的话暗示了对班级的理解。班级到底是什么？是一个个学生个体的集合，还是一种正式的社会组织，或是以情感联结的亲密群体？为什么有时班级又被称为班集体？这些问题涉及对班级属性的回答。学界有关班级属性的争论对班级管理实践有很大影响，本节将对此做出厘清。

一、不同的学说

有关班级属性，国内外比较有代表性的学说有五种。

（一）社会体系说

所谓社会体系，乃是由两个或两个以上的人产生比较稳定的交互关系所构成。美国著名社会学家帕森斯（T. Parsons）是"社会体系说"这一班级理论的提出者，他在《作为一种社会体系的班级：它在美国社会中的某些功能》一文中明确地把中小学班级作为一种社会体系进行分析，并由此出发，对班级的社会化和筛选功能进行了说明。

我国学者马志英也认为班级是一种社会体系。他认为班级是社会的投影，班级内无时无刻不反映着社会的情境——社会的价值观念、社会的风气、社会的人际关系，以及社会的变化等。如果离开这一点将之封闭起来，孤立地看待或进行教育活动，或是不注重班级的社会情境，不利用班级中师生以及学生之间的交互作用，那么，班级的社会功能就会减弱，班级活动就会失去活力，培养出的学生就缺乏社会适应能力。[①]

（二）社会组织说

将班级看成是一种社会组织的学者主要有盖哲尔（J. W. Getzels）和谢仑（H. A.

---

① 马英志. 班主任哲学50讲[M]. 长春：东北师范大学出版社，2010：2-3.

Thelen），他们在《研究作为一个社会组织的班级团体的概念结构》一文中，认为班级是具有一定的机构、分担一定的角色、承担不同职责的社会组织。

我国学者吴康宁、郝京华等也认为班级是一种规范性的、正式的社会组织，因为班级具有社会组织的基本要素：目标、文化、人际关系、社会化与个性化功能。吴康宁还强调班级是一种特殊的社会组织，具有自功能性和半自治性。所谓自功能性，是指班级自身是一种无可替代的教育因素，它从学生的需求出发，为学生的学习与成长服务。所谓半自治性，是指作为非成人组织的班级，总是在一定程度上要借助于成人的力量（如班主任）进行管理，但是成人的帮助只是为了使学生学会自我管理，随着学生的成长，班级最终从半自治走向完全自治。[①]

（三）初级群体说

社会学将群体分为两种：一种是由感情、血缘等为纽带而联结起来的群体，称为初级群体，另一种是根据制度规定而形成的群体，称为次级群体。美国学者沃勒（W. Waller）最早提出班级是一种特殊的社会群体，他在其代表作《教学社会学》中专章分析"学校儿童中的初级群体"，认为儿童生活在家庭、学前游戏团体、班级这样基于亲密的人际支持关系的初级群体中，情感能够得到满足。

我国学者谢维和支持班级"初级群体说"，他认为班级师生之间的互动通常是一种直接的、面对面的互动，而且情感在班级的互动过程中具有十分重要的作用，因此班级像家庭、如伙伴，是一个面对面互动频繁、亲密无间的群体。

（四）集体说

苏联教育家克鲁普斯卡娅、马卡连柯等将班级作为一种"儿童集体"来理解。集体是群体的高级形式，它是一种有着共同价值、目标与任务，并具有凝聚力的高度组织起来的群体。诺维科娃在其主编的《集体教育学》一书中将班级集体的社会本质特征概括为三点：第一，高度的社会倾向性，即班级集体作为社会的组成部分，不是一个封闭的体系，而是包含在社会关系的整个体系之中，并反映出社会的政治、道德、美学等思想；第二，高度的组织性，即马卡连柯所讲，集体是"那些组织起来的，拥有集体机构、以责任关系彼此联结在一起的个人有目的的综合体"；第三，高度的社会主体性，即为了共同的目标，有着共同的集体意识而相互作用的人的共同体。

日本教育社会学家片岗德雄提出"参照集体说"，他把在课堂里进行学习的人的群体组织称为班级，并规定为学习集体。这种集体以持续的学习为目标，至少包括了两个以上的人，而且在成员之中存在指导与学习的分工。并且他认为班级是一种参照集体，个人将集体规范作为自己思想与行为的参照准则，从而努力将个人融入其中。

---

① 鲁洁，吴康宁. 教育社会学[M]. 北京：人民教育出版社，1990：404-406.

（五）共同体说

社会学家滕尼斯认为,共同体是由不同个人、群体或组织构成,具有地域相近性特征,是一种有序构建的社会组织形式,共同体成员拥有共同的价值观、情感和信仰,并以此为纽带把每一个成员凝聚在一起。[①] 共同体的主要表现形式是血缘共同体、地缘共同体和精神共同体,其中精神共同体是最高形式的共同体。社会学家鲍曼指出,共同体是一个温暖而舒适的场所,一个温馨的"家",在这个家中,人们彼此信任、互相依赖。[②]

近年来,有越来越多的学者将共同体理论引入教育领域,为探讨班级建设提供了新视角。有学者认为,班级是文化的、精神的、伦理的共同体,它的首要特征是成员之间的平等关系和资源共享。[③] 有学者借鉴共同体具有共同的目标、认同和归属感这三个基本要素,从成长共同体、育人共同体、情感共同体和文化共同体这四个视角探讨如何进行班级建设,使班级焕发生命活力。[④]

二、理论的视角

之所以形成上述各种各样的观点,是因为研究者各自的立场、聚焦的问题与出发点不同。如果我们了解其背后的学科思路,也许能够获得比较协调、统一的认识。国内比较著名的一次学术争鸣,是在北师大谢维和教授与南师大吴康宁教授之间展开的讨论,形成了三篇学术文献:《班级:社会组织还是初级群体》(1998)、《教育社会学视野中的班级:事实分析及其价值选择——兼与谢维和教授商榷》(1999)、《论班级活动中的管理主义倾向——兼答吴康宁教授的商榷文章》(2000),可供参考。

（一）社会学的角度

从社会学的角度来看,班级属性研究回答"班级是什么"的问题,是一种事实判断。比如"社会体系说"是从比较宏观的角度来分析班级在整个社会体系中的实际功能,这是客观存在的事实。而"社会组织说"是从比较微观的角度来论证,班级具有与其他社会组织一样的组织要素:目标、结构、制度与文化。

吴康宁认为,将班级与学生此前从属于其中的家庭及同辈群体等其他社会群体相比较,就可发现,班级区别于这些社会群体的一个首先属性在于它是一种社会组织。判断依据便是班级具有社会组织所共有而家庭与同辈群体等其他群体不具有的三个主要特征或构成要素,即明确的组织目标、正式的组织机构、清楚的组织规范。教师认识到"班级是社会组织",就会对作为班级成员的学生的行为之"意义"有进一步理解:学生在班级中的行为通常是学生的个性、自己与有关他人在班级组织中的地位以及班级组织

---

① 滕尼斯. 共同体与社会[M]. 林荣远,译. 北京:商务印书馆,1999:52.
② 鲍曼. 共同体[M]. 欧阳景根,译. 南京:江苏人民出版社,2003:5.
③ 毛景焕. 班级作为一个共同体:成员的相互平等与资源共享[J]. 教育研究与实验,2003(2).
④ 福江,师婧璇. 共同体理论视角下新时代班级建设的思考[J]. 中小学管理,2022(3).

文化之间的函数。认识到"班级是社会组织",也有助于教师从"社会化"的视角来审察学生,审察学生在班级中的生活。①

(二)教育学的角度

从教育学的角度来看,班级属性研究回答"班级应是什么"的问题,是一种价值判断。"集体说"是一种社会主义教育理论,强调通过班集体建设来培养青少年儿童的思想先进性与组织纪律性,具有明显的教育规范意味。"参照集体说"批判了传统班级"作为强制性的所属集体"而进行的活动,提出要通过教师的创造性努力来使班级成为参照集体,而形成参照性集体的基本原则,即"在班级的集体生活中使每个班级成员的某些需要得到满足。"②

20 世纪 90 年代,随着中国社会从计划经济走向市场经济,传统的集体主义教育观念受到挑战,追求个性、关注个体需求成为时代旋律,在此背景下"初级群体说"受到重视。该学说侧重教育"价值及意义"的追求,谢维和认为把班级作为初级群体,"有助于学生的全面和健康发展;可以更好地发挥学生的主体作用;促进教育教学目标的实现;可以使班级中各种非正式群体得到较合理的对待,从而发挥不同学生的特色和优势,增强学生的认同感和归属感,提高班级的凝聚力"。③ 当前十分流行的"共同体说"也更像是对班级理想的一种描述,他们认为"当下的班集体建设已经出现了过度制度化约束下忽视人的主体性的问题,未能充分凸显学生作为发展主体的地位。而共同体对于共同生活和个体生命成长的强调,有利于建立主体间亲密的人际关系,实现个人与集体的相互成长与助益,使班集体回归其教育本质"。④

(三)管理学的角度

上述班级属性认识中存在两种明显的倾向,一种关心组织的建设与组织功能的实现,一种关心组织中人的需要与个性发展。从管理学的角度来看,这正对应了两种不同的领导方式。

美国俄亥俄州立大学在 1945 年提出了二维领导方式理论,认为管理者的领导行为有两个基本维度:结构维度和关怀维度。结构维度是指领导者更愿意界定和建构自己与下属的角色,以便达成组织目标。它包括设立工作、工作关系和目标的行为。高结构维度的领导者表现为向小组成员分派具体工作,要求员工保持一定的绩效标准,并强调工作的最后期限。关怀维度是指领导者尊重和关心下属的看法与情感,更愿意建立相互信任的工作关系。具有高关怀特点的领导者表现为帮助下属解决个人问题,友善,平易近人,公平对待下属,关心下属的生活、健康、地位和满意度等问题(见图 1-1)。

---

① 吴康宁. 教育社会学视野中的班级:事实分析及其价值选择[J]. 教育研究,1999(7).
② (日)片冈德雄. 班级社会学探讨[J]. 华东师范大学学报(教育科学版),1985(3).
③ 谢维和. 班级:社会组织还是初级群体[J]. 教育研究,1998(11).
④ 福江,师婧璇. 共同体理论视角下新时代班级建设的思考[J]. 中小学管理,2022(3).

研究表明,两类影响领导行为的因素不是互相排斥的,高结构、高关怀的领导者更能使下属取得高工作绩效和高满意度。[①] 有效的领导行为通常倾向于兼顾结构与关怀这两个维度,这启示我们,对班级属性的认识与实践不是不可调和的。

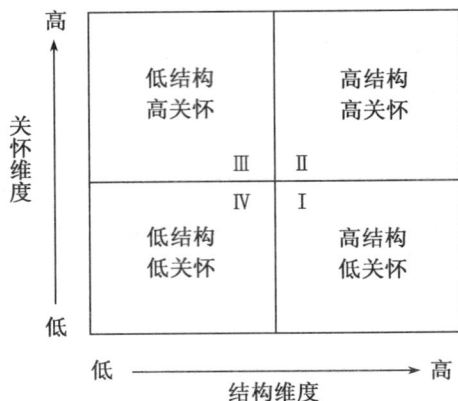

图 1-1 领导行为的两个基本维度

三、实践的立场

从班级管理实践的角度看,首先将班级视为一种社会组织,有利于班级管理目标与功能的实现,其次也不要忽略关心班级中的人,两者兼顾才更有利于提高班级管理实效。

(一) 从班级管理的基础条件来看

有的国家的班级规模小,每班只有一二十人,而我国大多数班级的规模依然很大。近年国家已经明确提出要限制出现"65人以上超大规模"以及"55人以上大规模"的班级,将小学班级人数控制在45人、初中40人以下。受文化、经济等条件所限,虽然我国人口出生率已有下降趋势,但每班四五十人的局面还会在大多数地区维持相当长一段时期。这样规模的班级,更像社会组织而不是初级群体,必须有所分工、规范,才会有秩序、有效率。

(二) 从班级管理的核心任务来看

组织建设是班级管理的核心任务。从班级管理的实务出发,将班级看作社会组织更有利于班级建设。尤其当班级刚组建时,还只是个松散群体,学生因为偶然因素聚集在一起,相互之间没有联系,班主任只有通过建立共同的奋斗目标、有效的组织机构、严密的组织制度、积极向上的班级文化(即组织管理的四个基本要素),班级的各方面工作才能良性运转起来,班级组织才有活力,学生才能得到更好的发展。班级的社会组织属

---

① (美)斯蒂芬·P. 罗宾斯. 组织行为学(第10版)[M]. 孙健敏,李原,译. 北京:中国人民大学出版社,2005:346.

性认识,有助于新手班主任掌握班级组织建设的密码。

(三)从班级管理的理想境界来看

从理想境界来说,我们应该对班级属性持一种平衡、动态的认识。平衡是指,既要认识到班级有强调社会组织的一面,比如要有共同的目标、严格的规范、合理的机构等;也要认识到班级有学生群体、共同体的一面,比如注重情感交流、平等关系等。动态是指,当班级刚组建时,按照社会组织来建构班级会更有效,但当班级发展到一定阶段,可以更强调其以情感、价值观、文化来维系的班级共同体的一面。对新手班主任来说,班级属性认识的全面性可以帮助我们在班级管理实践中尽快适应、更好超越。

推荐阅读1-2,了解中国班级实际,促进理论与实践相结合。

推荐阅读 1-2
熊华生,孙利(2017):
中国班级特性

第三节　班级的功能

引导案例

班级有什么用

今年才大学毕业的李老师,在一所不错的中学当班主任。刚刚接手一个班的他,为了能使新入学的学生尽快熟悉起来,决定在暑假里组织一次集体的滚轴溜冰活动。但是让李老师没有想到的是,在通知学生时,部分学生的答复却是这样的:"有必要吗? 大家都冲着高考,学习呗,搞得再熟有什么用?"①

一项全国性调查显示:家长中认为"只要孩子的学习成绩好,其他都不重要"的有11%,坚决反对的只占27%;家长中同意"健康的身体、良好的情绪比学习还重要"的只有5%,而不同意的居然有32%。②

当今社会竞争激烈、教育内卷现象愈演愈烈,学生、家长、老师都承受巨大的压力。此时,班级这个社会组织与学生团体,应该起到什么样的作用? 作为班级管理者,应该对班级功能有全面、充分的认识。

---

① 樊未晨.在崩溃边缘行走——中小学"班主任危机"[N].中国青年报,2004-07-27.标题为编者加。
② 赖华强.班主任工作案例教程[M].广州:暨南大学出版社,2004.

一、三层面认识

有关班级功能的学说很多,可以从宏观、中观、微观三个层面来解析。

(一)从宏观社会层面来看

1. 社会化功能

班级的社会化功能是指通过班级培养学生的社会信念、价值观念和知识能力,使其成为社会需要的一分子。班级的社会化功能主要体现在以下四个方面:(1)传递社会价值观,指导生活目标;(2)传授系统的科学文化知识,使青年一代获得社会生活的基本技能;(3)教导社会规范,训练社会行为;(4)培养社会角色。

2. 选择功能

班级的选择功能是指班级在儿童社会地位选择中的职能。班级的选择功能主要表现为以下三个方面:(1)为学生后天的获得性社会地位提供活动的舞台;(2)通过学业指导和职业指导,为学生未来的职业选择做准备;(3)通过班级社会系统塑造"社会的我",使学生具有未来的社会适应性。

(二)从中观学校层面来看

1. 维持功能

班级的维持功能是指在班级中维持良好的内部环境,使班集体保持长期的稳定性与活力,通过师生的持久合作,以达成班级组织的目标。班级组织的维持功能主要体现在以下四个方面:(1)维持优良的班风,保持班级组织的基本结构和功能;(2)协调和解决班级冲突,不断巩固和加强班集体建设;(3)帮助班级成员学会自我调节,更好地适应班级组织的变化和发展;(4)减少班级组织的过度紧张和焦虑,维护学生的身心健康,维持课堂纪律。

2. 促进功能

班级的促进功能是指班级在管理过程中造就良好的组织环境,以满足班级个体成员和集体的合理需要,激发学生的潜能,有效地达到教育教学目标。班级组织的促进功能主要体现在以下四个方面:(1)形成团结合作的师生关系,通过师生的共同努力来完成教育任务;(2)制订符合学校规章制度的班级行为标准,协调班级成员的行为,增强群体的内聚力;(3)帮助学生获得解决班级群体问题的技能;(4)调整班级的组织结构,正确处理正式群体与非正式群体的关系,使班级成员之间形成令人满意的人际关系。

(三)从微观个体层面来看

1. 保护功能

班级的保护功能主要是指对学生的生理照顾、心理依托和生活服务等方面的职能。

班级的保护功能主要体现在以下四个方面：（1）班级要根据学生的生理成熟程度和学习水平开展教育教学工作，切实减轻学生的学业负担；（2）教育学生注意学习卫生，防止学生出现近视眼、肠胃病等"学校病"，把教育和教养结合起来；（3）团结班级成员，形成良好班风，防止不良社会风气的侵蚀；（4）改善班级桌椅、照明、通风、卫生等客观条件，组织学生参加户外活动，增强学生体质。

2. 个性化功能

班级的个性化功能是指使学生从社会化的对象转变为个性化的主体，也就是使学生从客体的我转变为主体的我。班级的个性化功能主要表现在以下四个方面：（1）通过课堂教学和班级组织为学生的个性形成和发展提供前提条件；（2）根据学生的不同兴趣、爱好、才能和职业倾向提供不同的教育措施，因材施教；（3）在班级的社会学习、交往、活动、游戏、社会生活、集体自治等多种活动和交往中发展学生的个性；（4）指导学生的自主学习、自我教育、自我发展，使学生的主体性得到张扬。

二、四象限分析

20世纪50年代，美国著名社会学家默顿（Robert King Merton），将社会功能按性质、形态加以划分，最早提出正向功能和负向功能这对概念，同时还提出另一对重要概念，即显性功能和隐性功能。

日本教育学家柴野昌山以默顿的功能划分理论为基础，提出了关于学校教育功能的理论分析框架（见图1－2）。该框架有两个维度，一是按学校教育的客观结果是"贡献性"还是"损害性"而划分出正向功能和负向功能；二是以客观结果是否在主观意料之中而划分出显性功能和隐性功能。据此，学校教育的功能就被分为四大类，即显性正向功能、隐性正向功能、隐性负向功能、显性负向功能。这一框架客观地展示了教育功能系统的自身逻辑结构，它为各种教育功能现象的存在示明了理论依据，因而是比较合理的。柴野昌山举例说明了这四类功能现象的存在。譬如，考试及成绩报告单作为教师评价学生学习效果和强化学生学习的欲望的工具，具有显性正向功能；但是若教师仅凭考试成绩来评价学生，便会导致学生产生书呆子型成就中心的偏向，此可谓隐性负向功能。又如，学校中的表扬制度及晨会之类的仪式性活动的本来目的只是为了帮助学生区分正误，但作为副产品，也可能会出现增强学生对学校的归属意识、促进群体整合之预料外结果，这种结果便是隐性正向功能。至于显性负向功能，比如由学生群体的反学校、反教师的亚文化而导致的各种不良行为或越轨行为，学校从一开始就竭力予以避免。

		主观意向	
		显性功能	隐性功能
客观结果	正向功能	A	B
	负向功能	D	C

图1－2 学校教育功能分析框架

以创新型人才培养为例,运用这一分析框架,可以对一些教育现象作出合理解释:历史上有创造天分的人在青少年时代之所以与学校格格不入,往往就是因为学校教育的负向功能在作祟;我们学校中的优秀生进入社会后却不具备创新素质,说明当前学校教育对培养创新型人才存在隐性负向功能;而当年在学校中并不冒尖的学生日后竟在社会上大有作为,又说明学校教育的某些方面对创新型人才的培养有隐性正向功能。

对照此框架,当前我国在学校教育功能(包括班级功能)的研究中,往往只论正向功能而不论负向功能,只论显性功能而不论隐性功能,因而其对功能的理解是不全面的。这种片面的功能观容易蒙蔽我们对当前教育现实的清醒认识。如果缺乏对负向功能的认识,可能会使我们满足于教育活动表面上的轰轰烈烈,而看不出任何潜在的危机。学校教育的负向功能常常具有隐蔽性与延时性的特征,而人才培养的周期又长,如果教育者对学校的负向功能认识不深的话,就可能会在不知不觉中贻误许多人成为真正的创新型人才。再者,根据默顿的观点,一个事项在具有某种正向功能的同时,通常也就存在着发生负向功能的可能性;一个事项对某些个人或群体可能具有正向功能,而对另一些个人或群体则可能会产生负向功能。比如学校所具有的集体主义价值倾向,既可能培养学生的合作精神,也可能使学生趋于顺从,丧失创造性;学校鼓励各种各样的竞争,这可能激发某些人的进取心与创造性,但对其他一些人则可能造成紧张、焦虑从而压抑创造性。①

三、两方面定位

从正向显性功能的角度来看,班级应该有以下两重定位:一方面,班级作为学习组织,为学生搭建学习平台,创造学习环境;另一方面,班级作为生活团体,为学生的社会适应、个性发展提供锻炼机会,打下良好基础。

(一)班级作为一种学习组织

本质上,班级是一种教学组织形式,其产生与发展都是围绕如何更好地为学生的集体学习服务的。对此,作为班级管理者应该有深刻的领悟。进入 21 世纪,从"教学"到"学习",教育的观念正在发生深刻的改变。当前,学习观念更是突破了传统的认知领域(掌握核心学术内容、批判性思维和问题解决),将人际领域(有效沟通、协作能力)和自我领域(学会学习、学术心志)纳入 21 世纪的关键能力培养之中。由此,未来班级的学习生态也将发生显著转变,有学者列出以下 12 个方面的变化,供参考。②

1. 教育目的由知识导向转为能力导向

传统的班级生活是知识导向的,教师以传授知识为主要的职责,学生以学习知识为主要的任务,知识的学习与成效,决定了班级生活的成功或失败。发展中的班级生活,

---

① 王珏. 创新素质培养与学校教育的负向功能刍议[J]. 教育探索,2003(1).
② 吴明隆. 班级经营:理论与实务[M]. 4 版. 台北:五南图书出版公司,2017:67 - 70. 小标题下内容有改编。

除了知识的学习外,更为重视能力的培养。判断班级生活经营的成败,以能力的养成为主。

2. 班级定位由知识殿堂转为学习组织

传统的班级生活定位为知识的殿堂,教师的教学与学生的学习,大部分围绕着知识的传授与学习,知识获得的多寡,决定班级生活的成败。发展中的班级生活,将班级定位为学习组织,在这个组织中,教师与学生的互动,奠基于学习之上。

3. 教学主体由教师中心转为学生中心

传统的班级生活中,班级主体是以"教师中心"而建构出来的,班级教师决定班级生活的一切,包括班级形态、班级气氛、班级特色、班级常规等,都取决于教师的信念,所有的班级事务都是教师一手操办,由教师自行决定。发展中的班级生活是"学生中心"的,班级的各项事务构成都是以学生为中心而建构出来的,学生是班级生活的主角(灵魂人物),班级的各种事务都以学生的需求为基础。

4. 知识的获取由被动吸收转为主动建构

传统的班级生活在知识信息的获取方面是被动的,由教师决定,学生在班级生活中负责学习"既定知识",同时也通过知识的获取方式与成效,决定班级生活的成败。发展中的班级生活的知识信息是主动建构的,这些知识的范围与类型,是由教师与学生(或家长)共同选择、共同决定的。因而,知识信息的获取,是由学生主动建构的,而非被动吸收的。

5. 学习形态由个别学习转为合作学习

传统的班级生活强调个别发展的重要性,且知识内容是既定的,因而学习形态偏向个别学习,强调的是个别学生的学习,重视的是个别竞争与成长。发展中的班级生活,在学习形态方面重视合作学习的重要性。班级学生在学习过程中,必须和同学进行学科学习方面的合作与分享,才能达到预期的目标。

6. 教学方式由教师传递转为师徒相授

传统的班级生活中,教师的教学方式是单向的、灌输的,由教师扮演知识的传递者,学生负责知识的学习。发展中的班级生活,重视教师教学与学生学习的双向互动及双向的交流活动。教师的教学方式,强调的是师徒相授的方式,重视的是教学与学习的双向反馈过程。

7. 学习教材由单一固定转为生活多元

传统的班级生活中,学生的学习教材是由官方统一制定的,学校统一规范的,教师统一决定的。学习教材来源是单向的、自上而下的,教师决定学习教材的来源以及学习教材的教学方法。发展中的班级生活中,学习教材从单向、固定的传统方式转为生活多元的形式,将生活经验、社区的发展、社会事件等融入学习教材中,让学生可以了解自己、接触社会、拓宽视野等。

8. 学习空间由班级封闭转为开放延伸

传统的班级生活在学习空间方面，仅限定于班级教室，把学生的学习活动全部局限在教室中。如果需要到教室之外学习，必须经过申请或改变限制等，因而班级学习空间是封闭的、传统的、限制的。发展中的班级生活中，学习空间由教室延伸到户外，甚至扩展到社区、校外等，学生可以在课程教学实施中，学习相关的理论，也能拓展校外经验。

9. 学习内容由制式单调转为活泼弹性

传统的班级生活在学习内容方面，偏向于"传统单调"的题材，学生的学习被限制在教科书中，窄化在课本与补充教材中。因而，学生的视野是被限制的，学习经验是有限的。发展中的班级生活在学习内容方面，加入新的元素，将各种社会经验、社区题材融入学生的学习内容中。

10. 学习过程由静态接受转为动态探索

传统的班级生活在学生学习过程中，偏向"教师中心"的教学，属于静态接受方式的学习。学生的学习属于单向吸收，是"教师讲、学生听"的学习形态。发展中的班级生活中，学生学习过程偏向"学生中心"的学习，属于动态探索的学习。学生必须随时参与学习，随时积极投入，才能在学习中获得成功。

11. 教具媒体由平面静态转为立体动态

传统的班级生活中，教师教学在教具媒体的采用上比较偏向"平面静态"的形式，通过教师的讲解与图解说明，配合各种媒体的使用，加强学生的学习效果。发展中的班级生活中，教师的教学由教室延伸到户外，甚至扩展到各社区场馆，因此在教具媒体方面属于立体动态的形式。

12. 教学评估由静态评估转为动态评估

传统的班级生活中，教师在教学评估实施时，偏向采用"纸笔测验"或"静态评估"方式，受限于场地、教学媒体等因素，仅能采用传统的评估方式。发展中的班级生活中，由于教学场地的改变、教学媒体的应用、教学场馆的增加，因而在教学评估方面，偏向动态评估的形式，可以免除学生害怕评估的心态。

（二）班级作为一种生活团体

虽然班级的最初形成是因为教学，但同一班级的学生总是在一起上课，增加了共同活动的时间，班级很自然地成为学生的生活团体，至少 70％ 的在校时间都在一起度过，应该重新认识班级对儿童成长的重要作用。

对生活在班级中的每个学生而言，班级是一个微观的小社会。这个小社会对儿童社会化的影响，是单纯的知识学习无法比拟的。课堂不只是一个单纯学习的地方，更是学习与生活的交汇之处。对此，王晓春作了很好的描述：课堂对于教师，是一个工作的地方，教师走进课堂，满脑子都是完成教学任务，教师一般不会想在这里交友或游戏。课堂对于教师，反而是一个比较单纯的地方。学生则不同，未成年人还没有工作的概念,他们也不必考虑谋生的问题,所以课堂对于学生,就是一个生活的地方,过日子的地方,而不只是一个单纯学习的地方。他们不但想在这里学习知识,而且还要交朋友、早恋、玩游戏、打手机、打闹、看课外书、讨论追星问题等。在这种情况下,把课堂看作是纯粹学习的地方,要求学生在课堂上只能一门心思搞学习,绝不分心,这是很难做到的。我们不可能通过一纸禁令,将学生的学习与生活分开。①

　　班级是学生学会生活的主要场所。学会生活的含义非常丰富,包括学会认识自我、学会管理自己的情绪与压力、学会交往与共处、学会沟通与理解、学会处理人际冲突、学会负责任地决策,等等。同书本知识的学习相比,学会生活是更为重要、更为根本、更为广泛的学习。教师不能只关心学生的学业,不关心学生当下的生活状态,包括物质生活、精神生活。不关心学生当下的生活,学生在学业上也很难取得真正的进步。教会孩子学会生活,是班主任的神圣职责。自1994年开始,"新基础教育"研究者与全国中小学班主任一起,致力于持续地促成学生们高质量的共同生活。这种利用班级培养学生的做法,展现出中国式的教育实践智慧。主要表现在以下三方面。②

1. 促成学生间兄弟姐妹般关系的建立与交往的实现

　　中国的班级是一个相对稳定的学生生活世界,来自几十个家庭的孩子组成了这个独特的"家"。"新基础教育"研究中的班主任会自觉倡导同学间的友爱与互助,并将之化入班级文化和日常的语言系统之中;会努力促成同学间从同桌、小组、到全班同学间的日常友谊,并在课间休息、节假日生活等时空中渗透指导或提醒;还会组织一系列的主题活动,开展群体性的庆祝、纪念活动等。这样的努力,唤醒的是儿童本性中的善,引导着学生体验共同生活的美,且往往是以小学的六年、初高中的三年为可见的年限,进而积淀到终身的友谊之中。其中有"大手牵小手"的跨年级交往项目,有以年级组为单元的学生活动,有以学校为单位的群体联谊与庆祝活动,有以班级为单位而与远在他乡的孩子们的交往、乃至于与众多陌生人的交往等。由此而发展起来的兄弟姐妹之情谊,不仅对于中国独生子女一代有意义,而且在理解、尊重、接纳、共生意义上,对任何一位儿童都有意义。

2. 促成学生间公民般共同生活的实现

　　如果只有家庭成员般的关系建构,还远未实现班级的育人价值。在"新基础教育"研究中,班主任将班级生活作为公共生活来开发,致力于锻炼学生的公共生活能力,为未来的公民培养直接做准备。比如推动学生的岗位建设,让每个学生承担班级事务,体验班级主人的角色、发展公共生活素养;通过小组、小队、项目组、班级社团、社区小队等丰富多彩的组织的组建、规则形成、活动开展、日常评价,让学生直接成为组织生活的主人,全面提升学生领导力与公民素养;通过班级内的学生干部选举与培养,通过两套甚至四套班委的相互竞争、合作、评价与学习,直接促成班级公共生活质量的提高;鼓励、

---

　　① 王晓春.课堂管理,会者不难[M].北京:中国轻工业出版社,2010:7.

　　② 李家成."新基础教育"的班级建设研究[J].中国教育学刊,2017(6):17-18.

指导班级学生群体性地参与学校事务和社区生活,通过学校"少代会"、学校层面大型项目活动的开展和日常管理工作的参与等,不断引导学生从班级生活拓展到学校和社区生活的参与之中。

3. 促成学生共同创造未来命运共同体的体验与素养发展

在班级中不仅有人际交往和组织生活,更有因为共同生活而需要面对的人的生活、丰富多元的关系、充满生成性的实践。这其中,有共同利益的形成与实现,也有各类困难和问题。"新基础教育"研究中的班主任,会习惯性地与学生们一起探讨,形成一学期的班级发展目标,确定核心项目,共同去创生一段所有学生参与其中的生活。在其中,会有各种类型的项目活动,有自觉的学科学习与班级建设的融通,有财经素养的自觉探索,有对学校发展问题的研究,有面对人生与价值问题的探究与分享,等等。在多元丰富的班级活动开展中,学生们不仅可以学会解决问题,更能够学会面对未知、可能,通过合作而主动地创生,去实现更伟大的价值。

推荐阅读1-3,了解一位当代中学校长对学习方式变革的思考。

推荐阅读 1-3
夏青峰(2021):自主·实践·育人:面向未来的学习方式变革

关键词

班级　个别教学　班级授课制　导生制　个别辅导　能力分组　同质分组
异质分组　道尔顿制　走班制　复式班　包班制　班级规模　社会组织
初级群体　集体　共同体　结构维度　关怀维度　社会化功能　选择功能
维持功能　促进功能　保护功能　个性化功能　功能分析框架
学习组织　生活团体

讨论题

1. 简述班级的发展变迁,并举例说明哪些社会因素影响了班级的发展。

2. 有关班级属性有哪些学说?如何看待班级社会组织说?

3. 班级有哪些功能?如何认识班级既是学习组织又是生活团体?

4. 调研你所在城市与乡村的一般班级规模与班级形态,探讨未来班级的发展趋势。

当教师不当班主任,就像喝白开水,虽解渴但没有味道。

——魏书生

组织的基调通常是由最高管理者决定的,组织的成功将依赖他对整个组织注入的远见卓识和精力,他的不称职或玩忽职守会使组织停滞不前。

——马克·汉森

第二章　班主任

本章导读

对学生来说,班主任是其学校生活中的"重要他人";对家长来说,为孩子选班主要是选个好班主任;对班主任自己来说,常常是"两眼一睁,忙到熄灯"的工作状态;对校长来说,一个好班主任意味着一个好班。本章将从班主任的历史、行为、专业化三个方面加深我们对班主任的认识。

本章架构

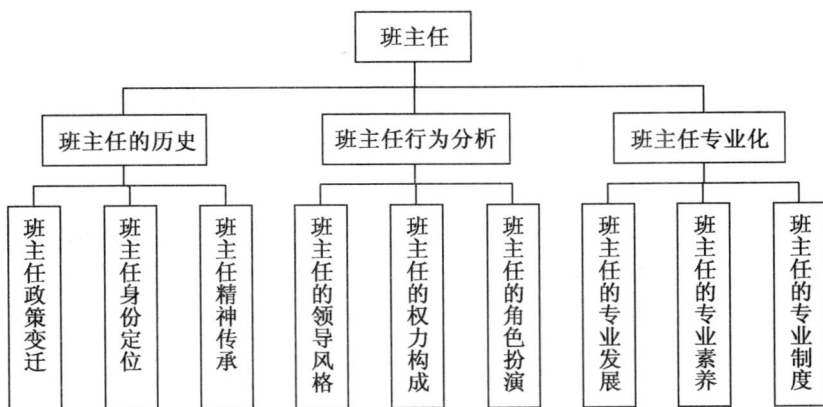

第一节 班主任的历史

引导案例

一定要做学生正面的"重要他人"

一个周六的傍晚,我在《教师博览》上读到了毕淑敏的《谁是你的重要他人》。心,不由自主地疼痛起来。尽管,我亦如作者宽恕她的音乐老师般,早已宽恕了我的那位"重要他人"。

在我的记忆中,刘老师从未笑过。她是语文老师兼班主任,我却无论如何,也想不起她给我们讲过什么课文。

那时的我,是个努力上进、学业优秀的女生,内向、敏感而要强。记得高一的第一次考试,我是班级第九名。化学试卷发下来时,我发现少加了几分,老师给我改了过来。那个课间,分数有错的同学都围在讲台边等刘老师改成绩,我也拿了化学试卷怯怯地走过去。没想到,刘老师半低着头,眼睛越过镜框,从上方逼视了过来:"这分数是老师给你改的吗?"我的脸立刻涨得通红,窘迫得一个字也说不出来。刘老师看着我手中的成绩单,说:"改过来,也不过第六名,和第九名也没什么差别。"我忘记了自己当时的反应,也忘记了分数到底改了还是没改,却记住了我回到座位上时没有忍住的泪水,还有刘老师那怀疑、冷漠无情的目光。

这目光,扼杀了一个少女所有的自信和自尊。整个的高一,我更加内向,而且自卑,再也没有留下任何关于成绩和名次的记忆。我没有跟任何人提起,只是自此,再也不看那双眼睛。

到高二,我遇到了重新给我信心的陈正宽老师。然而,刘老师的目光在我青春期所留下的惨痛记忆,却正如毕淑敏所写"烙红的伤痕,直到数十年后依然冒着焦糊的青烟"。2007年的"十一",我回母校参加高中毕业20周年的师生聚会。刘老师也来了,她已是白发苍苍,老态尽现。和当年的同学们谈起来,才知道,她伤害的学生何止是我一个人啊!我想,我们的名字和经历,在她,或许早就淡忘得不留痕迹了吧。

而今,我也成了一名教师,我时时告诫自己、要求自己:一定要做学生正面的"重要他人"。尤其是在我做了母亲之后,我更加小心地面对孩子纯净稚弱的心灵。因为,学生时代烙下的情感伤疤,是时间和岁月难以轻易抚平的。①

什么是学生成长中的重要他人? 班主任为何是、又如何成为这个重要他人? 本节围绕班主任的历史与现实,再认识班主任的岗位职责、身份定位以及职业精神。

---

① 石伶俐.一定要做学生正面的"重要他人"[N].中国教师报,2008-06-25.

一、班主任政策变迁

班主任是一个极具有中国特色的教育岗位，它经历了大半个世纪的制度发展，才逐渐稳定下来。

（一）班主任名称的出现

20 世纪初至新中国成立初为我国班主任制度的萌芽阶段，先后出现过"级任教员""学级主任"和"班主任"等名称。

1904 年，清政府颁布的《奏定学堂章程》中规定，由一个教师担任一个学级主要课程的教学和组织管理工作，称为级任制，负责的老师被称为级任老师。1932 年，南京国民政府时期颁布《中学法》，规定中学实行级任制。1938 年，又将级任制改为导师制，其岗位职责与今天的班主任已非常接近。但"班主任"这一名称最早是在解放区使用的。1934 年，《中华苏维埃共和国小学校制度暂行规定》中规定"每班设主任教员一人"。1942 年，在绥德专署教育科编制的《小学训导纲要》中首次提到了"班主任"这一岗位名称。

（二）班主任岗位的确立

20 世纪 50 年代为我国班主任制度的起步阶段，正式确立班主任岗位。

中华人民共和国建立以后，受苏联学校教育制度影响，我国学校班级管理者角色正式定名为"班主任"。1952 年教育部颁布的《中学暂行规程（草案）》和《小学暂行规程（草案）》明确规定：中小学"每班设班主任 1 人，由校长就各班教员中选聘"。这不仅明确了班主任的合法地位，也规定了班主任队伍的来源。

（三）班主任职责的提出

20 世纪 60 年代至 90 年代末为我国班主任制度的发展阶段，提出并逐步完善班主任的岗位职责。

1963 年，中共中央颁布的《全日制中小学暂行工作条例（草案）》对班主任的职责有了一些规定。1979 年，教育部第一次单独颁发文件《关于班主任工作要求》，对班主任制度进行规范，并对班主任的岗位津贴第一次做出了明确具体的规定。随着改革开放的深入，国家越来越意识到班主任工作的重要性。1988 年，原国家教委下发了《中（小）学班主任工作暂行规定》；同年，由人事部、原国家教委、财政部共同发文，要求提高中小学班主任的津贴标准。1998 年，原国家教委颁布《中（小）学班主任工作暂行条例》，该文件明确提出了中学班主任的 8 条职责、小学班主任的 7 条职责。

（四）班主任地位的提升

21 世纪头十年，为我国班主任制度的稳固阶段，国家着力系统提升班主任的专业地位。

2006 年教育部颁布了《关于进一步加强中小学班主任工作的意见》，提出加强班主任队伍建设，完善班主任制度，充分发挥班主任在学校德育工作中的骨干作用，使班主任成为令人羡慕的岗位，鼓励优秀教师长期从事班主任工作。2009 年教育部颁布《中小学班主任工作规定》，分七章：第一章总则、第二章配备与选聘、第三章职责与任务、第四章待遇与权利、第五章培养与培训、第六章考核与奖惩、第七章附则，共 22 条。该文件的颁布，完善并巩固了我国的班主任制度，把班主任由教书的"副业"变为育人的"主业"，提升了班主任的专业地位。自此，我国班主任工作有了明确的指导性文件。

推荐阅读 2－1，知晓我国新时期指导班主任工作的最重要文件。

推荐阅读 2－1
教育部（2009）：《中小学班主任工作规定》

二、班主任身份定位

客观上，班主任很可能成为学生生命中的"重要他人"；主观上，班主任应该努力成为学生的"人生导师"。

（一）重要他人

重要他人（significant others）的思想首先由美国社会学家米德（G. H. Mead）提出，后由美国社会学家米尔斯（C. W. Mills）对其思想加以发展，并明确提出该概念。重要他人是指在个体的社会化以及人格形成的过程中具有重要影响的人物。具体来说，就是对个人的智力、语言及思维方式的发展和对个人的行为习惯、生活方式及价值观的形成有重要影响的个人和群体，如父母、教师、受崇拜的人物及同辈群体。

作为尚未成熟的个体，中小学生需要寻求学习、生活的导师、榜样和知己，需要寻求自己能够认同，同时又能理解自己、引领自己的"重要他人"。美国心理学家埃里克森（E. H. Erikson）的研究认为，儿童期的关键影响人是母亲、父亲、家庭，学龄期的关键影响人则可能是邻居、老师、同伴和学校等。吴康宁认为，学生的重要他人可分为两个层次，一是"互动性重要他人"，二是"偶像性重要他人"。互动性重要他人是学生在日常交往过程中认同的重要他人，往往会对学生社会化的几乎所有方面产生潜移默化的影响；偶像性重要他人是指因受到学生特别喜爱、崇拜或尊敬而被学生视为学习榜样的具体人物，一般是社会知名人士，并非学生的直接互动对象。①

班主任是学生在校期间接触最频繁的师长，很可能成为影响学生发展的"重要他人"。但也有可能成为学生生命中的匆匆过客，不留一丝痕迹；也有可能因负面形象而成为学生生命中的不可承受之重，如本节引导案例中的那位班主任。班主任要做学生正面的重要他人，离不开对班主任身份的另一重认识。

---

① 吴康宁. 教育社会学［M］. 北京：人民教育出版社,1998:246.

（二）人生导师

我国《中小学班主任工作规定》中的第二条指明："班主任是中小学日常思想道德教育和学生管理工作的主要实施者，是中小学生健康成长的引领者，班主任要努力成为中小学生的人生导师。"何谓人生导师？不同的人有不同的理解。我们认为，人生导师是能够对学生人生方向与生命质量产生深刻、积极影响的一种人，是对班主任形象最理想的概括，是班主任工作能够达到的最高境界。

一般而言，班主任给人的印象总是忙忙碌碌、尽心尽责甚至呕心沥血，但他们可能还算不上学生的人生导师。如果在班级生活中，班主任不仅关心秩序与学习，做班级的"纪律维持者"和"学习促进者"，还能关心学生的精神世界，成为学生的"精神关怀者"，就有可能成为学生的人生导师。

哲学家雅斯贝尔斯认为，"教育过程首先是一个精神成长过程"。班主任教育劳动的主要目的是育人，教育劳动的主要内容是关怀学生的精神生活，促进学生的精神成长。班华认为，"精神关怀主要是关怀学生的心理生活、道德情操、审美情趣等方面及其成长与发展，即关怀他们的精神生活质量和精神成长；关怀他们当下精神生活状况和他们未来的精神发展。"[①]黄正平认为，"精神关怀者"的角色很贴切地表达了班主任的劳动性质：班主任所从事的是以心育心、以德育德、以人格育人格的精神劳动；班主任应具有对学生充满关怀、爱护的感情，以精神关怀培养学生的关怀精神。班主任的精神关怀从纵向上讲，包含着对学生的现实关怀和终极关怀两个维度；从横向上讲，体现在生命关怀和人文关怀两个方面。[②]

三、班主任精神传承

从 20 世纪 50 年代开始，我国一代一代班主任坚守基层岗位，无怨无悔报效国家和人民，实践着自己的教育誓言与人生理想。每一代班主任都有着自身独特的班级管理智慧和不懈的精神追求，都值得我们继承与发扬。班主任代际及发展阶段的划分主要不是依据年龄，而是我国班主任发展变迁的历史脉络及其不同时代背景下展现出来的精神气质。

（一）摸索阶段：对"爱"的探索

解放初至 1976 年前后，中小学班主任岗位刚刚设立，第一代班主任对于班级管理的认识与实践还处在摸索阶段，问题集中在如何在教学的同时关注学生的全面发展。这其中的优秀班主任，以斯霞、霍懋征为代表，她们提出了关爱学生的核心理念。

斯霞：1910 年生，浙江诸暨人。1927 年从杭州女子师范学校毕业后参加工作。毕生从事小学教育工作，是江苏省首批特级教师。她提出"作为一名教师，不仅要掌握知

---

①　班华.专业化：班主任持续发展的过程[J].人民教育，2004(15-16).
②　黄正平.班集体问题诊断与建设方略[M].北京：教育科学出版社，2007：14-18.

识,更要有童心、有母爱。与孩子打成一片,这叫有童心;要把学生当作自己的孩子一样看待,这就叫对学生的母爱。"1963年,《江苏教育》《人民日报》相继发表了《育苗人》《斯霞和孩子》两篇文章,斯霞获得全国教育界的赞扬。1964年,教育界在"左倾"错误思想影响下,开展了对"童心""母爱"教育思想的批判。1979年全国教育科学规划会议,教育部明确宣布给斯霞"母爱教育"平反,斯霞成为热爱儿童的楷模。

霍懋征:1921年生,山东济南人。"爱的教育"的倡导者和实践者。1943年从北京师范大学数学系毕业后,在北京第二实验小学担任语文、数学教学兼班主任工作。1956年被评为全国首批特级教师。她所负责的班级经常被评为优秀班集体。几十年来,霍老师受到了周恩来、温家宝等历届党和国家领导人的接见,周总理称她为"国宝",温总理称她是"把爱心献给教育的人"。霍老师说,这是党和政府对教育事业以及对教师的关怀和鼓励,荣誉属于大家。她曾无限深情地说:"我一生从教的体会,那就是六个字:光荣、艰巨、幸福。"

(二)重建阶段:对"科学""规范"的信念

"文化大革命"后,教育界亟待拨乱反正,第二代班主任承担起重整学风、整顿班风的责任,以魏书生、任小艾为代表的20世纪80年代优秀班主任,都是以敢带差班、转变乱班闻名。借助演讲与著述,他们在全国范围内产生极大影响,班级管理的科学性与规律性也得到认同与弘扬。

魏书生,1950年生,河北交河人。1968年参加工作,主要任职于辽宁省盘锦市实验中学。1981年被辽宁省政府授予"优秀班主任"称号,1984年被评为特级教师、"全国优秀班主任",1988年被评为"全国劳动模范",1990年被评为首届"中国十大杰出青年"。魏书生认为,"学校工作和班级工作应最大限度地依靠民主管理和制度管理,少一些人治,少一些无效劳动。"多年来,魏书生在全国做报告1 100多场,上公开课600多次。他的专著《班主任工作漫谈》《魏书生文选》以及别人编撰、研究魏书生教育思想的书籍出版很多,在一代中小学教师中产生了广泛的影响。

任小艾,1958年生,北京人。1976年高中毕业后留校工作(北京市第119中学),担任语文教师兼班主任,在中学任教17年,有15年班主任工作经验。先后获得过"北京市劳动模范""全国模范班主任""全国新长征突击手"等荣誉称号。1990年出版的个人专著《我的班主任工作》,荣获教育部颁发的全国首届教育科研优秀成果评比一等奖。任小艾认为,"教师必须有科学的思想,科学的观念,还有科学的手段。"她提出班主任要有责任心、宽容心、公平心、耐心、细心。1994年调任《人民教育》杂志社,曾主持全国教育科学规划重点课题"班主任专业化"的研究与实践。

(三)改革阶段:对"民主""个性"的追求

随着改革开放的深入,尤其是教育博客的兴起,涌现出一大批善于教育写作的一线教师,他们将自己鲜活的班级管理经验发布出来,并通过网络以及纸质出版的跟进,引发广泛的社会传播,带动了新形势下对班主任工作的思考,特别是对民主管理与学生个性的关注。其中,李镇西是这一时期优秀班主任中的典型人物。

李镇西,1958 年生,四川仁寿人。自 1982 年从教以来,在中学担任语文老师兼班主任。他是语文特级教师,曾任成都武侯实验中学校长,现为苏州大学教育哲学博士、新教育研究院院长。享受成都市人民政府专家特殊津贴,2000 年被提名为"全国十杰教师",被誉为"中国苏霍姆林斯基式的教师"。代表著作有《爱心与教育——素质教育探索手记》《走进心灵——民主教育手记》《教育是心灵的艺术——李镇西教育论文随笔选》《民主与教育》《给教师的 36 条建议》《做最好的班主任》等。李镇西建议年轻教师像他一样,坚持做到"四个不停"——不停地实践,不停地思考,不停地阅读,不停地写作。做好了这四点,就可以炼成一位好教师甚至是名师。

(四)专业阶段:对"专业""理性"的把握

进入 21 世纪,全社会对班主任工作越发关注,教育界也广泛认同班主任工作应向专业化方向发展。在此背景下,年轻一代教师能结合当下社会特点,调整传统的班主任工作思路,更强调平等关怀、理性平衡的专业理念与精神。这一时期全国出现了更多知名班主任,他们又各具特色,万玮是其中的代表。

万玮,1973 年生,1996 年毕业于复旦大学数学系后,进入上海市浦东新区平和双语学校工作,历任数学教师、班主任、年级组长、中学部副主任、教导处主任,现任该校校长。曾获 2000 年浦东新区"青年岗位能手"称号,2003 年开始在《班主任》《教师博览》《中国教师报》《成长》《福建教育》《新教育》等报刊杂志上发表文章。2006 年专著《班主任兵法》出版,受到追捧,被广为转载。2006 年被评为上海市教育年度十大人物。

第二节　班主任行为分析

引导案例

我的两位小学班主任

细细想来,我已在学校中度过了将近 14 个年头。小学、初中、高中、大学,都给了我很多美好的回忆,也让我度过了快乐的 14 年。在这其中,如果真要我选出心目中最好的班级的话,那肯定非小学那个班莫属了。

我小学六年都是在同一个班里。其实,这也可以算两个班,虽然同学都没换,班主任却有两位,每三年一位。这两位班主任的风格是完全不同的。虽然如此,我却觉得,正是因为这两位班主任相继带我们班,我们班才成为最好的班级。

一年级到三年级时的班主任是一位很严厉的女老师。她经验比较丰富,而且在学校也小有名声(一半是因为她的严厉)。当时大家年龄都小,基本就是唯老师之命是从,再加上老师的严厉,我们个个都对班主任有点畏惧。不过,也正因为班主任的严厉,我们班级的班风非常好,基本没有人调皮捣蛋,因为大家都知道后果会很严重,一般情况是罚抄100遍课文,通常会抄到半夜。当然,在严厉的同时,这位班主任也还是有些和蔼可亲的,因为她的年纪就和我们的妈妈差不多大,她还是会经常关心我们的,比如当我们生病或者家里有事时。

四年级到六年级时的班主任是一位刚从大学毕业的年轻男老师。他就像我们的大哥哥一样,也像一个朋友一样陪着我们。他的管理模式是很宽松的,基本属于寓教于乐。我们和他的感情也就很深。他组织了很多很多活动。比如,他组织了一个雏鹰小队,这个小队每星期都会去大街上义务劳动或者去敬老院慰问老人等,很好地培养了我们的爱心和责任心。他还组织了一次大型的主题班会,我们大家一起参与策划和排练等,在全校同学面前演出,这大大锻炼了我们的胆量和表演能力,也提高了我们班在学校的知名度。他还多次组织出游活动,加强了我们的集体感。总之,大家在认真学习之余玩得很快乐,同时我们班级的整体成绩也有了大幅度的提高。

虽然表面上对比下来,后来的班主任与我们的关系更好,但是,如果没有前面那位班主任的严厉,没有我们先前形成的严谨的良好班风,可能我们不会在参加那么多活动的同时仍不断地提高学习成绩,我们班级也不会在我们那所小学享有盛名!现在,我们那些小学同学仍然保持着密切的联系,也会组织些聚会,当然也会邀请班主任参加。能够在小学里遇上这么好的一个班级,这么好的老师,我真的很幸运!

我认为,一年级到三年级时,我们班级有如下特点:(1)班主任对我们严格规范,班级里形成了良好的秩序。(2)我们对班主任言听计从,形成的师生关系就是管理者与服从者之间的关系。(3)班主任对待学生,确实是以学习成绩为标准区别对待。四年级到六年级时,我们班的特点是:(1)班主任很注重我们个体的发展,帮助我们形成了良好的品格。(2)我们每个人在班级里都是主角,对这个班级都有一种责任感。个人的荣誉与班级的荣誉完全连在了一起。(3)班主任给我们提供了很多认识自我的机会,也带领着我们发现生活中的美。

虽然我的小学班级已经达到较高境界了,但在某些方面还是可以做得更好的:(1)在班级管理体制上,四到六年级的班主任还是需要向一到三年级时的班主任学习,特别是强化纪律方面。应该在学生中建立一点威信,否则,真有特别调皮捣蛋的学生的话,就无法管理好了。虽然老师与学生成为朋友可以更便于沟通,但也容易使学生忘却尊敬师长的道德规范,在以后的学习生涯中可能会给其他老师留下不好的印象。(2)在班干部选拔机制上,不应该只用学习成绩来衡量,而应通过选举来决定哪位同学做班干部。成绩好并不一定就能当好班干部。班主任也应该采取轮换班干部的措施,每个月或每学期选举一次,而并不是固定几个人一干到底,除非犯了严重错误才撤职。这样让每个同学都有机会来管理一下班级事务,更能加强大家的班级集体荣誉感,也能使大家了解究竟哪些同学才真正有能力当好班干部。(3)班主任需要和学生加强沟通交流,这是对一到三年级的班主任来说的。同学们都畏惧她,所以根本不敢接近她,只有班干部有班级事务要与她商量时才接近她。我建议可以采取交换日记的方法。一到三年级时年龄很小,大人很难猜测那时小孩的心理,所以可以通过看他们写的日记来了解他们,并及时发现问题、解决问题。当老师帮学生解决了一个棘手的问题时,师生的距离也就会进一步缩小了。[①]

　　这个案例,一方面说明了班主任中确实存在着不同的领导风格,而且不同风格会给学生带来不同的影响;另一方面也说明受学生欢迎的班主任的权威来源与角色扮演。本节将从这三方面来分析班主任的行为。

一、班主任的领导风格

　　库尔特·勒温(Kurt Lewin)是社会心理学的先驱,他首先提出了领导风格(leadership style)这一概念,并将其分为三种类型:专制型、放任型和民主型,为后人开创了这一研究领域。李皮特和怀特的研究将教师的领导风格分为以下四种,并详细描述了各种类型教师的典型特征与学生的反应,[②]对班级管理十分有启发。

(一) 强硬专横型

1. 该类领导的特征

(1) 对学生时时严加监视;

(2) 要求即刻无条件地接受一切命令——严厉的纪律;

(3) 认为表扬会宠坏儿童,很少表扬;

(4) 认为没有老师监视,学生就不可能自觉学习。

2. 学生对这种领导的典型反应

(1) 屈服,但一开始就厌恶和不喜欢这种领导;

(2) 推卸责任是常有的事;

(3) 学生激怒,不愿合作,背后伤人;

(4) 教师一离开,学生就松垮;

(5) 依赖性强,冷漠无情或是反抗击。

(二) 仁慈专断型

1. 该类领导的特征

(1) 不认为自己是一个独断专行的人;

(2) 表扬并关心学生;

(3) 专断的症结在于自信,口头禅是"我喜欢这样做";

(4) 以我为一切工作的标准。

---

　　① 李伟胜.班级管理[M].上海:华东师范大学出版社,2010:15-16.案例作者为华东师范大学数学系学生郑弘。

　　② 皮连生.教育心理学[M].第4版.上海:上海教育出版社,2011.

2. 学生对这种领导的典型反应

（1）大部分学生喜欢他，但看穿他这套方法的学生可能会恨他；

（2）在各方面都依赖老师，在学生身上没有多大的创造性；

（3）屈从，并缺乏个人的发展；

（4）班级工作的量可能是多的，质可能是好的。

（三）放任自流型

1. 该类领导的特征

（1）和学生打交道中几乎没有信心，或认为学生爱怎样就怎样；

（2）很难做出决定；

（3）没有明确目标；

（4）既不鼓励也不反对，既不参加活动，也不提供帮助和方法。

2. 学生对这种领导的典型反应

（1）不仅道德差，而且学习也差；

（2）学生中有许多"推卸责任""寻找替罪羊""容易激怒"的行为；

（3）没有合作；

（4）谁也不知道应该做什么。

（四）民主型

1. 该类领导的特征

（1）和集体共同制订计划和做出决定；

（2）在不损害集体的情况下，很乐意给个别学生以帮助、指导和援助；

（3）尽可能鼓励集体的活动；

（4）给予客观的表扬和批评。

2. 学生对这种领导的典型反应

（1）学生喜欢学习，对教师较友好，喜欢同别人尤其是喜欢同教师一道工作；

（2）学生工作的质和量都很高；

（3）学生相互鼓励，而且独自承担某些责任；

（4）不论教师在不在课堂，需要引起动机的问题很少；

（5）能提较多建议。

上述四种类型，你身边有无这样的班主任？如果你做班主任，会是怎样的领导风格呢？

二、班主任的权力构成

权力是影响他人的能力。要实现这种影响，可运用不同的权力。弗兰奇和瑞文

(J. French & B. Raven)(1959)把权力分为法定性权力、奖赏性权力、强制性权力、专家性权力、参照性权力五种不同形态。据此,班主任也有这样五种类型的权力,其合理搭配与运用,就构成了班主任的影响力。

(一) 法定性权力

法定性权力是教师因为其职位所拥有的权威。教师须接受一定的专业教育,取得法定资格,因此担任教师职位时享有法定权力,执行法定义务,例如班主任可以强迫要求学生上课,参加学校活动,遵守学校规章。学生知觉到教师有权力处理学生的行为,因此学生会尊敬教师的职位;同样的,教师应该清楚地意识到自己所拥有的法定的权威,"我是一名教师,我有权力,也有责任要对学生进行教育与管理",教师还要知道如何妥善运用这种权力,以确保自己在教室中的领导地位,当教室中出现任何干扰教学的不当违规行为时,教师是保持顺畅教学活动的法定职权的委托者,所以教师有权力制止不当的行为,同时教师也应注意不可逾越此法定职权的权限。

(二) 奖赏性权力

奖赏性权力是由教师法定权力衍生出一种有权给予学生奖赏的权力。学生之所以服从教师的愿望或指示,除了教师所拥有的法定性的权力之外,还因为这种服从能为他们带来益处。班主任可用来奖励学生的方式有物质方面的,如给予文具、奖品,发给奖学金;有言语方面的,如表扬;有象征性的,如给予奖励卡;还有特权性的,如可以不午睡、管理同学等。班主任在运用奖赏性权力的时候,应注意调动学生的内在动机,多用精神性的奖励,少用实物奖励。

(三) 强制性权力

强制性权力也是由教师法定权力衍生出的一种让学生惧怕消极后果的权力。学生如果不服从教师的管教就可能会产生消极的后果。出于这种惧怕,学生就会对强制性权力做出反应。比如班主任常用的惩罚有:物质方面的,如没收图书、玩物;言语方面的,批评、告知家长;符号性的,如扣奖励卡;也可以是劳动服务方面的,如整理教室、打扫,等等。但是班主任应注意的是使用强制性权力时的方式与方法,清楚地知道其优点与使用上的限制,避免导致反效果。

(四) 专家性权力

专家性权力是来源于专长、技能和知识的一种权力。学生察觉到教师所拥有的特殊的专门知识与才能,因此学生会尊敬教师的专业;因为学生尊重、佩服教师,教师的话自然而然就听得进去。教师的专家性权力需要教师不断地参加进修、研习等活动,以此提升自己的专业才能。随着时代发展,教育也在不断地更新,因此,教师唯有不断地充实自我,提升自己的专业知识,才能够确保专家性权力得以发挥效用,赢得学生的敬仰与认同。

31

（五）参照性权力

参照性权力是对拥有理想的个人特质的人的认同而形成的权力。这是五种权力之中最受学生认同的权力。学生尊敬教师并且被其人格魅力所吸引，当吸引力越大时，参照权的影响范围也越大。拥有参照性权力的教师，具有人格魅力，他们关怀学生并且付诸行动，处理学生的事情时，不会放弃自我的坚持，却也做到维护学生的权益，老师以协助者的角色帮助学生，鼓励学生负起责任，并且注重倾听学生的心声，而非单纯以说教的方式对待学生，因此会与学生有比较良好的沟通。

班主任对自身的权力来源与构成要有清醒的自我认识与控制。首先，班主任要意识到自身班级管理者身份所带来的法定性权力（比一般任课教师更有权威感），并妥善处理好由此带来的奖赏性权力（如表扬、操行评定等）与强制性权力（如留堂、叫家长的权力）。其次，班主任要有专业智慧，充分发挥自身的专家性权力，提升学科教育以及思想教育专业水平。最后，班主任要人格高尚，发挥参照性权力，始终做学生的道德楷模与人生导师。

《中国教育报》于2007年1月22日第3版刊登了《小学生眼中的班主任》一文，一群六年级小学生表达了他们对班主任的看法。（1）学生喜欢的班主任：① 工作负责，关心、体贴学生；② 对待学生态度亲切、温和，很少发脾气，极少体罚学生；③ 尊重学生，处理问题公平、公正；④ 带领学生参加实践活动，班级活动丰富多彩；⑤ 所带班级班风正、学风浓、富有朝气。（2）学生不喜欢的班主任：① 爱发脾气，凶巴巴的，动不动就打人，偏心；② 高高在上，不尊重学生，公开辱骂，讽刺挖苦学生；③ 语言不清楚，废话太多，讲课没条理；④ 不文明，师表形象差；⑤ 只顾上课，没有活动，班集体没有活力；⑥ 自吹自擂。从这则信息中，你能判断哪些属于班主任受欢迎（或不受欢迎）的人格特质？哪些属于班主任的专业特质？

班主任可以综合运用这五种权力来影响学生，但要注意权力构成的合理比例。如果一位老师的权力分布情况是：35%的强制性，45%的奖赏性，10%的法定性，5%的专家性与5%的参照性；另一位老师运用的权力比重是：5%的强制性，5%的奖赏性，15%的法定性，55%的专家性与20%的参照性。你认为，哪位老师做班主任，可能更受尊重与欢迎？

三、班主任的角色扮演

"角色"一词首先由社会符号互动论创立者米德（G. H. Mead）从戏剧中借用到社会学的研究中，意指处于一定社会地位的个体，依据社会客观期望，借助自己的主观能力适应社会环境所表现出的行为模式。社会角色的扮演，要求个人按照其社会角色的行为规范去履行角色所规定的权利与义务。任何社会对教师都有很高的角色期待，而每一个教师都要建立起适应社会规范的角色意识。

美国社会学家默顿（Robert K. Merton）提出"角色丛"的概念，即处在某一特定社会地位的人们相互之间所形成的各种角色关系的总和。班主任是一个典型的复合角色，只有一两种角色意识是不行的。班主任与学生朝夕相处，对学生的身心发展产生着全方位的影响，是学生的互动性重要他人。作为学生的重要他人，班主任一般承担多元角色任务。有人认为,班主任同时要扮演以下几种角色。

(一) 家长代理人

家长代理人的角色是指班主任应像学生的父母一样,爱护学生,无微不至地关心学生的学习和生活,并对学生在学校的人身安全承担监护人的责任。班主任是学生继家长之后所遇到的另外一个社会权威,他们常常自然地把许多自己父母具有的特征、行为模式,把与父母相处的经验、体会,移植到与班主任的交往中,把对父母的期望寄托或转移到班主任身上。同时,家长把未成年的孩子送到学校,也是向学校,特别是向负责学生全面教育的班主任,移交了部分监护权。尤其是寄宿制学校,班主任要像家长一样,对学生的生活起居、人际交往等予以关心和指导。

(二) 行为楷模

班主任要对学生产生正面的影响,就必须首先成为学生的楷模,成为学生的成人榜样。教师往往被人们誉为"人类灵魂的工程师",这不仅是对教师的赞誉,也是社会对教师的职业期待。中小学生正处在成长的过程中,模仿学习是他们的一种主要学习形式,班主任就是学生认同与模仿的主要对象,班主任的仪表体态、言行举止、举手投足、容貌服饰等都对学生起着很大的示范作用,并对学生的心灵产生深刻而久远的影响。班主任是处于社会与学生之间的中介人物,教师要通过自己的言传身教向学生传递社会的道德行为准则,在调适学生与社会的关系中发挥一定的作用。

(三) 心理保健者

学生在身心发展过程中不可避免地受到社会生活中各种因素的影响,出现些心理问题,这就要求班主任承担起心理保健者的角色任务。同时,生活质量普遍改善所带来的人们对心理健康预期的提高,也使人们对班主任增加了心理调节者的角色期待。在教育过程中,班主任必须充分了解每个学生的情感、意志、能力、气质、性格等心理特征,尊重他们的人格,有的放矢地实施教育,确保他们心理的健康发展。

(四) 学习的导师

学习知识、发展能力是学生到学校接受教育的重要目的,班主任不但要争取成为所教学科的佼佼者,更要担当起学生治学与成才的向导和顾问角色。班主任应充分了解学生的学习心理,在学生遇到学习困扰时,能够给予及时、有力的发展方向与学习方法指导,同时给予情感方面的支持与鼓励,帮助他们减轻焦虑、建立信心。培养他们主动探索问题的意识,发展其爱好特长,增强他们的创造能力。

(五) 人际沟通的艺术家

学生成长受到多种因素的影响,需要教师、家长、社会的共同努力才能实现。班主任在校内要协调学生与科任老师、值周教师、学校领导之间的关系,与外班学生的关系,还要协调班内同学之间的关系。班主任要经常通过家访、书信、电话、微信等不同方式保持与家长的联系,使之配合做好学生的各项工作。社会是影响学生成长的大环境,班主任要组织各种社会实践活动,加强学生与社会的联系,提高他们的社会认知能力和适应能力。因此,有人称班主任为"人际关系的艺术家"。

在班主任的多元角色扮演中,有些观点还需要辨析、注意。

第一,当前社会对班主任的角色期望很高,大部分是合理的,但也有某些方面不一定合理。比如,有些低年级家长希望班主任要像"全职保姆"一样照顾他家孩子,就不符合教育规律,也干扰了教师的专业自主权。

第二,生活在现代社会中的中小学生,不仅希望班主任成为他们知识上的教师和生活中的导师,也非常希望班主任成为他们真诚、坦率、无话不说的挚友。但作为教师应该注意,良好的师生关系,是"友善"的师生关系(being friendly),而不是朋友的师生关系(being friends)。① 友善的师生关系指的是一种人性化的专业领导的关系。在这种关系中,教师以教育学生为其主要职责,需要通过运用其专业权威以使教育目的能顺利达成。此种关系不同于一般的纯粹情感意义上的朋友,它是服从教育目的、完成教育任务的。而朋友的师生关系则是与学生平起平坐、不分彼此、如朋友般地互动。如果教师真的变成学生的朋友,与某个学生建立了亲密的、类似于朋友式的人际关系后,由于情感因素的介入,难免会产生偏心,这不利于教师教育教学的顺利进行,也会伤害相关的同学。

第三,角色有"前台"与"后台"之分。班主任在学生面前、在教室环境中,始终要为人师表,展现正面的角色形象;私人性的、与成人交往中的另一面角色不适合展现在学生面前。比如教师穿着正式的职业装,体现自身的职业角色,从而与学生有所区别;要求学生在与教师的交往中使用正式的称呼;提供教师专用的场所,不许学生随意出入;不让学生过多了解教师的私生活,当学生问及自己的隐私时,教师应加以拒绝,让学生感到师生之间人际交往存在的界限。

推荐阅读 2-2,探讨班级的未来发展与班主任的核心素养。

推荐阅读 2-2
齐学红(2017):未来班级发展走向与班主任核心素养构建

第三节　班主任专业化

引导案例

洞悉与兼顾

这是库宁(Kounin)在他 1970 年出版的《纪律与教室内群体管理》一书提出的两个

---

① 梁瑞安.班级管理 A 到 Z[J].研习资讯,1998(2):81-95.

概念。

所谓洞悉(witness),就是教师要让学生知道,教师就像后背上长了眼睛一样,他(她)非常清楚课堂里发生的事情,没有什么事情能够逃过教师的眼睛。教师也必须具备在任何时候都能知晓教室内所有地方发生的事情的能力,能对课堂混乱做出迅速而准确的反应。

兼顾(overlapping)是指教师同时可以处理两个或两个以上问题的能力。比如在教室中可能这一角有学生举手发问,而同时在另一角的两个学生发生了冲突。教师此时不能慢条斯理地先回答学生的问题,而后再去排解学生的冲突,而必须使用语言或手势,兼顾两边学生的问题而同时予以处理,如此使学生们感受到他们随时都受到教师的注意。缺乏经验的教师,有时会因集中处理一个学生的问题,拖延时间过久,而使全班学生精神涣散以致影响到学习。[①]

洞悉与兼顾,可看作是对教师专业的一种形象概括。那么,什么是专业?为什么班主任要专业化?班主任应具备什么样的专业素养结构?如何建设与保障班主任的专业发展?本节将从此三方面予以剖析。

一、班主任的专业发展

(一)班主任专业化问题

专业与非专业的区别在于,专业必须达到其专业的标准。关于专业标准,尽管有所差异,但一般都强调这样几个方面:有专门的知识体系;有较长时期的专业训练;有专门的职业道德;有专业上的自主权;有专业资格的限制和认定专业的组织;需要持续的在职成长和终身学习;有较高的社会声望和经济地位。

从专业标准来看,班主任离成熟专业(如医生、律师)还有一段距离,处于不断追求专业化的过程中。

21世纪初,班主任专业化问题逐渐被提到议事日程。2002年10月,中国教育学会德育专业委员会在天津大港举办全国第十一届班集体建设理论研讨会,会上第一次提出"班主任专业化"。2004年,《人民教育》编辑部"班主任专业化"专辑的出版,使对该问题的认识进一步深化,推进了全国范围内对班主任专业化问题的研究。2005年1月,南京师范大学教育科学研究院举办第一次全国性的班主任专业化研修班,开创了全国性班主任培训的先河。2006年8月,教育部颁布了两个文件,即《关于进一步加强中小学班主任工作的意见》和《关于启动实施全国中小学班主任培训计划的通知》,班主任专业化的问题得到最高教育领导部门的重视,从而各级教育行政领导更把促进班主任专业化作为班主任队伍建设的一项重要任务付诸实施。2010年,由任小艾老师主持的全国教育科学"十一五"规划重点课题"班主任专业化"正式立项,并作为"十二五"重点

[①] 转引自徐长江,宋秋前.班级管理实务[M].北京:高等教育出版社,2010:5-6.

课题开展持续的探索研究。① 目前,有关班主任专业化的理论与实践仍在持续发展中。

(二)班主任专业化道路

从历史经验来看,教师专业化的道路有两条,一种是群体外求式发展,一种是个体内涵式发展。班主任专业化亦然。

从群体的角度看,班主任专业化主要强调班主任群体的、外在的专业性提升,反映了一个职业逐步达到专业标准、向专业阶段发展的过程。它首先要求班主任工作的专业性、专业地位得到社会的充分认可,并拥有较高的社会声誉和经济待遇;其次要求班主任有明确的从业标准,进入班主任行列有严格的资格限制,必须取得专业资格证书。如果班主任没有较高的专业地位、社会声誉、经济待遇,那么,班主任本身就没有吸引力,连基本的从业人数都难以保证,更谈不上专业资格的要求了。

从个体的角度看,班主任专业化表现为班主任个人的专业发展。班主任的专业发展是班主任个体的、内在的专业品质的不断提升、发展、完善的过程。内在的专业品质包括专业理念、专业知识、专业能力、专业人格和专业发展的意识等。20 世纪 80 年代以来,有关教师专业发展的理论有三种不同的取向,也影响着对班主任专业发展路径的选择:理智(intellectual)取向认为班主任应通过正规学习学科知识和教育知识来促进专业的成长;实践—反思(practical-reflective)取向认为班主任的实践和反思对其个人成长构成重大意义;生态(ecological)取向认为班主任与专家和同事的合作文化会有效地提高个人的实践水平。

班主任专业化的建设应该双管齐下,"外塑形象,内强素质"。如果没有对班主任群体专业地位的认可,就不可能有对班主任个体专业发展的要求;同样,没有个体的专业发展,群体的专业化也是不可能的。

二、班主任的专业素养

班华教授在《班主任专业化的理论与实践》一书的序言里指出:"班主任专业化不是一般教师的专业化问题,而是一种特殊的教师专业化问题,班主任专业化有一定的目标要求和内容,也是班主任持续发展的过程。"②

李学农认为,班主任的素养可分为:作为一个合格教师的专业化素养和从事班级管理所需要的专业素养。班主任作为班级管理者的一般素养包括:管理理论知识素养和管理能力素养(领导能力、交流与交往能力、应变能力、信息能力、研究管理的能力)。班主任作为班级管理者的特殊素质要求,包括人文素养与个性素养。③ "新基础教育"的班主任发展研究建立了基于教师专业性理解的素质结构,包括研究学生的能力、系统建

---

① 班华. 班主任专业化问题的探讨过程[J]. 人民教育,2010(5).
② 班华. 专业化:班主任持续发展的过程[J]. 人民教育,2004(15 - 16).
③ 李学农. 班级管理[M]. 北京:高等教育出版社,2004:236 - 243.

构的能力、动态生成的能力、综合融通的能力、终身学习的能力等。[1]

本书认为,班主任除了具备一般教师所有的教育素养外,作为班级管理者,还有专门的素养结构,包括专业信念、专业知识、专业人格和专业自觉。

(一) 班主任的专业信念

专业信念指自以为可确信并愿意以之为行动指南的认识。班主任的专业信念表现为:第一,坚信自己从事的是立德树人的伟大事业。这个事业对社会对国家有贡献,能让社会更加公正、更加和谐、更加美好;坚信这个事业能给他人带来幸福和快乐,能给自己带来幸福和快乐。第二,坚信管理育人的理念。坚信管理与教育并不冲突,坚信在班级管理中能够促进学生的发展,提升学生的生命质量,让学生感受生活的幸福,立志做一名教育型的管理者。第三,坚信班级管理有规律可循。相信管理科学,肯定追求效率的合理性,同时坚持民主、平等、公平的正当性,并在班级管理中予以实现。班主任的专业信念是班主任专业发展的精神动力。

(二) 班主任的专业知识

专业知识是指一定范围内相对稳定的系统化的知识。班主任所需的专业知识包括三方面:第一,人文和科学知识。天文地理,各方面都要懂一点,才有与人沟通的基础。班主任专业发展建立在广博深厚的人文科学知识基础之上,这正是它的魅力所在,也是难度所在。第二,教育原理与教育管理专业知识。班主任工作的学科基础主要是教育学、管理学和心理学。班主任要兼顾班级工作的各种基本情境,洞悉儿童教育的基本面貌与原理。第三,实践性知识。班主任的实践性知识是在班级管理实践情境中,通过对自己已有经验的反思和提炼,或者通过对实践的感知、体验与反思而逐渐构建与修正而生成的且能有效解决实际问题的知识。这类知识极为丰富,也最有价值,是班主任专业知识的主体。正如有的学者指出:"实践性知识是教师教育教学行为背后的真正主宰","开发教师的实践性知识或许要比灌输学科知识、教育理论及模仿教学技艺更为重要"。[2]

(三) 班主任的专业能力

专业能力是人们从事某种专业所需多种能力的综合。相比一般任课教师,班主任特别需要培养两方面的专业能力:第一,作为组织管理与领导者,促进班级组织建设与发展的能力。班主任要深刻领悟班级组织建设的要素,系统掌握班级组织发展的规律,提升自身沟通、激励、评价、领导、危机处理等方面的管理能力。第二,作为学生发展问题专家,进行集体教育与个别教育的能力。班主任要熟悉学生的基本发展趋势,了解学生发展可能的各方面症结,能够针对不同年龄段学生的主要问题,开发多种多样的教育

---

① 李家成. 班级日常生活重建中的学生发展[M]. 福州:福建教育出版社,2015:261–280.
② 陈国泰. 析论教师的实践知识[J]. 教育资料与研究,2001(5):34.

活动,能够对个别学生进行学习、生活与生涯辅导,解决他们成长中的困扰,并能就学生问题,与家长等相关人员进行沟通,指导家庭教育,协调社区教育,共同促进学生发展。

(四) 班主任的专业人格

专业人格是指作为专业主体所应具备的一定的倾向性和比较稳定的心理特征的总和,是一种整体的精神面貌。班主任做的是育人的工作,其专业人格的核心应该是"教育爱",它是一种强调教育理智与教育情感统一的爱,是对学生最深沉、无私的爱。具体由这样几方面构成:第一,热心。愿意为儿童青少年的健康成长付出时间与心力。班主任乐观向上,笑对生活,班级才会充满阳光。有童心、乐于与青年人打交道的班主任更可爱,更能走进学生的心灵。第二,同理心。对学生成长中的困难、处境感同身受,用心解决。班主任与人为善,时时处处为学生着想,展现出成年人的善意。第三,宽容心。能够容纳与自己不同的看法与见解,从成长的角度看待和处理学生问题。明白儿童犯错误是常有的事,尽管会给自己带来很大困扰,但不能因此见不得学生的一点过失,动辄训斥、惩罚,要给学生发展的机会,耐心等待他们的成长。宽容不是纵容,在宽容基础上的严格,体现着班级管理的专业品质。第四,细心。班级管理是项严谨科学的工作,事无巨细班主任都要管,管要得法,要有理可循,要关注细节,井井有条地处理每一件事。第五,公心。对学生一视同仁,处理问题公平、公正,不夹带私心。班主任为人正派,学生才会在内心真正佩服。班主任的人格魅力,能够使学生在一个充满关爱的班级里如沐春风,健康、愉快地共同成长。

(五) 班主任的专业自觉

专业自觉是指对自己的专业发展方向有清醒的认识与系统的规划。班主任专业发展是一个自主发展的过程,需要自我反省、自我批判与自我超越。第一,自我反省是班主任专业自觉的开端。没有自我反省,班主任的工作就没有主动性和创造性。班主任要做一个实践反思者。通过反思,班主任会对教育管理活动有新的理解,对自己的教育观念有新的审视和判断,对自己的教育行为产生新的理解,为教育行为的改进打下基础。第二,自我批判是班主任专业意识加强的表现。班主任必须明白自己的长处和优势,发现自己的缺点和不足,才能保证在专业上的持续发展;如果不能自我批判,就难以做到谦虚好学、精益求精。班主任要做一个行动研究者,在班级管理实践中不断发现问题、改进问题,进而提高自己。第三,自我超越是班主任专业发展的最高境界。班主任要做一个终身学习者,只有通过持续不断的学习,使得自己与时代、教育和学生同步发展,才能获取专业发展的持久的内在动力。班主任要努力把自己锻造成为专家型的班主任,才能更好地胜任立德树人的教育使命。

三、班主任的专业制度

班主任的专业化发展,既需要班主任自身积极进取,强化专业内涵建设,也需要政府部门和学校的相关政策关怀与制度支撑。班主任专业制度建设是班主任专业化发展的保障。当前迫切需要构建一个从班主任入职到晋升,涵盖班主任职业生涯的、相对完善的专业制度体系。

(一)班主任的资格制度

《中小学班主任工作规定》的第二章第七条规定:"选聘班主任应当在教师任职条件的基础上突出考查以下条件:(一)作风正派,心理健康,为人师表;(二)热爱学生,善于与学生、学生家长及其他任课教师沟通;(三)爱岗敬业,具有较强的教育引导和组织管理能力。"也就是说对想当或能当班主任的教师实施班主任任职资格证书制度。

资格证书制度就是以制度的方式规定学科教师具备什么样的素养或经过怎样的岗位培训才能担任班主任,并以证书的方式认定具有上述资质的班主任。简而言之,班主任需持证上岗,岗位要求合乎班主任核心素养标准。班主任可以通过两个渠道获取资格证书,一是岗位培训,二是班主任职业倾向测试,不管是培训,还是测试,都是对班主任核心素养的认定。

(二)班主任的职责制度

班主任的职责是指担任班主任职务的教师所应承担的具体责任。尽管《中小学班主任工作规定》对班主任的职责与任务有明确规定(见本章第一节),但它是国家层面的规定,主要着眼于一般和普遍意义上的要求,仍需要教育行政部门和学校依据《规定》,结合实际情况,以规范的方式界定清楚哪些是班主任必须做的"专业活",哪些是"良心活",哪些是应享有的权利。

如果说职责规定了班主任应该做什么,那么职业伦理就是指班主任不应该做什么。教师伦理,主要是教师与学生之间关系的行为规范,当然也包括教师与同行之间、与学校、与家长、与社会交往时的行为规范,是一种外在的要求和约束。1975 年,美国国家教育协会颁布《教育职业伦理准则》,从对待学生、对待专业、对待同事等三个方面用否定词的方式规定了教师不能做什么。我国教育部 2011 年颁布《教师教育课程标准(试行)》把教师专业信念和责任作为教师教育的重要维度,并且建议职前和职后开设职业道德和专业伦理课程。建立严格的班主任职业伦理规范,有助于提高这一职业的权威性和社会地位。

(三)班主任的培训制度

班主任必须具备班主任工作的专业理论、专业技能和专业道德。班主任专业化的培养与发展主要是通过学历教育、专业知识及教育科学理论的培训以及职后的工作实践及相关理论知识的培训完成的,是职前培养和职后培训一体化的过程。2006 年 9月,教育部首次启动实施针对全国中小学几百万班主任教师的培训计划,要求从 2006年 12 月起,凡担任中小学班主任的教师,在上岗前或上岗后半年时间内均要接受不少于 30 学时的专题培训。当前,我国中小学班主任培训已经形成国培、省培、县市区培训以及校本培训的多层次体系。

东北师大附小主持的国家社科基金 2017 年度教育学一般课题"基于能力水平诊断的中小学班主任培训课程研究"发现,当前中小学班主任培训随意性较强,缺乏分层及能力诊断,培训课程不系统且缺乏选择性。为了更有效地促进中小学班主任专业发展,班主任培训需要走向"个性化"。首先,要定好调子,设定好中小学班主任培训的能力目标,找准不同层面教师专业发展的方向;其次,要照好镜子,设计教师可自我对照的能力诊断量表,实现自我能力水平诊断;最后,要开出方子,设计阶梯性的培训课程体系,供培训机构和教师根据不同的能力水平自主选择。[①]

(四) 班主任的激励制度

任何一个专业成熟度很高的岗位都有相当高的经济与社会回报作支撑,这样才能吸引更多的优秀人才加入。班级管理作为一项具有很强专业性的工作,也需要获得与其投入相匹配的经济与社会回报。教育部《关于进一步加强中小学班主任工作的意见》中提出:"要提高中小学班主任的地位和待遇。要将班主任工作记入工作量,并提高班主任工作量的权重。各地要根据实际,努力改善班主任的待遇,完善津贴发放办法。"

班主任期望能获得高福利待遇、多元的荣誉体系以及专门的职称系列诸方面的保障。例如:学校可以在绩效工资基础上设置或提高班主任工作专项津贴,基本保证班主任付出与回报之间的平衡。学校可以尝试职级制,对不同水平的班主任给予不同的含有物质刺激的精神奖励,如资深班主任、一级班主任、二级班主任等。也有学校创设班主任节,借助班主任联盟和能力大赛等活动,在全校形成尊重班主任专业的氛围。这些举措还在不断探索中。

推荐阅读 2-3,具体阐发如何将班主任工作当作教师主业。

推荐阅读 2-3
张红梅,熊华生(2021):对班级教育作为教师主业的深度思考与建议

关键词

班主任　重要他人　人生导师　精神关怀　领导风格　强硬专横型　仁慈专断型
放任自流型　民主型　法定性权力　奖赏性权力　强制性权力　专家性权力
参照性权力　角色　角色期望　角色丛　前台角色　后台角色　专业　专业化
专业发展　理智取向　实践反思取向　生态取向　专业信念　专业知识
专业能力　专业人格　专业自觉　专业制度

讨论题

1. 简述我国班主任制度的变迁以及班主任工作发展的历史阶段。

[①] 王廷波,于伟,卜庆刚.定调子·照镜子·开方子:走向个性化的中小学班主任培训[J].中小学管理,2019(7).

2. 为何说班主任是学生生命中的重要他人？班主任又如何努力成为学生的人生导师？

3. 叙事研究"我印象最深的班主任"，分别从班主任的管理风格、权力运用、角色扮演的角度深入分析。

4. 班主任专业化问题包括哪些方面？你对此有何认识？

> 管理,从根本上说,意味着用智慧代替鲁莽,用知识代替习惯与传统,用合作代替强制。
>
> ——彼得·德鲁克
>
> 理论以三种重要方式指导实践:形成参考框架;提供一般的分析模型;指导反思性决策。
>
> ——霍伊和米斯克尔

第三章　班级管理

本章导读

　　为何有的班主任的工作显得琐碎、烦乱,缺乏生机与活力,很容易陷入职业倦怠?根本原因是班主任的专业训练不够。首先,班主任工作的专业性表现在对班级管理的管理特性与教育特性的双重把握上。其次,班主任的专业发展必须建立在对班级管理理论的系统认识基础上。第三,作为未来班主任,必须通过专业学习的方法来持续提升自己的专业知识和能力。本章将带领大家深入了解班级管理的基本特征、理论基础与学习方法。

本章架构

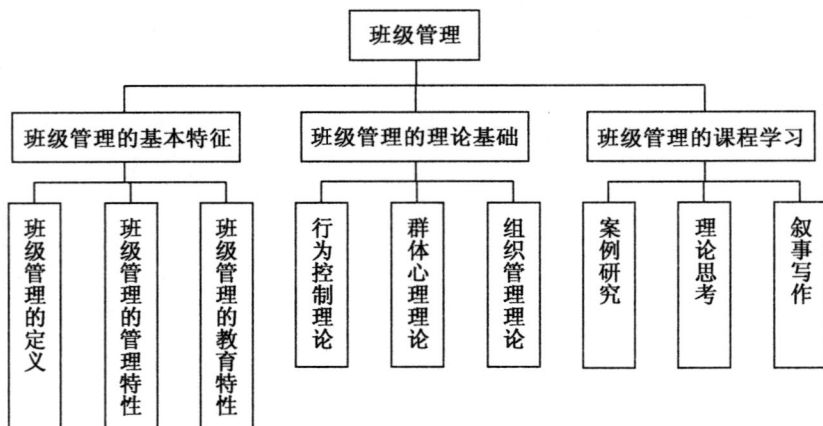

第一节 班级管理的基本特征

引导案例

带班一年的心得

在担任班主任工作的一年多来,我深深地体会到这项工作的烦琐和复杂,我相信,任何一位班主任都希望把自己从这繁重的工作中解脱出来,现就当好班主任谈一谈自己所受到的启发。

一、共同拟定班级公约

有目标才有动力,我根据学校工作安排和本班实际情况,在开学初与全班同学共同拟定班级公约,让每一个学生明确我们全班正在努力奋斗的目标是什么,增强集体的凝聚力和动力,然后,让每一个学生自己拟定个人目标,将集体的动力落实到每个学生身上,帮助和鼓励每一个人进步,使每个人都在明显而又易于承受的压力下自觉要求自己。

二、培养学生的良好习惯

低年级学生由于年龄小,自控力差,纪律涣散。我从培养学生良好习惯入手,课上进行趣味教学,尽量吸引学生的注意力,组织好学生的纪律。利用晨会课、思品课、班队课学习学校规章制度,提醒学生做好上课准备工作,并且在课后注意观察学生的行为,根据学生的表现在学生中树立榜样。在日常学习中,时刻注意调动学生的积极性,逐渐养成认真听课、认真作业、下课好好休息、讲文明、讲礼貌的好习惯。

三、干部队伍的组建和培养

各班的集体面貌如何,很大程度上是由小干部决定的。所以我都慎重地选拔和培养干部队伍,这样班主任工作才能逐渐从繁重走向简单与轻松。干部队伍的组建不能仅仅作为一种形式存在,应具有较强的号召力和自我管理能力,我首先帮助小干部树立威信,然后鼓励小干部大胆工作,指点他们工作方法的同时,要更严格要求小干部个人在知识、能力上取得更大进步,在纪律上以身作则,力求从各方面给全班起到模范带头作用,另外培养干部团结协作的精神,要能够通过干部这个小集体建立正确、健全的舆论,带动整个班集体开展批评与自我批评,形成集体的组织性、纪律性和进取心。

四、以强化常规训练带动工作

良好的常规是进行正常的学习和生活的保障,一个学生调皮捣蛋,不合常规的举动往往会使一堂好课留下遗憾,使整个集体活动宣告失败,甚至使全班努力争取的荣誉付诸东流,直接影响到班集体的利益。因此,要扎实有效地加强学生的常规训练。晨会课、思品课、班队课都是强化训练的主阵地,通过训练让每个学生具有服从集体、服从命令的思想,具有自我约束力,形成习惯,保证整个班集体随时表现出良好的班风班貌。

在这学期中,我与学生在一起,觉得日子过得真快,虽然每天都是忙忙碌碌的,但我忙得高兴,忙得开心,我将更加努力工作,不断完善自己,提高自己。

这是一位新手班主任的学年工作总结,助其从"繁重工作中解脱出来"的四条经验恰恰验证了组织建设的四个要素:共同目标、人员结构、制度规范与文化建设。这说明,如果能在职前掌握班级管理的基本知识与基本方法,新手班主任就能少走不少弯路,既提高班主任工作效率,不至于手忙脚乱,又能促进班主任专业成长。那么,班级管理是怎样的一种工作与学问呢?

一、班级管理的定义

"班级管理"一词的英文 classroom management,又可译为班级经营、教室经营或教室管理。不同角度,有不同的理解。

西方学者讨论班级管理问题一般是指比较狭义的"课堂管理""教学管理",因为他们的班级主要由任课教师来维持课堂秩序,建立学习环境,没有专门的班主任。如下述学者的定义:班级管理是教师解决班级秩序问题时所采取的行动和策略(Doyle,1986)。班级管理是教师一连串行为和活动,主要在于培养学生班级活动的参与感与合作性,具体范围包括了安排物理环境、建立和维持班级秩序、督导学生进步、处理学生偏差行为、培养学生工作责任感及引导学生学习(Emmer,1987)。班级管理是教师安排环境、建立教室常规、管理学生行为、督导学生活动、运用奖惩等方法,来维持有效率的学习环境,建立良好的师生关系,以达成有效的学习过程(Edwards,1993)。英文 class control(班级控制)或 classroom discipline(班级纪律)也具有班级管理的含义,但受行为主义心理学的影响,比较偏向教室常规管理、学生偏差行为处理,范围比较狭小。

我国台湾地区称"班级经营",是师范生必修的一门重要教育专业科目。受西方影响,班级经营通常被认为是教学成功的先决条件,是为教学做整顿工作。如林进材认为,"班级经营的重点在于产生和维持教室情境,使教学依教师计划有效地进行,如鼓励良好行为,培养师生关系,建立有益的团体行为常模等,都是管理活动一些例子。"[①]不过,更多的中国台湾学者是从比较系统的管理视角来界定概念的,与大陆比较接近。比如张民杰认为,"班级经营之意义在于对影响班级运作的人、事、时、地、物等各项因素做有效的管理,以达成班级存在之目的。由于班级是一个开放系统,因此影响班级运作的各项因素,不但包括教室内的人、事、物及其所处的时空环境,也包括教室外的学校、家庭、社区、社会、国家等人、事、物。教师要对班级做有效的管理,除了须对教室内的人际行为、课程与教学、行政事务、时间、物质环境做妥善的安排外,也要致力于学校整体策略的结合,亲师的沟通、支持与合作,以及对社区、社会和国家,甚至世界局势和潮流对学生的影响亦须有所了解和认识。"[②]

我国大陆地区,与"班级管理"相近的概念还包括"班主任工作""班集体建设"。中

① 林进材.班级经营[M].2版.上海:华东师范大学出版社,2020:2.
② 张民杰.班级经营:学说与案例应用[M].3版.台北:高等教育出版公司,2011:3.

小学是每班专设班主任,班主任工作是为了促进学生的全面发展,因此有将班级管理看作是一种特殊的教育行为。徐长江、宋秋前将班级管理定为:"在师生合作的前提下,教师通过适当的班级管理策略,有效地处理班级中的人、事、物等各种事务,培养学生的良好行为,营造支持性的学习情境与健康和谐的班级文化氛围,以达成教育目标,促进学生健康成长的过程。"也有的将班级管理看作是一种管理行为,以管理理念与知识来更好地促进班主任的专业化。如齐学红"借鉴了管理学中开放系统论的观点来认识班级组织以及班级组织的管理,把班级组织作为一个社会系统来认识,而班级管理的任务则是保持系统内部各要素之间的协调与平衡,从而最终达成班级的育人功能"。①

综合班级组织的系统特性及管理理念,根据班级实务及相关学者论点,本书参考吴明隆的定义:班级管理,乃是师生在教室社会体系中,遵循一定的准则规范,在师生互动情境下,适当而有效地处理班级中的人、事、时、地、物等各项业务,以建构良善的班级气氛,发挥有效教学的效果,达成全人教育目标的历程。② 本书认为,班级管理既有一般管理的特性,掌握它,有助于班级管理的专业化;班级管理又有显著的教育特性,掌握它,有助于发挥班级的育人功能。

二、班级管理的管理特性

管理是社会组织活动中的现象,是组织管理者或管理机构在一定范围内,通过计划、组织、控制、协调等管理措施,对组织所拥有的资源(包括人、财、物、时间、空间、信息)进行合理配置和有效使用,以实现组织预定目标的过程。班级管理具有一般管理活动的特征。

1. 管理系统的相似性

教育管理学认为,学校组织是一个开放的社会系统。(1) 社会系统是目标导向的,学校系统的核心目标是使学生为成人角色做准备。(2) 社会系统是结构化的,它需要不同的组成部分来履行不同职能并分配资源,比如分工、专业化和科层制。(3) 社会系统是规范化的,正式的规则制度与非正式的规范共同规定了恰当的行为。(4) 社会系统拥有独特的文化,即一套影响行为的、共享的主导价值。③

班级是小规模的社会组织,但也具备以上四个基本的系统要素:班级目标、班级结构、班级制度与班级文化,班级的组织建设即以此展开。

2. 管理过程的相似性

管理学认为,一切管理活动都是由计划(Plan)、执行(Do)、检查(Check)和处理(Act)四个环节组成的,它们就像一个不断旋转的圆环一样,沿着这四个环节螺旋上升,推动着管理过程前进。PDCA 循环,又被称之为"戴明环"。它是全面质量管理的思

---

① 齐学红.班级管理[M].武汉:武汉大学出版社,2011:前言 1.
② 吴明隆.班级经营:理论与实务[M].4 版.台北:五南图书出版公司,2017:10.
③ (美)霍伊,米斯克尔.教育管理学:理论·研究·实践(第 7 版)[M].范国睿,译.北京:教育科学出版社,2007:21－22.

45

想基础和方法依据,也是管理各项工作的一般规律。

班级管理中开展的各项工作,也要遵循这一基本规律。计划是整个班级管理过程的起点,实施是对计划的落实,检查是对实施的监督,总结是对计划、实施、检查的总评价。班级管理工作就是在这四个环节的有机结合、有序运行以及管理周期的循环运转、螺旋上升中不断前进、不断提高的。

3. 管理行为的相似性

管理学认为,在任何组织中,沟通、决策、激励、领导、危机处理与应对变革都是基本的管理行为,任何组织都面临着人力资源管理、技术与产品开发(学校即课程开发、教学改进)、财务与后勤管理、公共关系处理、品牌创建等具体管理项目和任务,体现着管理者的专业能力。

班级管理虽然是小型组织管理,但也涉及人际沟通、危机处理、教育领导等管理行为,而活动与辅导正是班级这样的教育组织最能体现自身核心技术的两个领域,其有针对性的开发将促进组织活力与品牌特色的形成。

把握班级管理的管理特性,有助于夯实班级管理的专业知识基础,为班主任专业能力的提升找准问题、锚定方向。

三、班级管理的教育特性

与一般的管理活动相比,班级管理具有自己的特殊性。为了进一步加深对班级管理的理解,可以将班级管理与企业管理做一对比,以更清楚地看出班级管理的特点(见表3-1)。

表3-1　班级管理与企业班组管理特点的比较①

班级管理的特点	企业管理的特点
以育人为最终目的	追求利润的最大化
班级管理具有教育性	以产品生产为核心,人为"物"服务
科学化、人性化并重	具有强制性和官僚化的特征
管理对象的不成熟性	企业员工一般都是成年人
管理内容具有广泛性和丰富性	局限于员工在工厂内的生产活动
管理劳动具有复杂性和创造性	目标比较单一,管理劳动相对简单

1. 管理对象的特殊性

与一般管理不同,班级管理的对象一般是从六七岁到十七八岁的学生,他们正处于长身体、长知识、积累经验、学习做人的时期,还不具备"独立"的生活能力和经验。学生的这种不成熟性决定了班级管理不能搬用成人的管理方式,应以教育、说服、引导为主。而且,班级管理中要时刻以学生的生命安全、心理健康、全面发展为工作要旨,管理活动

---

① 马建富.班级管理[M].南京:南京大学出版社,2016:13.

与行为不能与此教育目标相冲突。

2. 管理主体的特殊性

与一般管理不同,班级中存在着教师和学生这两种不同主体性的群体,他们之间不是上下级关系,而是民主平等的关系。班主任是学校委派的主要的班级管理者,他对于全班学生学习成绩的提高和思想品德的养成起着极其重要的作用。学生既是班级管理的对象,又是班级管理的主体,在班级管理中发挥着主体角色作用,为实现班级管理目标贡献着自己的智慧和才能。

3. 管理目的的特殊性

与一般管理主要追求效率目标不同,班级管理在注重组织效率的同时,更关注个体发展、维护群体公平。班级管理不能唯分数、唯绩效,不能像社会上"末位淘汰"那样搞恶性竞争,要尊重每一位学生,不抛弃,不放弃,为每一位学生的全面发展创造机会。班级管理在实施奖惩措施时要充分考虑教育因素和未成年人的心理状态,要人性化管理,不能简单粗暴,不能功利主义。

坚守班级管理的教育特性,才能为学生创造良好的发展环境,通过管理育人,让其在潜移默化中获取公平、民主、平等等核心价值观念。

推荐阅读 3-1,通过全国知名班主任万玮的自述,感受班主任专业成长的轨迹。

推荐阅读 3-1
万玮:《班主任兵法》自序

第二节　班级管理的理论基础

引导案例

一位新老师的无奈和困惑

刚做老师一个月,对于学校的生活还算适应,但是对于学生真有种无奈的感觉,不是说学生很差,而是无奈于学生的行为习惯和态度。作为一个"副课"教师,我只是希望在教学中认真上课,和学生良好互动,在课后可以和学生平等交往。但是一个月下来感觉很累,主要在于学生的课堂纪律。你让学生发言,他们无人举手,而你在上课,他们却在私下里说话,或者高声喊叫。你在强调班级纪律的时候,他们都在很认真地听,可是一转身,又在那里闹了。使眼色,点名,甚至罚站,没有效果。该吵的还在吵,站着都继续动,难道真的要狠下心来凶一下才会有效果吗?难道真的就讲不通道理了吗?我曾经问过全班这个问题:为什么课堂上会有那么多的声音?有学生回答说课堂上有很多有趣的事情发生。我又问:是每节课都有吗?学生说是的。我再继续问:那是不是所有课都这样？学生回答说"主课"不是的。①

课堂纪律是班级管理的一个重要问题、棘手问题,甚至有人说是"世界性的新手教师最大的难题"。此案例中,作为"副课"教师管不住学生,而"主课"纪律要好些,这说明什么问题？影响学生课堂纪律的因素有哪些？班主任该如何建立课堂秩序？对管不住的学生,该如何应对？不同的理论派别有不同的看法,也就是说每种管理行为背后都潜藏着不同的理论假设与知识基础。

有学者认为,"班级管理研究已经从原先单一的心得体会式的研究路径朝着多元方法论范式引领下的理论研究迈进","将班级管理仅仅局限于教育学的学科视野中,未免狭隘。事实上,人们对于班级管理的关注和研究从来都不是单向度的,它必须有宽厚的理论基础作为支撑,而多种学科视野则无疑对班级管理研究产生着直接或间接的影响"。② 本书认为,以心理学为基础的行为控制理论、教育学中的集体教育理论与社会心理学中的团体动力理论,以及管理学背景下的组织行为理论,是构成当前班级管理专业知识的三大理论来源。

一、行为控制理论③

行为控制理论,又称为常规管理理论、纪律理论。该理论模式以心理学的行为主义与人本主义为两端,依据教师控制力的不同程度,形成了一系列的纪律管理学说,伯登(Burden)将其归纳为表 3-2。

表 3-2　班级管理中的主要纪律理论④

	干涉模式	互动模式	引导模式
教师的控制程度	高	中	低
学生控制的程度	低	中	高
关心学生的思想、情感和爱好的程度	低	中	高
理论思想	行为主义	发展心理学和社会心理学	人文主义和心理分析
如何看待儿童	儿童的发展首先来自外部的力量和条件;儿童被他们所处的环境塑造	儿童的发展来自内部和外部力量的共同作用	儿童的发展首先来自内部的力量;通过自己做决定,可以使个人成长;学生是自己命运的主人

① 转引自徐长江,宋秋前.班级管理实务[M].北京:高等教育出版社,2010:2.案例来源同名网文.
② 陈红燕.班级管理研究述评[J].教学与管理,2004(11).
③ 徐长江,宋秋前.班级管理实务[M].北京:高等教育出版社,2010:39-49.
④ P.Burden.成功地经营你的班级(第3版)[M].张艳华,译.北京:中国轻工业出版社,2006:20-21.

(续表)

	干涉模式	互动模式	引导模式
使用的主要过程	建立规则,并且给予奖励和惩罚	当解决问题的时候,正视学生,并且签订契约;劝导学生	培养有同情心的、自我管理的学生;建立师生之间良好的关系
教师使用的方法	控制环境;选择和使用适当的强化和惩罚措施	和学生互动以明确和建立界限;强化界限;阐明互相能够接受的问题解决方法	建构环境来促进学生对他们自己行为的控制;帮助学生看到问题,并且引导他们做出合适的决定来解决问题;成为一个移情的倾听者;允许学生表达他们自己的情感
代表性理论	斯金纳的行为改变模式;琼斯的正向纪律模式;坎特夫妇的果断纪律模式	德瑞克斯的逻辑后果模式;尼尔森等人的正向班级纪律模式;格拉瑟的非强制性纪律理论	高登的纪律作为自我控制模式;柯恩的从纪律到社群模式;费伊等人的用爱与逻辑教导模式

(一)教师高控制模式

即干涉模式,是以行为主义心理学为理论基础,强调教师对学生行为的高度控制。该模式的哲学理念、教师角色与常规管理方式为:

1. 哲学理念

学生的成长和发展是外部条件作用的结果,学生是环境塑造而成的,学生并没有先天内在的潜能。

2. 教师角色

教师和成人需要为学生选择可预期的行为,增强好的行为,并采取必要步骤,以消弭学生不当行为。这种方法很少注意到学生的思想、感情和爱好,因为成人在教学方面更有经验,并且有责任来选择对于学生的身心发展和行为控制最好的方式。

教师为班级选择规则和程序,通常没有学生的参与。然后,教师强化预期的行为并且采取行动来让学生停止不适当的和非预期的行为。当不当行为出现时,教师采取措施来迅速制止破坏,并且使学生做出更多积极的行为。行为改造、行为契约和强化刺激都是高度控制的具体方法。

高度控制的方法更强调对于个人的,而不是群体的行为的管理。

3. 常规管理

高控制的常规管理模式有斯金纳(B. F. Skinner)的行为改变模式(Behavior Modification)、琼斯(F. Jones)的正向纪律模式(Positive Discipline)、坎特夫妇(L. &

M. Canter)的果断纪律模式(Assertive Discipline)等。下面着重介绍琼斯的正向纪律理论。

20世纪70年代以来,琼斯和他的同事对众多的中小学课堂进行了观察和记录。他们发现学生的纪律问题很少是类似于公然反抗这样的重大问题,大多数违纪行为是大量浪费时间的行为,其中80%为未经允许随便讲话,而19%为一般性的慵懒行为,包括制造噪音、做白日梦、随意走动等。为了处理这些干扰行为,教师损失了大约50%本来可以用于教与学的时间。

班级管理者的目的在于帮助学生专注于学习,琼斯提出了班级管理的一些基本技巧,可以使学生富有成效地学习,使教师预防并有效地处理各种违纪行为。

(1)有效的班级结构

通过发展班级结构,包括规范、程序及物理环境的安排等,可以预防违纪行为的发生。班级的物理环境(如课桌椅的安排)、社会环境、学习环境,甚至是电话中和家长的沟通互动,都要建立明确的格式和项目及清楚的结构。班规可分为一般性班规和特定性班规两种。一般性班规的目的在于引导价值、希望和期望,例如,以你希望他人对待你的方式来对待他人,尊重他人的隐私等;特定的班规指在特定活动中诸如做什么事情、怎么做、何时做等方面的规定,例如发言前要举手,离开座位前要获得允许等。

(2)通过身体语言设定限制

琼斯认为,良好的纪律在很大程度上依赖于教师如何运用有效的肢体语言。他提醒教师不能用嘴来维持纪律。他还具体提出了正确呼吸、眼神接触、身体接近、身体姿势、面部表情以及手势的运用方法和使用技巧。

(3)运用说、看、做教学

琼斯认为许多教师在课堂上花费了大量时间向学生呈现信息,而学生则相对地保持被动。直到一节课结束,教师才要求学生用他们刚才获得的信息来做些事情。这种方式会由于教师的大量输入造成学生的认知负担,使注意力不能集中在课堂上。由于教师没有和学生交流,而学生被动地坐的时间太长,要做点什么事的冲动也会累积起来。琼斯认为,更有效的办法是从一开始就使学生像上满发条的机器一样运转起来,教师呈现信息,然后很快地让学生用这些信息做点事情。琼斯将这种方式称为说、看、做教学。教师说(或做),学生看,然后学生用教师呈现的信息来做事情。这种方式大大减少了学生走神的机会,因为他们总是很忙,而教师在教学过程中循环地与学生进行交流。

(4)通过激励来培养学生的责任感

在琼斯的班级管理体系中,激励作为鼓励学生的方式具有重要的地位。琼斯认为在正确运用的条件下,激励能促使每个人对自己的行为负责。当学生按照教师的要求去做而表现出责任感时,正是因为教师运用了鼓励和激励,而不通过抱怨、胁迫或惩罚来强迫他们展示责任。其激励的方式主要有:① 祖母规则:要求学生负起责任,"吃完晚餐,才能吃点心",即学生首先应做完必须要做的事情,然后才能做自己想做的事情。② 喜爱活动时间:以团体为奖励的形式,用时间作为奖励的内容。如果班上学生能负责尽职且有效如一,教师就可增加"喜爱活动时间"。琼斯相信学生喜爱的群体活动是真正的激励。因为几乎所有学生都渴望有充分的激励,愿意通过额外的努力来获得这些激励。而这些激励又是面对所有学生的,而不是只有一少部分人能得到。琼斯特别强调活动应具有一定的教育价值。可以通过投票选择活动,所有的学生在分配好的时间参与同一项活动。

（5）支持系统

这里所说的支持系统,是指一套处罚的安排,以制止严重的破坏行为。琼斯提出了三个水平的支持系统:① 轻微的支持性反应。教师可以私下或半私下地对学生说:"我希望你不要说话,这样我们才能继续上课。"通过这种方式,学生会了解教师的认真态度。这是为保护学生尊严而建议教师采用的方式。② 中等程度的支持系统是隔离、留校或开家长会。③ 强烈的支持系统包括去办公室、校内或校外察看、特殊班或特殊学校。

（二）教师中控制模式

即互动模式,是以发展心理学与社会心理学为理论基础,强调教师对学生的中度控制。该模式的哲学理念、教师角色与常规管理方式为:

1. 哲学理念

学生发展来自内外因素的合力,学生对行为的控制是师生共同的责任。此理念采用以学生为中心的哲学观,这与低控制模式相一致,不同的是中控制模式强调学习是在群体环境中产生的。

2. 教师角色

教师在教学、管理及常规训练的过程中,应该考虑学生个体的看法、感觉、理念和喜好,但是最终教师应该首要关注的是满足群体学习的需要。

教师提供机会让学生掌控自己的行为,促进其能力发展及做出合适的决定,但学生可能不知道他们的某些行为会妨碍自己的成长和发展,因此学生需要意识到他们行为的后果,并且做出判断从而获得更好的结果。

教师和学生经常合作,共同拟定出规则和程序。教师可能提供一个或两个必须遵守的规则,引导学生开展对于规则的讨论,而教师也可能对学生选择的规则使用否决权。中度控制的教师会注意强化学生的规则意识,使学生注意到他们的决定和行为的后果。这代表着比低度控制的教师采用更高程度的控制。

3. 常规管理

中度控制的常规管理模式有德瑞克斯（R. Dreikurs）的逻辑后果模式（Logical Consequence）、尼尔森（J. Nelsen）等人的正向班级纪律模式（Positive Classroom Discipline）、格拉瑟（W. Glasser）的非强制性纪律理论（Cooperative Discipline）等。下面着重介绍尼尔森等人的非强制性纪律论。

尼尔森等认为,要为所有年级的学生授权,使他们不仅在班上,同时在生活的其他方面也能取得更大的成功。他认为,当学生获得了接受他人、有效交流、表示尊重、保持积极态度等技能时,行为问题就会大大减少。所以班级气氛应该是友好的,保证个人的尊严和互相尊重。

（1）三个观念

尼尔森等认为，班级管理要发展三种观念：① 个人能力观念，教师营造一个安全的气氛，在班会上让学生表达自我，倾听他人，不需要担心成功或失败。② 基本关系的重要性观念，教师认真地倾听学生的感觉、想法与观念。当学生感觉到自己的感受、想法和思想被他人接受，个人意义自然而然地就建立起来了。③ 个人有权支配生活的观念，强调鼓励和责任感并重。教师给予学生为班级作贡献的机会，并让学生相信自己有能力对班级环境产生影响。

（2）四项技能

尼尔森等认为，在班级管理中学生应形成四项基本技能：① 自我内省的技能。学生能从他人的反馈中了解自己的情感和行为，并学会对自己的行为后果负责。② 人际互动的技能。学生能通过对话，倾听他人，与他人分享，学习冲突的解决办法，发展人际互动的技能。③ 策略技能。即适应问题的能力，通过解决问题程序，学会用不同途径来表达自己的想法或感情，处理日常生活中所发生的事情。④ 判断的技能。让学生从错误中学习，有机会与勇气来练习做决定，而非以惩罚来为错误付出代价，以发展出判断的技能。

（3）五对概念

尼尔森等要求老师真正地关心学生，并将这种关心表达出来。教师可以通过不厌其烦地了解学生个人情况，鼓励他们将犯错误当成学习和成长的机会，相信他们有能力做出富有意义的贡献。教师有可能会显示出一些缺乏尊重与鼓励、使学生灰心丧气的行为，例如：① 假设还是检视。教师总是习惯在未询问学生的情况下，便假设自己了解学生的一切，然后在此基础上轻率地处理学生的问题。这样做常常阻碍了学生展示自己独有的能力。教师应检视学生，查明学生的实际情况和感受后再采取行动。同时应注意发现他们所拥有的能力，并相信他们拥有处理问题的能力。② 解救还是探索。教师希望为学生做好每件事情。似乎将学生从困难中拯救出来或者为学生做好本应他自己去做的事情，才是对他的帮助。但实际上当学生自己感知情况，并且从自己的经验中学习，或者通过同学间相互参考学习之后做抉择，学生反而能够取得最大的进步。③ 指示还是鼓励。教师经常以缺乏尊重的方式指示学生做事。譬如"回到座位上去""拾起来"等话语，教师并没有意识到这是不尊重学生的表现。这可能会使学生产生依赖性，失去主动性和合作性。如果采用鼓励的口气效果会更好一些。如"草稿纸掉在地上了。如果你把它捡起来的话，我会非常高兴。"④ 期望还是褒扬。教师有时会设定学生无法达到的标准，而当学生无法达成便对其进行惩罚。其实教师应更多地发现学生的进步，这会对学生具有激励作用。⑤ 成人中心还是尊重。教师有时会以自己的成人式的标准来要求学生进行思考和行动。如"你怎么从不……""为什么你不能……"或者"我简直不敢相信你会这么做！"建议教师应多与学生互动，了解并且尊重每个人的差异。

（4）八项基础

尼尔森等认为，班会是建立彼此关怀、相互支持与合作氛围的重要平台。要使班会有效果,需要注意下列八个基础事项:① 每个人都有平等的说话和被倾听的权利,应形成一个休戚与共的团体。② 练习赞美与欣赏。③ 设定议程。④ 培养沟通技巧。⑤ 明白"每个人都有不同想法"。⑥ 明确偏差行为的四个目标:获得注意、寻求权力、寻求报复、无能化,以此解决问题。⑦ 学习角色扮演与头脑风暴方法。⑧ 将焦点集中于非惩罚式的解决方法。

(三)教师低控制模式

即引导模式,是以人本主义心理学为理论基础,强调教师对学生的低度控制。该模式的哲学理念、教师角色与常规管理方式为:

1. 哲学理念

学生应该对他们自己的行为负首要的责任,并且有能力做出某些决定。学生被认为有一种内在的潜能和机会,来做出使他们个人能够得到成长的决定。当处理教学、班级管理和纪律问题时,教师应该从学生的角度出发,首先考虑学生的思想、情感、观点和爱好。

2. 教师角色

教师有责任建构环境,以促发学生掌控自己行为,如订立规章时,教师要引发讨论,以激起学生认识适当行为的界定范围,以便制定合适的规则。当不当行为发生时,教师也要帮忙厘清问题所在,引导学生做适当决定以解决问题。

引导模式下,学生有高度的自治权利,而教师只使用低度的控制。但这并不意味着班级环境会成为一个混乱的学习场所。教师负责推行一些基本行为准则,并确保规范能落实执行,使学生于一个井然有序的环境中学习。

3. 常规管理

低度控制的常规管理模式有高登(T. Gordon)的纪律作为自我控制模式(Discipline as Self-Control)、柯恩(A. Kohn)的从纪律到社群模式(From Discipline to Community)、费伊等人(J. Fay & D. Runk)的用爱与逻辑教导模式(Teaching with Love and Logic)等。下面着重介绍高登的纪律理论。

(1)纪律就是自我控制

高登受到人文主义很深的影响,特别强调学生责任感和自我控制的发展。他认为教师最好不要使用"权力"来控制学生,因为这会导致学生表现出种种不良行为。教师利用奖惩的力量来控制学生,事实上就是使用"权力"的权威力量来管教学生,不仅收不到预期的效果,有时还会产生反效果。例如,你拥有权力,你可以给学生低的分数,你也能让他们做他们自己并不想做的作业,但以权力为基础的纪律从长远来看是没有效果的,教师应该尽量使用非控制性的"专家""职位""和约"等来影响学生。所以高登提出"纪律就是自我控制",教师要发展一种师生互相尊重的方法,通过有效的沟通技巧来建立与增进和谐融洽的师生关系。

(2)行为窗:澄清问题的所有权

要学生培养自我控制能力,当学生有某一特定问题产生时,教师必须首先明确这一特定问题的所有权是属于教师还是学生,再根据问题的归属采取不同的对策,并运用各种适当的沟通技术以解决问题。高登创造了一种行为窗技术,来帮助明确问题的归属。

① 当没有问题时。此时教师与学生相处愉快,但教师也需要采用预防的技能以预先防止教师或者学生将要面对的问题。首先,教师可以使用预防性的第一人称信息,以影响学生将来的活动,如教师说:"明天我们要去春游了,我想让大家都度过一个美好的时光而不要出什么问题。我想让大家始终都一起行动,不要让谁走失了。"而带有谴责性信息的第二人称的预防性信息则应避免使用:"上一次春游中你们表现很不好。因此,我希望你们这次一定要一起行动,不要再走丢了。"其次,教师和学生应共同制订规则。在这种民主的氛围中,每个人的需要都得到关注,可以得到教师和学生的双赢的局面。最后教师与学生应共同分享权力,面对问题时共同进行决策。

② 学生的问题。在这种情况下,学生的需要没有得到满足,或者感到沮丧、不快乐或者有困难,但这些行为对于教师和班级中其他学生不会产生很大的影响。这对教师而言是可以接受的。这时教师需要的是帮助的技能。教师需要仔细倾听,但是不要尝试替学生解决他们的问题。高登认为,教师与其告诉学生他们应该做什么,还不如充分利用倾听的技术。高登提出了四种倾听技能:被动倾听、确认回应、敞开心扉和积极倾听。

③ 教师的问题。学生的行为会给教师或其他学生带来消极的影响,因此对于教师而言是不可接受的。这种情况下,教师需要通过对抗技能来满足自己的需要,但应注意需要采取积极的、无敌意的方式。首先,教师要试图改变环境,而不是改变学生。教师可以通过丰富教学内容、改进教室布置的手段吸引学生的注意,激发他们学习的欲望。此外应限制环境中令人分心的事物,以此消除问题行为或者将其降至最小。其次,教师应注意传递第一人称信息,它只描述问题的情形和教师的感受,因此不会对学生造成伤害。如:"我看到一位同学上课打瞌睡,我感到很失望。"最后,当课堂上发生冲突时,教师应使用"无失败方法"(N-lose Method)来处理这种情况。师生双方都应谈论各自的感受,谈论是什么让他们对彼此不满。接着他们可以共同协商一个能满足彼此需要且都愿意接受的方法,使冲突能圆满化解。此时,师生双方皆是赢家,且能维持良好的师生关系。

在我国中小学,常见教师高控制的班级管理模式,它有利于维护统一的班级秩序和高度的班主任权威,对提升班级管理的效率有一定的作用,一般在班级组建之初的常规建立阶段被频繁使用(本节行为控制理论有不少知识策略在本书第六章常规管理中得以运用,可前后对照着来看),但我们应该明白,高控制不是长久之计,应该积极吸收其他模式的有益思想。

二、群体心理理论

行为控制理论的出发点是预防与解决学生的不当行为,因此很容易将班级管理窄化为纪律管理;而且行为控制理论比较偏重对个人行为的管理,较少关注群体行为及其对个人的影响力(中度控制理论有所涉及)。将班级看作一个学生群体,而且认为群体会对学生个体产生重大影响,持此种看法的主要来源于两种理论方向:一是西方社会心理学背景下的群体动力理论,二是苏联教育学背景下的班集体理论。

(一)群体动力理论

群体动力理论(group dynamic theory),又称团体动力学,是 20 世纪 40 年代由美国社会心理学家勒温在"场论"的基础上提出的。所谓"场"是指"生活空间",由个人与其所处的环境组成,是着实影响个人行为的空间。场论强调,不论是物理环境,还是心理环境,都与个人行为存在着天然的关系。在场论的基础上,勒温系统提出了团体动力学理论。勒温指出,人不过是一个生活空间的变异区域,而生活空间是表示各种可能事件的全体,它包括人(P)和环境(E),行为(B)是生活空间的函数,即人的行为是他和其所处环境交互作用的结果,用 B= f (PE)表示。

在班级组织中,学生和教师构成了一个群体,在班级群体之中,每个人的行为都会受到他人和环境的影响,个体的行为会因他人和环境的变化而变化。发挥班级团体的动力,让班级成员在内在动力、外部约束、学生之间的竞争与合作中达到全体班级成员的协调发展,使每个学生在自己潜能的范围内得到最大的发展,让班级管理向教育的理想迈进。

(二)集体教育理论

班集体理论(class collectiveness theory)源于苏联教育理论家的观点。班集体理论是建立在集体主义意识形态基础之上的,认为整体利益高于个人利益,个体是集体的一部分,个体与集体息息相关。只有完善的集体,才能造就完善的人。

班集体是班级群体发展到高级阶段的表现形式。具有以下特征:① 高度的社会倾向性。集体不是一个封闭的体系,它包含在社会关系之中,作为社会的一部分,不可避免地具有该社会的政治、道德和美学思想。是否符合社会进步要求的倾向性是区分集体和群体的一个标准。② 高度的组织性。任何组织都是群体,但群体只有被赋予特定的结构形态时,才称为组织。组织性的水平和自我组织程度是区分群体和集体的另以标准。③ 高度的社会主体性。集体内部,相互作用和相互关系的一切现象都要以群体活动的目的、价值和内容为基础,以活动为中介是集体形成的整合因素。集体的活动不是由外部决定的群体自在活动,而是一种集体自主活动,集体是活动的主体,共同的集体意识和自觉统一的社会心理标志着自在群体向自为集体的转变和飞跃。①

苏联教育家马卡连柯提出了平行教育原则,又称平行影响教育法。平行教育影响是以集体为教育对象,通过集体来教育个人的教育方法,使教育者对集体和集体中每一个成员的教育影响是同时的、平行的。他说,学校的"教育方针概括地说,就是建立合理的集体,建立集体对个人的合理的影响",他提出并实施了"在集体中、通过集体、为了集体"的班集体教育思想。教育了集体,也就教育了集体中的个体。而个体只有在集体

---

① 唐迅. 班级社会学引论[M]. 南京:南京大学出版社,1990:33 - 35.

中,才能获得全面发展的机会和展示才华的舞台。

苏联社会心理学家彼得·罗夫斯基对集体与群体进行了比较(见表3-2)。他指出,集体是群体发展的高级形式,并非任何群体都能被称为集体。也就是说,不是任何班级都能被称为班集体的,只有发展到一定阶段、符合一定要求的班级才能被称为班集体。

表3-3　群体理论与集体理论的比较①

微观社会学的群体理论	以活动为中介的集体理论
群体被看作情绪沟通过程的总和,即心理情绪共同体	群体被看作社会的一部分,它具有内容丰富的活动和价值,即社会心理共同体
小型群体代表任何集团的最主要特征	小型群体是群体低级发展水平的个别情况
与其他种群体有本质区别的处于高级发展水平的群体未被区分出来和加以研究	集体是特殊的群体,其中各类关系以活动的社会价值为中介,被专门区分出来加以研究
人际关系被看作群体的直接相互作用	人际关系被看作以群体活动为中介
小型群体中人际关系规律可以推广到高级发展水平的群体中	小型群体中人际关系规律不能推广到高级发展水平的群体中
任何群体的社会心理规律可归结为群体动力学的一般规律	集体的社会心理规律不能归结为群体动力学的一般规律
社会心理规律对群体而言一般是正确的、意义相同的	集体的社会心理规律与低级发展水平的群体相比,有质的差别
群体中的过程对群体活动、目的和原则是不分等级的	集体类型的群体中的过程是分等级的,有多级结构,每个结构的规律都不相同

三、组织管理理论

曾几何时,我们一说到管理,就害怕被贴上"管理主义"的负面标签。具有"管理主义"取向的学校,其显著表现为管理者对被管理者的高度控制,师生处于一种权力不平等的地位,同时它以效率为中心,片面强调分数,过度依赖定量考核,严重不适应全面发展教育、学生核心素养培养的当代社会需求。但这不是管理学的错。既然班级是一个社会组织,那么无须讳言,班级管理也就是一种组织管理,它的成功一定符合组织管理的基本原理。我们应该认真将组织管理的一些原理、方法与策略应用到班级管理中来,即使退一步说,管理学也为我们分析观察班级组织,深入理解班级管理现象增加了一个热门的科学视角。

从管理学作为一门正式学科产生至今,人们对组织的认识一直受三大理论思潮——科学主义、人文主义以及两者的整合的影响,在此基础上形成了三种相互区别而又相互影响的组织观:科学主义组织观、人文主义组织观以及整合的组织观。在不同的

---

① 唐迅.班级社会学引论[M].南京:南京大学出版社,1990:31-32.

组织观的审视之下，班级组织及其构成要素便呈现出不同的形态，这将最终影响教师对班级组织的管理。我们将具体论述这三大组织观并以此分别对班级这个特殊的组织予以介绍。①

（一）科学主义组织观

1. 科学主义组织观的要点

科学主义组织观最早起源于 20 世纪初形成的科学管理理论。当时，资本主义正处于蓬勃发展的时期，然而，由于管理不善，生产中普遍存在着人力和物力资源的浪费，生产效率低下。为了改变这种情况，实现组织管理效率的最大化和最优化，科学管理者找到"科学""理性"这一途径。他们企图用科学、理性的方法来提高组织管理的效率。雷德里克·泰勒首先开展时间和动作研究，以探究工人在组织中最大效率工作的方法。在此基础上，他形成了自己的科学管理理论，完成《科学管理原理》这部具有划时代意义的著作，其核心观点便是用标准化的方法和标准化的制度追求组织管理效率的最大化。该书标志着西方管理科学的正式产生，也标志着资本主义国家由经验管理向科学管理的根本转变。因此，雷德里克·泰勒被誉为"科学管理之父"。同样追求组织管理的理性，和泰勒从具体操作方法着手不同，法约尔从行政管理原则着手，试图建立一套由上而下的理性管理体系。之后，古利克和厄威克对法约尔的科学管理理论也有所发展。在他们的努力之下，科学管理理论越来越完善，影响也越来越大。

当代社会，很多学者在坚持科学主义组织观基本观点的基础上，摒弃了其中一些不合时宜的、有失偏颇的观点，使科学主义组织观得以继续和深化。和古典组织理论强调科学方法、科学行政原则不同，当代科学主义组织观强调的是通过组织结构的科学化和理性化实现组织效率的最大化，个人在组织结构中的作用仍然是有限的。因此，清晰、具体的目标和组织结构的形式化对于当代理性系统管理论者具有非同寻常的意义。首先，组织目标是组织得以形成的根本动力，而组织则是实现其目标的工具。其次，是组织的形式化。它体现为组织的规章制度，是组织理性化的另一个重要的特征。形式化产生了组织的工作绩效标准和规章制度。明确的组织制度有利于确定组织成员的工作，有利于规定组织成员的行为，有利于清晰地评价组织成员的工作。

2. 科学主义组织观对班级管理的影响

尽管科学主义组织观在如何实现管理理性化的问题上还存在着分歧，但他们却都认为组织是实现具体组织目标的正式工具，它强调组织效率的最大化，理性是实现效率最大化的组织管理首要原则。科学主义组织观从其产生之初就被引入教育管理中，引导着人们对教育系统、如何进行教育系统管理的认识，一直延续至今。其理性方法、理性行政原则以及理性组织结构都在教育管理理论和实践中产生着影响。

在班级管理层面上，虽然没有专门的理论阐述反思，但在实践层面我们却不难看到

---

① 齐学红. 班级管理[M]. 武汉：武汉大学出版社，2011：21－28.

科学主义组织观的影响,这背后反映的是在科学主义组织观影响下教师对班级组织的认识。在科学主义组织观的视野之下,班级组织呈现出以下特征:(1)明确的班级目标。班级组织作为一个整体具有实在性,它是为实现一定的目标而建立起来的。因此,班级目标是班级组织形成的前提条件,也是班级组织制订一切工作计划的纲领。(2)严格的班级制度。追求班级管理的科学化和理性化,很多教师认识到建立严格的、系统的班级制度是很重要的。他们认为,为了更有效地达成班级组织的目标,班级组织必须具有严格的、明确的纪律和制度。(3)量化的评价体系。为了保证班级规章制度的有效实施,班级必须具有一套明确的学生评价体系。受科学主义管理思想的影响,很多教师在班级管理中追求学生评价的科学化,采用量化的学生评价体系。他们认为,由于各个学校针对自己学校的实际情况建立学生综合素质的定性评价体系,这种评价体系带有很大的人为性和模糊性,从而导致各校学生综合素质很难纵向或横向比较,从而学生管理缺乏可操作性和科学性。为了解决这一问题,建立一套统一的学生综合素质量化评价体系显得十分必要,它更能有效、客观、科学、全面地对学生进行评价。

总体而言,从理性系统观的视角予以审视,班级组织是一个整体性的存在,班级目标、班级制度和学生评价体系是这一整体的三个基本的、不可缺少的要素,而学生作为个体在班级组织运行中的作用是渺小的,他必须服从于班级这个整体性的存在。

(二)人文主义组织观

1. 人文主义组织观的要点

伴随着科学主义思想的发展,科学主义组织观给工厂的效率带来了极大提高,但也带来了一些问题,其不足引起许多学者的关注。作为"科学主义"的对立面,"人文主义"作为一支重要的理论思潮由此诞生并不断发展。人文主义组织观起源于20世纪30年代的人际关系研究。当时泰勒的科学管理方法被广泛地运用于各种管理实践中,促进了生产效率的极大提高,但却遭到了许多工人的反抗。为了找出问题的症结,梅奥等人在霍桑工厂进行了著名的"霍桑实验"。通过试验,梅奥发现,生产不仅受物理的、生理的因素影响,而且受社会环境、社会心理的影响。在试验的基础之上,梅奥进行了一系列的总结,形成了人际关系理论并被誉为人际关系理论的创始人。"人"在这次试验中被发现,"人的需要"成为后来众多学者研究的对象。

梅奥之后,很多学者发现他的人际关系理论将组织生活中的复杂关系简单化了,并不能完全满足管理中的复杂需要。然而,他调和了科学管理者对组织结构的过分关注,使其转移一部分至组织中的人,这一思维视角被后来的学者所延续。从而也使人文主义组织观不断完善。首先,马斯洛提出了"需要层次理论",组织管理的重点就在于了解和满足工人的不同需要;其次,麦戈雷戈在大量调查的基础上提出两种人性观,形成X理论、Y理论。在这两个理论中,麦戈雷戈认为Y理论更适合于作为管理思想的基础,强调人的主动性、社会性和创造性。最后,美国行为科学家弗雷德里克·赫茨伯格提出了保健因素和激励因素,形成了"双因素理论"。处理好保健因素,可以防止人们产生不满的情绪,但仍不能调动人们的积极性;处理好激励因素,就能使人产生满足感,调动人们的积极性,产生持久的激励作用。因此,管理者要把这两种因素有效地结合起来,引导组织成员在工作中获得满足。

2. 人文主义组织观对班级管理的影响

人文主义组织观强调非正式组织,而不是正式组织;强调人而不是结构,强调人的需要而不是组织的要求。"人"在组织中处于中心地位。人文主义组织观对组织中"人"的关注很快就引起了教育管理者的注意,他们企图以此来解决理性系统观带来的一些问题。这样,人文主义组织观便成为学校管理者的指导思想,同时也引导着教师对班级组织以及班级管理的理解。

在人文主义组织观的视野之中,学生的需要、学生的参与以及学生的自我评价成为班级组织的三个重要因素。(1)学生的需要。人文主义组织观之下,学生从班级组织中"走"出来,成为班级组织的"中心"和"主体"。在班级组织中学生并不是一个"被管理者",他们都带着自己的需要在班级组织中生存,以满足自己的需要为目的行动。因此,班级组织管理的中心便是学生的需要。"围绕学生需要"也就成为大多数教师的理论共识。教师需要去研究、了解不同学生的不同需要,在此基础上尽量满足每一位学生的合理需要。(2)学生的参与。人文主义组织观在教师对班级组织以及班级管理的认识中也有很明显的影响。当代,"学生参与管理""学生自主管理"一度成为教育实践和理论讨论中的热点。和科学主义组织观不同,人文主义组织观下的学生拥有自己的能动性,他们有能力协调自己的需要和班级组织目标,他们拥有参与班级管理的能力和需要。(3)学生的自我评价。在班级组织中,学生是管理的主体,那自然他也应该是评价的主体。受自然系统观的"民主"思想的影响,很多老师意识到学生有进行自我评价的能力和需要,他们不应该仅仅是教师评价的对象,而应该成为评价的主体。可以说,评价对学生发展的促进作用只能通过学生自我评价的方式产生,因为学生自我评价是促进学生发展的内部刺激,而教师评价、其他学生的评价、家长的评价只能是促进学生发展的外部刺激,它们只能通过学生自我评价对学生产生影响。

概括来说,在人文主义组织观之下,班级组织只是满足学生需要的工具,只有学生才是真正的存在。学生的发展是班级组织存在的依据,学生应成为班级组织的主体。班级组织的一切都应该围绕每一个学生存在。这样,强调学生的需要、学生的参与和学生的自我评价便成为这一系统观下班级组织的特点。

(三)整合的组织观

1. 整合的组织观要点

科学主义组织观和人文主义组织观两者各执一端,前者强调结构比个体重要,而后者强调个体比结构重要。可以说,科学主义组织观关注的是"无人之结构",而人文主义组织观关注的则是"无组织之人"。很明显地,这两者都存在着无可置疑的理论缺陷。为了弥补这些缺陷,很多学者企图综合科学主义观和人文主义组织观,从另外一个视角去看组织和组织管理。

整合的组织观认为组织生活中正式的、理性的要素与非正式的、自然的要素是相互依赖和融合的。切斯特·L.巴纳德(Barnard)最先将这两种观点结合起来。他的《经理人员的职能》一书被管理学界称为美国管理学文献中的经典。在这本书中,巴纳德便是用这两种观点来分析组织、讨论组织管理的。在书中,他对正式组织和非正式组织进行了定义,并综合地证明了正式组织和非正式组织之间存在的紧密联系。他认为组织是由个人组成的,组织要生存下去,就必须有两个或者两个以上的人具有共同的目标;而个人对是否参加组织的活动具有选择的权利,这种权利来自个人的目标和愿望,即个人的动机。因此,正式组织、结构和非正式组织、个体都是组织分析中非常重要的概念,它们是组织动态平衡系统的要素。管理者的职能便在于协调这些要素以使其保持平衡的状态,为此管理人员必须要研究组织中个人的特征和需要,从而协调好其与组织目标的关系。西蒙(Simmen)以巴纳德的理论为基础,吸收了行为科学、系统论的观点,发展了巴纳德的理论,在《管理行为》一书中,他认为组织是一个交易系统,其中,各种工作诱因相互进行交易。组织成员只有在认为诱惑大于劳动贡献时才会继续留在组织中。另外,尽管组织能为理性决策提供框架、信息和价值导向,但它收集处理信息、寻找问题解决方案的能力却都是有限的。因此,西蒙更重视获取信息的非正式渠道,认为非正式渠道在获取信息和寻找问题解决方案中具有重要的作用。

2. 整合的组织观对班级管理的影响

在整合的组织观持有者看来,组织是复杂的、动态变化的。组织拥有正式结构,以实现各种具体目标,但是组织是由人组成的,这些组织中的人有着各自的特殊需求、利益和信念,这些需求、利益和信念往往与组织期望相冲突。因此,组织具有计划性与非计划性的特征、理性与非理性的特征,有正式结构与非正式结构。在所有的组织中,理性要素和自然要素共存于一个系统之中。

在自然系统观的关照下,班级组织便体现出以下的特征:(1)学生需要与集体需要共存。作为班级组织,学生的需要应成为班级组织的重要因素;但同时,班级组织又是学校中的制度性组织,它必须有自己的组织目标和需要;对于学生的发展而言,这两者同样重要。学生的需要是学生发展的重要动力来源,但班级组织的需要同样也是有利于学生发展的。这两者在班级组织中具有同等的地位。(2)教师管理与学生参与共存。整合的组织观下,班级组织成为正式组织与非正式组织、结构与个体的结合。当然,学生在班级管理中的主体地位是不可忽视的。然而,教师作为班级管理者的作用也是不可忽视的。教师和学生应该共同成为班级组织管理的参与者。这两者并非处于矛盾之中,它们两者是可以共处的,教师管理任务的中心在于协调教师和学生在班级管理过程中的共同参与,引导学生参与班级管理的意识,让学生有机会在班级管理中发挥主体性作用,并对学生的参与给予"统筹"。(3)教师评价与学生自我评价共存。从整合的组织观视角来看,教师在班级组织的管理中应该结合教师和学生的评价,使两者共同成为学生评价的主体。更为重要的是,教师要努力达成两者的互动,学生的自我评价要成为教师评价的依据之一,并且教师要对学生的自我评价给予反馈;而学生也要重视教师对自己的评价,并给予反馈。这样,教师评价和学生自我评价才能处于协调、平衡的状态,从而发挥评价所具有的促进学生发展的作用。

综合而言,在整合的组织观视野之下,作为正式组织的班级以及作为班级重要个体的学生在班级组织中处于同样重要的位置。个体需要与集体需要、教师管理与学生参与以及教师评价与学生评价的共存是开放系统观中班级组织的重要特征。因此,班级管理就是要协调这些要素,使它们处于平衡状态中。

当代,科学主义组织观、人文主义组织观以及整合的组织观相互对立地存在着,而同时又呈现出相互融合的趋势,共同影响着当今教师对班级组织的认识。尽管如此,不得不承认的是,整合的组织观由于融合了前面两者的观点,抹去了它们之中偏激的要素,因而它对班级组织的认识显得更全面、更合理。更为重要的是,班级组织是一个育人的组织,它同时强调班级组织作为一个整体的育人功能以及班级组织中每一个学生的需要和成长。因而,整合的组织观在对班级组织的分析中拥有着更多的优势。

推荐阅读3-2,通过"上课说话的小杰"这一典型的案例情境,了解行为控制理论中三种模式的不同处理方法,增进我们的判断与决策。

推荐阅读 3-2
上课说话的小杰

第三节　班级管理的课程学习

引导案例

感动、震撼、实践、反思

感动! 我对班主任工作还比较感兴趣,这份工作蛮有意思,自己也比较喜欢那帮孩子。支撑我一直做下去的原因有三:一是生存,二是大局观(服从安排),三是良心,想一想那些好学上进的高中生,他们是国家的未来啊……教育是强国之本,我国的教育也在不断进步不断改革,不管新课程怎么改,但教育的根本是对人的教育,一个孩子人格的成长,需要方方面面的努力,班主任工作绝对是重要又不可少的。我太期望国家能够重视班主任工作,可又常常觉得受打击。这次培训改变了我过去固有的看法,原来国家和省教育厅是非常重视班主任工作的,而且会加大这方面的投入,只是普及面还不够广,但正在努力。所以,我看到了希望,更有了发自内心的感动。

震撼! 南京建邺高中有一位叫袁子意的老师,本来是个推销员,后来做了数学老师兼班主任,他的带班理念(快乐教育,快人一步,乐在其中,教学相长,育人不倦)和他在班级搞的活动,花的心思,真让我佩服。还有一位南京二十四中的史菁老师,他经常深夜在自己的博客上写文章,全部是写他的学生,在中考前夕为每一位学生写了一篇图文并茂的文章……这次出去,看到这么多执着、用心又能够坚持到底的班主任们,真的让

61

我感到震撼!

实践! 讲课的中间有一位叫唐云增的老师,年龄应该有六十岁出头。他是唯一站在那儿讲课的老师,身上穿的是一件写满字的白色 T 恤,是 2005 年"广西柳江市柳江中学"的一个高一班级的学生送给唐老师的,孩子们请求唐老师每到一个地方讲课都要穿上这件汗衫,讲讲他们催人泪下的故事。这个年级 800 个学生,按照排名分班,这个班是全年级最后 50 名的孩子组成的班。班主任在班上的第一节课就是和学生一起讨论一班和我们十六班有多大差距。我们都是宇宙 50 亿年雕刻出来的。人是很伟大的,人创造了自己伟大的奇迹,在妈妈的肚皮里待了十个月,就走过了 50 亿年的路程。如果这 50 亿年变成 1 公里长,我比你大 100 岁,也仅仅走了 0.5 毫米,从这个角度讲,我们没有多大差距,完全可以忽略不计。那么差距是哪儿来的呢? 借口! 所以我们班级的口号是:"没有任何借口!"学生很振奋,精神面貌上来了,斗志上来了,成绩也上来了,最后在第二学期分班前考试时,这个班的 50 个孩子都已经跑到了年级前 180 名。当时,我听了非常振奋! 就这个唐老师提出一点:班主任的成功法则是"把自己的班级建设成优秀的集体"。只有形成优秀的集体后,育人的力量才能充分发挥出来……

反思! 如何提高班主任工作的成效? 班主任劳心劳累,有时真是呕心沥血,却又常常觉得没起到应有的效果。可能是我们的工作方式有问题,如果有人指点一下,或大家商讨一下有什么好的方法,效果可能会好一些。所以我当时建议这种班主任培训班能否多一些,更普及一些。比如,我就有困惑,每次考完试,学生来找我谈心,我根本谈不过来。而且觉得特别缺乏心理学知识,今后将会经常上中华教育心理网。其实我们身边就有很多有经验,特别有人格魅力的班主任。他们一点也不保守,每次我请教的时候都毫无保留地教我,真的让我挺感动的。杨大附中的这种氛围是我一直喜欢学校的原因。多请教,多问,多论,一定会有大帮助。老师参与少了,投入少了,也就跟学生没有感情,也尝不到乐趣,自然也就没有动力,没有工作的激情了。我个人认为,就班主任工作而言,高一作为起始年级,班主任工作是最重要的,也是最辛苦的。我非常清楚地记得去年高三,高媛老师说的一段话:班主任工作就是一个从管到不管的过程……搞活动和学习会不会冲突? 我觉得只要协调好它们的关系,可以互为补光。我们把每次的主题班会充分利用起来,调动学生的积极性,即使是在高中阶段,对学习也会有一定促进作用的。

让我们的爱多一点现代感。班主任的三件法宝:相机,捕捉成长的每一个瞬间;手机,短信传递每一份真情;网络,留下成长的每一个足迹。我们一起努力,既让我们的学生成绩优秀,又能使他们的学生时代更丰富多彩,多些色彩。我也知道要想这样很难,但我相信只要努力用心去做,还是会实现的。

让我们从平凡走向优秀! 激情是教育者的一种状态,它能让你始终保持初出茅庐时的工作状态;爱心是教育者的一种品质,它能让你包容一切的孩子和孩子的一切;创新是教育者的一种能力,它能让你的每一天都不是昨天简单的重复;时尚是教育者的一种魅力,它能让你紧跟时代的脉搏而显得永远年轻;沟通是教育者的一种武器,它能让你拉近与他人心灵的距离;敏锐是教育者的一种机智,它能让你捕捉到每一个教育契机;反思是教育者的一种习惯,它能让你不断释放自己成长的潜力。①

此案例来源于扬州大学附属中学朱小艳老师在某次班主任培训班上的发言,从中可以看到一线老师对于班主任专业学习的渴望,希望有同行的交流、专家的指点。诚然,班主任的专业成长是基于情境的反思性实践,更多要靠自身在实践中的摸索,但总是靠自己摸着石头过河,会走很多弯路,付出很多代价,也很难提升班主任工作的专业性。如果我们在职前阶段,就给未来教师提供一套解决班级管理基本问题的理论与方法,也许能促进新手班主任更快地成熟,并为其成长为专家型班主任打下扎实基础。本节就来谈谈班级管理课程的学习方法。

美国心理学家波斯纳提出了一条有关教师专业成长的著名公式:经验＋反思＝成长。本书认为,班级管理课程的学习也要遵循教师成长的内在规律,主要表现为以下三方面。

一、案例研究

班主任工作是教育管理的艺术,优秀班主任的实践智慧、面对突发事件时的教育机智等,常常蕴藏在具体的管理情境之中,这些高度个性化的知识往往难于言传;而载于书本的理论知识又无法尽述或表达这些融于情境中的经验智慧。这样,案例就成为一种有力的教育知识载体,它在理论与实践、显性知识与隐性知识之间架起了桥梁,起到了沟通的作用。

对于职前的教师学习者来说,缺乏实践经验是其学习上的一大障碍,那么案例研究就显得十分必要,这可以弥补一部分学习者经验上的不足。如果在课程学习中能够充分做好案例分析与讨论,将起到如下作用:(1)将理论知识与实践知识紧密联系与整合;(2)培养师范生辨识和了解形形色色的班级事件,提高问题意识与分析能力;(3)帮助师范生获得专家与有经验教师才具有的隐性知识;(4)增进师范生观察学习的能力,鼓舞他们的教育信心;(5)促进师范生复杂性思维的能力,避免用简单性思维模式来处理复杂的系统性问题,提高理性决策的能力;(6)协助师范生建构个人的班级管理知识与信念体系。

二、理论思考

杜威认为教师如果只关注模仿,而没有真正理解教育实践背后的原理,致使教师的教育学理解只停留在经验的水平上,忽略了教师个体的洞见和创造性,导致了教师的"知性自立的缺乏"。因此,教师应该学习理论,从而将教师的教育理解由"经验水平"提高到"科学水平"。"理论为实践者提供分析的工具,并提供所需要的参考框架,使他们集中而又深刻地分析所面临的问题"。理论的作用是解释现象、指导研究、形成新知并指导实践。"理论至少在三个方面与实践直接相关。第一,理论为实践者提供一个参考

---

① 周晓静. 中学班主任[M]. 南京:南京师范大学出版社,2008:195-197.

的框架。第二,理论化的过程为对事件的分析提供了一般模式。第三,理论指导决策。"①

理论不能直接、立即用于解决实际问题。人们需要一个起调节作用的善于创新的大脑,通过运用大脑的独创力,将理论应用于实践。施瓦布注意到了理论的抽象性、偏颇性与实践的整体性、复杂性之间的矛盾,他要求教师运用"熟虑"和"折中"两种技法来解决教育理论与实践之间的关系难题,即教师不是简单的接受理论,而要系统比较不同的理论,同时根据教育实践的具体情境综合选择理论。舒尔曼认为教师把所学的知识应用于实践需要一个中介,就是"教师的判断",即在不确定的情况下学会变化、适应、融会贯通、批判、发明。

三、叙事写作

叙事写作作为教师实践反思的一种工具,是教师生成实践性知识的重要载体,有助于教师观察问题、思考问题、解决问题,它应在课程学习中发挥更大的作用。

教育叙事写作其实就是在追问教育"背后的故事",主要通过"探索实践——叙述记录——反思整理——追问提升"的逻辑顺序,在展现故事的过程中,呈现教育意义。师范生虽然还未真正进入教育管理实践的场域,但其十几年一贯的受教育生涯,特别是作为学生的班级生活体验,是其教育叙事的重要来源。而且我们课程学习的目的,就是要通过理论思辨,对我们司空见惯、甚至熟视无睹的班级现象和教育问题,重新加以审视,个人以往的经验必须加以批判反思,通过文字写作与自我、与理论、与同行展开对话,传递出个人对生命的领悟与理解。我们只有经过这样的理性自觉,才能抵达成长的彼岸。

推荐阅读 3-3,分享原南京市二十七中化学教师、国内知名班主任研究专家陈宇老师对班级管理课程体系的看法。

推荐阅读 3-3
陈宇:论班主任的专业技能

关键词

班级管理　教室管理　班级经营　班集体建设　班主任工作　管理　管理系统
系统要素　管理过程　戴明环　管理行为　管理对象　管理主体　管理目的
行为控制　纪律理论　教师高控制模式　正向纪律理论　祖母规则
喜爱活动时间　教师中控制模式　非强制性纪律理论　教师低控制模式
自我控制的纪律理论　行为窗　群体动力理论　$B=f(PE)$　班集体理论
群体　组织　集体　平行教育原则　组织管理理论　科学主义组织观

① (美)霍伊,米斯克尔.教育管理学:理论·研究·实践(第7版)[M].范国睿,译.北京:教育科学出版社,2007:6.

泰勒科学管理理论 人文主义组织观 梅奥人际关系理论 马斯洛需要层次理论 整合的组织观 理性要素 自然要素 教师成长公式 案例研究 理论思考 叙事写作

讨论题

1. 简述班级管理的管理特性与教育特性。
2. 简述行为控制理论三种模式的主要观点,讨论其中对班级管理有启发的论点。
3. 简述群体心理理论两种流派的主要观点,讨论其中对班级管理有启发的论点。
4. 简述组织管理理论三大取向的主要观点,讨论其中对班级管理有启发的论点。
5. 阐释案例研究、理论思考、叙事写作三者对班级管理学习的重要性。

第二编

班级组织要素

任何一个组织都是为了实现某种目标而创造出来的。常常，组织因无法实现这一目标而难以生存下去。

——肯尼斯·博尔丁

要激励一个集体，首先必须形成大家共同拥有的希望和追求，正是这种希望和追求，能团结大家，激励大家，使大家心往一处想、劲往一处使，当这种局面形成时，这个团体就会有高昂的斗志、饱满的精神和勇往直前的毅力。

——马卡连柯

第四章　班级目标

本章导读

人类进行任何实践活动，事先都会在头脑中规划和构想，这就是目标。同样，在班级管理活动中，也必然存在着班级管理目标。目标是管理的起点。本章阐明班级管理目标的系统与功能、有效目标的特征及其设计、目标管理的基本策略。

本章架构

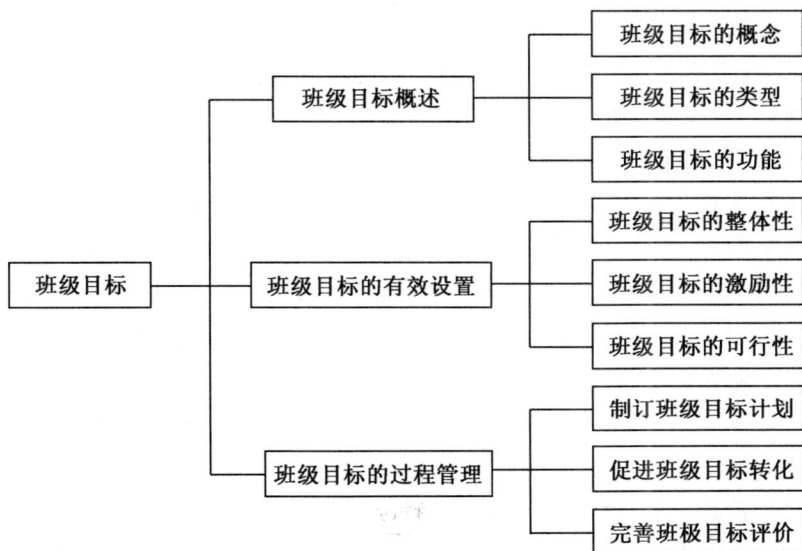

班级目标
- 班级目标概述
  - 班级目标的概念
  - 班级目标的类型
  - 班级目标的功能
- 班级目标的有效设置
  - 班级目标的整体性
  - 班级目标的激励性
  - 班级目标的可行性
- 班级目标的过程管理
  - 制订班级目标计划
  - 促进班级目标转化
  - 完善班极目标评价

第一节　班级目标概述

引导案例

班级画卷

"丁老师,学生完不成作业怎么办?""丁老师,某某又违反了校规怎么办?""丁老师,我们班今天又丢了东西怎么办?"在校园里,我经常半路被截,很多班主任遇到难题总想问问我。在我的办公桌上,经常放着全国各地的来信。来信的同行也都想从我这里寻求一些做好班主任工作的答案。

怎样回答这些问题呢?班主任工作最忌讳的是"头痛医头,脚痛医脚"。培养人的工作是有目的、有计划、有系统地进行的。如何把教育由虚引向实,由表面引向深入,由乱引向系统整体,这是班主任当前要探讨的主要问题。我有一卷"画卷",看完"画卷",便可一目了然了。

"画卷"由一个完整的大表格组成,在表格中还套着许多小表格,里面有对教育对象的分析,有学生的年龄、生理、心理特点;教育目的、教育任务、教育计划都分析得清清楚楚。在表格中,还有各年级的特点及教育主线、教育重点、教育难点,这些都分析得很详细。往下看:每个年级、每个月份从集体建设到思想教育,从个性发展到班干部工作,从智力因素到非智力因素的培养,一年 12 个月,三年 36 个月,由浅入深、由表及里地形成了系列教育计划。"这是我的一张育人蓝图。万丈高楼平地起,百年树人点滴始。有了这张图,即便有千难万险,我们也会应付自如。"教育是门科学,是门艺术,是有规律可循的,它不可能只凭一节课、一次谈话、一次活动就使人发生根本性的变化。要想深入人心,讲求实效,还需要有一个过程。在多年的教育实践中,很多实际教育工作当时并没有见多大成效,而是在学生走上工作岗位之后才反馈回来的。有的学生走上工作岗位后给我写信说:"老师,您给我树的人生观真厉害,一辈子想改都改不了,我今天才更深刻地体会到。""您是我最敬佩的、不能忘记的老师,因为您教会了我怎样做人。"

顺着这长卷看下去,表中还有一系列具体活动和措施。在思想教育这栏中,初一抓的是民族自豪感,初二抓的是民族责任感,初三抓的是民族义务感。三年里我组织了很多活动,例如:全班同学到天安门广场参加升旗仪式;组织学生分别访问在抗日战争、解放战争、抗美援朝战争中作战立功的老战士和老首长;开展以《国际歌》为主线的"英特纳雄耐尔就一定要实现"的主题教育活动。这一系列的教育活动布满长卷。是啊!自豪—责任—义务,这个认识过程是一个长期、复杂的过程,看得出在这三年里我们是必须下一番功夫的。

在情感教育这一系列中,从"了解妈妈,热爱妈妈,尊重妈妈"的母子深情入手,引申到"了解学生,热爱集体,尊重老师"的情感转化,上升到"了解社会,热爱祖国,尊重人民"的情感升华,共搞活动几十个。难怪老师们都称赞班上的学生有感情。从"蓝图"中,我把自我教育的培养分成了几个阶段,从提高学生自我认识与评价的能力入手,到自我控制与调节能力的培养。在班内开展了"道德门诊"活动,同学之间互相当医生,每个人都填写《病例手册》。在《病例手册》的基础上,又精心设计了《计划手册》,从年计划到月目标,从周计划到日安排,井井有条,步步深入。学生学会了自己管理自己的方法。

我还把每年工作的重点和难点都写在前面:初一把重点放在建设集体上,难点放在中小学的衔接上;初二把重点放在培养学生的良好个性上,把难点放在少年到青春期的过渡上;初三把重点放在准备升学上,把难点放在初中与高中的衔接上。

我们可以从这卷"蓝图"中找到做好班主任工作的答案。①

全国优秀班主任丁榕老师道出了预防"头痛医头,脚痛医脚"式班级管理的不二法门:心中要有蓝图,即班级管理要有目标系统。有了目标,班主任也就确立了班级管理的根本宗旨与基本章法。

一、班级目标的概念

目标是个体、群体或组织对所从事的某一活动期望达到的成就或结果。管理学家肯尼斯·博尔丁认为:"任何一个组织都是为了实现某种目标而创造出来的。常常,组织因无法实现这一目标而难以生存下去。"②

班级目标就是班级组织为实现学校教育目的,从本班实际出发确定的预期要达到的成就。它既是班级组织发展的成果,如"建成一个优秀的班集体";又是班级成员发展的结果,如"让每一个学生焕发生命的光彩"。两者相互协调,才能互相成就,共同发展。

班级目标既是班级管理的起点,又是评价班级管理成效的依据和标准。

二、班级目标的类型

根据不同的标准,班级目标可以划分不同的类型。

1. 按时间来分,可分为长期、中期、近期目标

长期目标可以理解为整个学段的目标。如小学班主任应该对通过小学六年的培养最终要将学生教育成什么样的人有一个根本的看法。长期目标是班级的最终奋斗目标。长期目标的确定需要班主任对我国的教育方针、各阶段培养目标以及教育本质有深刻理解。

中期目标通常指一个学年度的目标。不同年级的学生,身心发展有着不同的特点,班主任应根据学生的年龄特征、发展水平,制定出相应的学年度班级奋斗目标。中期目标的确定需要班主任对学生发展阶段有敏锐的观察与认识。

① 丁榕. 班级管理科学与艺术[M]. 北京:人民教育出版社,2004.
② D. S. 皮尤,等. 组织管理学名家思想荟萃[M]. 唐亮,等译. 北京:中国社会科学出版社,1986:209.

近期目标是指一学期以内的阶段性目标。近期目标往往通过班级组织的各种活动来实现。短期的带有激励性的目标的实现,可以使师生增强信心,从而努力向更高的目标迈进。近期目标的确定需要班主任针对问题或工作事项提出明确的解决方案。

2. 按内容来分,可分为德育目标、智育目标、体育目标等

近期教育部颁布了《义务教育课程方案(2022 年版)》,提出"坚持德育为先,提升智育水平,加强体育美育,落实劳动教育","聚焦中国学生发展核心素养,培养学生适应未来发展的正确价值观、必备品格和关键能力,引导学生明确人生发展方向,成长为德智体美劳全面发展的社会主义建设者和接班人"的指导思想,"从有理想、有本领、有担当三个方面,明确义务教育阶段时代新人培养的具体要求"。

有理想:热爱祖国,热爱人民,热爱中国共产党,学习伟大建党精神。努力学习和弘扬社会主义先进文化、革命文化和中华优秀传统文化,理解和践行社会主义核心价值观,逐步领会改革创新的时代精神。懂得坚持走中国特色社会主义道路的道理,初步树立共产主义远大理想和中国特色社会主义共同理想。明确人生发展方向,追求美好生活,能够将个人追求融入国家富强、民族复兴、人民幸福的伟大梦想之中。

有本领:乐学善学,勤于思考,保持好奇心与求知欲,形成良好的学习习惯,初步掌握适应现代化社会所需要的知识与技能,具有学会学习的能力。乐于提问,敢于质疑,学会在真实情境中发现问题、解决问题,具有探究能力和创新精神。自理自立,热爱劳动,掌握基本的生活技能,具有良好的生活习惯。强身健体,健全人格,养成体育运动的习惯,掌握基本的健康知识和适合自身的运动技能,树立生命安全与健康意识,形成积极的心理品质,具有抗挫折能力与自我保护能力。向善尚美,富于想象,具有健康的审美情趣和初步的艺术鉴赏、表现能力。学会交往,善于沟通,具有基本的合作能力、团队精神。

有担当:坚毅勇敢,自信自强,勤劳节俭,保持奋斗进取的精神状态。诚实守信,明辨是非,遵纪守法,具有社会主义民主观念与法治意识。孝亲敬长,团结友爱,热心公益,具有集体主义精神,积极为社会做力所能及的贡献。热爱自然,保护环境,爱护动物,珍爱生命,树立公共卫生意识与生态文明观念。具有维护民族团结,捍卫国家主权、尊严和利益的意识。关心时事,热爱和平,尊重和理解文化的多样性,初步具有国际视野和人类命运共同体意识。

3. 按人员来分,可分为全班目标、小组目标、个人目标

目标管理就是要将组织的整体目标逐级分解,转换为全班、小组、个人的具体分目标,这些目标方向一致,环环相扣,相互配合,形成协调统一的目标体系。只有每个人员完成了自己的分目标,整个组织的总目标才有完成的希望。

班级目标系统,体现了管理的系统性思维和"以人为中心"的管理思想:自上而下分解总目标,又自下而上通过每个人保证总目标的实现,从而使整个管理活动和组织行为都具有连贯性和协调性(见图 4 - 1)。

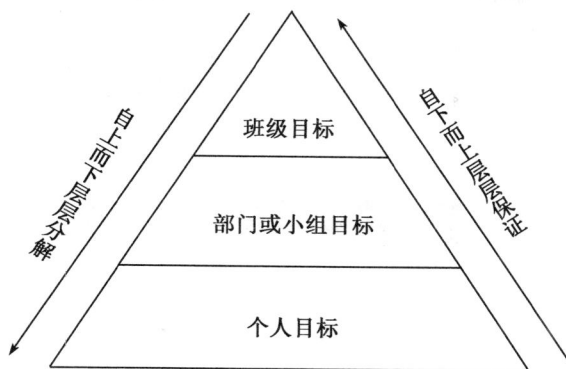

图 4 - 1　班级目标系统示意图

三、班级目标的功能

马卡连柯说:"如果一个集体没有目标,那就找不到组织这一集体的方向。"一个班级几十个人,如何才能和谐、有序呢? 统一目标是确保组织活动协调一致的条件。具体来说,目标对于班级管理来说,具有以下几方面的作用。

1. 导向功能

班级目标为班级所有成员的行动指明方向,这就是目标的导向作用。当然目标导向作用的实现,依赖于班级管理者使班级管理目标成为班级全体成员的共同行动目标。要达到这个目的,以一定的方式让班级全体成员接受班级管理目标就是十分重要的。如果以民主的方式来制定班级管理目标,班级所有成员都以主人的地位来决定目标,班级管理目标就易于为班级成员接受。

2. 聚合功能

班级管理成效,取决于班级成员行动的团结一致,因此班级的凝聚力对于一个班级来说是重要的。班级目标可以作为共同目标聚合全班力量。班级管理目标有聚合作用,并不意味着它可以自发地发挥聚合作用。只有在班级成员都自觉地追求这一目标时,它才能发挥聚合的作用。要做到这一点,班级管理目标必须能够反映班级成员的发展需要,同时它又确实能够使班级成员在行动中获得一定的满足。

3. 激励功能

目标作为人们期望的结果,往往反映了一种理想追求。如果一个目标确实成为行动者的理想,它就会发挥激励的作用。班级目标要能够发挥激励作用,也是需要一定条件的。这就是这一目标,应能够给班级成员提供一个发展的美好前景。这一美好前景对于班级成员来说,通过努力是可以实现的。这样的前景对班级成员就会具有魅力,就会成为班级成员的普遍追求。

推荐阅读 4 - 1,案例分析如何用班级目标来引领学生进而转化薄弱班级的。

推荐阅读 4-1
王怀玉:寻找师生共同的心灵密码

第二节　班级目标的有效设置

引导案例

建设班级"SHEN"文化

一年级:神——做一名神气的小学生

学生刚刚进入一年级时,会在入学之初对丰富的学习活动产生兴趣,但持久性不强,自控能力较差,注意力容易分散;在接触群体规范,需要遵守学校、班级生活的规则时,经常会出现"违规"现象;伙伴间交往以"玩"为主题,且常出现打闹、告状现象。为了让孩子逐步适应学校生活,走好学校生活第一步,"做一名神气的小学生"也就成为班级的口号。

二年级:伸——伸出双手,小手相拉,伸展才能,共同成长

到了二年级,学生已基本适应学校的学习生活,他们开始期望能取得好的表现和成绩,从而受到其他同学的关注,或者期望得到教师或家长的赞扬。学生非常喜欢集体活动,有着和同龄伙伴交往游戏的强烈愿望和心理需求,但是方式和方法常常成为其达成目的的障碍,他们很容易在交往活动中受挫,并产生消极情绪。于是通过建立或依托小队,强化学生合作意识和集体意识,指导学生关心和帮助其他伙伴,在活动中分享伙伴交往的乐趣,体验快乐学习的乐趣,成了创建班级文化的目标。"伸"也就走进了当时二年级学生的心里。"伸"的内涵就是——伸出双手,小手相拉,伸展才能,共同成长。

三年级:慎——严谨慎重,规范言行

进入三年级,学生从儿童期转入少年期。注意力、观察力、记忆力全面发展,思考问题从单一、幼稚向复杂、多元过渡。学生集体主义观念增强,乐于交往。生活范围进一步扩大,增强了学生独立自主的意识,想要逐步摆脱对成人、老师的依赖心理。学生学习活动的游戏性特征明显减少,学习过程的组织性,认知过程的规范性、严谨性增强。因此,在这一阶段需要重点帮助学生适应中年级学生生活,给予他们一定的指导和帮助,培养学生良好的学习态度和习惯。在师生共同商讨后,决定这个年级用"慎"来规范自己的言行,遇事要分清对错,做事要有原则,要严谨慎重,养成好的学习和生活习惯。

四年级:审——审视德行,明确目标

四年级学生自我意识增强,从众行为弱化,抵制诱惑的能力提高,崇拜对象多样化。学生有较强烈的自我表现欲望,心理上有一种我长大了的感觉,渴望表现自己的成长,有些自以为是。这一阶段的学生情感体验丰富,社会性成分不断增加,逐渐由对个别事

物产生的情绪、情感逐渐转化为对同伴、对集体、对社会的情感,情感的细腻性、丰富性、敏感性的需要开始出现。于是"审"又走进了他们的生活和学习。

五年级:渗——学科整合,个性渗透;绅——彬彬有礼,绅士风度

从进入五年级后,学生的活动能力已有了很大的提高,很多事情有自己的看法,反对大人过细的干涉。学生具有较强烈的竞争意识,比较关注竞争结果。部分女生身体开始发育,内心复杂细腻,男女生交往变得敏感起来。学生兴趣、特长差异表现更明显,学生个体之间、师生之间开始出现疏离,非正式群体的影响开始出现。通过和班干部与学生代表通过商讨,制定出文化建设目标:渗——学科整合,个性渗透;绅——彬彬有礼,绅士风度。

六年级:深——深入思考,深入生活;桑——做一名阳光少年

目前学生已经进入六年级了,集体生活范围的逐步扩大,对时尚的东西比较关注,而且善于模仿,有自己的评价标准。学生学习压力加大。青春初期,学生的身心开始发生新的变化。针对以上年龄特点,班委在原有文化建设基础上又增加了两个目标:深——深入思考,深入生活;桑——做一名阳光少年。[①]

案例中的这位班主任系统设计了小学六年的班级目标,提出很有魅力的班级发展口号,与她能够整体把握小学生发展的阶段特点是分不开的。班级目标如何设置才能有效呢?

洛克和莱瑟姆(Locke and Latham,1990)认为,成功的目标需要满足四个条件:(1)目标必须是具体的;(2)目标必须富有挑战性;(3)目标必须是可以实现的;(4)目标是可接受的,个体必须全心投入实现这些目标之中(见图 4-2)。

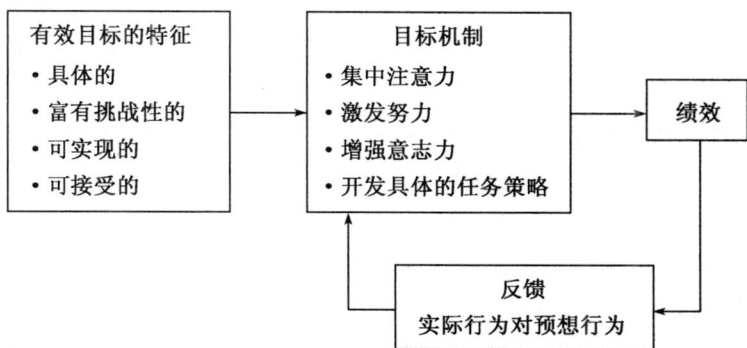

图 4-2 目标设置理论[②]

研究表明,当这四个条件得到满足的时候,目标设置是一种提高动机与绩效表现的

① 李家成,等."新基础教育"学生发展与教育指导纲要[M].桂林:广西师范大学出版社,2009:98-100。原文作者常州市第二实验小学白露。

② (美)霍伊,米斯克尔.教育管理学:理论·研究·实践(第7版)[M].范国睿,译.北京:教育科学出版社,2007:137.

有效方式。首先,目标增进了对即时任务的关注;也就是说,它们通过帮助人们找到问题的焦点而影响选择。其次,目标促进了对各种活动的努力;目标帮助人们从事与目标相关的各种活动,而忽略其他活动。再次,目标延长了持久性。因为一旦目标清晰,就几乎没有什么诱惑值得放弃目标。最后,目标设置通过形成具体的任务策略,如完成任务的方式,来激发和提高动机与绩效。任务策略是个体为实现目标而形成的有意识的、经过深思熟虑的计划。注意、努力和毅力是目标设置自动化的结果,而构建目标策略是有意识的、审慎的和创新的结果。

基于目标理论与实践经验,在班级目标设计中,班主任应遵循整体性、激励性、可行性三原则,以减少工作的盲目性,提高管理效率。

一、班级目标的整体性

班级组织建设是一个多内容、多层次的实践活动,因而班级目标是一个具有整体性的目标体系。从内容上分,包括班级的组织目标、教育目标、管理目标;从层次上分,包括班级的整体目标、小组目标及个人目标;从时限上分,包括长期目标、中期目标和近期目标。它们既有联系,又相对独立;既有统一,又有区别。

(一)遵循"前景教育"原则

苏联著名教育家马卡连柯认为,集体的生命活力在于不停滞地前进。他说,"一个自由的人类集体的生活方式就是向前行进,它的死亡的方式就是停滞。"因此,马卡连柯要求教师不断地向集体提出新的奋斗目标来刺激集体的活力。这种新的目标就是前景,是人们对美好前途的希望。他强调指出,"人的生活的真正刺激是明天的快乐。"在马卡连柯看来,前景教育可以分为三个步骤,即近景、中景和远景。近景主要是针对还没有能力安排自己未来长远的意向和兴趣的儿童,随着儿童年龄的增长,近景将逐渐让位给中景和远景。"培养人,就是培养他对前途的希望。这个工作方法就是建立新的前途,运用已有的前途,逐渐代之以更有价值的前途。"他认为要经常向集体提出新的奋斗目标,给集体展现美好的前景,鼓励集体为达到这个美好的前景而努力奋斗,这样就能促使集体永葆青春的活力。

这个理论启示我们,在班级管理目标的建立中,要考虑到目标的层次性和递进性。也就是说后一个目标的开始必须是建立在前一个目标达到的基础上,后一个目标的实现又推进着更高层次目标的实现。比如有班级确立的班级短期目标为"班集体初步形成,有明确的学风班风,班干部队伍团结上进";班级中期目标为"创建优秀班集体,每个学生能够实现自己合理的个人理想";班级终极目标为"让 7 班成为每一位学生的骄傲;让 7 班因为每一个学生而骄傲"。[①]

---

① 齐学红,袁子意. 班会课的设计与实施[M]. 上海:华东师范大学出版社,2013:50.

（二）适应阶段发展需要

许多优秀的班主任都非常重视班级近期目标的制定和落实。因为每一个近期目标的实现，都会使班级在前进的道路上发生小的质变，若干个小的质变的集合，就会引起班级质的飞跃，进而实现班级的最终奋斗目标。

班级目标的阶段性设计是建立在对学生发展的整体性把握基础上的。"新基础教育"的研究者们对学生在整个义务教育阶段的发展情形展开整体研究，其中关于"学生发展特征与成长需要"，他们得出了如下研究结论（见表4-1）。

表4-1　学生发展特征与成长需要①

年段	学生发展特征与成长需要
小学低段 （一、二年级）	1. 社会角色发生重大转变，开始承担"学生"的责任，核心活动由"游戏"转变为"学习"。这一阶段教师对学生的教育需要突出"童趣"，促使学生从情感上喜欢新的学习、交往生活。 2. 接触到群体规范，需要遵守学校、班级生活的规则，行为上需要尽快适应新的班级生活，熟悉班级生活中的岗位与干部角色，通过人人参与，形成班集体。 3. 有了新的重要关系人：教师，接触到更多的同龄伙伴。
小学中段 （三、四年级）	1. 学习的难度、强度增大。围绕学习问题，教师需要开展深入的工作，使学生进一步掌握学习方法，自主、有效地开展学习，尤其是转变对学习的认识，从挑战性的学习任务中感受学习的快乐。 2. 各种班级活动的挑战性增强，教师需要给学生广泛参与各种活动的机会，使学生在多方面获得成功，关注行为规范，形式上要注意童趣，引导学生关心自然，增加环保活动的知识含量。 3. 小团体的影响开始出现，学生个体之间、师生之间开始容易出现疏离，教师需要关注相互包容、相互欣赏的人际关系以及富有活力的小队的形成。 4. 学生处于个体精神力量的生长期，可能因为学习、交往等方面的转换困难，产生自卑、怯懦的精神状态；部分学生对学校生活已缺乏新鲜感，进步的速度放慢，进入发展高原期；部分学生因在学校各项活动中得到多方面的表现、肯定，以及持续处于"领导地位"而产生优越感。三类学生面对不同的进一步发展问题。
小学高段 （五、六年级）	1. 情感的细腻性、丰富性、敏感性的需要开始出现。 2. 学生兴趣、特长差异表现更明显，对不同方面的成功有强烈需要，没兴趣参与缺乏挑战性的活动与班级工作。 3. 活动空间与视野需要扩展，教师可以帮助学生参与学校层面的工作。但面临升学，家长会更看重学习成绩，学生在学习方面的心理问题凸显。 4. 人际交往能力要提高，尤其是合理地表达自我的能力、沟通与合作能力的提高。
初中低段 （初一、初二上）	1. 有了一个新的生活空间，需要尽快适应新的学习、生活。 2. 学生有着强烈的重新设计自我、实现自我的愿望，有更强的独立性，智力与情感的发展处于加速期，青春期问题具有普遍性，教师需要提供丰富的活动让他们参与。 3. 有在新群体中得到关心、尊重和表现自己的需要，希望新的班级能拥有亲和力，使自己产生归属感。

---

① 李家成，卢寄萍."新基础教育"班级建设改革研究报告［A］. 叶澜."新基础教育"发展性研究报告集［C］. 北京：中国轻工业出版社，2004：196. 引用时稍做修改。

（续表）

年段	学生发展特征与成长需要
初中高段 （初二下、初三）	1. 学生的自我意识已经进一步清晰,自我判断、调控能力增强,情感趋于细腻、丰富,人文修养的发展需要迫切,个人的角色理想有可能成为一种发展的力量,影响、推动学生的现实发展。 2. 学生的社会角色感进一步增强,社会关系进一步丰富,尤其是与家长的关系、男女同学的交往关系面临挑战,对社会的关心与参与程度提高,理性的规则、法律、秩序意识增强。 3. 班级的群体个性已经基本形成,对学生产生影响。无论是群体还是个体都需要找到新的发展空间,每个人都需要对初中毕业后的去向做出选择,第一次面临有可能做自主选择的、关系自身发展的大问题。 4. 在一个建设成功的班集体中,毕业临近,学生会对班级产生留恋、不愿分手等复杂情感。如若相反,则会产生厌烦和对新的未来群体向往的心情。

二、班级目标的激励性

班级目标的提出,必须符合学生的"最近发展区",这样既有挑战性,又是可实现的,最有利于激发学生的动机。在班级管理实践中,不同班主任对班级发展境界有不同的追求,不应该徘徊在低水平,阻碍学生达到更高层次的发展。

（一）符合"最近发展区"原则

"最近发展区"是苏联心理学家维果茨基独创的一个概念。他在《教学过程中的儿童智慧发展》(1935年)中明确地指出,"儿童的智力发展状态至少有两种水准——现在的发展水准与最近发展区"。换言之,"在成人的指导与帮助下可能的问题解决水准与在自主活动中可能的问题解决水准之间的落差,可以界定为'最近发展区'。"所谓"可能的发展水准(或"明日的发展水准"),意味着儿童接受成人的启发与指导,在同有能力的伙伴合作中,问题得以解决之际所达到的水准。这种前后之间的落差的区间,被定义为"最近发展区"(zone of proximal development,简称 ZPD)。[①]

这个理论揭示了什么样的目标对人最有激励作用,目标应该是"跳一跳,能摘到"的果子。比如面对学生神情沮丧、毫无集体荣誉感的后进班,班主任决定先从环境卫生抓起。他说:"我们和别的班同学一样每人都有两只手,为什么不能在扫除方面争取年级第一呢? 在学习上遇到过挫折,难道就该让自己在脏乱的环境里生活、学习吗?"学生扫除的积极性起来了,师生一起动手,劳动委员严格检查。那一次,班里获得年级卫生评比冠军,同学们信心大振。接着,班里提出争取秋季运动会年级总分第一的口号。虽然这比争做环境卫生第一的困难增加了许多。但由于班里爱好体育活动的人多,还有几个校纪录保持者,加上新近获奖的鼓舞,同学们信心很足。针对薄弱环节,班主任提出上好课间操、加强纪律性的要求,为秋季运动会评比做准备。不久,这两方面变化明显,还受到了学校表扬,同学们越战越勇。秋季运动会上,班里如愿以偿夺得年级第一。同

---

① 钟启泉. 最近发展区:课堂转型的理论基础全球教育展望[J]. 2018(1):11.

学们又主动提出在学习上也要争年级之先。他们自愿组成学习小组、组建"考委会",定期抽查学习成绩,主动和任课教师联系……全班学习质量迅速提高,毕业时的学习成绩全部达标。这个案例中的班主任,每一次班级目标的提出都是针对学生当时的发展状态,符合"最近发展区"的原则。

(二)追求更高层次发展

班级发展不能停滞不前,解决一个阶段问题之后要向着更高的目标前进,才能对班级成员产生激励作用。有学者针对我国班级管理的实际情况,提出班级管理的五重境界说(见表4-2),[①]对我们确立班级发展目标有启发。比如在日常班级管理实践中,有些班主任将班级发展目标停留在管制型班级、学习型班级发展阶段,缺乏对更高境界班级发展目标的追求。

表4-2　班级发展层次[②]

班级形态	发展目标	管理境界
管制型班级	在班级建立严格的规范,以便有效地控制学生,保证传授知识和落实德育的秩序	维持班级秩序
学习型班级	以知识学习为中心,通过教师的指导、学生的主动投入及师生、生生相互作用而形成集体学习氛围,完成学习任务	营造学习氛围
团结型班级	以"社会—个体"关系作为最高参照维度,强调在班级中形成共同价值,共同的活动目标与任务,及具有高度凝聚力、高度组织化的群体	形成班级合力
自主型班级	班干部能自主制定班级活动规划并有效实施,学生能够互相协作共同完成各项任务,从而自主处理班级事务	学会自主活动
民主型班级	让每一位学生都能充分展现自己并形成主动发展的动力和能力,使班级成为提升个体生命质量的精神家园	提升生命质量

第一层境界:维持班级秩序。这是最基本的境界,班级不陷入混乱,才有可能继续存在下去,并在此基础上发挥更多样、更高级的作用。就这一境界的班级而言,学生的发展特征是"规规矩矩"。

第二层境界:营造学习氛围。在维持秩序的基础上,力争形成集体学习氛围,形成良好的学风。在这样的班级中,每门学科的学习成为班级生活的核心。同学之间,有比较、有促进。学生的发展特征可被描述为"相互激励"。

第三层境界:形成班级合力。与上一境界相比,这样的班级在知识学习之外还有更多文化生活。通过更丰富的班级生活,同学之间形成了团结的氛围,学生非常认同并珍惜积极向上的班级整体形象,班级凝聚力得以产生。在这样的班级中,学生发展的更鲜明特征是"乐于奉献"。

第四层境界:学会自主活动。达到这一境界的班级,不仅有良好的秩序、学习氛围

① 李伟胜.班级管理[M].上海:华东师范大学出版社,2010:14.
② 李伟胜.班级管理[M].上海:华东师范大学出版社,2010:18.表格根据该书内容有改编.

和班级凝聚力,班主任更在此基础上致力于培养学生自主活动的能力。包括多方面的自主活动:自主管理班级事务、自主组织实施班会、自主开展小组活动,等等。学生在这一境界的发展特征是"做事能干",许多班级事务性工作都由学生自己处理好。

第五层境界:提升生命质量。这可能是最高的境界,即关注并着力提高学生个体和班级整体的精神生命质量,为学生提供更为开阔的精神生活空间。让学生不仅具备各种基础知识、基本能力,更拥有清晰的自我意识、高尚的追求、远大的志向。达到这种境界的班级中的学生的发展特征可被描述为"做人高尚"。

三、班级目标的可行性

有效的班级目标,必须是可以实现的、可以看到班级发展变化的,这可以从以下两方面着手。

(一)遵循"SMART"原则

班级目标的制订,可以借鉴目标管理理论中一项非常实用的原则,即"SMART"原则。该原则从五大方面提出了目标要求:

1. 具体的(Specific):设定的目标一定要具体;
2. 可以量化的(Measurable):目标要可测量,可量化;
3. 执行性强的(Attainable):设定的目标要高,有挑战性,但一定是可达成的;
4. 可实现的(Realistic):设定的目标要和该岗位的工作职责相关联;
5. 有时间期限的(Time limited):对设定的目标,要规定在什么时间内达成。

例如,某班级在春季学期中由于清洁卫生和自习纪律等问题,未能获得过一次流动红旗的荣誉(流动红旗每周流动一次,每学期 18 周,红旗流动 17 次)。鉴于这样的情况,班主任在秋季学期开学之初制定了这样的目标:一学期中获 3～5 次流动红旗。在这里,"一学期获得 3 次流动红旗"即为具体的、量化的、有挑战的但近期可实现的目标。

(二)把握班级发展节奏

根据班级发展的一般规律,王怀玉老师把班级发展分为三个阶段:初级松散阶段、中期磨合阶段、后期发展阶段。[①] 不同发展阶段,班主任所设定的班级管理目标也应有别,才能更好地实现管理促发展之目的。

1. 初级松散阶段:"事"先于"人"的底线规约期

在这个阶段,班主任要看到整体,从班级发展大局出发,建立基本的班级日常行为规范,比如出勤和服装要求、课前准备和作业上交要求,临时班委的组建,以及班委基本职责的规定等,从稳定班级大局角度提出基本规约。一般而言,在建班初期,个别问题生也处于观望阶段,即使有些小的行为问题,班主任抱着"相信他不是故意的,会主动改

---

① 王怀玉. 从班级到成长共同体:不一样的带班策略[M]. 上海:华东师范大学出版社,2019:101 - 103.

变"的心态去包容和适度提醒,传递信任和期待,而不在小事上紧抓不放,不仅可以让自己更有心力关注班级整体发展,也能让这些学生在初期感受到信任和包容的力量,为后续跟进性教育打下良好的基础。

2. 中期磨合期:从"事"到"人"的群体交往磨合

在班级发展中期,班主任要侧重培养一批得力的班干部,通过多个岗位设置激发全体学生共同参与班级事务的热情,并且尽量让学生以团队协作的方式参与班级事务,以此促进班级学生之间的互助交往;再通过岗位设置,促进学生对班级事务的承担、对班级发展的关注,促进班级凝聚力的形成。通过鼓励学生发起、组织和参与各类班级活动,班主任关注每名学生在各类活动中的参与积极性和能动性,进而了解每个孩子的不同性格特质,做到因势利导,努力实现班主任与学生之间的心灵对话。师生间唯有情意相通,才能更深入地彼此理解。同时,班主任要主动与家长保持常态联系,与家长互通信息,引导家长携手有效陪伴孩子,使其成为孩子成长背后的重要支持性力量。

3. 后期发展阶段:班级品牌建设

有了前两个阶段的过渡与准备,班级日常管理就应该从日常事务管理发展到班级品牌建设,一切班级日常事务围绕着班级特色发展目标而服务。这个阶段,就日常管理而言,班主任在推动班级品牌建设的同时,需关注班级不同类型孩子的全面发展,促进全体学生自我管理能力和领导力的发展。这个阶段,要通过班级文化建设系列做法,发挥品牌建设的感召力,让学生对班级产生新期待。同时,要充分发挥非正式群体对班级建设的新生力量价值。

推荐阅读4-2,关注班级发展状况、班级发展目标以及班级发展举措之间的联系。

推荐阅读4-2
高二8班班级发展计划

第三节　班级目标的过程管理

引导案例

一所小学的班级发展目标书

新学年开学,高新实小的班主任都在做一项新的工作:根据班级的学生情况、家长情况以及班级已有发展情况,填写自己的《班级发展目标书》。

"目标书"分五大部分:一是学校基础目标,权重25分,由德育处下达;二是班级管理基础目标,权重40分,包括心理教育、学生特长、家长工作、阵地建设、宣传工作、评价工作、财产管理、班队活动等项目,每个项目的内容由班主任结合班级实际情况设定;三是班级特色目标,权重30分,由班主任自己设定;四是激励目标,分为班级获奖、学生获奖以及其他加分项目等3项,由班主任根据班级学生的情况自己设定;五是创新工作。

班级管理基础目标由德育处根据学校的整体工作思路和目标来制订,同一个年级的各个班一般并无多大差别。"最为重要的是班级管理基础目标、特色目标和激励目标的设定。"三年级(5)班的班主任袁华说,"我首先要与学生、家长、任课教师讨论一学年的目标,然后将制定的目标书上交德育处,由德育处根据上期班级考核和班级情况进行修改,并与班主任当面讨论确定。"在德育处主任唐俊峰看来,通过多次讨论、协商来制定班级管理目标,"最终能够形成合理的班级目标——不会过高,让班主任完不成;也不会太低,轻易就完成。目标的实现需要班主任与全班学生和家长共同努力地'跳一跳'才能达到。"

各个班主任根据班级实际,自己设定的目标有所不同,形成多元化,"全校29个班,便有29套班级目标。"校长陈光前有一个比喻,班级就是班主任的一块"责任田"。由班主任自己决定种花生、大豆还是种稻谷,播种、施肥、管理,也都由班主任自己操办。这样的班级目标,既解放了班主任,又使班级管理体现班主任的鲜明个性和风格。六年级1班班主任张莉对心理教育素有研究。面对即将毕业、走进初中的学生,班上进行了"积极自我暗示"的心理教育。三年级5班班主任袁华相信智能多元,每一个孩子都有自己的特长,于是确定了"发展孩子特长,实现个性化成长"的班级管理主题。五年级1班班主任王桥以"做集体的主人"为主题,让学生自己设置岗位,通过竞争成为负责人,再招聘协助人员,给每一个同学以锻炼的机会。二年级的书香班级建设,也是蓬蓬勃勃……

高新实小"班级目标书"的各项指标,有一个鲜明的特征:所有指标,都没有涉及学生学科成绩、分数的硬性规定;且"三好学生"的评定,学习成绩也不是决定性的因素。这就摒弃了那种只要学习好就一好百好的评价方式,使过去被忽视的行为习惯、身体健康、特长发展成了重要因素。高新实小的班级多元目标管理,使教育回归到了鲜活的本质,也使学生成了一个个有鲜活生命的个体。

高新实小的很多老师都记得,在以统一标准考核所有班级的单向式评价中,德育处与班级之间,是管理和被管理的关系,班主任要做的,就是最大限度地适应德育处的要求,优秀班级,都是那些适应程度高的班级。在这样的管理模式下,班主任的个性和主动性往往不容易得到充分的发挥,而且还容易造成班主任和德育处管理干部之间的矛盾。现在,班级的"个性化发展评价"机制,让德育处变成了服务者、引领者、监督者。服务,就是为班主任管理班级、提升管理水平服务;引领,就是帮助班主任确立科学的班级发展目标;监督,就是督促班主任实现目标。唐俊峰说,"班主任每学期开学填写的《班级管理目标书》,就好像是产品'清单',期末考核时,'质检部门'——德育处就对照'清单'上的项目,一一核对班主任各项任务的完成情况,最后统计出该班的总目标分。"

过去,一套标准评价全校所有班级以及优秀班级按一定比例评比产生的方式,致使不少班主任为"争夺优秀班级"的名额展开不良竞争,同时,由于班级客观上存在差异性,使得一部分班级基本上与"优秀班级"无缘,优秀班级的荣誉常常被少数班级所垄断,无法真正调动每一个班主任和班级学生的内驱力,制约了学生、班主任和班级的成长与发展。现在,一个班级一套目标,让班级和班主任"自己跟自己比",达成目标就评为"优秀班级"。"跟自己比,比出了发展,比出了激励,比出了和谐,也比出了愉快,实现了教师、学生、家长、班级的和谐发展,营造出共享、互助、互学、上进的师风、学风和班风。"[①]

此案例说明了班级目标与班级计划、班级评价之间的密切联系,计划是目标的具体化,评价导向着目标的制订与实施。本节从目标管理的角度探讨班级目标的计划、转化与评价过程中的操作实务。

一、制订班级目标计划

目标管理(Management by Objective,简称 MBO)是管理学大师德鲁克于 1954 年在其著作《管理实践》中提出的,它是以目标为导向,以人为中心,以成果为标准,以使组织和个人取得最佳业绩的现代管理方法。目标管理理论提出后,便在美国、日本以及西欧国家的企业管理中迅速流传,影响广泛。当前,目标管理的思想已经渗透到各类组织管理中,其中也包括班级管理。

目标管理是一种程序或过程,它使组织中的上级和下级一起协商,根据组织的使命确定一定时期内组织的总目标,由此决定上、下级的责任和分目标,并把这些目标作为组织经营、评估和奖励每个单位和个人贡献的标准。班级目标管理就是通过专门设计的过程,将班级组织的整体目标逐级分解,转换为各小组、各学生的分目标。只有每个学生完成了自己的分目标,整个班级组织的总目标才有完成的希望。

计划是为实现预定目标而拟定的工作方案,是目标实现的第一步。班级工作计划是班主任为了做好班级工作,对未来一段时间内班级工作的目标、任务、措施等预先做出的设想和安排,是班级发展的蓝图,对管理班级、教育学生具有重要意义。它不仅体现了学校的教育教学计划,成为学校工作计划的延伸和补充,更体现了班主任的创造性劳动。

(一)计划制订的依据

班级工作计划是班主任根据培养目标、学校要求以及班级具体情况而制定的工作安排和行动步骤。班级工作计划按时间可分为:学年工作计划、学期工作计划、月工作计划和周工作计划;按性质可分为:常规工作计划、专项工作计划。我们通常所说的班级工作计划,一般是指学期常规工作计划,它包含了班级工作的方方面面,是班级工作总的指导思想和行动纲领,控制着班级工作总的方向。班级为了达到怎样的教育目的,计划开展哪些活动,采取哪些措施,预期收到怎样的效果,计划都写得非常详细具体。它使学年或学期工作更具有可操作性。

计划不能主观臆想,必须建立在对客观现实的认识和多种主客观条件基础之上。

---

① 希曼.一所小学的班级评价创新[J].教育文汇,2008(3).案例有删减。

制定班级工作计划的依据是多方面的,归纳起来有:

（1）上级指示和计划。党和国家的教育方针、政策和法规,上级教育行政部门的指示和要求,学校的工作计划,这些是保证班级管理工作方向的依据。

（2）理论指导。班级工作计划要按教育和管理的客观规律办事,避免主观性和盲目性,必须有理论的指导,使之符合客观规律的发展要求。

（3）间接经验。在制定计划时,重视教育情报,了解教育动态,学习和借鉴他人的班级管理经验,可少走弯路,捷足先登。

（4）班级实际。制定班级工作计划要有的放矢,"的"就是班级实际,包括班级基本情况、班级现有基础、班级现实情况、班级工作进一步发展的客观可能性,了解这些情况、依据这些情况才能卓有成效地开展班级各项工作。

（二）计划制订的步骤

1. 准备阶段

制定计划前的准备工作,首先要收集有关信息资料,掌握国家和上级教育行政部门有关教育方针、政策,学习教育管理的理论知识,了解当前班级工作的先进经验;其次要细心研究学校工作计划,班级工作计划是学校全面工作计划的局部计划,所以班级工作计划要贯彻落实学校的全面计划;最后是结合本班实际,进行综合分析,考虑计划的初步设想。

2. 计划草案阶段

制定班级工作计划,必须发扬民主,师生结合,贯彻从群众中来,到群众中去的原则,发动学生广泛参与,反复讨论,在此基础上确定管理目标和任务,写出计划草案。可以先让班委与同学制订各自的计划,在此基础上再制订班主任工作计划(见表4-3)。

3. 计划确定阶段

这是在讨论和写出草案的基础上,最后审定班级工作计划的阶段。经班委会、班级全体学生讨论通过,征求各科任老师意见,最后确定,上报学校,开始实施。

表4-3　班委会工作计划[①]

班委职务_____

一、班级发展口号	（包括对口号意义的解释）
二、我班现状分析	1. 主要表现（包括优势与不足） 2. 出现这些情况的原因

① 李伟胜.班级管理[M].上海:华东师范大学出版社,2010:190.

（续表）

三、班委工作目标	（突出与上一学期相比的新进展）
四、班委工作措施	1. 管理班级事务的办法 2. 开展班级活动的设想 3. 营造良好班风的办法

（三）计划制订的内容

班级工作计划的一般内容格式可参考如下模板（见表 4-4）。

表 4-4　班级学期工作计划参考模板

××学校××班×××学年度第×学期班级工作计划
一、班级现状分析   二、班级发展思路   三、班级发展举措   四、班级活动安排   　　　　　　　　　　　　　　　　　　　　××年×月×日 　　　　　　　　　　　　　　　　　　　　×××

1. 标题

标题或计划的名称直接反映计划的内容，其中包括制定计划的部门、时间和内容。例如：××中学初二（2）班 2000—2001 学年度第二学期工作计划。

2. 班级现状分析

一般有两种情况要分析。一种是新生班，分析的主要内容包括班级概况，如班级总人数、男女学生数、独生子女数、学生年龄、健康状况、学生特长、家庭情况等。第二种是老生班，在分析班级情况时，首先要简略地回顾一下班级上学期的主要成绩，这部分可一带而过。重点要分析班级存在的问题，例如学生德、智、体诸方面的问题及成因、班干部的能力情况、外部环境对学生的影响等问题。

3. 班级发展思路

班级发展思路是指班级工作的指导思想，结合班主任个人对班级管理的理念性认识，不说套话。同时提出发展目标，既要有激励性，能催人奋进，又要符合班级学生实际，留有余地。

4. 班级发展措施

活动安排和具体措施是班级工作的总体部署，是完成计划的保障，要写得翔实、具体、明确、便于操作。

5. 班级活动安排

一般以月为单位，列出每月的活动主题、主要活动内容及活动负责人。

6. 落款

结尾部分要写明制订计划的时间与制订人。

班级工作计划好比班主任工作的施工图，开展班级活动必须依计划行事，不能只订计划，不去实施。当然，计划写好以后，也不是一成不变的，要根据学校和班级实际情况，适时、适度予以调整、修改，确保计划的可行性。

二、促进班级目标转化

（一）阐释共同愿景

班级目标与计划制订之后，不能束之高阁，班主任要经常宣讲阐释，组织讨论目标，学生才能对共同奋斗目标产生认同。

比如有班主任让学生围绕"心目中的好班级"畅所欲言。如果面对的是低年段学生，班主任要善于使用浅近的表达，让学生易于理解，把"班级远景"换成他们熟悉的场景，如："我们坐在一个教室里，组成了一个新的家，你希望我们的家是什么样的？家里的成员之间怎么相处？"七八岁的小孩对家的概念已有基本认识，他们自然就能说出一些想法。当然一定还有学生考虑不到的地方，教师就需要进一步引导，比如我们都来自不同的家庭，我们这个班级小家属于学校这个大家等，话题自然就会延展开去。班主任不仅要激励学生充分发表自己的意见，还要善于捕捉关键信息，将核心词板书在黑板上，再组织比对、讨论。经过此番头脑风暴式的讨论之后，班级每位成员心中对班级有了基本的定位，在此基础上确立一个班级精神核心词——班训，或者共同拟定班名，或者选定能昭示班级精神的班级吉祥物等，通过这些外显符号在学生心目中树立起比较清晰的班级文化方向,实际上它们也隐含着班级奋斗目标。[①]

有位高一年级班主任,把一年建设班集体的目标任务画成一棵苹果树,树干上写着"一年内建成班集体",树枝上挂着 15 个苹果,每只都分别写上一个要求,做到了就将苹果涂上黄颜色。

这里有必要提一提班级标语。网上流传着许多班级"雷人标语"的照片,如"提高一分,干掉千人"等口号被做成条幅堂而皇之地张贴在教室醒目位置上,这些口号能成为班级共同奋斗目标吗? 它们能起到正确导向以及激励作用吗? 一些庸俗标语口号的出现,班主任难道听之任之吗? 谈谈你的看法。

(二) 分析发展态势

班级目标确立后,能不能实现,集体目标与个人发展的关系如何,都需要分析。企业管理中常用的 SWOT 分析,也可以借鉴到我们班级小组或个人分析中来。

所谓 SWOT 分析,即基于内外部竞争环境和竞争条件下的态势分析,就是将与研究对象密切相关的各种主要内部优势、劣势和外部的机会和威胁等,通过调查列举出来,并依照矩阵形式排列,然后用系统分析的思想,把各种因素相互匹配起来加以分析,从中得出一系列相应的结论,而结论通常带有一定的决策性(见表 4-5)。

表 4-5　发展态势分析表(供小组或个人用)

		内部因素	
		优势(Strengths)	劣势(Weaknesses)
外部因素	机会(Opportunities)	利用机会,放大优势: 1. 2. 3.	利用机会,回避弱点: 1. 2. 3.
	威胁(Threats)	利用优势,降低威胁: 1. 2. 3.	减少弱点,回避威胁: 1. 2. 3.

SWOT 方法的优点在于考虑问题全面,是一种系统思维,而且可以把对问题的"诊断"和"开处方"紧密结合在一起,条理清楚,便于检验。其基本思路是:发挥优势因素(S),克服弱点因素(W),利用机会因素(O),化解威胁因素(T);考虑过去,立足当前,着眼未来——运用系统分析的综合分析方法,将排列与考虑的各种环境因素相互匹配起来加以组合,得出一系列未来发展的可选择对策。SWOT 方法使得计划的制定更加科学全面。

---

① 王怀玉. 从班级到成长共同体:不一样的带班策略[M]. 上海:华东师范大学出版社,2019:11.

（三）形成个人承诺

班级目标一定要适时转化为个体希望实现的目的或结果。制订个人发展计划,体现了个人对目标的承诺。承诺是个体认为目标重要性的程度,是实现目标的决心,是面对困难和障碍而能坚持的决心。承诺影响并调整着对于目标的努力,因为重要目标更有可能被接受,引发热情参与,促进持久性行动。如果没有对目标的承诺,目标就不会发挥作用,这几乎是不言自明的。因此,要求学生制订个人发展计划,是一项有效的策略(见表4-6)。

表4-6　个人发展计划①

姓名＿＿＿＿＿＿

项　目		内　容
回顾过去	主要优势	
	最需加强的方面	
展望明天	我的努力方向（目标）	
	我的主要措施	

---

① 李伟胜.班级管理[M].上海:华东师范大学出版社,2010:189.

三、完善班级目标评价

目标评价是组织对团体和个人所达到的目标或结果进行测定和考核。班级评价是以班级管理为对象,根据班级管理目标,采用一定测量技术和方法,对班级管理工作及其效果进行测定,判定目标实现程度,做出价值判断的过程。其实质是根据目标来测定效果、判断价值。

建立班级评价制度的主导者是班主任。班主任个人的价值观和教育视野决定了他会建立怎样的评价制度。如果班主任一心只想着学生的考试分数,也只看重考试分数,那么他的评价的重点就一定是考试分数,其他不重要。如果班主任认为教育的任务就是要发展学生,而发展是一个很宽泛的概念,要从多视角评价学生,而且要用发展的眼光评价学生,那么他一定会对学生采用多元的评价方式。可以说,有什么样的班主任,班主任有什么样的价值观,就会有什么样的班级评价。

学习相关政策和理论,可以帮助班主任建立正确的评价观。2020年6月30日,中央全面深化改革委员会第十四次会议审议通过的《深化新时代教育评价改革总体方案》提出,要改进结果评价,强化过程评价,探索增值评价,健全综合评价,着力破除唯分数、唯升学、唯文凭、唯论文、唯帽子的顽瘴痼疾,建立科学的、符合时代要求的教育评价制度和机制。这是继2018年全国教育大会提出"扭转不科学的教育评价导向"后,指导教育评价改革的又一份纲领性文件。

(一)改进结果评价

《基础教育课程改革纲要》指出:"要建立促进学生发展的评价体系,要发现和发展学生多方面的潜能,帮助学生认识自我、建立自信,发挥评价的教育功能,促进学生在原水平上的发展。"

"多一把尺子衡量学生,就会多出一批好学生。"某班设立了"守纪模范星""劳动能手星""学习标兵""文艺活动尖兵""自理小星""运动健将""进步明星""回答问题星"等十六个荣誉称号;对同一个荣誉称号,获得者不限制人数,只要达到标准和目标,人人都可以获得;每月评比;小组凭星得流动红旗。这样的评价,目标多元,重在过程,重在激励,充分发挥了评价的激励功能,淡化了选拔和甄别。学生在评价他人的过程中也能认识自我。

(二)强化过程评价

苏霍姆林斯基说:"没有一个少年不由衷地希望表现得好,并得到教师特别是集体对他的赞扬。"改变评价过分强调甄别与选拔的功能,发挥评价促进学生发展、教师提高和改进教育实践的功能。

上海育才中学为学生建立"电子化档案",每位同学把自己每学期的学习成绩、成长过程、特长、爱好、荣誉、进步输入相应的平台,还可以通过制作个人网页丰富档案内容。这种评价方式注重了评价的过程,倡导了评价的内容与方法的多元。

(三)探索增值评价

增值评价作为一种前沿的评价模式,可以帮助学生把当前的学业成绩与过去的做比较,有利于实现学生的成长和进步,也有利于对教师进行更为客观的考核和对学校教学活动的管理和总结。现行的增值评价大多表现为对学生学业成就的增值评价,但这并不意味着增值评价只能作用于学生学业成就评价,还可以对学生的道德发展和体质健康水平进行有信度和效度的测量。从更深层次上来看,推进增值评价本质上是践行素质教育理念。增值评价是发展性评价的一种,其本质要求是关注过程、关注变化。增值评价是面向所有学生,考查其在学校期间的进步幅度,并且通过学生的变化来评价学校和教师的工作绩效,是对简单地以一次考试定结论的应试教育的直接否定。[①]

也许我们可以从下面这个案例中得到些启发。某中学班级期末共设立了28种奖项,获奖者几乎囊括了全班所有同学。凡获奖同学都会收到一张获奖证书,它的分量和价值源于和你在一起共同走过一个春秋的老师和同学对你的肯定(见表4-7)。

表4-7 某班期末颁奖项目[②]

奖项名称	颁奖辞	获奖者
"默默无闻奖"	红花总需绿叶衬,有红花有绿叶才能显示和谐。在我们的班级中也有一些人甘愿成为叶子,为我们班的和谐默默付出着,也许我们有时会忽视他们,但是他们为我们班级付出着自己的汗水。	郭天骄、朱婵钰
"阳光天使奖"	拥有光环,散发出暖人的光辉——这是天使给人的感觉。不论有多么不开心,当遇到天使之时我们都会变得阳光起来,他们为我们扫去了阴霾,他们让我们懂得有爱就有希望,有勇气就有未来。在我们的教室里就有这样暖心天使!	韩沁、葛兴胜
"恪尽职守奖"	他们各自有着不同的职务,无论大小,他们都有一份责任。他们认真负责地做着每一件事。大家的学习、生活都因为他们变得井井有条……	顾庆钰、徐嘉珺、汪佳琪、张科
"最具活力奖"	毛主席说过,青年是"早晨八九点钟的太阳"。充满活力是年轻的最好表现。我们班有一些充满活力、每天都很 high 的人,正因为他们的存在,我们班也变得活力十足。	蒋世伟、王映雪
"帅气外露奖"	在台上毫不紧张,在台下能说会道。自信总与她相随,在眉宇间透露出帅气洒脱的性格。她说的话大家都认真地听着,这就是魅力所在吧。	许佳
"最佳团队奖"	有这样一个团队活跃在现实中——他们把正义视为责任,让爱心成为永恒;把艰苦视为财富,让优秀成为习惯;不怕苦,不怕累,不怕挫折,不怕失败;团结互助,诚实守信,艰苦奋斗,永不言败;顽强拼搏,追求卓越,超越自我,创造辉煌。他们相信,在戚实中这广阔的蓝天下历练3年,他们定将会是展翅的雄鹰;在戚实中这人生的预备赛场上拼搏3年,他们定将会是明日的英雄!	高一(1)班全体成员

---

① 马晓强.探索增值评价,我们在顾虑什么?[J].中小学管理,2020 (10):5.

② 齐学红.班级管理[M].北京:教育科学出版社,2018:249-250.案例来自江苏省常州市戚墅堰实验中学张震。

推荐阅读 4-3,了解当前中小学在班级评价改革中的思考与行动。

推荐阅读 4-3
评价那些事儿

关键词

班级目标　长期目标　中期目标　近期目标　目标设置理论　前景教育
最近发展区　SMART 原则　目标管理　班级工作计划　共同愿景
SWOT 分析　个人承诺　班级评价　结果评价　过程评价　增值评价
综合评价

讨论题

1. 简述班级目标的功能。
2. 班级目标的有效设置,需要注意哪些方面?
3. 模拟制订一份班级学期工作计划。
4. 举例说明如何增进班级的目标管理,有哪些好策略?

組織的功能就是要讓平凡的人在一起做出不平凡的事情來。所以，管理不是"管理人"，而是"領導人"。

——彼得·德魯克

班干部是集體的核心，他們是最積極、最活躍的分子，最關心集體建設，最有主動精神，好似桷梁、檀、柱一樣支撐著大廈。

——馬卡連柯

第五章　班級結構

本章導讀

結構化的組織，既有助於分工合作、提高組織效率，又能滿足組織成員的歸屬、成就與自主需要。對班主任而言，既要了解班級正式組織的基本形態、組建方式、優劣比較以及改進思路，也要了解班級非正式組織的形成特點、存在價值以及教育引導原則。本章將從班級正式組織結構的設計與非正式組織結構的認識兩方面展開。

本章架構

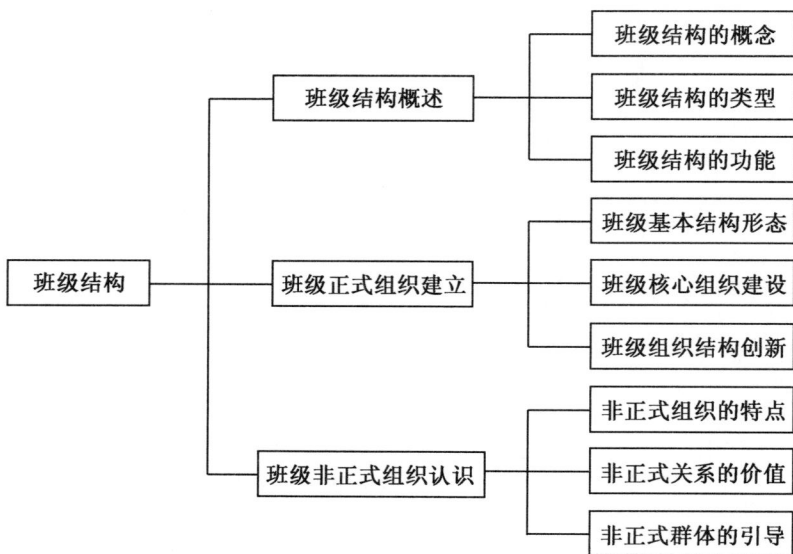

班級結構
- 班級結構概述
  - 班級結構的概念
  - 班級結構的類型
  - 班級結構的功能
- 班級正式組織建立
  - 班級基本結構形態
  - 班級核心組織建設
  - 班級組織結構創新
- 班級非正式組織認識
  - 非正式組織的特點
  - 非正式關係的價值
  - 非正式群體的引導

第一节　班级结构概述

精英组织还是多元团队?

　　李老师和江老师都是优秀班主任。李老师注重打造精英团队,每次接班都会挑选考试成绩优秀、学有所长、安分守己、人缘颇好的学生担任班干部。平时耐心教他们怎样开展工作、处理日常事务,推荐他们阅读《少先队活动》,吸取别人的宝贵经验。此外,给每人发一本记事本,记录班中发生的事及他们处理的方法。每星期开一次班干部会议,让大家互相交流、探讨,共同学习优秀干部的新方法、新点子,使他们都具有判断错误与处理问题的能力。这些班干部后来不仅成为班级骨干,也成为学校活动的骨干。

　　江老师本着"个个学有所长,人人全面发展"的育人原则进行了班级组织的多元构建。对富有个性特长的中等学生甚至问题学生也大胆聘用并培养。每学期班委会进行扩大选举,设常务班长一人,全面负责班级内部管理和对外联络。其他班委成员,如宣传委员、生活委员等,负责条块工作。另外实行值日班长工作制,由全班同学轮流担任,负责一天的班级日常管理,如组织一天的学习文体活动,记载当日的出勤情况,维护自习课和课间的纪律等;负责编辑《班级日报》,对发现的好人好事加以表扬,对违规行为进行登报批评;撰写工作心得,使班务管理透明化。取消学习委员制,拓展科代表的工作平台,由科代表分解学习委员的职责,负责处理、应对本科学习方面的一切事务。同时根据班级日常工作的性质和劳动量,创建语文、数学、外语等学科学习合作组,配合科代表检查、监督作业的完成和上交;设立"室内环保服务站"和"室外环保服务站",负责日常室内外的卫生清扫和保持;成立"车辆管理别动队",负责每天自行车的摆放、监督上锁等工作;组建"文明言行宣传组",负责班级学生文明言行的宣传和"文明学生"的评选事宜;成立"特别监察组",应对突发事件和学校安排的临时劳动性事务等,将各种工作分配到个人,奖勤罚懒,天天检查反馈,将精细化管理落到实处。此外,江老师还鼓励学生根据兴趣爱好和个性特点,自由组成各种俱乐部,如天鹅舞蹈组、精灵演唱组、真情传送组、明星足球队、七彩绘画组、阳光演讲组,等等。

　　两年后,江老师班上呈现出团结向上、朝气蓬勃的氛围,学生的个性得以充分张扬,兴趣得以全面发展,各种荣誉接踵而来,许多学生在省、市、市、区各类才艺大赛中崭露头角。而李老师的班级虽然整体文明守纪、勤奋好学,却没那么多多才多艺的学生,每次活动总是那几张老面孔出场,其他同学只埋头学习,综合能力没能得到很好的发展。[①]

　　李老师与江老师的带班思路不同,前者打造班级的核心力量,见效快,以少数人的

---

　　① 黄正平.班集体问题诊断与建设方略[M].北京:教育科学出版社,2007:52-52.

服务让全班受益,效率高;后者鼓励学生多元参与,有利于学生全面、长远的发展,但投入精力大、见效慢,管理效率不一定高。班级管理是"求效率"还是"求成长",不同的思路影响着班级组织结构设计。

一、班级结构的概念

组织结构是指组织成员有机组合的系统。

不同学者对组织结构的认识有所偏重。管理学家孔茨认为,"组织机构的设计应职责分明,使每个人都知道应该做些什么,谁对什么成果负责;应该能够排除由于工作分配的混乱和多变所造成的故障;并能提供反映和支持组织目标的决策沟通网络。"[①]管理学家巴纳德认为,"组织是两个人以上有意识的协调力量和活动构成的合作系统,其成员根据自己的特定地位扮演一定的角色,构成人际关系网络。"[②]前者强调依据分工进行人员组合,偏管理逻辑;后者强调依据角色判断人际关系,偏心理逻辑。

我们认为,班级结构是班级成员按一定形式组合而成的系统。该系统既可以是工作系统,为完成既定目标而对班级成员进行岗位分配,明确职责、义务与权利;也可以是人际系统,关心班级成员的活动交往、情感联系,反映其在班内的角色地位与关系网络。

二、班级结构的类型

组织结构有正式与非正式之分。任何一个社会组织,无论企业还是学校,组织内部都存在正式与非正式结构,它们的形成、目的、特征或许不同,但相辅相成,才能相得益彰。同样,班级的正式组织与非正式组织共同构成了班级组织结构系统(见图5-1)。

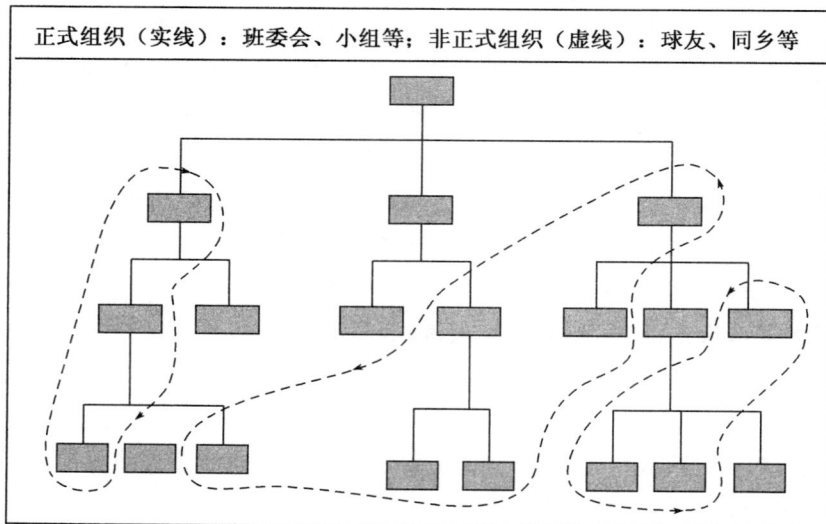

正式组织(实线):班委会、小组等;非正式组织(虚线):球友、同乡等

图5-1 班级结构系统示意图

① (美)哈罗德·孔茨,等.管理学[M].中国人民大学工业经济系,译.贵阳:贵州人民出版社,1982:316.

② 李冀.教育管理词典[Z].海口:海南人民出版社,1989:64.

1. 班级正式组织

正式组织,也称正式群体,是按照一定法律条例、规章制度建立起来的,执行一定社会职能的,有法定地位的、有组织的一种群体。正式组织具有三个基本特征:目的性、正规性和稳定性。

在设计学校和班级正式组织时,管理学认为必须考虑六个方面的因素:

(1)工作专门化。指的是把工作任务划分成若干步骤来完成的细化程度,这是从纵向方面对组织结构进行划分。对班级来说,班主任或班长无法一人承担所有工作,必须对班级工作进行分工和责任分解。

(2)部门化。指的是按照职能对工作进行分类,这是从横向上对组织结构进行划分。班级工作一般被划分为学习、文娱、宣传、劳动、体育等多个职能领域。

(3)指挥链。这是一种不间断的权力等级体系,从组织最高层扩展到最基层,解决谁向谁报告工作的问题。班级中每一个成员的权利和义务都有明确的规定,能妥善解决"我有问题去找谁"或"我对谁负责"的问题。

(4)管理幅度。指的是一个管理者能够有效管理多少人的问题。一般而言,管理幅度越宽,组织层次越少,信息沟通就越畅通;但管理幅度过宽,也会造成无法有效管理的问题。比如班主任直接管理学生小组或个人,减少了中间环节,师生交流更民主,反映问题更直接;但班级人数较多时,班主任直接管就会出现管不过来的现象,于是就会增加管理层级,而管理层级越多,越容易产生官僚主义。

(5)集权与分权。主要指管理权力在各部门的配置程度。实行集权式管理的班级,权力高度集中在班主任或班长手中,管理效率也许是高的,但管理不民主,管理者容易专断;实行分权式管理的班级,班主任懂得放权,让更多学生参与到班级管理中来。

(6)规范化。指工作实行标准化、制度化的程度。班级管理中要有明确的岗位职责、工作流程与行为准则。这样可以提高工作效率,保证工作质量。

总之,正式组织的设计就是在劳动分工的基础上,设计出组织所需的管理职务和各个管理职务之间的关系。

2. 班级非正式组织

非正式组织是人们自动形成的组织,而不是依照法令规章所设立的。换言之,在正式组织中的一些成员,由于工作、兴趣、利益、情谊(如同学、同乡)等关系,彼此发生互动互助,产生感情与认同,因而自然结合的团体,即为非正式组织。

和正式组织相比,非正式组织具有下列特性:

(1)是志愿或自然结合而成的团体,没有法令加以强迫;

(2)成员互动较为频繁,接触机会多,感情较为亲密;

(3)成员地位较为平等,不如正式组织那么层级分明;

(4)成员相互重叠,一人可能同时加入数个非正式组织;

(5)领导者是靠才德等影响力来领导,而非靠权力;

(6)较讲求情感,主观性较强,不如正式组织那么强调理性与客观;

（7）成员来去较为自由，组织变化较大。

非正式组织的产生似乎与正式组织目标不一样，但实际上非正式组织是正式组织的必要补充。"这是因为，只有给个人以某种活动领域，在那里他可以自我选择，不受正式组织非个人化的目标的支配而独立做出自己的决定，组织成员作为个人的人格才得到保障，他才能有可能不断地为正式组织贡献自己的力量。"①

非正式组织不是管理者有意设计的，但它在任何正式组织系统中都普遍存在。当非正式组织与正式组织目标一致时，它对正式组织具有助力作用；反之，则会产生阻力作用。管理者应当意识到，非正式组织的优势在于它比正式组织更能满足组织成员的情感性需求，因此，不能简单地试图消灭它，而是要发挥它的积极作用。

综合以上观点，进行班级组织建设，首先要建立稳定、强有力的正式组织机构，同时要允许并鼓励积极向上的非正式组织，以帮助组织进行沟通，增强组织内部的凝聚力，保护组织成员的心智健全发展。

三、班级结构的功能

站在管理学的立场来看，一般会问：班级组织的结构，对组织能起到什么作用？ 而以教育学的立场来思考，则会问：结构化的班级组织，对人能起到什么作用？ 因此，班级结构的地位与功能也从这两方面来分析。

1. 促进组织发展的功能

有效的组织结构设计能够建立合理的分工与协助关系，为各项活动提供明确的指令，保持工作的平稳连续和有序衔接，使组织活动更具秩序性和预见性。管理学家福克斯（W. Fox）从研究组织职能与其他职能的相互关系出发，指出组织设计的主要目的是建立有益于管理的组织，即建立有益于计划的组织、有益于指挥的组织、有益于控制的组织。有研究人员进一步指出，在进行正式组织的设计时，应使之符合组织活动的目的，能使组织成员有归属感，其能力得以发挥最大效用、对组织做出贡献的欲望得以提高，富有高效率，并能不断持续发展。②

从管理学立场来看，班级正式组织明确规定了班级活动中成员之间的相互关系及行为准则，要求成员之间既有分工又有合作，提高学生的自治能力，是班级进行自我管理、发挥自主能动性的组织基础。班级结构水平是班级组织成熟的重要支撑。培养出一批得力的班干部不仅能够锻炼学生的领导力，推动班级自主管理，也是提高组织效率、解放班主任的重要方式。

2. 满足个体需要的功能

从教育学立场来看，无论班级的正式组织还是非正式组织，都有满足个体需要的功能。叶澜教授指出，"如果我们着眼于需要的分析，那么教育对于个体的意义，就是使个

---

① 陈玉琨. 现代教育管理技术［M］. 上海：上海科技文献出版社，1994：54.
② 芮明杰. 管理学：现代的观点［M］. 上海：上海人民出版社，1999：89－90.

体具有正确合理选择自己发展方向的能力,提高个人满足自己合理需要的能力和向新的需要层次跃迁的自觉意识与能力"。

需要层次理论(hierarchical theory of needs)认为,人类天生的、内在的需要是按照一定的顺序排列的,在满足基本低层次需要之后,产生高级需要。以此来观察班级:首先,班级满足学生归属的需要,班级中的正式关系、非正式群体、朋友关系都满足了这种需要;其次,班级满足学生成就的需要,人们期望得到他人的高度重视,班级所创造的工作、地位、成功、被他人尊重及尊重他人的机会,能够满足这种需要;最后,班级满足学生自主的需要,即我们自己可以决定做什么以及如何做,班级通过鼓励学生自主决策,计划自己的行动,并且对自己的结果负责,增进他们的自主与自我决定需要。

推荐阅读5-1,了解科层结构理论、人际关系理论、社会系统理论对人们认识组织结构的重要贡献。

推荐阅读 5-1
对组织结构的理论认识

第二节 班级正式组织建立

引导案例

班长王强的故事

某班班主任接手新班后,指定了新的班干部团队。这个班的王强,是个男生,成绩中等,爱讲话,敢负责,一开始很讨班主任喜欢,被任命为班长。学校里布置的各项任务,班主任都喜欢交给王强负责。他在班级里有了一定的威信,对工作就更大胆、更积极地负责。今天这个男生迟到了,他在班内公开点名批评,明天那个女生没值日,他也在班内公开提出批评;对那些不接受他批评或不听"指挥"的同学和班干部,他都及时向班主任报告。班主任给他撑腰,自然多是训斥那些学生。渐渐地,他觉得班主任信任,自己很了不起,因而便高高在上,颐指气使,盛气凌人,只知道向老师报告某某同学学习不好,某某同学纪律太差,而看不到自己的缺陷和弱点。班里的同学开始讨厌他,有了明显的抵触情绪。班内没人值日了,迟到的学生也不只是两三个了,一些同学还故意跟他作对。班长渐渐失去了威信,越是他布置的工作,越是没有人干,班级各项工作逐步下滑。班主任也忍不住了,萌生了撤换班长的念头。他向学生了解情况,学生都是说班长的"不是",这更坚定了班主任的决心,于是在一个周会上,班主任指出了班级工作落后的局面,向全班学生宣布撤掉王强的班长职务,重新任命了班长。王强情绪一落千丈,思想很不稳定,加上同学的冷嘲热讽,他感到教室里都是冷眼,都是嘲笑的面孔,连那些中立的同学也疏远他了。他感到孤独、无助,在教室里如坐针毡,再也没有心思学习了。一周后,他开始迟到、早退、逃学,直至学习成绩下滑,期末考试位居下游。到第二学期开学,他竟然辍学了。王强辍学后,班主任曾试图让他回到学校,但已于事无补。班主任为失去这样一位本是很好的班干部而陷入了深思:怎样使用、爱护班干部?怎样使班干部能上能下,保证他们健康地成长呢?[①]

班委会是我国班级的正式组织机构,班干部是班级的核心力量。王强的故事,涉及班级中如何选拔、培养与评价班干部。传统的班委会与班干部制度面临着哪些问题,有哪些改进思路?本节将围绕班级的基本结构形态、核心组织建设、组织结构创新这三方面展开。

一、班级基本结构形态

教育管理学者伦恩伯格认为:"组织结构的基本概念,从理论上促进了人们对组织的纵向控制与横向协调。"[②]由此,组织就有了三种基本结构形态:(1) 直线型是最早也最简单的一种组织类型。它的特点是组织从上到下实行垂直领导,下属只接受上级指令,各级主管对所属成员的一切问题负责。(2) 职能型是指组织通过设立一些职能机构来分担、协助主要管理者工作。它的优点是能充分发挥职能机构的专业管理作用,减轻直线领导的工作负担。(3) 直线职能型是结合直线型与职能型两种组织的特点而形成的结构形式。它既保持了直线型结构集中统一指挥的优点,又吸收了职能型结构分工细密、注重专业化管理的长处,从而有助于提高管理工作的效率。大多数组织的结构形态为直线职能型。

我国班级的正式组织结构,也是直线职能型。一方面,"班主任—班长(团支书、中队长)—班委会—小组长—学生个体",从上到下,形成纵向控制;另一方面,班委分学习、体育、劳动、文娱、宣传、纪律等方面,由班委会成员分头管理班级具体工作,如学习委员管学习,体育委员管出操等,这样就形成横向协调。我国班级还有另一方面的正式组织结构,就是共青团、少先队组织建在班上。一般小学里的班长兼任中队长,初二开始设班级团支部。

班委会和团支部(中队委员会)构成了我国中小学班级组织结构的核心部分,由此在学生中产生了班干部群体。班干部包括班长、副班长、学习委员、纪律委员、劳动委员、生活委员、文娱委员、体育委员等各 1 人,以及各科课代表、各学习小组组长;中队干部有中队长、副中队长、组织委员、宣传委员、各小队队长等;团干部有团支书、宣传委员、组织委员、各团小组长等。一般情况下,以上这些都被统称为"班干部",即在班级中有一定职务,在班级管理中承担一定责任、权利和义务的人。

---

① 黄正平.班集体问题诊断与建设方略[M].北京:教育科学出版社,2007:65-66.

② (美)伦恩伯格,奥恩斯坦.教育管理学:概念与实践(第 5 版)[M].朱志勇,郑磊,译.北京:中国轻工业出版社,2013:47.

二、班级核心组织建设

班委会是班级组织结构中维持班级日常活动正常进行的一个核心组织,保证这个组织正常运转的制度体系就是班干部制度,其包括班干部的选拔、培养与评价。

(一) 班干部的选拔

1. 选拔标准

魏书生认为,班主任选择班干部的时候,一般要考虑三个因素:一要有组织能力;二要心地善良,胸怀开阔;三要头脑聪明,思维敏捷。

也有人认为,班干部应该具备以下四方面品质:一具备正直、诚实等良好的品行,热爱集体,关心同学,愿意为同学服务;二要有端正的学习态度和良好的学习成绩;三要有一定的交往能力和组织能力;四要有健康的体魄和良好的身体素质。[①]

本书认为,选拔班干部时要考虑三点:责任、能力,以及对班级服务的态度、价值观。

有些班主任喜欢根据学生的特长选择班干部,比如成绩好的当学习委员,会唱歌跳舞的做文娱委员,能写会画的做宣传委员,身体壮实喜爱运动的做体育委员,老实能吃苦的就是劳动委员了。这样是否行得通? 也许行,也许不行。因为有个人特长的不一定有组织能力,有组织能力的又不一定有责任感。班干部首先要有责任心,责任重于能力。

个人价值观不同,其责任心、为班级做事的意愿就不同。美国组织行为学家斯普朗格尔(E. Spranger)最早把人的价值观分为六种类型:理论型、审美型、经济型、社会型、政治型、宗教型。我们凭经验,在班级里也能发现与之相对应的大多数学生。比如,有人虽然成绩好、人品不错,但一心只读圣贤书,不问世事,做学习委员当标杆可以,但并不适合做班长一类的班干部;有人虽然有才艺,但以自我为中心,孤芳自赏,也不适合做班干部;有的同学做事喜欢讲条件,有的喜欢权力,这些同学当班干部有积极性,但班主任要注意引导;有社会性价值观的学生,是比较热心,能够服务他人的一类人,最适合担任班干部。当然,上述看法不是绝对的,班主任千万不能太过主观武断,要了解学生的真实想法,即使有的人有不正确想法,也不要把学生看扁,而要相信绝大多数学生是向善向上,可以引导教育好的。

本节引导案例中,班主任一开始看中王强"大胆、敢负责"的个性,是可以的;但在后来发展中,王强的一些问题暴露出来,班主任没有及时加以引导、培养是有教育失误的。比如王强的工作方法简单粗暴,管理能力跟不上;王强的学习成绩中等,当班长后也没有提高,不能服众;王强沉溺于班长职位所带来的权力,班主任没有教导、帮助,任由其发展。

2. 选拔方式

班干部的选拔方式基本上就两种:班主任直接任命与学生民主选择。

---

① 吴小海,李桂芝.班主任九项技能训练[M].北京:首都师范大学出版社,2008:58.

（1）任命制

由班主任直接任命班干部。一般在新生班级刚组建时，同学间还不熟悉，此时由班主任临时任命班干部，可以让班级工作尽快运作起来，便捷高效。

任命依赖于班主任前期的考察与用人眼光。被任命的学生得到班主任的充分信任，可以使班主任的教育和管理意图得到充分体现，较快地形成班级的核心力量。但必须注意的是，如若长期由班主任一手任命班干部，可能有碍于其他学生发挥民主参与班级管理的积极性，也容易造成师生之间、班干部与同学之间的情感隔阂。

临时任命的班干部，过了一段时间（一般开学一个月后），必须经过班级正式选举与组织任命的程序。临时干部可以参选也可以放弃。

（2）选举制

由学生推举或自荐产生候选人，然后再通过正式竞选过程产生班干部。以民主方式遴选出来的班干部，有较好的群众基础，具有较高的威信，他们的当选，有利于班级工作的开展。民主不是嘴上说的，要有一套科学严谨、公平合理的程序与规则。

首先，要明确班干部任职资格和任期规定。某班制订了如下规则：① 所有同学都有担任或选举班干部的权利。② 班干部承担着一定的班级管理和为同学服务的责任，应该由责任心强、工作热情主动的同学担任。③ 班干部代表着班级形象，对同学有榜样示范的作用。班干部的日常表现必须良好并得到老师和同学的认可，其中对学习委员的要求是学习成绩优秀。④ 本班班干部正常任期为一学期，任期满后可以竞选连任，但连任不得超过两届。每学期初举行班委换届选举。换届选举会要求全体同学和班主任都要参加。⑤ 班干部候选人由班主任审核。⑥ 如果班干部在任职期间严重违纪造成恶劣影响，班主任可以直接罢免其职务并指定临时负责人直至下一届选举之前。① 任职资格制度至少可以保障班干部是从优秀学生中选拔的，而且班主任对候选人有最终审核权。对选举中可能出现的不正常拉票、贿选、家长过度参与、同学间不正当竞争等行为，班主任要有所警惕与防范。

其次，要设计竞聘程序与规则。竞聘程序如下：① 通过自荐与他荐（同学、教师推荐）的方式确定候选人；② 班主任审核通过候选人；③ 通知班会时间，候选人做准备；④ 召开班会，班主任做动员，宣布竞选规则；⑤ 候选人发表竞选演讲；⑥ 全班投票、计票；⑦ 公布当选人名单；⑧ 举行入职仪式，颁发班级自制聘书。竞聘规则如下：① 某职务无人申报，由班主任直接任命。② 某职务只有一人申报，需要发布竞聘演讲。全体同学投票。赢得半数以上选票者可以当选。不到半数不能当选，仍然由班主任直接任命。③ 某岗位有两人参与竞聘，竞聘演讲后全体同学投票，票数高者当选。④ 某岗位竞聘者超过两人，采用两轮投票的方法选出当选者。所有竞聘者演讲结束进行第一轮投票，选出票数最高的两人入围第二轮。第二轮投票前两位竞聘人员再分别做一分钟

_____

① 陈宇. 班级管理课：班主任专业技能提升教程［M］. 上海：华东师范大学出版社，2021：275 - 276.

演讲,得票高者当选。[1]

本节开头案例中的班主任临时指定了王强做班长,觉得他好用就没经过民主选举,后来发现他在同学中没威信了,又直接免职,没有经过一定的程序,也不注意被免职班干部的思想教育与心理疏导,导致王强在班内的处境越来越糟糕直至退学。如果班主任的工作耐心细致些,就不会发生这样的悲剧。

(二)班干部的培养

班干部不是天生的,需要班主任用心培养:责任心强、能力强的学生,要多放权给他,不要有太多的干涉;责任心强而能力稍差的学生,要加强对他的指导培养;责任心不强而能力强的学生,要给他公共服务的机会并努力矫正他的集体观念;责任心不强、能力也不强的学生,可以在别的方面要求他、引导他,但不要仅仅为了鼓励而草率让他当干部。

成功班主任谈培养班干部的经验:① 教育班干部使之树立工作的责任心与荣誉感;② 创设良好的氛围,为班干部顺利工作创造条件;③ 教会工作方法,尊重工作职权;④ 对班干部表扬不要太多;⑤ 对班干部批评要有分寸;⑥ 让个别"后进生"当班干部要慎之又慎;⑦ 要特别关注班干部的成绩;⑧ 磨炼极少数优秀班干部,培养高层次人才。

1. 培养步骤

没有谁天生就能做好班级工作的。班主任对当选的班干部不能"只使用不培养",或"只选好用的用","不好用的就弃用 "。事实上,每个优秀班干部的成长都要经过三个阶段:

第一步,扶着走。班主任要手把手地指导,和班干部一起分析班级的情况,一起明确分工职责。帮助他们主持好第一次班会,处理好第一次偶发事件,教他们对策和方法。

第二步,领着走。班干部有了一些工作实践后,班主任可在各项工作开展之前,请班干部提前设想,提前安排,自己充当参谋。

第三步,放开走。班干部有了一定的工作经验后,班主任应学会放手,为班干部们提供独当一面、大显身手的机会,让他们大胆工作。如自己召开主题班会、组织演讲比赛等。班干部们的个性与潜能一旦发挥、释放出来,其工作热情与创造精神往往会使班主任惊叹。

2. 培养内容

著名班主任李镇西认为,班干部的培养关键是思想观念的培养。

第一要有服务意识。要淡化"干部"意识,强化"仆人"意识。让同学们觉得班干部是最值得尊敬与依赖的人。这样,班干部的威信便开始形成,为以后大胆工作奠定了深

---

① 陈宇. 班级管理课:班主任专业技能提升教程[M]. 上海:华东师范大学出版社,2021:40.

厚的群众基础。

第二要有主人意识。所谓"主人意识",有两层意思:一是工作中要有主动性和独立性,不要老是认为自己是老师的助手而消极依赖、被动待命;二是当老师的工作出现疏漏时,应勇于向老师提出,并协助纠正;同时还要敢于作为同学的代表维护同学们的正当利益。

第三要有创造意识。班干部工作确实很辛苦,但大到班级管理方式的选择,小到每一项具体活动的设计,都应让学生尽量体现出自己的智慧,使他们随时产生创造的喜悦。

第四要有效率意识。教育并教会班干部注重工作效率,不仅仅是为了给学生节约时间,有利于他们的学习,更是培养学生一种现代观念。指导学生科学安排时间,合理制定计划,学会"一心多用",善于简洁发言等,都可逐步提高班干部的工作学习效率。①

班主任要树立崭新的学生干部观,不能停留在过去传统的认识上。比如传统上存在班干部充当教师的"情报员""传声筒""协管员"等现象,这会不会把学生的热情与才干"用尽"了,也"用残"了?优秀的班干部是班主任的得力助手,但又不仅仅是助手。我们培养学生干部的目的,不只是为了使自己图个轻松,而是为未来培养具有管理、领导能力的优秀青年。对一些素质好的精英班干部,班主任要思考的是如何培养他们在未来的升学、就业和生涯发展中成为具有领导力的各行各业的领军人物、杰出青年,那会是班主任职业的骄傲。

3. 培养方法

培养班干部最好的方式就是岗位成才——让班干部学会把自己手上的事做精做细,然后举一反三,不断成长。

首先,明确岗位职责。班干部不是荣誉称号,选出来的班干部要立即投入工作,要做实事。所以,一定要给班干部定责。没有职责的岗位形同虚设。岗位职责要具体化,分管哪些事要写清楚。班长、团支书、副班长、学习委员、宣传委员、生活委员、劳动委员、体育委员、文娱委员的职责确定好后,要张榜公布,班干部、同学、班主任都要做到心中有数。以某班宣传委员为例,这个岗位的职责包括:① 管理板报创作小组,保证每期黑板报能及时出刊。② 管理班级海报小组。③ 协助生活委员购买班级各类表彰的奖品。④ 负责宣传学校、班级的各项活动。⑤ 负责安排班级各类活动的记录、摄影和电子相册制作等工作。⑥ 管理班级 QQ 群。

其次,掌握工作流程。比如出黑板报的流程:班主任把黑板报主题和要求交给宣传委员(或宣传委员自定),宣传委员组织组员撰写文案、设计版面、写字、画画,所需材料由后勤保障人员准备(或自备),如果需要购买,经费在生活委员那里报销。宣传委员和生活委员对接此事。班主任的工作主要是关心进展、鼓励学生、拍照记录、组织评比等。当然,如果在出黑板报的过程中班主任也可以直接干预,组员也可以直接找班主任求

① 李镇西.我这样做班主任——李镇西 30 年班级管理精华[M].桂林:漓江出版社,2012:163.

助,但仅仅是在一些特殊的情况下或出现了学生自己解决不了的问题时。[①] 这个流程在出过几期黑板报后大家就都熟悉了,彼此之间的配合也会默契起来。班级工作需要很多这样的流程。

再次,示范操作步骤。班干部的工作质量不完全是个人决定的,他需要团队合作,特别是指导团队成员达到统一工作标准。比如劳动委员利用课余时间召集讲台保洁小组成员(这个岗位由五人承包,周一到周五每人轮流一天)进行实地操作训练,内容包括:① 宣讲岗位职责、流程和标准,并答疑。② 操作演示示范,讲解要领,参训人员练习。③ 交流操作经验和心得体会。④ 讲解如何检查,如何评分。培训时间不长,但实效明显。

最后,例会交流经验。建立班干部例会制度,定期或不定期交流经验。班干部例会有以下几项功能:① 传达通知,布置工作。② 展开头脑风暴,共议问题解决方案。③ 交流信息,探讨班级存在的问题。④ 就班级重要的问题达成共识。⑤ 提高班干部的团队意识。⑥ 教育培训班干部。[②]

(三) 班干部的评价

促进班级工作的有序推进,对班干部进行科学评价是保障。所谓科学评价,是指以评价促进发展,促进成长,而不是简单地评判得失。

1. 评价内容

一方面,评价不是花架子,要看结果、看成效。这样才能培养班干部的效率意识、担当意识。必要的量化评比会起到催化作用,也可以通过各种"名号"进行评价导向,比如对小组长的考核后评出"最友善组长""领袖型组长""智慧型组长"等,让学生学会发现每个人的独特之处。

另一方面,评价不能只看结果,也要看过程、看态度。这样才能发现班干部的合作精神、协同能力、默契程度。在评价中,班主任要尤为关注评价带给学生的心理暗示力量及情绪影响,避免因评价方式不当对当事人造成"伤害"。尤其是某些收到同学建议多的班干部,为避免他有挫败心理,班主任要善于协同家长一起做好学生的心理调适工作。

2. 评价形式

第一,自评。每周固定时间,召开班干部例会,让每个小班干对自己一周的工作进行回顾。自评也可以分为口头自评与书面自评两种方式。口头自评,多用于干部"民主生活会"上,每个干部对自己的工作进行回顾,或者班干部阶段性工作完成后也可进行口头自评。为了让评价成为常规,最好还要进行书面评价。一般而言,一个月书面评价

---

① 陈宇. 班级管理课:班主任专业技能提升教程[M]. 上海:华东师范大学出版社,2021:92.
② 陈宇. 班级管理课:班主任专业技能提升教程[M]. 上海:华东师范大学出版社,2021:281 - 282.

一次比较合适,内容包括班干部对自我言行的反思、对所承担职责的效果分析,以及对阶段性工作的简要小结。

第二,他评,包括同学、老师和家长的评价。他评宜侧重质性评价,从发现优点和提出建议两方面进行。他评最好制定出对应表格,定期评价,并要署名。同时,班级也可以设置意见箱或者悄悄话本,鼓励每个同学用别人易于接受的方式提出建议,使用温暖的语言和方式表达对别人的欣赏,在班级形成一种理解、包容的人际氛围。定期让学生对班干部进行评议或投信任票,让学生干部随时感受到同学的鼓励与监督,又以此引导学生公正无私地评价班干部。

第三,班评。期末发动全班同学向班干部写致敬信,感谢他们的辛勤劳动,并评选"最佳班级活动""最佳学生干部"等。对少数工作不佳的班干部,一方面要进行个别的帮助与指导,另一方面要引导学生们发现其工作中某一点可取之处,然后在班上大力表扬,以鼓起这些班干部的热情与信心,使他们的工作能力在自己原有的基础上能有所提高。[1]

三、班级组织结构创新

吴康宁教授认为,我国中小学班级组织结构呈金字塔型,形成"干部阶层"与"群众阶层",这种结构容易导致学生形成权威服从观念和低位差异观念。同时,这种结构呈现相对固化状态,少数学生长期处于金字塔的顶端,这就导致他们长期占据班级中有利资源,较之普通学生有更强的成功感、集体意识、责任感、自信心和要求别人服从自己的权威意志。[2] 不少调查研究表明,在中小学校长期担任学生干部者,升入大学或到了工作单位之后,其组织活动能力一般都强于在校期间未担任过学生干部者。因为前者通过在校期间的管理实践,已多少具备一些组织能力、经验及相应的心理素质。但是需要指出的是,班级中的管理角色长期集中在少数学生身上,对于提高班级工作的效率或许不无益处,但对其他学生的能力培养方面或有欠缺。

叶澜教授指出,目前我国班干部制度运行过程中还是存在着公民权利责任意识、主体意识、服务意识的缺失等问题,主要表现在以下几方面:第一,班干部制度存在的主要功能还是定位在管理。班干部主要的职能就是配合学校开展相关活动和班级日常管理工作,班干部在班级中主要是执行者和遵守者,只为班主任服务,对班主任负责,受班主任评价,在这种制度下培养出一大批"听话"的好学生。第二,科层化的自上而下工作机制带来的不良影响。在班级中班干部主要是做好班主任要求的工作和管好同学,向班主任汇报情况,向班主任负责,在这种上下级协助关系下,班主任易对小班干部产生偏爱,提供更多的发展机会。第三,由于选拔标准的固化,担任班干部的同学往往属于班级中成绩优异者,常常在班级中有高人一等的优越感,容易把班干部所应履行的职责当作是拥有管理他人的权力,是一种奖赏、一种光荣、一种特权,而缺乏真正的服务意识。

① 李镇西.我这样做班主任——李镇西30年班级管理精华[M].桂林:漓江出版社,2012:165.
② 吴康宁.教育社会学[M].北京:人民教育出版社,2019.

第四,难以处理的人际关系。这些小干部,如果品行好与其他同学相处时较大度和宽和,还会有较好的"人缘",如若相反,则会遭到大家的厌恶,很少能在班上交到好朋友。①

总之,传统班委会与班干部制主要存在两方面的问题:一是发展资源集中在少数人身上,二是层级结构容易产生官僚作风,对此,实践中已有不少班主任摸索出了有针对性的改进思路与方法。

(一)轮换干部职位

轮换制的思路是在保持班级层级结构原有优势与稳定性的前提下,增加管理岗位,让更多学生参与班级管理中。具体做法有三:

第一种是定期换届。班干部一学期要改选,能者上、劣者下,有利于发现新人才,保持班干部队伍的新鲜活力。但为了班级工作的延续性,每次要保留一些"老"干部,这样才能以老带新,更有利于新干部的成长。即使是最优秀的班干部,也不能搞"终身制",同一岗位最多任两届,有能力的同学可以选择换岗,迎接更多的挑战。

第二种是轮流执政。有一个班级发明了"双班委制":竞选出16位班委,组成两个班委会,每个班委会再增加一个宣传小组(4人)、一个策划小组(4人)。这样每套班子由一个班委会加两个项目小组组成,全班共有32位小干部。其中的宣传小组负责班级的宣传和布置,策划小组负责午间俱乐部、十分钟队会、新闻发布会等。两个班委会按月轮流管理班级,互相竞争,互相协助。每月的月尾召开一次全体班干部会议,让本月当值的小干部们对自己的工作开展自我批评。班主任则对大家的工作进行总结、评价(以鼓励为主),同时又对下一轮当值的小干部提出相应的要求。②

第三种是辅助执行。在班委会结构照常运作的基础上,增加一个值日班长,辅助常规管理。值日班长由全班同学轮流担任,按照学号顺序,每个人做一天,循环往复。值日班长的工作包括:① 早晨提前15分钟到班;② 协助科代表收交作业;③ 管理眼保健操纪律;④ 午休前检查一次班级卫生;⑤ 课间巡视制止同学追逐哄闹;⑥ 出现重大问题及时联系班主任或其他老师;⑦ 放学后检查卫生并记录,关闭电源和门窗;⑧ 记录班级一天中的大事或突出的问题,完成《班级日志》,第二天早读前对全班做"一分钟点评"。③ 值日班长制与班委会制一动一静,相互配合,是比较理想的组织结构设计。因为每个人的能力和责任心差距太大,班委会制保障了班级组织结构的稳定性,班级核心成员的骨干力量得以发挥,而值日班长制又给所有学生提供了公平参与班级管理的机会,符合了"人人为我,我为人人"的管理服务理念。

---

① 叶澜."新基础教育"论:关于当代中国学校变革的探究与认识[M].北京:教育科学出版社.2006:309.

② 陈伶俐."双班委制"诞生记[A].杨小微,李家成."新基础教育"发展性研究专题论文·案例集(上)[C].北京:中国轻工业出版社,2004:220-221.

③ 陈宇.班级管理课:班主任专业技能提升教程[M].上海:华东师范大学出版社,2021:94-95.

(二) 开发服务岗位

全员岗位制着眼于班级"人人有事做,事事有人做",充分挖掘班级生活中的各种岗位资源,让更多的学生民主地参与班级事务,开拓更广阔的发展空间,获得更丰富的成长机会。

各种服务岗位,在承担责任的大小上有差别,性质上也有不同。责任较轻的如"守门员"这一个岗位,要求在岗学生每天第一个到教室开门,最后一个离教室关门,任务虽不重,但贵在坚持。责任中等的如"卫生检查员",上岗学生自己要养成讲究清洁卫生的习惯,更要督促帮助别人做好个人清洁卫生工作。责任最大的要数"小班主任",他要像班主任那样统管一天的工作,把握全局,发现各种好的行为或问题苗子,处理突发事件等。大小不同的岗位组成全班学生自主管理的网,做到既各司其职,又整体协调,人人在班级中都是管理者,又都是被管理者。

有研究者梳理了五种班级岗位,使班级服务工作变得活泼有创意:① 学习类:包括各学科课代表、学习小组长、领读员等。② 知识类:气象记录员、导读小先生、信息发布员、小报童等。③ 活动类:主持人、活动策划、联络员等。④ 服务类:黑板报编辑、图书管理员、仪表检查员、桌椅小排长、门窗管理员、餐厅服务生等。⑤ 行为规范类:护眼使者、节能小哨兵、护绿小天使、午餐管理员等。① 岗位虽不大,但却能多元培养学生的综合实践能力。比如某小学的"气象先生",头天要注意定时收看气象预报、做记录,并搜集相关气象知识做补充,第二天要在全班面前播报……一件小事,却对扩大学生的知识面,提高信息搜集与口语表达能力,以及每天坚持不忘的意志品质,都是很好的锻炼。

(三) 创新小组合作

一般来说,每间教室按直排式座位(中间留三条通道)来分,会有四个自然组,每组10～14人(对应班级40～56人)。自然组作为常见的班级组织结构,常与大班管理相配合,执行一些不太复杂的行政事务,比如收发作业、卫生大扫除、体育锻炼、外出集合队伍等。自然小组,一般也是少先队小队活动的组织。

自然小组作为一种比较灵活的组织结构,单设一个组长就可以展开活动,比大班更好管理;而且自然组客观存在,不用多做建设,随时可用;但自然组人数较多,组员能力、素质差异较大,导致组长管理难度大,组织功能限于简单事务处理,组员间很难有更紧密的合作关系。因此,一些不同于自然组的小组合作形式得以创生:学伴小组、项目小组比自然小组更灵活,容易适应不同的组织需要。

学伴小组是在班级内部创设的学生小组,一般 4—6 人左右,按座位就近的原则组成,人员相对固定,每组成员的学习(如课堂讨论)、工作(参加劳动、活动、比赛等)、生活(如休闲娱乐、住宿安排)都在一起,组员长期亲密相处,成为真正的学习与成长的伙伴。英国寄宿制中学的"学舍制"具有精英教育的传统,舍友就是学友、球友,有助于伙伴关

---

① 袁文娟."新基础教育"班级岗位建设的实践与探索(上)[J].班主任,2008(10).

系的发展和团队精神的培养。上海育才中学为了培养学生的自治能力,形成了"全校学生会—年级学生理事会—班委会—学生四人自管小组"的学生自治自理工作网络。其中,学生四人小组既是课堂上的读议小组,也是平时学校开展各项教育活动的活动小组,还是学习生活上的互帮小组。小组负责班级宣传、卫生值日、课堂读议、互批作业、班级活动设计、参加各种比赛、民主生活评议、期终思想品德自评互议等活动,使每个学生都能参与班级的服务和管理,又都在服务和管理的实践中,培养自我控制、自我管理、自我教育、自我服务等多方面的能力。清华附小也一直采取班集体授课与小组化结合的方式,将每个班分成"三五成群"的学伴小组,每组 4—6 人,解构"坚固的班级堡垒",为学生的个性化学习服务。

　　项目小组是另一种形式的组织结构。它是为完成某项班级任务而临时组织的学生小组,组长、组员都采用招募制,人数根据项目大小来决定。项目负责人是在这个项目上有特长或资源的人,比如班级篮球队的队长自己要会打球,还得负责招募球员、制订训练方案、组织参加比赛。所有成员都支持并服从项目负责人的安排,互相配合,为完成任务而共同努力。一旦项目完成,小组也随之解散。项目小组打破了班级常规组织方式,以任务为导向,灵活高效,给更多同学提供了施展才华的机会。比如某学校组织迎新年爱心义卖活动。这是一次全校性的大型活动。按以往的工作惯例,班主任要先设计活动方案和任务单,再召开工作协调会布置各项任务。但班主任换了一个思路,把这次活动作为一次培训班干部的机会,决定招募项目负责人,授予全权,负责组织和指挥,班主任只做指导,不参与具体决策。该班团支部书记做了这个项目的负责人,对活动做了精细的安排:活动前,安排专人整理捐赠物品并统计、搬运义卖物品、布置义卖展台、制作宣传海报;活动中,安排固定摊位销售员、流动推销员、货物保管员、销售统计员、全程摄像员;活动后,收拾展台物品、打扫卫生、发布通讯稿、后期制作电子相册。事实证明,一旦学生的工作热情被激发起来,能发挥巨大的作用,学生的能力常常超乎老师的想象。

　　与传统班级组织结构相比(见表 5-1),学伴小组与项目小组的创新之处在于:第一,结构扁平化。自然小组是作为班级层级结构的一部分而存在的,而学伴小组、项目小组是直接受班主任领导的扁平化组织结构,克服了科层结构的古板僵化,促进了学生自主自治管理水平的提高。第二,合作多元化。学生之间的合作遍及日常学习、工作、生活的方方面面,有助于互相深入了解,共同面对成长中的烦恼。第三,领导分权化。班级管理的重心下移,给学生更大的发展空间,有助于学生领导力的培养。

表 5-1　班级常用组织机构对比①

| | 层级结构制 | 小组合作制 | | | 全员岗位制 |
		自然小组	学伴小组	项目小组	
人员	全班	10~14 人	6 人左右	不定	全班
成员关系	上级指挥下级	组长指挥组员	平等合作	以项目负责人为核心	完全平等
适用工作	常规事务统筹	常规事务执行	多元任务	单一任务	常规事务分解
凝聚力	低	低	高	高	低
自治程度	低	低	高	高	高
存续时间	长	长	长	短(任务完成解散)	不定(看效果)
优势	控制方便	运作简单	关系密切	人尽其才,灵活高效	人人参与
缺点	基层积极性差	管理难度大	经营难度大	对组员才能要求高	管理效率不高

推荐阅读 5-2,学习陈宇老师对班干部的系统培训方法。

推荐阅读 5-2
陈宇:对班干部进行系统培训
(附:运动会活动安排文案)

第三节　班级非正式组织认识

引导案例

那年,我"解决"学生小团体之道

　　记得我作为班主任带第一届学生时,我们班有几个喜欢打篮球的学生经常在一起,每天下午放学都要到学校的操场上打篮球,久而久之这几个学生就成了形影不离的小团体。因为打篮球影响了学习,我就把他们找来谈心,希望他们花费在打篮球上的时间尽量少点,多点时间看书。不找他们还好,找过他们以后,他们不仅打篮球的时间变多了,在一些集体活动上也有意和我对着干了。当时感觉自己真的好心变成驴肝肺了,气得我都不想再管他们了。但是反过来想一想,这样只能说明自己无能。

　　当我知道苦口婆心的说教不能解决这个小团体在学习上的问题时,我采用了第二个方法——找家长,希望家长能帮助我解决这一难题。

　　当孩子和家长一起坐在我的办公室里时,我把几个孩子经常在一起打球、学习成绩

---

　　① 陈宇. 班级管理课:班主任专业技能提升教程[M]. 上海:华东师范大学出版社,2021:145. 表参考,有修改。

不断下滑的现象告诉家长，家长的配合就是对孩子不断说教、指责和打骂。在家长不断对孩子们进行指责时，从孩子们的眼神中，我看出了他们对我的仇恨，虽然我的初衷是帮助他们，但是能感觉到他们离我越来越远了。

后来的事实证明，这个方法又失败了。

如何帮助这个小团体？我几乎每天都在思考这个问题，想找到一个解决的方法，终于我想到了第三个方法，就是运用三十六计中的"擒贼先擒王"和"分化瓦解"。

我发现在这个小团体中有一个核心人物，他叫耀新，所有的成员都听他指挥，我决定从他开始，"瓦解"这个小团体。每天下午放学，我都会留下耀新帮他补落下的课程，这样既可以使他们不能在一起打篮球，又能把他们的成绩拉开。就这样坚持了一个学期，期末考试成绩出来，耀新的成绩在他们的小团体中是第一名，并且拉开第二名50多分。又因为我每天下午的帮助，已经使这个小团体中的一些人心里不平衡，对耀新开始疏远，这次成绩出来对他们更是一个打击。这时我感觉运用"分化瓦解"的时机成熟了，我分别找到这个小团体的每个成员，说耀新成绩已经远远超过你们了，有本事不仅在篮球上比，学习中也要你追我赶。当说出这句话的时候，我观察他们的表情，几乎每个人都有点愤怒。我告诉他们耀新之所以成绩能提高，就是因为他每天下午留下来刻苦学习，如果他们也能这样学习，成绩也能提高。

初二的时候，耀新因为学习有进步，学习的劲头更足了，而小团体成员为了超过他，也很努力地学习了。就这样我把爱打篮球的小团体转化为你追我赶的学习小团体。①

任何正式组织内部都存在非正式组织。因此，班级内存在非正式小团体是很正常的，为什么这位班主任要"解决"小团体？他在担心什么？他的担心有道理吗？为什么找谈话、找家长两种方法先后失败？最后分化瓦解真的是成功之道吗？本节将围绕班级非正式组织的特点、非正式关系的价值、非正式群体的引导三方面来回答这些问题。

一、非正式组织的特点

非正式组织是一种人际关系系统，是在所有的正式组织中自发形成的。班级中的非正式组织即学生在心理一致或相容性的基础上，因地域接近、外表吸引、共同兴趣等原因自愿结合而形成的人际关系系统。

（一）非正式关系的测量

如何了解班级内部的非正式关系呢？可以通过观察、谈话了解，但要窥见班级内部人际关系的全貌，运用社会测量法最适合。社会测量法是由美国学者莫雷诺（J. Moreno）于20世纪30年代创立的。它从群体的角度，定量地了解整个群体的人际关系状况，以及每个成员个人的人际关系状况。例如群体中谁最受欢迎，谁最受孤立，谁

---

① 代盼盼. 那年，我解决学生小团体之道[J]. 班主任之友（小学版），2013(4). 标题中双引号为本书编者所加。

最受排斥,群体内部有没有自发形成的小团体,群体的凝聚力如何等。社会测量法问世之后得到了广泛的关注和应用,它也可以应用到班级管理中。

社会测量法对测量班级内学生的人际关系有一定的客观性。管理者可以了解到班级内每个学生的人际地位、群体的心理结构、聚合程度及成因。其具体方法如下。

第一步,设置一个问题情境。社会测量法的基本方法就是向群体成员提问题,请他们对其他成员进行选择。成员之间相互选择的情况,反映了他们之间的心理联系或心理距离。比如,假设这次去春游,我们以小组为单位自由活动,你最愿意和谁在一起?

第二步,编制问卷,学生作答。比如:列出你愿意和他们在一起的两位同学,第一是____,第二是____,为什么?_____列出你不愿意和他们在一起的两位同学,第一是____,第二是____,为什么?_____

第三步,统计分析,用矩阵法和图形法整理资料。

社交矩阵图:肯定的选择用"＋"号表示,否定的选择用"一"号表示,没有选择用"o"表示。肯定的选择代表心理上的接纳,否定的选择代表心理上的排斥。

社交网络图:实线代表喜欢(接纳),虚线代表不喜欢(拒绝)。双箭头表示双向选择关系,单箭头表示单向选择关系(见图 5 - 2)。

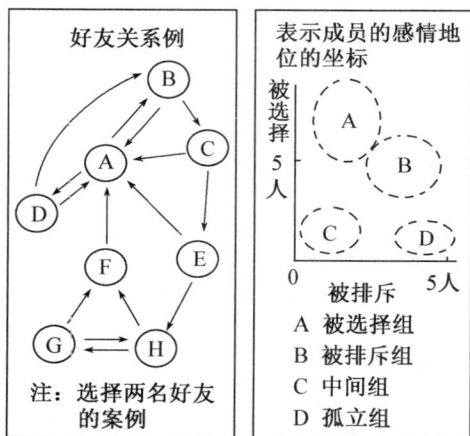

图 5 - 2　学生人际地位与关系网络图[1]

(二)非正式关系的形态

1. 人际地位

通过社交矩阵图,我们可以发现班级中每个人的人际地位是不同的,有的人受欢迎,有的人被排斥,还有的人被忽视。(1)人缘儿:被班上很多同学选择为互动对象。(2)排斥儿:被班上很多同学拒绝。(3)孤立儿:被班上大多数同学忽视,既不被接纳又不被拒绝。

① 钟启泉.班级管理论[M].上海:上海教育出版社,2001.

据调查表明，一个班上受欢迎的同学占到全班人数的 13.33%，被拒绝的占 14.31%，被忽视的占 19.41%，一般情况的占 52.94%，也就是说前面三种特殊情况的加起来不到班上人数的一半，但也很可观了，因为每个生命个体都值得被关注。班主任要特别关心那些处于特殊与不利人际地位的学生，关心他们的处境、情绪和思想动态，帮助他们被接纳，帮助他们找到与同伴相处的适合方式。

2. 互动角色

通过社交网络图，我们可以发现班上"三五成群"的小团体现象，这些同学彼此互选以作为互动对象。班主任有必要了解：班上哪些同学关系密切，他们是因为什么原因喜欢在一起的，相互之间的关系结构与相处模式又是怎样的，比如是"铁三角"关系还是"太阳花"关系（小团体以一人为中心，成员十分听从），等等。

Redl 与 Wattenberg 认为在小团体中个人的角色有四类：(1) 领袖：几乎在任何团体都可找到一个领袖的角色。(2) 小丑：所扮演的角色是取悦别人。(3) 烈士：利用受罚的机会，建立其在班级中的英雄地位。(4) 教唆者：教唆他人制造麻烦、当替死鬼，自己却隐身幕后。[①] 从教育学、管理学的主观立场来看，班主任对学生的角色行为负有教导的责任，不可逾越社会期望与社会规范；但从心理学、社会学的客观立场来看，班主任也不要过分干预儿童的角色扮演，因为同辈群体中的自然交往是儿童社会化进程中的一部分。

二、非正式关系的价值

大多数班主任都是从正式组织管理的角度来认识和处理班级非正式组织问题的。比如了解班上同学所扮演的角色，邀请班上受欢迎的同学来协助班级的自治和自律；辅导班上人际关系不好、不受欢迎的同学，改善其习惯和态度，让同学能乐于相处；留意小团体，避免班上分崩离析而影响整个班级的团结和凝聚力；领袖人物可帮助教师维持班级的运作，但也可能带头犯规，教师唯有"擒贼先擒王"，才能收到明显的效果。总之，班主任对班级内部的非正式关系要因势利导，借力使力，让班级管理更上轨道。

除此之外，本书认为，班主任还应该从学生心理发展需要与终身发展的长远角度来认识班级非正式关系的价值。

学生发展过程中，越来越需要同伴交往：低年段，同伴之间以一起玩闹为基本外显方式，要么好朋友手牵手，要么成为"互不相让"的"小对头"；中高年级，则主要基于兴趣、爱好、价值观和审美趣味等自发形成一些非正式群体，同伴的影响力愈加明显。进入青春期，儿童的同伴交往的重要性要远远大于与成年人的交往，其人格发展更多受到同辈群体的影响。

然而，想想现实中我们周围孩子的交往情况：与亲戚家的、邻居家的同龄人没有太多来往；功课多，没有时间交往；课外活动、休闲活动少，也缺乏支持同龄人深度交往的

---

① 张民杰. 班级经营：学说与案例应用[M]. 3 版. 台北：高等教育出版公司，2011：193.

111

活动项目,比如组建乐队、一起参加运动比赛等。2016年《中国青年报》社会调查中心联合问卷网对2002人进行的一项调查显示,55.7%受访者发现身边小学生放学后越来越"宅",66.8%的受访者认为这是年级升高、课业繁重导致的,69.0%的受访者担心,因缺少同龄间的沟通,孩子会越来越自我。

从社会变迁来看,出生人口在下降,家庭结构在变化,居住环境更封闭,功课压力更繁重,电子媒体更吸引,诸多因素导致儿童的社会交往面在缩小。学校、同班同学成为当今学生的主要交往空间与交往对象。因此,处理好同学关系,维系好同学情谊,就更具有重大意义与价值。当然,这种价值不是从庸俗社会学角度去理解的"关系"价值,而是促进学生发展的心理价值与社会价值。

从心理角度上来说,同学之间的纯洁友谊、愉快交往,是人生的宝贵财富,其被接纳、被认可的经历是一个人一辈子积极心理能量的重要来源。而且,同学关系是个体建立社会支持系统的重要组成部分。当今学校,学生罹患心理疾病导致自杀的情况屡有发生,找不到好朋友倾诉、宣泄、排解,是一个值得注意的方面。

从社会角度上来说,面对时代变革,学生需要学什么,需要具备哪些知识、技能、态度和价值观,才能主动构建属于自身的未来世界并获得成功?2020年1月,世界经济论坛提出"教育4.0全球框架",强调要培养学生四项关键技能,其中之一就是人际交往技能,即对学生人际交往能力的培养,如同理心、合作、协商、领导力及社会意识等。[①]面向未来,班主任要形成新的价值观:学习并不是全部,不能单纯强调学业成就,从某种程度上来说,学生的社会和情感能力培养比成绩更重要。

钟启泉教授认为,"班级中人际关系的结构乃是一切问题的根源","班级病理结构的元凶"就在于只重视纵向的上下级关系,忽略平等的师生关系、生生关系。[②] 他引用日本佐川爱子老师的案例故事(原题为《人是在人际关系中成长为人的》),谈到班主任是如何通过引导同伴关系来促进S生变化的,富有教育专业内涵。参看推荐阅读5-3。

三、非正式群体的引导

回到我们开头的案例中来。班级里出现打篮球的小群体,班主任十分担心,要"解决"它,这里有哪些问题呢?我们应该从哪些方面来分析呢?请看以下三方面。

(一)如何看待非正式群体

我们已经知道学生非正式群体的一些特性:(1)自发性,规模小;(2)心理认同感、归属感和内聚力;(3)中心人物自然形成,影响大;(4)信息沟通快;(5)成员的重叠性、不稳定性。案例中的打篮球小团体,符合非正式群体特征。

---

① 张娜,唐科莉.以"幸福"为核心:来自国际组织的教改风向标——基于《2030学习罗盘》与"教育4.0全球框架"的分析[J].中小学管理,2020(11).四项关键技能是指:全球公民技能;创新和创意技能;数字技术技能;人际交往技能。

② 钟启泉.班级管理论[M].上海:上海教育出版社,2001:244-245.

对于这样的非正式群体,班主任一般担心什么呢? 主要是两方面,一是成绩下滑,二是品德变坏。这个案例中,教师表面担心的是运动影响学习,没说出来的是怕小群体抱团不学好,变成社会上的小混混。这样的担心有道理吗? 有一定的道理,但又很没道理。

说他有道理,是因为无论凭经验还是讲科学,班主任的担心并不是空穴来风。非正式小群体有可能发展成为与班级正式组织目标背道而驰的"小团伙"。因为研究表明,非正式组织的反功能如下:(1)造成成员角色冲突。在非正式组织中的角色,若与正式组织中的角色相冲突,学生往往会左右为难,顾此失彼,可能会降低学习效率。(2)易散播谣言:非正式组织的沟通频繁,主观性比较强,讯息几经辗转相传,常会失去原样,变成谣言,对正式组织的和谐造成伤害,破坏了凝聚力。(3)互相掩护徇私。非正式组织的成员若有人心术不正,容易相互掩护,徇私舞弊,腐蚀正式组织运作的合理性。(4)抵制正式组织的革新。正式组织为适应环境变迁所做的兴革,往往受到非正式组织的抗拒,使革新无法顺利推展,伤害组织的适应发展能力。(5)抹杀成员的创造力。非正式组织具有社会控制的作用,可能压抑了成员的独特性与创造力,减少其对正式组织的贡献。[①]

但班上学生打个篮球,就担心他们变坏,又很没有道理。一方面这是我们很多成年人的思维方式——主观经验判断加丰富联想,导致在教育过程中过于忧心忡忡。另一方面,从科学理性上来讲,首先,运动不仅不会影响学习,还有可能促进学习,不要把两者对立起来,班主任应该学习一点加德纳的多元智能理论,可能就不会对学生的运动特长忧心,反而是欣喜了;其次,喜欢运动的学生聚在一起,并没有坏处。因为研究表明,非正式组织的功能,主要在于满足正式组织所无法满足的各种需要。人类的需求繁多,任何正式组织都无法给予全部的满足,于是成员自动结合成非正式组织,相互帮助来给予满足。详言之,非正式组织可满足下列一种或多种需要:(1)满足生理的需要。人都有追求健康的需要,若正式组织未能提供保健条件或娱乐休闲,就会有人组成球类运动或休闲活动团体,利用公余时间打球或娱乐,锻炼身心健康。(2)满足安全感的需要。例如夜校女生怕在路上遇到危险,因此,几个人结伴上下学以求安全。这几个结伴上下学的女生,常会形成一个非正式组织。(3)满足社会隶属感的需要。正式组织都是公事公办,人际关系较为淡薄,成员常会三五成群结成非正式组织,透过密切互动去除孤独寂寞。(4)满足尊荣感的需要。职位较低的成员,尊荣感多少会受损,如能加入可发挥其专长的非正式组织,大展身手,即可在非正式组织中获得较高的地位与评价,尊荣感因而获得满足。(5)满足自我实现的需要。成员在正式组织中所担任的职务与其专长不一致时,就会英雄无用武之地。如能加入适合其专长的非正式组织,就有发挥的机会,在某种程度上可满足自我实现的需要。

---

① 谢文全.教育行政学[M].6 版.台北:高度教育出版公司,2018:131.

（二）如何应对非正式群体

班主任的前两次应对——找谈话、找家长，为何失败呢？主要原因就在于班主任对非正式小群体的认识存在着主观偏见。在不正确认识的作用下，班主任未经调查，已提前判定学生行为错误，虽然没有明说，但找谈话、找家长是对犯错学生才有的惩罚。此时学生不会认识到班主任的良苦用心，反而是感受到教师霸道专断的态度，所以学生会反抗（"有意和我对着干"）、对立（"我看出了他们对我的仇恨""能感觉到他们离我越来越远了"），以至于两次教育失败。

正确的应对方式，是教师要端正认识，不要把非正式小群体当作"洪水猛兽"，应该正确看待。懂得欣赏学生的优点，看到学生的才能，在肯定学生的前提下提出改进意见，这样学生比较能够接受，至少不会严重对立对抗了，这就创造了继续对话的条件。

还有一点需要注意到，作者提供案例的时间是 2013 年，从文中可看出案例发生的时间还要早于这个年份；总体上那个时代的学生还是比较愿意接受师长教导的，而当今学生越来越有自己的独立个性了，他们比那个年代的学生更渴望教师的平等尊重。从这点上看，案例中班主任的方式方法也要与时俱进，当时行得通的解决策略今天不一定能行。

（三）如何引导非正式群体

非正式群体对个体的影响是积极的还是消极的，主要取决于非正式群体的性质及其与正式群体的目标一致程度。如果非正式群体与正式群体的目标不一致，则可能会产生消极作用，甚至还会成为破坏性力量。

案例中的打篮球小群体，教师把它看作是消极群体，所以一门心思想要"瓦解"它。在瓦解过程中，班主任先降服小团体的领头人，这是比较常用的有效策略，但能否用挑拨离间的方式，有待商榷。本书认为，案例中的学生热爱运动，因兴趣而形成小群体，并不见得就是消极群体；如果从积极群体的角度出发，班级可以为他们的活动提供展示机会，班主任也可以将打篮球这项他们喜欢的活动作为学习奖励，激发他们的学习动机；同时在不影响学习的前提下，鼓励他们带动更多同学投入体育锻炼中，发挥其正向积极影响力。

充分发挥非正式群体对班级建设的新生力量价值。当班级学生彼此了解之后，逐渐形成的非正式群体组织在班级成了一种客观存在。这些非正式群体以多种方式而结缘，有兴趣相投聚到一起的，也有家庭背景相近而有共同话题的，等等，我们不能简单地以"小团体"来判定这些非正式群体。相反，班主任应以开放、包容和促进的心态，引导这些自发的非正式群体组织开展有意义的探究性活动，或者共同承担班级某项事务，对他们进行引导、转化和帮助，充分发挥其积极作用，就会使其成为班级发展的重要力量。比如，有个班级曾经冒出一个"地下作坊"——三五个女孩子一起进行手工印章或小挂饰的刻制，并且在班级私下售卖。如何正向引导？该班班主任以班级社团招募的名义让这个小组"合法化"，同时委婉交给她们一个任务：手工制作班级奖品。她们需要提前了解班级同学的需求,进行量身定做,然后明码标价,以班费统一购买过来,成为班级奖品。当然,因为班级成为他们的"销售基地",她们获得的"利润"要有一部分返还到班费之中。这样一来,一个"地下组织"就变成推动班级特色活动的重要力量。事后我们发现,这些孩子的根本出发点就是享受制作和售卖过程中的心理愉悦感,赚钱是很次要的部分。六年级毕业时,这几个孩子把他们赚来的钱全部拿来给班级同学每人制作了一个钥匙链,这成为班级所有人心目中的美好记忆。可见,班主任深入学生实际,接纳他们的现状并巧妙进行正向引导是何其重要。[①]

有学者总结了指导非正式群体的三个原则:(1)疏导原则。引导同辈交往应以疏导为主,切忌一味阻止。实践证明,简单阻止甚至强制解散,其效果往往适得其反。(2)建设性介入原则。了解学生的同辈交往,并通过帮助和支持同辈的活动建设性地介入,是引导青少年同辈交往的有效途径。(3)区别指导原则。不同类型的学生同辈团体有着不同的特点,对学生的影响也不同,要区别对待,采取不同的指导方式。[②] 对积极型的非正式群体给予鼓励和帮助,教师应积极为他们创设有利条件,充分发挥其影响力,使之成为实现班级目标的积极力量。对消极型的非正式群体给予适当的引导。消极的非正式群体中的领导者往往具有较高的威信和一定的组织能力,教师对他们进行适当的教育以后,他们可以在班级管理中发挥较好的作用,有的甚至可以较好地胜任班干部。对破坏型的非正式群体要适当地干预。对群体中出现的不良行为,要给予严肃批评和坚决制止。

推荐阅读5-3,案例分析如何通过同伴关系来促进学生变化。

推荐阅读5-3
S生的变化:班级中儿童伙伴关系的发展

关键词

班级结构　正式组织　非正式组织　管理幅度　管理层次　集权式管理
分权式管理　需要层次　科层结构理论　人际关系理论　直线型　职能型
直线职能型　班委会　任命制　选举制　岗位职责　工作流程　工作标准
自评　他评　终身制　轮换制　值日班长制　全员岗位制　自然小组　学伴小组
项目小组　社会测量法　人际地位　互动角色　同伴关系　同辈群体
非正式群体

讨论题

1. 简述班级组织结构系统及其功能。

---

① 王怀玉.从班级到成长共同体:不一样的带班策略[M].上海:华东师范大学出版社,2019:103.

② 彭光玲.青少年同伴群体教育例谈[J].中小学德育,2014(5):74-75.

2. 班级核心组织建设的内容包括哪些？试画思维导图，明晰这里面的关系与要点。

3. 评析我国传统班干部制度的优缺点，分析三种组织创新思路的利弊。

4. 运用社会测量法，考察一个班级内部的人际关系网络。

5. 如何正确认识和对待班级中的非正式小群体？

制度好可以使坏人无法任意横行,制度不好可以使好人无法充分做好事,甚至会走向反面。

——邓小平

所有制度都是由程序与规章构成的框架,这些程序与规章制定了人们的身份以及这种身份的活动方式。

——霍伊和米斯克尔

第六章　班级制度

本章导读

无规矩,不成方圆。组织形成离不开制度建设。班级制度是班级管理系统中的一个重要组成部分,是班级良好运行的基础。要重视和加强班级制度建设,让班级管理有法可依、有章可循。本章在概述班级制度的基础上,介绍班级常规的制订、教导、执行与违规处理的方法,以及常见例行公事的办理。

本章架构

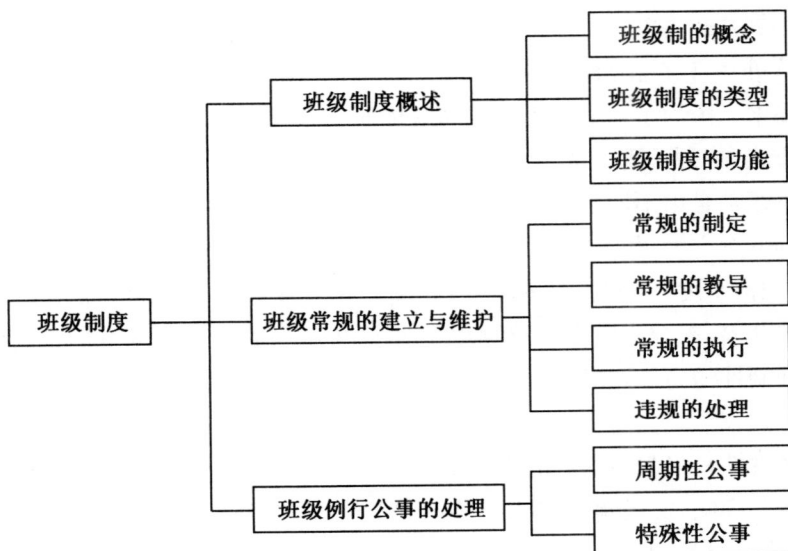

第一节　班级制度概述

引导案例

分粥效应

有一个流传很广的故事,说的是庙里有 7 个和尚,他们每天共喝一桶粥。一开始他们每天抓阄决定谁分粥,结果每次只有轮到自己分粥的那天,才能吃饱。后来他们决定推举一位德高望重者来主持分粥,刚开始这人还能主持公平,但慢慢地有人开始讨好他、贿赂他,结果每天又是有人多吃、有人少吃。再后来,庙里决定评选出一个三人分粥委员会和一个四人监督委员会,想法是好的,公平基本上做到了,但每天大家为各自利益争执不休,等商量完,粥都凉了。最后,他们又回到每人每天轮流分粥,但规定分粥的那个人最后一个领粥。令人惊奇的是,这回七个人碗里的粥每次都是一样多。因为分粥的人必须等其他人挑完后才能轮到自己,为了不让自己分到最少,必须想尽办法保证平均。从此大家和和气气,日子越过越好。

这个故事,据说最早是由英国历史学家阿克顿讲述的,后来美国政治哲学家罗尔斯在《正义论》中用这个故事做比喻讨论社会财富的分配,影响深远。它说明人性是不完美的,好的制度可以使坏人做好事,坏的制度可以使好人做坏事。任何社会或组织,都需要针对人性的不足设计出好的制度。

一、班级制度的概念

班级制度是指为维护班级的正常秩序,实现班级发展的总目标而制订的所有班级成员共同认可并自觉遵守的行为规范与处事准则。从管理的角度来看,制度是组织建设的核心要素。因为不同的人为了共同目标而聚合在一起,必须要有相对统一协调的行为处事方式,这是任何一个组织的必然要求。

每个班级都是由不同数量的成员组成,每个成员在性格、认识、倾向、兴趣、情感及行为方式等各个方面,都存在或多或少的不同。不可避免地会产生这样或那样的冲突和矛盾,必须由制度来规范。同时,由于教育本身所承担的价值引导责任,班级管理中需要制度的介入,来维持班级生活的秩序,向学生指引主流价值的方向。因此,班级制度是一种强制性的力量,其目的在于和谐班级成员之间的人际关系,并对学生的一些不当行为进行约束。

具有客观性和强制性优势的规章制度往往是说理教育的一个有效补充,即用制度来维护纪律。因此,班级制度(有时简称"班规"),与常规(规则、规范)、纪律、秩序、程序、权力等概念相关,本书不做严格区分。

二、班级制度的类型

班级有哪些制度,从不同的角度可以做不同的划分。

1. 从制度的目的来看

索恩柏克(Thornberg)的研究发现,班级内有五种类型的规则:(1)关系规则,提供学生如何与其他同学互动的规则。(2)结构规则,有关参与班级活动的规则。(3)保护规则,提供学生安全维护的规则。(4)个人规则,要求对学生个别行为进行反思的规则。(5)礼仪规则,有关学生社会情境中行为如何表现的规则。[1]

2. 从制度的形成来看

有人根据制度形成的原因,将纪律分为四种类型:(1)教师促成的纪律,它是由教师通过惩罚、奖励等方式控制和维持纪律。(2)集体促成的纪律,为了得到群体的认同,便开始参照群体准则、行为规范来规定自己的言行。(3)任务促成的纪律,因为某种学习或活动任务,高度吸引了学生的注意力,而努力使自己的行为服从于任务的需要。(4)自我促成的纪律,是学生导向的纪律约束模式,强调自我控制,学生道德行为已由他律转向自律。

3. 从制度的形式来看

班级制度按其表现形式,可分为三种类型:(1)制度型,即条文化的制度规范,这是班级制度的核心,也是我们通常意义上理解的班级制度。比如班级作息制度、课堂纪律规则等。(2)习俗型,即非条文化的、群体约定形成的习俗、风气等,它是隐性的规定。比如说舆论、传统等。(3)口授型,这一类常规既不是条文的规范,也不是公认的习俗,而是由教师通过各种形式反复强调的规定,是情境性的、即时性的。[2]

4. 从制度的内容来看

林进材认为,班级常规可分为规则和程序两种,二者在本质上,都是有关行为的期望和规范。这些期望和规范,可能以明文规定或口头约定的形式呈现,也可能以隐含的方式,由班级成员遵循着,习之而不察焉。[3] 具体来说,(1)规则(规章)是老师对学生教室行为的规定,包含了许多学生平时在班级中应遵守的行为规范,如上课铃声响起时的规矩、坐的规矩、听课的规矩、上课说话时的规矩、念书的规矩、听写时的规矩、自习时的规矩、下课时的规矩、排队时的规矩等。(2)程序指的是经过认可的处事方法或行为标准,也就是用以完成日常工作及反复在课堂上发生的其他具体活动的方法。学生在校每天都要进行各种活动,如早上到校、早自修、清洁、私人物品存放、上厕所、收发作业等。为有效地完成这些活动,教师一定要制订有效的活动程序,并加以示范和演练,使这些活动成为自动化的反应。

---

[1]　吴明隆.班级经营:理论与实务[M].4版.台北:五南图书出版公司,2017:127.
[2]　齐学红.班级管理[M].武汉:武汉大学出版社,2011:100－101.
[3]　林进材.班级经营[M].2版.上海:华东师范大学出版社,2020:19.

本书采用第四种分类,分别介绍"班级常规"(规章)与"例行公事"(程序)。需要指出的是,根据我国班级管理的实际,班级制度体系的构建除了上述两类制度(着重培养规则意识)外,还包括岗位职责和议事规则(着重培养责任意识与民主意识),后两方面分别在本书第五章、第六章中涉及,此处不再赘述(见图 6-1)。

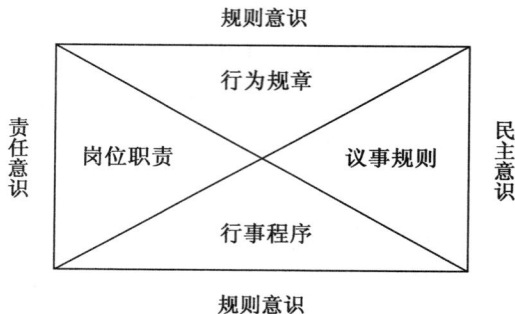

图 6-1 班级制度系统示意图

三、班级制度的功能

好的班级制度,能起到什么作用呢? 从学生方面来说,由近及远,可以起到三重作用。

(一) 提供安定感

首先,制度是一种安全保障。一般人的印象是学生对班规很讨厌。事实正好相反,学生喜欢井然有序的教室,班级规则有如在旷野中划界为限,在界限内又自在又安全,不怕踩到陷阱或地雷。对新生来说尤其如此:在一个新班级、新环境中,人们害怕不确定,班规的制定,可使学生知道老师的要求、期望或标准是什么,从而产生安全感、安定感。不光对新生,对于所有班级来说,定能生慧。新学期重申班级秩序,可以使所有教师专心教学,所有学生安心学习。

根据美国教师联合会的研究发现:在没有秩序的班级中,教师无法教学,学生无法专注,珍贵的班级时间被浪费;若是教师容忍混乱与不尊敬的行为,学生问题行为会扩散;若是教师允许一个学生问题行为出现,全班多数学生类似的问题行为也会出现,即产生"涟漪效应"。

(二) 提高工作效率

其次,好的制度能够提高学习与办事的效率。马扎诺(Marzano)等人研究发现:班级规则是有效班级管理之整体的一部分,班规代表的是教师对班级所有学生的普遍期待或班级行为表现的标准,相关的研究均证实班规的制定与实施,对学生的行为与学习有关键的影响作用。

对学生学习来说,秩序井然的教室,能激发学习动机,提升学习效果。对班级管理来说,有了制度就有了办事的依据,师生能从大量事务性的工作解脱出来,大大加快处理问题的速度,减少人为矛盾和情绪对抗。

(三) 提升自治能力

最后,好的班规自身还有教育价值,能够培养学生的自治能力与自律意识,从被动接受管理最终走向自我管理,成事成人。

好的班级制度是一种契约,意味着双方的认可,不仅代表教师对学生的要求,也代表学生对自己的承诺。要努力把制度从单向控制变成一种正面鼓励和双向约定。制度管理的最终不是用他律来强行限制学生的行为,而是通过规范的强化和认同,通过民主管理的过程来唤醒学生的主体意识觉醒,将行为内化,形成自律。班级制度培养学生的规则意识,学生重视班规而非只看老师的脸色,班级管理才能从"人治"走向"法治"。

推荐阅读6-1,了解"55条班规"的传奇故事以及琼斯等人关于班规认识误区的研究。

推荐阅读6-1
有关班规的一些看法

第二节　班级常规的建立与维护

引导案例

最牛班规

2008年年底网络论坛上一则名为"最牛班规"的帖子成了热点,百度百科上现在还有这份班规的实物照片。这是某校某班的班规,一共19条,每条都有惩罚措施。如"课堂上不遵守纪律的抄班规和课堂教学规范各4遍并背诵","做与本堂课无关的事,罚俯卧撑50个(男生)、下蹲50个(女生)","上课说话的人戴口罩,自己买","用纯净水洗手的人,罚抬水两星期"等。

其中有罚款的条目最多,比如"不交作业一次1元","不背书一次2元","旷课一次5元","上课睡着一次4元","给别人取绰号的一次10元","喝酒、抽烟、上网、打牌一次20元","进德育处一次20元"。最厉害的是"说脏话一元一次,30元包月",难道花30元就能一个月随便说脏话吗?班规上还注明,罚款均用于爱心捐助。

该班的教师称,班规是上学期制定的,很多条款都是孩子的主意。记者联系上这个班的学生,学生称确实是班干部讨论决定的,一学期只有一个人被罚了2元钱用作班费,"说脏话包月30元"没有遇到。

这个案例真实地反映了我们班级生活中常常遇到的常规管理问题。班级常规的内容有哪些？由谁来制订？如何执行？违规又如何处理？班规等同于惩罚吗？如何惩罚？可以用罚款充当班费吗？这一系列问题,通过本节我们来逐一剖析。

一、常规的制定

(一) 制定的内容

制定班级常规的思路有两种:一种是一般性班规,主要在班级中提出期望、引导价值。如尊敬师长、友爱同学等口号。另一种是特殊性班规,规定具体情境中能做什么,不能做什么,以及怎么做。如发言要举手、离座要获得允许等。

1. 一般性班规

一般性班规的特点是内容简洁,常以班级公约的形式出现,可以制成海报张贴在教室内。所谓公约,是师生共同制定、一致认可的比较重要的行为规范。表 6-1 某小学班级的 10 项约定,全面简洁,通俗易懂,朗朗上口,好记可行。

表 6-1　某班班级公约[①]

一、进校:穿戴整洁重仪表,备齐用品准时到;进校说声老师好,相互问候有礼貌。 二、升旗:升旗仪式要搞好,热爱祖国第一条;齐唱国歌感情深,肃立致敬要做到。 三、两操:出操集队快静齐,动作规范做好操;每天眼操做两次,持之以恒视力保。 四、上课:铃声一响教室静,专心听讲勤思考;举手发言敢提问,尊敬师长听教导。 五、课间:课间休息不吵闹,文明整洁要做到;勤俭节约爱公物,遵循公德最重要。 六、学习:各门功课要学好,遵守纪律最重要;预习复习要自觉,环环扣紧才生效。 七、作业:审清题意独立做,格式规范不抄袭;本子整洁字端正,保质保量按时交。 八、活动:科技文体热情高,体魄健壮素质好;思想觉悟要提高,班队活动少不了。 九、生活:爱惜粮食要记牢,节约水电少浪费;服从管理加自理,遵守纪律觉悟高。 十、离校:值日卫生勤打扫,按时离校关门窗;横穿马路站看行,安全法规要记牢。

2. 特殊性班规

特殊性班规的特点是系统全面,且有具体奖惩规定,由于条文较多,有时需要装订成册。比如在李镇西老师的带领下,90 级高一(1)班制订了《作业布置原则、完成标准以及师生违规的处理办法》《师生作息制度》《师生相互尊重人格尊严的规定》《有关卫生保持、值日和扫除的规定》《有关课堂违纪行为的界定与处理办法的规定》《师生物品的处置》《尊重和保护师生的隐私制度》《学生爱护公物的规定》《班费的来源、使用与定期公示制度》《学生表扬制度》等常规制度。

班规涉及的班级生活情境众多,如何考虑周全呢？表 6-2 提供了从人、事、时、地、物等管理对象入手进行整体规划的思路。

---

① 黄正平. 班集体问题诊断与建设方略[M]. 北京:教育科学出版社,2007:92.

表 6-2　班规制定的范围和内容参考表①

项目	人	事	时	地	物
具体内容	学生、教师、行政人员、家长、社区人士等	教师讲课、合作学习、分组讨论、班级竞赛、考试评量、作业自习、言行举止等	上学、早自习、集会、上课、下课、午餐、午休、整洁时间、放学等	教室内、走廊上、操场、厕所、运动场、福利社等	门窗、课桌椅、黑板、粉笔、灯光照明设备、扫地用具、厨柜、体育器材、饮水机等
特定的班规	1. 尊重师长、爱护同学 2. 尊重他人的隐私权和财产 3. 遇见师长和同学应打招呼，并且有礼貌 4. 尽自己所能帮助弱势或需要帮助的同学 5. 注意校园，如有可疑人物应主动通报教师或学校	1. 离开座位需获得教师允许 2. 踊跃参与讨论 3. 完成小组分配的学习任务 4. 考试应全力准备，并依自己学习结果作答，不作弊 5. 作业应按时完成、准时缴交 6. 学习材料、书本应带齐 7. 不抽烟、喝酒和吃槟榔	1. 上课专心听讲 2. 准时到校 3. 准时到集合地点 4. 下课应休息或从事盥洗或松弛身心活动为宜 5. 午休应让自己休息片刻，不能干扰其他同学 6. 整洁或值日生工作应认真完成	1. 教室和走廊勿奔跑 2. 维持教室、厕所整洁 3. 在操场运动应注意安全 4. 人潮聚集地区，应遵守秩序，养成排队习惯	1. 爱惜公物 2. 节约能源 3. 设备损坏，主动报请学校维修或通报教师 4. 器材摆设位置应考虑同学安全 5. 不带违禁品、贵重物品或过多金钱到学校

（二）制定的步骤

先看一则案例：大勇是一名刚入职的新老师，担任初一班主任。他在大学阶段，听教授说过，开学初制定班规很重要，又听教授说过要让学生充分参与和讨论班规的制定。于是他先说明国家制定宪法可以保障人民的权利，班上也要制定班规来保障同学权利，接着就开放班上学生讨论班规的内容。谁知道学生光提一些行不通的规定，例如上课可以喝饮料、不用准时缴交作业、到校时间只要来得及上第一节课就行等。大勇觉得这些都不是十分恰当的班规，于是提出他自己想要的规定，希望同学们以这些内容为班规，并加以遵守，但却只见同学意兴阑珊，班规的讨论就此结束。②

显然，大勇老师的做法存在明显缺陷。他在全班没有统一思想的情况下，就放开学生讨论，才使得学生的建议十分离谱。后来又把学生讨论出来的班规轻易否决，给学生造成班主任假民主的印象。如果事情可以重来，你建议大勇老师怎么做呢？

1. 思想动员

班主任应该做思想动员。明确班规的重要性与严肃性，全班统一认识。

---

① 张民杰. 班级经营:学说与案例应用[M].3 版.台北:高等教育出版公司,2011:21.
② 张民杰. 班级经营:学说与案例应用[M].3 版.台北:高等教育出版公司,2011:16.

2. 提交草案

在建立班规前,应考虑该年龄段学生的身心发展状况、学校的阶段教育目标和时空环境的相关影响因素等。班主任比较了解学校管理要求以及本班学生的实际情况,在制定班规时考虑更全面,用语更妥帖,由班主任先提出草案,就不会出现本节开头那个"最牛班规"了。当然,在发展比较成熟的班集体中,也可以让班委组织同学分头草拟方案,培养小干部的工作责任心与能力。

3. 民主讨论

利用班会课,组织全班同学讨论。这个步骤不能省,一方面是就草案征求意见,纠正、弥补草拟规则中的不当之处;另一方面也是通过讨论,增强所有学生在班规制定过程中的参与感,这也是一个发扬班级民主、培养学生主人翁意识的过程。学生自己商议制定的规则,被认可度高,学生更愿意遵守。

4. 正式公布

集体讨论通过的班级规则,应该由班主任或班委会公布正式文本。通过宣读、张贴或发放手册等仪式,提高制度的权威性,增强学生对班规的尊重。对重要班规,家长会上要向家长解释说明,以获取家校协同的支持,减少执行制度时的阻力。

5. 后续调整

班规不能朝令夕改,要保持一个阶段的稳定。但根据实施情况,个别条款确有需要调整和修改的,通过召开班会集体讨论决定。

(三) 制定的要求

制定班规时,应有一些共同原则。比如条文具体可行,多采用正向激励字词,班规不能抵触校规,配合学生的生活经验等。

柏登(Burden)提出八个订立班规的要求:

1. 班规的订立与校规要有一致性(如服装与手机使用等)。

2. 学生参与班规订立的程度要考量到学生年龄与教育阶段。

3. 确认适当行为并转换成为正向描述的班级规则(如不要欺负同学、不要骂脏话、不要吼叫的班规改为"对所有人讲话都要有礼貌";不要打人的班规改为"收起双手会感觉很好")。

4. 班规关注重要的行为。

5. 尽量让订立班规的条目数最少。

6. 每条班规的话语要简洁。

7. 描述的班规内容是可以观察的(如对他人要亲切和蔼,亲切和蔼一词随个人感受而不同,欠缺具体)。

8. 确定学生遵守班规与破坏班规的后果或处置。[①]

二、常规的教导

(一)解释、说明

有的教师认为学生到此班之前,已在其他教室泡了多年,早已熟悉一些重要的行为规则了,比如"不要迟到"。但其实,每个班级的规则都是不尽相同的,新接任教师必须明确"不要迟到"相关的行为标准,否则学生自以为是,到时想矫正就来不及了。因此,班规并不是一公布就了事,以为学生自然懂的。尤其是对年龄较小的学生,教师应该对班规有充分地说明,包括制定的理由、讲解应当怎样与不应当怎样,特别是要告知后果——遵守会受到什么样的奖励,破坏会面临什么样的惩罚。如此,订立的规则才有实际的意义与功效。

有一些比较实用的教导说明的方法,可以帮助教师更快更好地教会学生理解和掌握班级常规。(1)角色扮演。如为了让学生了解从户外进入教室后的规则,除了让学生表演符合班级常规的正常行为之外,还让一位学生自愿表演到达教室时破坏学习环境的行为。只见那位学生很夸张地一头冲进教室,大声谈笑,将自己的课本摔向桌子,其行为立即引起其他同学的注意。由于大家亲眼看到了学生演示这样的行为,再具体分析哪些行为是好的,哪些行为是不能被接受的,以及不能被接受的原因,这样会使学生更容易接受正确的行为规范。(2)设置班规符号。像交通信号一样,教师可以制作一些班规符号的牌子。也可以通过一些手势来传递基本信息。比如教师举起手来,表示时间到,请安静,注意听讲。(3)师生默契——呼口令。比如,"大白鲨,闭嘴巴",教师说出上半句,学生接下半句。当教师要停止当前的活动,进行下一个活动,或者需要宣布某些事项的时候,这种方法非常管用。(4)编制童谣班规。如和气歌:"骂人就是骂自己,打人就是打自己,同学对我发脾气,扮个笑脸不生气。"(5)编辑班规小报。由学生将自己理解的、比较重要的班规,图文并茂地加以解释说明。可以从学生编辑的小报中评选出优秀作品,在教室内张贴宣传,效果会比较好。

(二)示范、练习

还有的教师认为,班规只需向学生宣布一下,他们就能了解了。其实,规则要教才会,就像上课一样,也得按部就班地进行教导。只向学生宣布规则,他们只当耳边风,未真正了解,更别说身体力行了。琼斯等人(Jones&Jones,1998)建议在此阶段,教师可采用角色扮演的方式进行,请学生表现出行为或程序,有条件的最好能够将学生表现进行录像,这样可以反复播放,帮助学生认清哪些行为违反班级常规,哪些行为是适当的。

还有一种错误的观念认为,规则是一般性的行为标准,教师只要指明行为的方向,比如要"认真打扫",但却不指示学生要如何朝此方向而行。正确的观念是,关于"怎样

① 吴明隆.班级经营:理论与实务[M].4版.台北:五南图书出版公司,2017:127-128.

做这个""怎样做那个"要有具体明确的行动步骤和工作要领,为此一开始就要花心血训练学生。一般教师先示范期待的行为给学生看,然后要求学生遵照练习,例如升旗时的排队、上课前的文具准备、收发器材和作业等。可以演练的程序要现场练习,不能演练的程序则以提问的方式请学生回答,判断学生是否真正了解。

(三) 反馈、监督

有的教师认为把教学时间用于行为规则的训练上不划算,其实研究显示,管教问题最少的班级,教师们多半会充分利用开学之初的头两星期,来教导学生一些必要的行为规范与标准。

学生在做常规训练时,班主任要仔细观看,及时给予反馈。表现正确的要赞扬,有不当之处要指出问题,并提出改进的意见。如果很多学生有困难,教师须以不同的方式重新教导程序,教导的步骤还是要依说明、示范、练习进行。

第一次教授规则后的一段时间要仔细监督学生的行为。当发现班上学生不遵守规则,教师要能指出每个违反者的姓名,必要时教师可以用有趣的方法再教导一次。如果学生经常违反规则,则要与班级奖惩制度相结合,给学生适当的处分。

(四) 复习

有的教师错误地认为,学年之初把规则教好,以后就不必再费心重复提醒。事实上,规则必须一教再教,每隔一段时日,就要复习一次,尤其是经过长假之后,更应提醒学生。

教导过的规则学生容易忘记,所以经常的复习是必需的。在说明规则后的几周内,每次活动前要复习程序,提醒学生在活动中要注意的细节及该做的事。例如下课前提醒学生归还物品的程序、提醒值日生该做的事项等,这些提醒最先几周内都要做,直到学生适应规则。另外在每次长假之后也要复习,学生三五天没来学校,有些人可能已经忘记规则,这时的复习变得很重要。

有的教师认为训练规则必须严格。事实上,班级管理特别优秀的教师,最明显的特征是他们即使在对学生严格要求时也表现出轻松、亲切、温暖的态度。要知道,遵守规则主要靠学生出于自愿的合作,要调动学生内在的积极性和自觉向善的动力。

三、常规的执行

在完成班级常规的制定与教导之后,教师必须要将其彻底落实,直至让规则内化于学生心中。

弗洛恩(Froyen)认为,班级常规的经营包括下列三项性质:预防性常规管理、支持性常规管理、改正性常规管理。[1] 与此观点相似,本书也认为班级常规的执行,是有层次的操作体系,由预防性策略、支持性策略、改正性策略一步步来的。并不只剩下惩罚

---

[1]　吴明隆. 班级经营:理论与实务[M]. 4 版. 台北:五南图书出版公司,2017:18.

（如本节引导案例"最牛班规"中只见到惩罚），而是有很多铺垫工作，如预防与环境支持，最后一步才是执行纪律。

（一）预防性策略

许多老师相信，减少学生违规行为发生的最好方法之一，是让学生喜欢学习和上课。如果学生们的学习兴趣浓厚，他们的心思和时间，就会用于各种学习活动，违规行为也就无由产生。格尔特兰德（Giltiland）的研究表明，课堂中学生的动机与兴趣所起的作用占95%，而纪律约束只起5%的作用。

让学生沉浸于教学活动之中是最好的行为防范。弗洛恩（Froyen）称之为"预防性的常规管理"：一位有效能的教师要能察言观色、综观全局，事前察觉到学生可能会发生不当行为之处，尽量提前避免。对此，教师要深入了解班上每位学生的人格特质、学习习性，利用多样而有趣的学习活动，激发学生学习动机，使其不当行为消弭于无形。

预防性常规管理的主要策略是建构一个让学生乐于学习、喜爱学习的情境，这是教师专业知识的展现。研究表明，高效能教师从常规管理、教学管理、班级气氛、环境布置四方面入手，比低效能教师更注意营造良好的学习环境（见表6-3），从而吸引学生的注意力，对于学生的不当行为，防患于未然。

表6-3 高效能与低效能教师的行为特征比较[①]

指标	高效能教师	低效能教师
常规管理	1. 清楚地传达班级规则给学生 2. 迅速有效地制止学生违规行为 3. 具有明确的行为判断标准 4. 建立条理有序的活动程序	1. 无法使学生了解班级规则 2. 常以威吓的口气要求学生 3. 对学生行为的好坏未能立即妥善处理 4. 学生对教师产生不信任感
教学管理	1. 完善的教学活动设计 2. 时间分配得宜 3. 活动转换顺畅 4. 事前准备所需教材 5. 适时采用个别化教学	1. 未事先规划教学活动 2. 学生常擅离座位 3. 经常花时间处理违规学生 4. 学生不了解教学活动程序 5. 很少进行个别化指导
班级气氛	1. 注意学生的需要与兴趣 2. 让大多数的学生皆有体验成功的机会 3. 重视学生对班级的感受 4. 愉快的学习气氛 5. 与学生长时间相处，较少离开教室	1. 常使用尖锐的言语 2. 不重视学生的需求与感受 3. 常离开教室，处理行政工作与杂事
班级环境布置	1. 有因应环境变化的程序 2. 妥善地运用教室空间 3. 不让外界的环境干扰学生	1. 缺乏一套因应环境变化的程序 2. 对于教室空间缺乏规划

---

① Emmer E. T., Evertson C. M., Anderson L. M. Effective classroom management at beginning of the school year[J]. Elementary School Journal, 1980, 80(5): 219-231.

（二）支持性策略

弗洛恩（Froyen）提出"支持性的常规管理"：在学生不当行为可能发生但尚未发生时，教师应采取注意、观察、口头提示、肢体语言等策略暗示或提醒学生注意，使学生知悉教师已对其不当行为开始留意而收敛自我，回归到正常的规范行为中来。

如果学生在课堂上发生一些轻微的偏差行为，在不影响全班的情况下，教师通常的做法是非惩罚性的低度反应，即引导学生回到学习任务上来，而不是中断正常教学进行批评。非惩罚性反应包括非言语反应和言语反应。研究表明，教师的非言语反应就可以纠正 40% 的不当行为。

常用技巧如沉默注视学生、接近学生、面部表情与手势、重申例行性的班规、移走使学生分心的物品（暂时保管）等。如教师讲解重要概念或请学生回答问题时，学生在座位上讲话或未经举手就发言，干扰到教师教学活动的进行，教师可以以眼神看着当事者，并以食指放在嘴巴前以暗示学生安静；或直接以口语告诫学生："要发言者请先举手"，以消弭学生不当行为。再如学生于课堂上不专注学习，眼神一直看教室外面，教师可以边讲解教材内容，边走到学生旁边停留，让学生了解教师已知悉其不专注的行为。

除了及时阻止学生可能的不当行为，还可以增强学生的好行为。常见的技巧如点头、微笑、口头赞赏。例如"加油""做得不错""有进步"等，学生听到教师社会性增强语言，会持续表现正向行为，因为学生感受到教师的关注，体会到教师的用心，因而会想做得更好，而不会出现烦躁或违规行为。还可以通过表扬其他学生的好行为来减少不良行为的发生。比如小明正在做小动作，这时老师可能会说"我很高兴看到很多同学都在认真学习——小强坐姿端正，小波注意力很集中……"以此来引起小明的注意，而不打断正在进行的课堂活动。也可以通过暗示、发问、我的讯息等技巧指定要展现的行为。如暗示——"记住！我们要在这节下课之前完成作品"，"表现最好的同学在结束时会有奖赏"；发问——"你记得我们班上说话的两个原则吗？"；我的讯息——"这么吵，'我'都听不到小明的声音了"。

教师应以人性化的管理方式，让学生体会到教师所付出的用心与关心，真正了解学生的心理需求，与学生维持良好的关系，从而促使班级常规在潜移默化中产生效用。

（三）改正性策略

心理学家提出"破窗效应"理论：如果有人打坏了一幢建筑物的窗户玻璃，而这扇窗户又得不到及时的维修，别人就可能受到某些暗示性的纵容去打烂更多的窗户。在班级管理中，当学生出现了违规行为，教师没有及时有效地处理，就有可能在班级内部产生破窗效应。

弗洛恩（Froyen）认为，当学生不当行为或偏差行为（较严重的不当行为）发生后，教师要立即采取"改正性的常规管理"策略来辅导改正学生的不良行为，以免让学生心存侥幸心理，并避免不当行为的扩大或影响其他学生。教师要根据学生的个别差异与人格特质、学生行为犯错的属性，采取合适的处理策略，对于初犯与累犯同学的处置应有所差异。对于相同的违规犯过者,教师的处罚态度应公平。若是教师采取处罚策略,恪守处罚的原则,严禁对学生施予体罚,在处罚的实施上,既要公平一致又要兼顾学生的个别差异。

教师应适切运用强化原理,协助学生建立良好行为。多鼓励、少惩罚,以建立起学生的自尊心与自信心,使其自我遵行。在惩罚学生时,也要进行正面的引导,不能只顾处罚而不告知其原因,应明确告知学生如何遵循班级常规,以学得正确的行为。

四、违规的处理

(一) 发现问题

违规,是指不遵守班规、校规的违纪行为,又称不当行为、不良行为、一般偏差行为,如上课讲话、不交作业、故意出丑等。严重偏差行为是指比较严重偏离社会规范的行为,如偷窃、暴力等,不属于本章讨论的范围(相关内容见本书第十一章)。

课堂是学生在学校中学习生活的主要舞台,因此学生的违规行为大多数发生在课堂教学与教室情境中。国外研究发现,课堂偏差行为中,有 55% 属于上课讲话、喧哗等行为,26% 属于上课迟到、任意走动和不做功课等行为,另有 17% 属于看无关的书籍等不专心上课的行为,真正严重的课堂偏差行为只占极少数(如作弊等)。课堂教学中的偏差行为虽然大多是一些阻碍正常教学的琐碎行为,所谓小说小动、小打小闹,但是它具有普遍性,对学生学习和发展具有较大影响,需要长期教育矫正。

奎伊(Quay H. C.)等通过研究将课堂偏差行为分为三类:人格型、行为型和情绪型。

1. 人格型偏差行为

这类行为带有神经质特征,常常表现为退缩行为,有多种具体表现。例如:有的学生在课堂上忧心忡忡,提心吊胆,害怕被教师提问和批评;有的学生不相信自己的能力,缺乏自信心和学习兴趣;有的学生坐在教室里焦虑不安,心神不定,常常手足无措,答非所问;有的学生神经过敏,无端猜疑;有的学生在课堂上沉默寡言,胡思乱想,做白日梦等。

2. 行为型偏差行为

主要表现为具有对抗性、攻击性和破坏性的特征。例如:有的学生在课堂上缺乏耐心,容易冲动,不能保持安静;有的学生多嘴多舌,交头接耳,在被要求安静的时候总在寻找讲话的机会;有的学生坐立不安,传递小纸条,乱涂乱画,扮演怪相逗人发笑等;有的学生失声怪叫,吵嚷起哄;有的学生动手动脚,欺侮同学等。

3. 情绪型偏差行为

主要是由于学生的过度紧张、焦虑和情绪多变而导致社会障碍的偏差行为。例如:在课堂上有的学生态度漫不经心,冷淡漠视,态度扭捏;有的学生过分依赖教师和同学,不敢自做决定,不能独立完成作业;有的学生胆小怕事,害怕失败,不敢举手发言;有的学生情绪紧张,容易慌乱;有的学生则情绪忧郁,心事重重,注意力无法集中等。

(二)了解原因

1. 表层原因

学生出现违规行为,有些是由于偶然的、表面的原因。比如有人列出了以下 15 种常见原因:(1)他们为即将到来的大事件或假期感到兴奋或者烦恼;(2)他们与同学闹矛盾了;(3)他们期待你的关注;(4)他们期待同学的关注;(5)他们提前完成了作业,然后自己"找乐";(6)任务太难或者太简单;(7)旁边的人或者事物分散了他们的注意力;(8)他们担心某件与教学无关的事情;(9)他们为家里发生的某件事而苦恼;(10)他们不了解有关规章;(11)他们觉得尴尬;(12)他们对学业成功缺乏信心;(13)他们有些不舒服;(14)他们因为晚上睡得太晚而感到很疲倦;(15)他们厌倦了按照别人的要求做事。[①]

2. 深层原因

也有人将学生的违规行为理解为"儿童为归属班级作出的种种抗争"。[②] 归属感是学生的基本需求之一,几乎所有的学生都有希望自己成为班级中重要一员的强烈愿望。如果教师和班级中的其他成员给予他们足够的重视和尊重,并在活动中包容他们,平等地对待他们,那么他们就会找到这种归属感。这时他会配合环境的要求,即使是从事他不喜欢的工作,他都能全心全意地合作。反之,当学生觉得别人比较受喜爱,自己比不过别人,或觉得他的行为无法被群体所接纳,那么就会有挫折,没有归属感。无法在班级中获得这种归属感时,他们经常转向错误的目标,包括:寻求关注、寻求权力、寻求报复和寻求自暴自弃。因此,从这个观点来看,偏差行为可以说是学生对自己在团体中位置有着错误的目标,因此用了错误的方法在和人相处。这一观点也可增进教师对学生行为的诊断能力和敏锐度。当教师一旦意识到学生的错误目标时,就必须采取行动,纠正学生的动机,重新引导其适当行为。[③]

(1)获取注意

寻求注意的学生,往往为了达到目标,即使是受到责骂、惩罚或羞辱等负面的注意,也会使出浑身解数,抖出所有花招,如随便说话,炫耀自己,打断其他人,以引起教师的注意。此时若是教师不体察学生的错误目标,而直接关注学生的表现,会使学生的不当行为受到强化而持续下去。

教师在处理学生的这类不当行为时,应该坚定地采取忽视的策略,使其自动地消退。学生在尝试数次不当行为而无法达到目的之时,便会开始以合于社会规范的方式来获取注意。处理这类获取注意的行为的另一个原则是,把学生的消极行为转化成积极行为。例如,有的学生会以不专心的行为来扰乱上课,这是一种获取注意的被动方

---

① Thompsom J G. 从教第一年——新教室职场攻略[M]. 赵丽,卢元娟,译. 北京:中国轻工业出版社,2007:351.
② 钟启泉. 班级管理论[M]. 上海:上海教育出版社,2001:231.
③ Charles C M. 建立课堂纪律[M]. 李庆,孙麟,译. 北京:中国轻工业出版社,2003:23.

式,这时教师不必去指责他的不专心,而是针对刚才上课的内容向他提问,通过这种方式来邀请学生参与学习,这样学生可以通过自己的努力付出来获得肯定。教师要有足够的耐心,鼓励学生以良好的行为来寻求他人的注意,了解到这样才是获得他人认可的正当途径。

（2）争取权力

有些学生会通过各种方式来与教师权威抗争,最常见的是学生不把教师放在眼里,不听从教师的指令。他们故意拖拖拉拉,嘀嘀咕咕地发表意见,并且在某些时候向其他人显示即便是教师也无法让他做任何事。他们会争辩、哭闹、唱反调、发脾气、不服从,表示他可以做任何他想做的事。面临此种权力的斗争,教师将可能感到权威受到威胁,因而予以抵抗,拒绝让学生占上风,但教师的反击或抵抗只会使学生变得更加反抗,充满敌意。

教师所要遵循的最重要原则是避免和学生陷于权力争夺。教师不需要与学生争斗,更不必让步,教师的反应方式要使学生无法从对抗中得到乐趣,面对一个没有被挑战感觉的权威者,学生毫无挑战的乐趣。当学生出现不当行为时,可通过同学的压力去制裁他。同时教师必须尽量找机会鼓励学生,好让他更愿意合作,也可给学生一些权力,如当小组长、帮忙收发作业等,也能借此机会培养他的责任感。

（3）寻求报复

当学生觉得受到不公平对待,觉得心里受到伤害,特别当教师以处罚的方式来面对学生争取权力的行为时,他们将寻求报复,他们试图对教师和其他学生以牙还牙。他们通常会说谎,暗中破坏班级活动或者恶意扰乱课堂。寻求报复的学生往往听不进道理,因为他相信自己不可能被团体所接纳与喜爱,对于别人的说理也就抱以不信任的态度。因此寻求报复的行为最难改变,而且通常需要费好长的时间才能改变。

面对这类学生,教师必须接受的事实是,只有在相互尊重的基础上,问题才有可能得到好的解决。教师应以同情之心表达对学生的关心和接纳,教师只有了解企图报复的学生经历了怎样的痛苦,才有可能帮助他们。教师要向学生表达自己对他们的了解,以及愿意真心地帮助他们。教师也应运用班级群体的力量,动员全班同学去关照他们。教师应注意给予这类学生展现其特殊才能或长处的机会,使其相信自己具有能力,并以此获得同伴们的接纳。当然,教师和同学们还是要有足够的耐心,因为要让一位不相信任何人的学生去接受友谊,是需要时间与坚持的。

（4）自暴自弃

有些学生在获取注意、争取权力、寻求报复以找到自我的努力均宣告失败后,会感到非常沮丧而失去勇气,转而自暴自弃,退出班级活动或者根本不努力学习。有些学生则在很小的时候便已从经验中告诉自己,他们是不如别人的,他们不会有机会拥有重要的位置。他们只希望躲在自己的壳里,不希望别人对其有任何要求,认为自己如果显现出无能的样子,别人便不会叫他做事,而如果不参与,不做任何事的话,就能够避开羞辱或难堪。

教师不该放弃这些学生,即使他们付出最小的努力,也要给予适当的支持和鼓励,强化他们的自我价值感,并按照学生的能力和兴趣提供一些机会,使其也能尝到成功的滋味。

(三)惩罚的原则

当学生的不当行为影响到大多数,教师的提醒、低度的批评、善意的帮助都不能使学生服从规则时,惩罚可以对学生行为产生矫正的效果。比如让上课时不停讲话且不听劝告的学生在教室里站几分钟,让学生放学后留下或者请学生家长等。惩罚的使用常常和学生的不愉快体验结合在一起,因此惩罚可分为两大类型:"给予嫌恶刺激"和"剥夺权利"。但有个原则:不能体罚与言语羞辱,也不能损害未成年人的其他权利。

教育部颁布的《中小学教育惩戒规则(试行)》已于2021年3月1日开始施行,明确教师拥有教育惩戒权。表6-4是某班级对学生轻微违纪行为的通用处理方式,可供参考。

表6-4　高一某班学生轻微违纪行为处理方案①

序号	处理方法	适用情况	举例(不限于)	备注
1	提醒	初次违纪,情节轻微	一次迟到	不公开
2	口头警告	情节稍重,有一定影响	多次迟到	不公开
3	书面警告	多次违纪或情节较重	抄袭作业	不公开
4	书面检查	多次违纪或情节较重	辱骂同学	小范围公开
5	公开检查	情节严重,影响较大	旷课	全班公开
6	公开谴责	情节较重、涉及人员较多	教室里打牌	全班公开
7	通报家长	多次违纪或情节严重	校园内吸烟	不通报全体家长
8	约谈本人	多次违纪或情节严重	多次上课捣乱	
9	约谈家长	多次违纪或情节严重	上课严重捣乱	
10	留校反省	情节严重,影响较大	打架	0.5~2小时
11	停课反省	情节恶劣,影响很大	严重顶撞老师	需上报学校
12	暂扣物品	违规携带或使用的物品	按学校规定	1天~1个月
13	扣除积分	参考班级积分政策	—	
14	学校处理	情节超出班级管理权限	考试作弊	按校纪处理
		涉及外班或校外人员	聚众打架斗殴	

为了科学有效地实施教育惩戒,避免惩罚不当,应该注意以下几点原则:

1. 必然性原则

必须让学生知道,不良行为之后必然导致某种后果。必然的惩罚后果实际上给学

---

① 陈宇.班级管理课:班主任专业技能提升教程[M].上海:华东师范大学出版社,2021:197-198.

生传递着这样的信息："我不能容忍这种行为,但我很关心你,希望你能尽快回到正常的班级活动中来。"错误越严重,处罚就越严厉。初犯的处罚轻,累犯的处罚重。

惩罚要有教育过程,不可以一违规就罚,只管处罚不做教育。一定要让学生知道不当行为会造成的影响,明确正确的行为是什么。只有这样,学生才会了解教师的期待是什么,自己应该有的行为是什么,并以此为基础学会自我控制。

2. 合理性原则

处罚方案与所犯错误要有关联。比如对迟到者的处罚,如果是打扫卫生或罚跑步,就是所犯错误与处罚方案不匹配;如果改为"第二天提前 15 分钟到班帮助值日班长值勤",就是匹配的。尽可能以自然后果作为惩罚方式。例如,如果学生在上课时浪费时间,自然后果的惩罚方式就是剥夺他的下课或休息时间。如果学生发脾气,把东西丢得满教室,自然后果的惩罚是要他把教室整理干净。

惩罚是必要的,但不能过度,不能超出正常学生可承受的范围,不能人格侮辱。当有许多处理方法可以选择时,要选择最少侵害学生的方法。例如:学生上课讲话,老师可以叫他在原座位站起来、站到后面去或站到教室外面去,老师选择让他站在原座位,就是选择最少侵害的方式。

惩罚不能随意。不要以背诵课文或额外的家庭作业作为惩罚,学习应是一种积极的体验,而不应将其当作一种施加于学生身上的消极刺激。针对学生当下的不当行为处理,而不要连同这位学生以前过往种种不是一起数落,这样学生的感觉是老师对他有成见,是对人不对事。

3. 公平性原则

惩罚一定要公平、公正、客观。在保证制度的程序、内容正义的前提下,处罚的标准对所有人都是一样的。照章执行,不应因时间、空间或学生的不同,而有所差异,要让学生觉得教师的做法是公平一致且彻底执行的,而不至于心生质疑,进而产生更严重的不当行为。

在惩罚的过程中,教师要保持冷静,避免动怒。如果教师随着自己的心情,任意地决定是否进行惩罚以及如何进行惩罚,学生感受到的是教师为了发泄情绪而惩罚他们,因此,学生将会反过来责怪教师而不是责怪自己。

4. 教育性原则

要始终尊重学生的人格尊严。实施惩罚措施时,要设身处地想一下学生的感受。要考虑未成年人的身体、心理承受能力以及个性差异,处罚过程中,要密切注意观察被处罚学生的情绪反应,做好随时调整的准备。

要按照"提醒在前,警告在中,处罚在后,教育贯穿始终"的原则处理学生的轻微违纪行为,特别是在处罚之后,教育和鼓励一定要跟进,切不可以罚代教。例如,当学生在教室外罚站 10 分钟后回到班级中时,教师不要有任何的讽刺或歧视,而应予以接纳;特别是当学生接受惩罚之后,表现出了积极的行为,教师要及时发现并给予表扬:"你现在做得非常好。你这样做就对了。"

133

惩罚也要有教育艺术,不能僵化而没有弹性。实施"有限宽恕制",对于学生的违纪行为,教师有时需要在一定限度内给予宽恕,让其自行改正而不予追究。比如对于一贯表现良好、偶尔犯错、自尊心强的学生,或者曾经犯错正在积极改进中的学生,教师要相信,耐心等待。"积极差别待遇",才是真正的公平,才是因材施教。

推荐阅读6-2,尝试用上述原则解读有关班级奖惩的案例。

推荐阅读 6-2
有关奖惩的两则案例

第三节 班级例行公事的办理

引导案例

班主任的一日生活

早晨6点半起床,刷牙洗脸,吃早饭,在做这些事情的时候开始思考今天的工作计划,梳理当天的主要任务。

今天不可不做的任务:两节语文课(含备课和批改作业),准备今晚召开的家长会内容。

今天可能做的事情:学校行政部门突然下发一些通知,可能会要求当天完成,一般需要在下午放学前完成。临时性事件,如不少家长可能会在家长会后询问自己孩子的成长情况。

具体日程:

7:35—8:00   早读,询问纪律委员到校情况,和班长一起检查卫生情况。

8:00—8:10   晨会,重点讲一讲今早检查情况和这一星期班级常规训练的重点内容。

8:10—8:15   给学生调座位。

8:15—8:55   办公室备课。

8:55—9:05   去教室,准备上课。课前询问课代表作业收交情况。

9:05—9:45   上第一节语文课。

9:45—10:05   参加课间操。班长把优秀学生名单交到政教处。

10:10—10:50   上第二节语文课。

10:50—11:00   明确家长会召开时间,进一步熟悉开会内容。

11:00—11:40   去阅览室浏览书报,到文印室复印材料。

11:40—13:30   送学生出校门,午饭、午休。

13:30—14:40   检查学生到校情况,到办公室做未完成任务。

14:40—15:40　批改作业,写教学反思。

15:40—16:00　准备家长会内容,分析考试情况和学生常规表现。

16:00—17:30　开家长会。

17:30—18:30　和要求单独交流的家长沟通。[①]

这是一位班主任的一日生活实录。从中我们可以发现,班主任的一天,除了完成自己的学科教学任务外,用在班级上的时间可以分为两大类:一是早读、晨会、课间操、送路队、考勤这样的每日常规事务,二是调座位、开家长会这样的特殊事项。

一、周期性公事

班主任只有清楚每日、每周、每月、每学期的行事历,才能有针对性地做好工作。以下内容根据某小学教师的工作行事历改编,供参考。[②]

(一)班主任每日常规工作

1. 早读:安排在一日之晨,时长各校不同,一般为 15~30 分钟。

2. 晨会:各校安排不同,晨为晨会,午为午会,放学前为夕会,一般为 10~15 分钟。

3. 打扫卫生和保洁:打扫卫生一般安排在早晨、中午、傍晚。但不同时间段任务重心和要求不同,所花时间也不同,短则 5 分钟,长则 15 分钟,各校规定的标准也不同。保洁一般在课间,按责任区或时间段分配给每个学生,班主任要提前培训学生。可以固定时间检查卫生,也可以抽查。

4. 课间操:课间操有上午、下午两场,每次时间在 15 分钟左右。

5. 纪律常规:每日没有固定时间和规定时长,但这是班主任职责范围内的事务。建议重视在学科课堂常规中渗透规范。指导学生做值日班长,记录每节课的情况。

6. 眼保健操:每日有 2 次,每次大约 5 分钟。安排眼保健操管理者,指导、督促学生做到位。

7. 午餐午休:在教室或进食堂午餐半小时,各校情况不同。各校对午休时间的安排也不同,基本上是在教室座位上安静休息半小时至一小时。由班主任与值日学生共同负责秩序。

8. 放学送队:每天两次放学,中午所用时间较短,3~5 分钟;下午较长,3~15 分钟。多花的时间用于与接孩子的家长及时沟通。两次放学班主任必须送到位,学生按规定路线回家,并遵守交通规则。如果留下学生,提前用电话或短信通知家长,以免家长焦急,引起不必要的矛盾。

---

① 齐学红.班级管理[M].北京:教育科学出版社,2018:119.案例来源:南京市扬子第二小学李文毅。

② 齐学红.班级管理[M].北京:教育科学出版社,2018:121 - 126.案例来源:南京市扬子第二小学陈宁。

（二）班主任每周常规工作

1. 升旗仪式：一般在周一清早，时间15～20分钟。
2. 安全教育：时间不定。
3. 班队活动：每周一节班会课，40分钟。
4. 一周评价：在周五下午进行，一般20分钟左右。
5. 学生谈话：没有固定时间，时长不限。
6. 家校沟通：有微信、电话、来访，没有限定，因需而定。
7. 与任课教师沟通：所花时间不定。
8. 工作整理：及时填写《班主任工作手册》，整理班级发展第一手资料。

（三）班主任每月常规工作

1. 学生干部培养：定期或不定期召开班委会。
2. 班级文化墙和板报设计：每月更换。
3. 家访：不定。
4. 月考评：月末班会课。

（四）班主任每学期初常规工作

1. 班级交接：交接教室钥匙、学生档案、班级资产等。
2. 学生报到：整理教室、交齐假期作业、收费、开班会等。
3. 发放书本：安排学生到总务处领取新学期课本，有序发放，并要求回家包书皮。
4. 制订计划：班主任根据学校德育计划和班级实际情况制订本学期班级工作计划。
5. 健全机构：改选班干部，明确各岗位职责。
6. 教室布置：大扫除、出黑板报或设计展板、更换标语条幅、布置图书角等。
7. 常规训练：开学第一周全校集中进行出操列队训练、文明礼仪检查、劳动教育等。
8. 班主任业务学习：开会、听报告、交流经验等。

（五）班主任每学期末常规工作

1. 学生评优：组织学生自我评价、小组评价，全班民主推选各方面的优秀同学。
2. 操行评语等评价：班主任撰写评语，填写素质报告单。
3. 结业典礼：回顾本学期班级发展，表彰先进，布置假期作业，安排假期活动。
4. 家长会：学校或年级组统一进行，就一学期情况向家长反馈。
5. 工作总结：班主任撰写本学期工作总结。

二、特殊性公事

班级里有些特定事务，事先了解、熟悉它们的流程，可以提高工作效率与工作质量。

（一）接待新生

接手新班级时，应该先将各种前置工作做好，让学生和家长对教师的班级管理产生信心。

1. 注意第一印象

教师在迎接新生当天，应该尽量梳洗干净并穿戴整齐，带着愉快的笑容进教室，给学生和家长一个好印象。此外，当天应该尽量早些到学校，避免让早到的家长久等。要通过叫名字、闲聊的方式拉近与新生的心理距离，营造亲切、温暖的教师形象。第一次开班会或家长会的发言稿要提前准备好，给同学和家长留下学识渊博、热情友好、认真负责的良好印象。

2. 提前准备环境

在新生接待方面，教师的事前准备包括：（1）先将教室进行温馨的布置，降低学生对新环境的恐惧感，同时也可以增加对学习的兴趣。（2）规划新生入学当天的流程，尤其是新生入学当天的事务安排，如注册、领取学习用书、安排座位、打扫卫生、开班会、开家长会等。（3）将学校的位置图公布在教室前，让新生和家长可以很快地认识学校的环境，不至于因为陌生而迷失。（4）为家长提供资讯，如班级经营理念与计划书、学校需要家长配合之处、班级教师的联络方式、有关幼小衔接（或初小衔接）的家庭教育小贴士等。

3. 丰富一日活动

新生入学当天，在活动的进行方面，应该丰富多彩。通常包括运用活泼的方式进行自我介绍，指导学生认识新朋友，配合各种熟悉的音乐做律动，进行师生之间心灵的对话以缩短彼此之间的距离，引导学生认识校园的环境，进行基本生活常规的讲解训练等。教师还可以设计一些特别难忘的活动，如第一张班级合照、第一块生日蛋糕等，让学生留下美好的印象。

（二）座位安排

学生座位安排，看上去是再普通不过的班级事务，但它处理的好坏，对学生个人和班级发展的影响都很大。由它而引发的同学矛盾、家校冲突也很多，所以应该确立几项原则。

1. 明确规则

（1）座位原则上按身高安排，个子高的同学座位靠后；小学一般男女同座，初中高中可同性同座；适当考虑视力，但我国中小学近视率高，看不清黑板可以配眼镜。（2）在遵循自然原则的基础上，班主任可考虑社会因素，比如同学在成绩、性格、能力等方面的互补，如动静互补、学科互补等，为每位学生创造良好的周边学习环境。（3）班主任有权安排严重影响课堂纪律的同学调换座位。（4）学生不得私自调换座位。（5）不提倡班主任将好座位、自选座位作为成绩优秀或进步的奖励，这种做法有损教育公平。

2. 事先沟通

秉持公开、公正的原则，班主任在班会、家长会上事先说明座位安排的原则，以避免学生、家长因为不理解而产生不公平的感觉或误会老师的做法。这样也能有效减少打招呼、托关系要求给学生换座位的骚扰电话，教师的专业自主权更能得到尊重。

3. 轮换弥补

不存在绝对的公平，因为教室座位资源本身就不均衡。定期的调整或轮流座位是有必要的。比如每两星期以小组为单位按"1-2-3-4-1"顺序整组平行轮换一次。

4. 个别微调

在保证基本原则和共同利益的前提下，也要考虑个别同学的需求满足，体现管理的人性化。

（三）班费管理

学生收费，在班级管理中是需要谨慎处理的重要项目，必须事先确定原则与方法。

1. 尽量不收费

学校生活中的各项费用，原则上都需要经过学校统筹办理。义务教育阶段，教师尽量不要额外收费，以避免家长和外界不必要的误解。如果班级运作过程中确实需要收费的话，应该经班会讨论通过才可以收费，并且事先通报家长，让家长知晓并同意。

2. 班主任不管钱

收齐后的班费是一笔不小的金额，一般用班级的名义在金融机构开立账户，将费用存进去，由专人管理，班主任不经手。

3. 学生共同理财

班费的使用需要有明确的条例。比如体育委员为班级购买了一副羽毛球拍，必须有发票才可以到劳动委员处登记报销。劳动委员要做账，经办人、证明人等要签字。

4. 期末或换届时账目公开

在学期末应该将所有的账目公开，让学生、家长等相关人员了解班费的收支与结余情况。班干部换届之前，也要通过财务审计。

在班级中实施班费管理流程，一方面是为了提高财务工作效率，保证公开、诚信，减少不必要的猜疑、误解，另一方面也可以借此培养学生的金钱管理意识与理财能力，成事成人。

（四）卫生值日

卫生保洁工作是每天都要做的，直接影响到班级形象，尤其在学校的常规考评中，班级卫生工作做不好，很难赢得班级荣誉。

1. 落实岗位到人

卫生值日工作的原则是：全班人人有责，每个人负责一块，即岗位承包责任制。

第一步,观察梳理班级所有需要保洁、维护的区域、设备,包括地面(教室前中后部和讲台区域)、讲台、黑板、墙裙、门窗和室外责任区。第二步,将以上所有需要保洁的项目分割成与班级人数相等的岗位。比如,黑板的保洁是五个岗位而不是一个,因为从星期一到星期五,一天安排一个人。注意每个岗位的劳动强度要差不多。第三步,将岗位分配到人。可以用岗位招标的方式,招标的规则是"先到先得",即谁先选中某个岗位就归谁。

2. 制定岗位职责

同一岗位,可能有多人共同轮流负责,比如黑板、讲台各有五个人,一人负责一天。这样就可以把做同样事的人编成一个保洁小组,统一要求岗位职责。

卫生保洁岗位职责一定要明确、具体,其操作步骤、保洁标准要清晰,不能含糊不清。岗位职责的确定,原则上还是学生先自定,班主任予以一定的指导。职责确定后,抄写或打印,张贴在岗位附近供遵照执行,并存储电子稿,以便在以后的班级管理中使用。

3. 建立检查制度

所有的工作都是配套的,环环相扣才能最终达成目标。仅仅是安排了承包人,规定了职责,肯定是不够的。接下来还有很多配套制度需要安排,比如,组长负责提醒,劳动委员负责检查,值日班长和班主任负责评价与奖惩,有的要表扬,有的要改进,有的要补做、重做。这些基本的流程必须和安排保洁岗位同步确定下来,每一步都要落实负责人。少了任何一步,问题就可能会出现在缺失的环节上。

(五) 作业收交

每天交作业、收作业是班级日常管理的重点工作。一开学就要采取正确的管理方法。一旦学生坏习惯养成了,班上坏风气形成了,班主任想再抓就被动了。

1. 要求独立完成作业

抄作业问题是班级管理中的一道难题,尤其年级越高,学生的学习水平和态度差异越大,问题越严重。有的学生自己不完成作业,就等第二天早晨交作业时抄别人的。对此问题,班主任要坚持原则,禁止抄作业。但同时,对完成作业确有困难的同学,班主任也要积极想办法帮助他们。

2. 培养自己交作业的习惯

要让学生养成一个好习惯:早晨到校,第一时间交作业。每天请值勤的班干部把要交的作业清单写在黑板上。学生自己把作业本交到指定位置或小组长处,不要坐在座位上等人来要作业。这一小小的改变,意在培养学生的责任心和自我管理意识。

3. 建立交作业的管理流程

(1)每天值日班长提前写好作业清单。(2)学生自己交作业。(3)课代表整理作业本,记录未交作业学生名单,一式两份。一份在第一节课前将作业送到科任教师办公室时附上,一份交学习委员处用于汇总。(4)学习委员将各科未交作业的名单汇总,同时上报班主任。(5)因各种原因没有及时交作业的同学,要填写情况说明书。[①] 这样,信息是公开透明的,便于班主任与科任教师掌握情况、采取措施,也促进同学间的互相监督。群体压力可能有助于那些作业态度不认真的同学改正缺点。

推荐阅读 6-3,系统审视班规制订中要注意的问题。

推荐阅读 6-3
布拉克(2006):班规检核
与评估指标

关键词

班级制度　分粥效应　教师促成的纪律　集体促成的纪律　任务促成的纪律
自我促成的纪律　规则　程序　一般性班规　特殊性班规　班级公约
预防性策略　支持性策略　改正性策略　破窗效应　违规　偏差行为　归属感
寻求关注　寻求权力　寻求报复　寻求自暴自弃　惩罚　教育惩戒权
自然后果　例行公事

讨论题

1. 简述班级制度的构成及其功能。

2. 班规的建立与维护,有哪些步骤与要求?试画思维导图,明晰这里面的关系与要点。

3. 班级产生违规行为的原因有哪些?如何处理违规行为?

4. 观察一个班级,了解班级管理中的例行公事。

5. 访谈新入职或资深班主任,了解班级在新生接待、座位安排、班费管理、卫生值日、作业收交等方面存在的工作困难以及解决的方案。

---

① 陈宇.班级管理课:班主任专业技能提升教程[M].上海:华东师范大学出版社,2021:56-61.有修改。

领导者需要做的唯一重要的事情就是创设和管理文化。

——埃德加·沙因

自我教育是学校教育中极其重要的一个因素……没有自我教育就没有真正的教育。

——苏霍姆林斯基

第七章　班级文化

本章导读

文化是组织走向成熟的重要标志。但相较于制度等硬核组织要素，文化在组织建设中的软性作用常常被低估，班级文化建设也常常被误解为一些表面的东西。本章将从显性文化规划、隐性文化引导两方面，系统阐述班级文化建设的要点及其具体做法，回应当前的一些热点问题。

本章架构

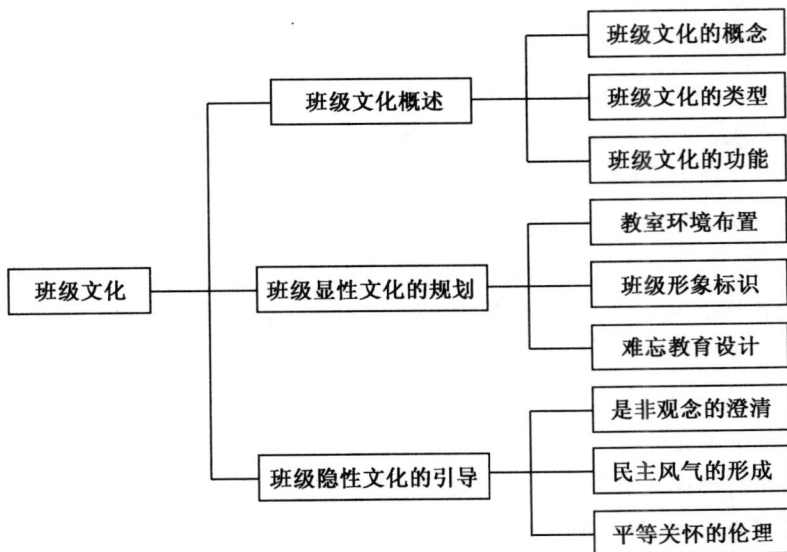

第一节 班级文化概述

引导案例

"未来班"的班级文化建设

"未来班"是李镇西教育诗篇的第一行美丽文字。在四川省乐山一中担任八四届一班班主任的两年半时间里,李镇西在学生教育和班级管理上进行了一系列的探索与改革。作为班主任,他的尝试心愿是强烈的,但怎样也让学生感受到呢? 于是,通过班会课,李镇西启发学生们为自己的班集体提出一个奋斗目标。经过反复讨论,学生们一致认为,他们希望的班级应该是洋溢着集体主义温暖又充满着进取创新精神的富有鲜明个性的班集体。

通过"方志敏班""海迪班""希望班""奋飞班""雄鹰班"等几十个班名的反复比较后,"未来班"脱颖而出! 这是同学们经过反复比较讨论后选定的。班训:正直、团结、勤奋、创造。班徽:由红日、大海和中间的"V"形构成的图案。班旗:印有红日海燕图案的红旗。班歌:歌词由全班同学集体创作后,寄往北京中央歌舞团,请著名作曲家谷建芬同志谱曲。谷建芬同志收到歌词后再请她的老搭档、著名词作家王健同志修改,最后为"未来班"谱写了班歌《唱着歌儿向未来》。

这一切的完成,曾令李镇西非常"得意",不仅仅是有意识地引导学生确立共同的奋斗目标,并为这个目标而努力,更在于这一过程充满了少年儿童的情趣,甚至有些浪漫的色彩。

当然,"未来班"不仅仅是一系列外在的标志,而首先是一种内在的集体追求。在李镇西和学生们的共同努力下,"未来班"渐渐形成了自己一些独特的基本模式——轮流"执政"的干部制度。"未来班"的班委都是自愿报名,通过竞选产生的。班委一般成员半学期更换一次,班长一学年更换一次,不得连任。到毕业时,全班绝大多数同学都已担任过班干部。

适于竞赛的小组结构。"未来班"的每一个学生小组都是由五六位学生组成的有利于全面竞赛的综合性小组。他们既是学习小组,也是劳动小组,又是体育小组,还是文娱小组,等等。

多元交流的友谊班级。"未来班"先后与乐山市五通桥中学、成都市第十二中学和北京外国语学院的学生班级结成友谊班,把班级建设置于一个更广阔的天地,变思想教育的封闭性为开放性,利用班外的一些积极因素增强班级教育效果;同时,让学生在与友谊班的交往中增长社会知识,扩展胸襟视野,培养社交能力。

共同享用的集体财物。"未来班"的很多服务性工作都是学生们自愿承担的。每天早晨,教室保温桶里的开水总是同学们抢着灌满的;课间休息时间,小书柜里几百本书,同学们随看随取,看完后放回书柜,从来没有丢过一本;讲桌上、窗台上的盆花,不时有同学松土、浇水,一年四季,鲜艳芬芳。

　　记录班史的班级日记。从进校的第一天起,便由值日生写每天的班级日记。班级日记有两个基本要求:(1)认真按时完成,不得有缺漏。(2)忠实记下班上的各项成绩、存在的问题以及班内当日发生的各种大事或变化。①

　　每每听教师们谈及班级文化,无非就是布置教室,在墙上贴些标语。似乎把教室的每个角落都贴上东西,弄得花哨或雅致了,这个班级就有文化了。这反映了一部分教师对班级文化的误解。班级文化不单是物化的班级装饰,那么,它到底是怎样的?它由哪些元素构成?它承载着怎样的教育功能?

一、班级文化的概念

　　班级文化的概念来源于组织文化。组织文化(organizational culture)是组织成员所共享的价值与意义体系,影响了成员的信念、价值、规范、行为与文物表现,形成有别于其他组织之组织特质。② 班级文化是教师与学生在班级互动过程中所形成的,为班级成员所共享的价值、规范、态度、信念与生活方式,它使班级独具特色,区别于其他班级。就上述定义来分析,可看出班级文化具有下列特性:

1. 班级文化的独特性

　　每个组织基于不同的历史传统、环境因素及成员特质,孕育出不同于其他组织的文化。因此,每个组织具有其独特的文化,正如每个人有不同的人格一样。每个班级也有独有的特征,此特征实际上就是班级的"人格",而班级文化就是指这个班级所发展出来的人格。

2. 班级文化的共有性

　　组织文化是团体成员共同创造、维持与传承的成果,为成员所共同持有、共同信奉、共同遵循。这种文化氛围不是偶然形成的,而是同学之间和师生之间互动的结果。有时我们说这一班学生很团结,那一班学生很散漫,这都可以说是在班级文化影响下所产生出来的班级成员的外显行为。

3. 班级文化的规范性

　　组织文化所包含的价值观与行为规范,对成员具有规范作用。当成员面对组织内外相关问题时,组织文化即影响了其思考、决定与行为表现的方式。班级文化的形成是班级师生共同营造的结果,也是班级组织的集体行为体系,不同的班级会产生其特有的班级文化,在无形中影响着班级中每一个成员的思想、观念和行为模式。

---

　　① 李镇西.我这样做班主任:李镇西30年班级管理精华[M].桂林:漓江出版社,2012:50-59.
　　② 谢文全.教育行政学[M].第6版.台北:高度教育出版公司,2018:144.

4. 班级文化的动态性

组织文化为适应组织内外在环境的变化,会不断改变、调整,因此,组织文化是动态的,不是静止而一成不变的。班级文化也是如此,每个班级在打造班级形象、建立班级特色的同时,也树立了班级风格,缔造了班级文化,这是一个渐进的过程。

二、班级文化的类型

有人用形象的方式对学校文化的结构进行分析,得出有关学校文化类型的不同划分,比如洋葱模型、冰山模型、拼图模型。[①] 这种划分也可以运用在对班级文化类型的理解上。

1. 班级文化的"洋葱"模型

所谓"洋葱"模型,是把班级文化看作一个包含若干层次的同心球,各层次之间有机联系,构成了班级文化。在"洋葱"模型中,最常见的是"三层次说"。

(1)物质文化,处于"洋葱"模型的外表层。指班级的环境和教育教学设施等各种看得见、摸得着的物化文化形态,包括教室的布置、环境卫生、课桌及清洁工具的摆放、标语的设置、讲台的布置等。这些以物质形态存在的文化设施,无不体现出班级整体的某种价值和观念,充分显示出这个班级独有的文化特征,从很多方面反映出班级的主流文化。

(2)制度文化,处于"洋葱"模型的中间层。指那些以规章制度、公约纪律等为内容的,在班级全体成员共同认可并自觉遵守的行为准则中表现出来的文化形态,又称为规范文化。班级制度文化的建设,既为学生提供一个制度化的、管理完善的班级环境,也为他们提供内化规范的教育氛围、自我评定品格行为的准绳。

(3)精神文化,处于"洋葱"模型的内核层。指班级中全体成员的群体意识,如班级目标、班级道德、班级舆论、人际关系和班级风气等,是班级文化的深层面、核心内容,又称为观念文化。良好的班级精神面貌能让学生生活在一个积极向上的环境中,学生都有很强的集体荣誉感,能自觉约束自己的言行,有正确的价值取向、较高的道德水准。

2. 班级文化的"冰山"模型

"冰山"模型认为,班级文化由两部分构成:一部分是可以直接观看到的结构,如同冰山露出海面的部分;另一部分是隐藏着的不可见的结构,如同冰山藏于海水之下的部分。

(1)显性文化,是指可以摸得着、看得见的显性的环境文化,是班级文化建设的"硬件"。主要包括班级物质文化和有形的班级制度文化,比如摆成马蹄形、矩形、椭圆形的桌椅;激发学生探索未知世界的科普长廊;悬挂在教室前面的班规、班训、班风等醒目图案和标语;师生良好的仪表仪态等。班级良好的显性文化环境,会让学生产生强烈的归属感,增添学习和生活的乐趣。

---

① 郭继东. 学校组织与管理[M]. 上海:华东师范大学出版社,2012:153－158.

（2）隐性文化，是指班级中以隐性的精神、观念形式存在的文化，是班级文化建设的"软件"。主要包括班级精神文化和无形的班级制度文化，如一个班级的教风、班风、学风、传统、舆论氛围、人际关系、法制环境等。隐性文化虽然不能直接看到，却弥漫在班级的各个角落，对学生认识、判断和评价是非、善恶、荣辱起着潜移默化的作用。隐性文化可以通过班级师生的言谈举止和精神面貌反映出来。

3. 班级文化的"拼图"模型

所谓"拼图"模型，是把班级文化视为若干个"板块"组合而成的一张"拼图"。从人员的角度看，班级文化包括学生文化、教师文化；从支持与赞同某种价值观的班级成员的数量多少进行区分，班级文化包括主流文化、亚文化。

（1）主流文化，是指为大多数组织成员所共同抱持的核心价值观。在班级中，教师文化代表着主流文化。教师文化既体现出人类文化传播者所具有的文化素养，又包括教师对于自己所从事职业的态度。教师文化代表了成人世界的经验，代表了社会主流对青年一代的要求。教师文化在班级文化的形成与发展进程中居于主导地位，对学生文化的构建具有表率、导向作用。

（2）亚文化，是指与主流文化并存且为一部分成员所拥有的文化。青少年亚文化是一种现实存在、相对独立的文化形态。随着青少年主体意识的觉醒、信息渠道的通畅、社会价值观的多元化，青少年学生开始有自己的独立见解，并要创造出属于自己的文化，如选择自己喜爱的衣服、发型，对各类明星的追逐、对动漫的迷恋等，这是正常的心理和行为。学校和班级主流文化无法包容学生生活的全部内容，青少年文化作为一种补充方式体现了学生生活的意义和价值。可以说青少年文化是新一代人成为主体的最初尝试，否认青少年文化的必要性，也就是否认学生成长的可能性。班主任要积极、主动地去了解青少年文化，加强与学生的交流，在班级中为青少年文化的发展留有余地。

本书以冰山模型、洋葱模型为依托，探讨班级文化体系的建设（见图7-1）。

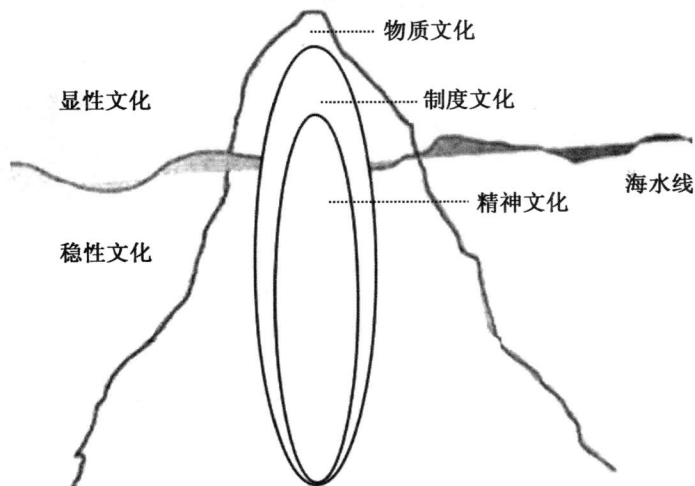

图7-1 班级文化系统示意图

三、班级文化的功能

班级文化对班集体建设及班级成员的发展都具有深刻的影响,发挥着对外标识、对内团结凝聚、对上导向激励、对下规范约束的功能。

1. 标识功能

组织文化具有独特性,可以使组织有别于其他组织。班级文化是每个班级独一味二的"味道",它使得班级有生存的独特意义与价值,也让每位成员有认同属于自己班级的独特标志。

2. 凝聚功能

组织文化是团体共享的价值和意义体系,可作为组织的黏胶,促进组织成员的团结稳定。班级文化的凝聚功能主要表现为把班级成员的个人利益与班集体的命运和前途紧紧地联系在一起,使班级成员在利益一致的基础上产生认同感,使个人与班级"同甘共苦""休戚与共"。

3. 激励功能

组织文化引导和形成组织成员的态度和行为,一个尊重人性的优质组织文化,的确能够提升组织效能。班级文化为每个班级成员提供了一个文化享受和文化创造的空间,使班级成员的兴趣、理想和信念在此得以实现和升华,具有参与班级活动的积极性、主动性和创造性,并以高昂的情绪和奋发进取的精神投入学习和生活中。

4. 规范功能

组织文化提供成员思想与言行的规范,产生了社区意识,发挥了控制机制作用,也减少了成员言行越轨的现象。班级文化具有规范学生言行的作用。在班级组织运行过程中,班级文化为班级成员提供了某些思想与行为的规范和标准,班级成员也能感受到身为组织一员应履行的组织角色的责任。

推荐阅读 7-1,了解班级文化与班级气氛(classroom climate)两概念之间的有机联系。

推荐阅读 7-1
班级文化气氛

第二节 班级显性文化的规划

引导案例

我理解并实践的完美教室

新教育实验的发起者朱永新老师说——

"缔造完美教室",就是在新教育生命叙事和道德人格发展理论的指导下,利用新教育儿童课程的丰富营养,晨诵,午读,暮省,并以理想课堂的三重境界为所有学科的追求目标,师生共同书写一间教室的成长故事,形成有自己个性特质的教室文化。

新教育实验的榜样教师常丽华老师说——

教室是我们的愿景,是我们想要到达的地方,是决定每一个生命故事平庸还是精彩的舞台,是我们共同创造的所有课程的总和,它包含了我们论及教育时所能想到的一切。

我说——

"完美教室"之"教室",显然已经不同于我们一般所说的物理意义上的教室了。"教室",在这里是一种借代,代指班级;或者说是一种象征,象征着一群人共同生活的一段历程;缔造完美教室,强调的是一种班级文化的建设,一种集体精神的滋养;这样的环境里,每一面墙壁,每一张课桌,每一把椅子,每一个物件,都打上了浓浓的主观性——表达着高远的追求,洋溢着高雅的气质,蕴含着高尚的灵魂,彰显着鲜活的生命。[①]

由新教育实验发起的"完美教室"运动引发了中小学班级里的教室文化改革。缔造完美教室,我们可以从哪些方面入手呢?

一、教室环境布置

(一)环境的意义

戴尔克(Dahlke)指出:"教学活动是在一定的物理环境中进行的,这一环境在某些十分重要的方面制约着学生学习与发展之可能性。环境这一舞台一旦搭起来,则于此上所进行的演出活动便已部分地被决定了。"

苏霍姆林斯基说:"孩子在他周围经常看到的一切,对于精神面貌的形成具有重大的意义。这里的任何东西都不应当是随便安排的。孩子周围的环境应当对他们有所诱

---

① 李镇西. 朝向完美,走向幸福:我理解并实践的完美教室[EB/OL]. http://blog.sina.com.cn/s/blog_54c61efa0102dyqc.html,2012 - 07 - 19.

导,有所启示。我们竭力使孩子所看到的每幅画,读到的每句话,都能启发他去联系自己和同学。"[1]

具体而言,教室环境的功能主要体现在以下六个方面:一是安全和庇护的功能;二是社会交往的功能;三是象征性的标识功能;四是完成教学任务的工具性功能;五是愉悦心情的审美功能;六是促进学生成长的功能。[2]

(二) 布置的内容

以一个外来参观者的视角,教室内外可布置的空间主要有以下几部分。

1. 教室外走廊与门口——集中展示班级形象

走廊是一个展示学生作品、班级活动成果最好的地方,也是用绿植美化教室环境的地方。走廊两边均可以利用。比如可以展示班上学生的文章、图画、照片、新闻剪报、优秀作业等。有的学校在每班进门左侧墙上镶嵌一块班级文化标识牌,包括班名、班主任或任课老师寄语、班训或班级格言、班级评选榜、每日之星、全家福照片,等等,让经过教室的任课教师、家长、领导和别班的同学都可以欣赏到本班的风采。

2. 教室内正前方黑板周围——以张贴行为规范、行事历为主

黑板左右的布置尽量以备忘录或公告栏为主,比如班级公约、班级标语、值日生安排表、教师备忘录等,实用为上。切勿过于花枝招展,否则将分散学生上课时的注意力。

3. 教室内两侧柱子、窗户——以艺术作品点缀为主

如果教室内有柱子的话,也可以作为布置的场所。柱子的空间不大,因此适合布置较小的主题,如益智类的"每日谜语",也可以加挂篮子,放些小东西,增加可利用的空间。窗户上的张贴以短暂性学生作品或活动照片为主,待一段时间后即拆下或做更换。

4. 教室内后墙——整体性设计

这是最传统,也是大多数教师都会考虑布置的区域,通常分成三块,中间为黑板,左右各一块空白的墙壁。当然,有些教室后面没有黑板,这样后面的三块就合成一大块,可以考虑对整个墙壁进行整体设计:白板做底,上面可以是学生的作品、感想、时事宣传等。

5. 教室各个角落——特色布置

(1) 图书角:是供学生阅读课外书籍或介绍好书,彼此分享心得、互相交流的地方。

(2) 益智角:放一些可以动动脑的游戏,如下棋用具、积木等。

(3) 研究区:可作为上课内容的延伸,加深加广学习。

(4) 沟通角:是同学之间彼此谈心或师生沟通的角落。

---

[1] (苏)B. A. 苏霍姆林斯基. 帕夫雷什中学[M]. 赵玮,等,译. 北京:教育科学出版社,1983:135.

[2] 卡罗尔·西蒙·温斯坦,安德鲁·米格的诺. 小学课堂管理[M]. 梁钫,等,译. 上海:华东师范大学出版社,2006:24-35.

（5）宝贝角：展示自己心爱的玩偶、搜集品，与同学分享。

（6）医护角：摆放一些常用药品，告诉学生使用的方法与适当的时机，可让学生轮流充当小护士，学习如何做好简易的护理。

（7）工作角：供学生敲敲打打、缝缝补补、剪剪贴贴等。

（8）运动角：将学生喜欢的运动器材放在一个大箱子里，供学生在下课时间自由使用。

（9）时事角：针对当周的重大新闻，要求学生把想法写下来甚至指导他们练习"文章缩写"或"替新闻定标题"等，以此训练他们思考、语文写作的能力。

（10）留言角：找一些可爱的便条纸，让学生在日常生活互动中记录一些有趣的、难过的和不平的生活点滴，放入小盒子或钉在留言板上。

（11）涂鸦角：把平时办公室不用或丢弃的纸张搜集起来，让学生利用空白的另一面尽情涂鸦，将"资源再利用"的观念真正落实。

（12）电脑角：供学生上网、查资料。

（三）布置的原则

1. 教育性原则

教室是学生学习的场所，应该具有教育的价值，把教育学生作为教室环境布置的根本目的，使学生从教室环境布置中学习新知。教室环境布置的内容、过程以及材料的选取都应该符合教育的需求，要充分考虑班级学生的年龄、数量和活动的特点。

2. 经济性原则

教室环境布置要量力而行，尽量使用现有的设备和材料，也可以让学生搜集一些废旧品，加以利用，这样不但可以节约资源，说不定会产生意想不到的效果。如果需要购买，确实有必要再购买。

3. 整体性原则

教室环境布置应该考虑教室的空间、教学科目、教学的进度、学生学习的进度，在静态和动态、主观和客观方面做整体的配合，以做到空间与时间上的协调，增强教学效果。

4. 安全性原则

教室环境布置要注意物品的安全性和舒适性，如有的物品要钉牢以防止掉落，不要留有尖锐物品，避免使用有毒、危险的物品，以确保学生的生命安全。

5. 美观性原则

教室环境的色彩、造型、格局，会影响学生的情绪，引起学生不同的心理反应。色彩过于鲜艳，会使学生心浮气躁，也会影响教师教学的心情；色彩过于暗淡，会让教室变得死气沉沉。因此，选用的色彩应该符合学生的审美，单纯和谐，力求平衡与协调，美的教室能让学生感到舒适和愉快。

6. 可变换性原则

教室里除了大的单元不轻易变动外，像学生作品、剪报资料等应定期更换，以保持学生的新鲜感。教室环境的可变换性需要考虑以下六个问题：教室是否提供了静心空间和私密空间？课桌的摆放是否能促进学生的社会交往？教室的陈设能否传递学生及其学习情况的信息？要经常使用的材料是否方便学生取用？教室是否给大家带来了欢乐？教室是否有能够吸引学生进行知识探究、拓展兴趣和能力的材料？

7. 创造性与生动性原则

教室环境布置不能过于呆板、一成不变，否则会让置身于其中的学生变得同样呆板。学生好奇心强，喜欢新鲜的事物，因此，教室可以根据教学目标、布置材料的性质，以及其他主观、客观条件，做出有创造性的、生动的设计，以吸引学生的注意，引起学生的兴趣，激发学生的学习动机。

8. 师生共同参与性原则

在布置教室环境时，可以让学生参与，让学生自行设计、搜集材料以及张贴布置，教师在一旁辅佐指导，这样不但能让教师和学生有交流的机会，而且能发挥学生的潜力，学生会更加珍惜教室环境布置的成果。

二、班级形象标识

(一) 标识的含义

形象标识，就是一个组织通过标志和识别系统所展现出来的自身形象。在企业管理中常见的 logo 就是一种企业形象设计，它有助于打造企业文化。同样的，在班级管理中，班级形象也可以通过一系列标志性文化符号来进行设计。

班级形象标识就是一个班级用来彰显自己特色的个性化符号，包括班级名称、班徽、班训、班歌、班服、班旗、班级吉祥物等。班级形象标识为班级文化赋予内涵，增加识别度，既能展示各班风采，提高集体荣誉感，又能凝聚班级人心，激励士气。

(二) 标识的类型

1. 班级理念标识

班级理念标识，是班级精神、班级品格的集中表现，包括班级目标、班级口号、班训、班级价值观等。例如：

班风：① 我为人人，人人为我。② 班级是我家，成长靠大家。③ 事事尽心，处处文明，人人进步，个个快乐！④ 肯定自我，创造自我。

班训：① 真心尊重每一个人，用心做好每一件事。② 创最好的班级，做最好的自己。③ 严谨代替松散，行动代替愿望。④ 拼搏创作奇迹，奋斗书写辉煌。⑤ 让今天的自己胜过昨天的自己。⑥ 良心无愧信心无畏，恒心无敌青春无悔。

2. 班级行为标识

班级行为识别，是师生共同约定的行为规范，一般以比较简洁的班级公约的方式出现。例如：

蒲公英的约定①

小伞兵、讲文明,行为规范记在心。　　遇矛盾,讲谦让,不要武力来比拼。

进教室、交作业,齐早读,声音响。　　做事情,想仔细,安全大事放第一。

铃声响、进课堂,静息好,坐端正。　　回到家,有礼貌,见到亲人要问好。

小眼睛、看黑板,小耳朵,要听讲。　　有作业,要先做,做完作业才去玩。

要发言,先举手,积极回答声响亮。　　行为规范记在心,争做文明好学生。

3. 班级视觉标识

班级视觉标识,是通过视觉信息传递的可视化的班级形象,如班名、班徽、班旗、班级吉祥物等。例如:

个性班名:蒲公英之家②

班级介绍:蒲公英之家里住着 24 名积极向上、有着美好理想的小伞兵,蒲公英之家里的女孩文静秀气,男孩活泼阳光,一张张如阳光般的笑脸写满了天真、乐观。24个小伞兵各有各的梦想,他们聚在一起为梦想而努力。有时他们会遭遇失败,有时他们会有不开心,但他们像蒲公英一样有着不怕困难、勇于战胜困难的精神。他们有着蒲公英的自信,朝着理想永远前进;他们有着蒲公英的乐观,即使失败也不气馁;他们有着蒲公英的团结,你追

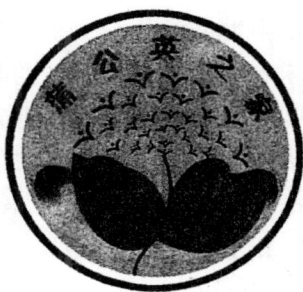

图 7-2　班徽举例

我赶共前进。在未来的日子里,小伞兵们一定会更加努力地朝着自己的理想飞翔。

班徽寓意:花托上,一个个洁白的小伞兵就是我们班活泼可爱的孩子,他们团结在一起,组成了一个大家庭——蒲公英之家。离开绒球的小蒲公英种子,寓意小伞兵们积蓄了力量,终将离开,飞向更为广阔的天地,书写更精彩的人生。

4. 班级听觉标识

班级听觉标识包括班级口号、班歌、班诗、班级宣言等。例如下面是一首某班同学自己作词作曲的班歌:

我们本是平行线,在八班交接,用微笑装点时间;

世界没有永恒的冬天,希望不疲倦;

别傻傻站在原点,要挥汗如雨,大家一起努力。

钟声回荡心里,拿起画笔在校园里画出属于我们的天地,相信明天的天空会更为蔚蓝。往前冲,不停地抬头看,

经历风雨的洗礼我们才真正长大,请投来祝福目光。

---

① 案例来源:江苏省海门实验学校附属小学《班级文化集萃》。

② 转引自齐学红.班级管理[M].北京:教育科学出版社,2018:196-197.案例作者:南京市扬子第二小学毛荣荣。

151

紫藤花散发幸福芬芳,八班是我们每个人快乐幸福的家。

我们曾一路走过……①

（三）设计的注意事项

班级形象建设是一个长期的系统工程。班级管理者不仅要注意班级形象的形成,更为重要的是,应注意在日常班级管理活动中持之以恒地渗透班级文化的因素,注意维持与强化班级的良好形象。在具体操作过程中,尤其要注意以下几个问题。②

1. 切忌"越俎代庖"

班级形象的建设不应该在强制中产生,而应是班级管理者和全体同学通过长期的互动自我凝聚、自我归属的精神产物。很多班级管理者,特别是小学低年级的班主任,担心学生年龄小、能力弱,习惯于事事代替学生做决定。因为过于"负责",甚至在学生还未入学、班级尚未形成的时候就设计了班训和班徽,确定了班级精神。但这些能否与实际的班级相匹配,能否得到学生的认同,都还是一个未知数。教师应该了解,学生才是班级形象的主体,班级文化理应是学生自组织的文化。在班级文化建设过程中,教师应注意促进学生主体的发展,调动学生参与到班级文化建设的各项活动中来。

2. 切忌"曲高和寡"

班级形象设计必须贴近学生的实际,充分观照学生的生活经验、智力水平、思维特征、行动能力等,着眼于学生的现有水平。在班级形象设计时,班级管理者应以学生为设计的主导力量,尊重学生的设计思路。班主任可以介入设计过程,在交流、协商中发挥引导、协调的作用,以保证设计出来的班级形象凝聚绝大多数学生的共识,得到绝大多数学生的认同。

3. 切忌"虎头蛇尾"

班级形象塑造并不是为了装点门面,而是要让班级全体学生理解、认同并自觉内化班级形象,要让班级形象引起他人的关注,将班级推向整个学校甚至是社会。因此,班级整体形象形成之后,对内要通过各种活动、日常教育等方式不断地让学生理解班级的形象,使用班级的形象,强化班级的整体行为规范和价值理念,使其内化为学生的自觉行动。班级的班会、考试动员、活动总结,甚至是班级学生偏差行为的矫正,都是班级形象宣传的很好契机。对外,则要通过各种书面材料、集体活动、班级交流等方式传播、宣传班级的整体形象。例如,用代表班级颜色的信纸给家长写信并在信里画上班级象征物,运动会正式开始之前喊班级加油口号,在每个星期结束时唱班歌……这些活动都能起到强化班级形象,弘扬班级精神的作用。

---

① 班华,王正勇.高中班主任[M].2版.南京:南京师范大学出版社,2007:90.

② 齐学红.班级管理[M].北京:教育科学出版社,2018:196-197.

三、难忘教育设计

在班级显性文化规划中,优秀班主任常常在特别的日子、针对特别的人,用心设计一些特别的活动,让学生终生难忘,产生长久的教育影响。这些经过实践检验、时间沉淀的教育设计,往往发展成为班级教育的品牌活动。

(一) 特别的日子

开学日、10 岁的集体生日、14 岁的青春仪式、18 岁的成人礼……这些特别的日子,都值得精心设计活动,给学生留下难忘的记忆。比如有位班主任是这样设计"我 10 岁了"主题班会活动的。[①]

活动背景:学生进入四年级,心理进入一个关键的转折期。他们的心理正在发生微妙的变化,情感开始变得敏感、细腻、丰富。在与外界的接触中,有了许多个性化的认识和处事的方式,非常渴望与他人交流,但又缺乏方式与机会。家长和教师感觉到,他们不再那么"言听计从"了,孩子与家长的沟通需要一个新的平台。教师通过分析认为,四年级学生最容易动情,开展情感性的主题班会活动可以为孩子提供切合他们需求的生长点,同时也可以结合感激教育,给学生提供一个感激父母、回报父母的契机。于是决定开展"我 10 岁了"主题班会活动。

活动目标:(1)通过真情交流,让学生体会父母 10 年的辛劳,感受父母真切的、无私的爱。(2)通过 10 岁庆典仪式,让学生懂得自己已经长大了,应该用实际行动去回报父母的养育之恩,从而激发自我成长的需求。

活动准备:在前期准备阶段,学生与教师一起设计了一份给家长的调查问卷。问卷中就"在孩子的成长过程中最难忘的事件""记录孩子成长历程的方式""特别关注孩子哪些方面的成长"以及"对本次主题班会活动有何建议"等方面进行了广泛的调查,听取家长们的心声,了解家长们的真实想法。(1)要求家长:认真完成《调查问卷》;和孩子一起看一看成长记录(照片、录像、日记、成长档案袋等),回顾一下孩子的成长历程,准备一个真情的故事;认真写好 10 岁献辞《孩子,我想对你说……》。(2)要求学生:和父母一起看一看自己的成长记录,回顾一下自己的成长历程;给父母写一封情真意切的信;用心准备好献给父母的"礼"(节目);为父母做一件事。(3)要求教师:指导学生写信;认真阅读《调查问卷》了解有关情况和家长需求;指导学生排练节目;帮助学生制作多媒体课件;设计成长贺卡,指导学生写 10 岁宣言。

活动过程:在主题班会课上,家长、学生、教师一起"真情追忆",从一张张儿时的照片、一个个朴实而感人的故事中一起回忆成长路上的点点滴滴,温暖人心;"真情互动",家长看孩子们写的信,感动人心;"10 岁庆典仪式"上家长们的 10 岁献辞、赠送成长贺卡,学生的 10 岁宣言等让参与班会活动的每一个人都感动。

活动效果:"我 10 岁了"这一主题班会的组织无疑是成功的。在主题班会动人的音

---

① 王一军,李伟平.班级活动设计与组织实施[M].北京:教育科学出版社,2007:83-84.

乐声中,学生们充满深情的诗朗诵——《献给父母》,表达了对父母的感激之情;情真意切的"爱的信件"诉说了自己的心声,感动了父母,拉近了自己与父母之间的距离;激情飞扬的"10岁宣言"道出了自己的决心;珍贵的礼物——"10岁寄语"给学生们带来学校教师的祝福与期望;精心制作的"我10岁了"的班级相册,渗透着教师对每个孩子的爱,让家长再次感受到了学校和教师给予孩子的"生命关怀"。通过活动,学生们真真切切地感受到了父母在自己的成长历程中付出的爱,感受到了父母对自己的期望,感受到了学校和教师对自己的祝福,感激之情溢于言表。学生明确了今后的成长目标,在爱、祝福、期待的包围中进一步树立了信心。家长重新了解并认识了自己的孩子,在教育和沟通的方式等方面做出了反思,和孩子的情感更融洽了。

(二) 特别的仪式

全国著名班主任任小艾决定在班上开展一项有利于学生认识自我、发展自我、提高自我的活动——"评选全班之最"。通过评选,大家惊诧地发现一个小小的班集体,竟然也人才济济:"作业最整洁的人""英语学习最优秀的人""最乐于助人的人""最讲文明礼貌的人""唱歌最动听的人""板报出得最好的人""课外知识最丰富的"……评选结束后,班主任指导班委把同学们的才华一一书写成条幅,挂到教室四周的墙壁上,并召开一次特别的家长会,邀请每个学生家长来观看评选结果,收到奇效。不让分数捆住学生的手脚,不让学生成为分数的奴隶,要让他们学有乐趣、学有信心、学有所得,这是有远见的班主任应该想到的。①

无独有偶,也有这样一个班级,他们都是小升初考试落榜、上重点初中摇号没摇上、自费没有钱的学生。他们自卑、难以接近、调皮、厌学、基础差,早已习惯被师长歧视和责骂。面对这样的群体,班主任通过"夸奖行动"、做"复活彩蛋"、"疯狂英语"行动、每周五到图书馆借高质量的书等活动让学生感受温暖、再造自信、重塑人生。在这个班上,26个孩子每个人胸前都别着一个"笑脸"徽章,这是班主任吴老师专门颁发的班级特别标志,她希望这些被人歧视的"丑小鸭"能用笑脸迎接每一天。②

在王怀玉老师的班上,一年一度的学校运动会也能搞出花样。这里面潜藏着促进学生发展和心灵内省的多种契机,班主任只要善加利用,就可以把学校常规的校级运动会变成班级学生发展的节点性特色活动。她把学校运动会开幕式与班级体育社团活动展示有机结合起来:三年级,该班在运动会开幕式上展示的是"玩转呼啦圈",四年级展示的是篮球社团设计的"街头篮球",五年级展示的是"拉丁舞"(促进青春期男女生之间大方交往),六年级展示的是学生自编自导的"街舞"。③

---

① 人民教育编辑部. 新世纪班主任必读[M]. 北京:高等教育出版社,2005:220-221.

② 齐学红. 今天,我们怎样做班主任——优秀班主任成长之路[M]. 上海:华东师范大学出版社,2006.

③ 王怀玉. 从班级到成长共同体:不一样的带班策略[M]. 上海:华东师范大学出版社,2019:141,152-155.

（三）特别的纪念

魏书生认为，我们班级不也像一个小社会吗？班级若办一份日报，一定有利于提高班级管理自动化的能力。1984 年 1 月 10 日，第一期《班级日报》办成了，之后先由几位班干部带头办了 5 期，以后，按学号轮流，每天轮到一个人。翻开一期期日报，会感受到学生创造思维的火花在闪耀。不要说栩栩如生的画面，不要说五彩缤纷的构图，不要说异彩纷呈的栏目内容，也不要说千变万化的报头题字与位置安排，单是版面设计，就不能不使人佩服同学们的创造力。班级每天出一期这样和大家息息相关的报纸，其教育作用是不言而喻的。对于办报的编辑，不也是一个全面受教育的过程吗?!①

李镇西说，在每个班毕业前夕为学生编撰班级史册，已成了我当班主任的"保留节目"。当为 84 级一班编印《未来》时，还只能用铁笔在蜡纸上一个字一个字地刻写，然后自己手摇滚筒油印，最后发动全班学生一起装订。而到了编撰《恰同学少年》时，我们的班级史册就已经是一本激光照排、烫金硬封的精装书了！这些书，对我来说，是我教育历程的足迹；对学生来说，则是他们青春的纪念碑。这里所说的"班级史册"，是全班学生共同撰写、编印的反映班集体三年来各方面情况的"班级风采录"。虽然编撰"班级史册"是毕业前最后一学期的事，但"班史"的书写却在班集体组建的第一天便开始了。它有这样几方面的价值：第一，围绕编撰"班级史册"，可以引导学生更加热爱、关心班级，把班集体建设得更加美好。第二，通过编撰"班级史册"，可以强化、巩固学生已经形成的集体情感与集体观念。第三，学生拥有一本"班级史册"，就拥有了一份丰厚的精神财富。第四，班主任拥有一本"班级史册"，是拥有了一份对全班学生进行教育的生动教材和总结自己教育经验的素材。②

推荐阅读 7-2，了解著名班主任李镇西在"开学第一天"做的事情，从班级文化建设的角度去分析其教育行为与思想。

推荐阅读 7-2
李镇西：开学第一天

---

① 魏书生.班主任工作漫谈[M].第 4 版.桂林：漓江出版社，2005：126-135.
② 李镇西.做最好的班主任[M].修订本.北京：文化艺术出版社，2010：16-19.

第三节　班级隐性文化的引导

引导案例

班干部的宣誓仪式

为了进一步增强本次班干部选举的神圣感，让每位学生感觉到本次选举的独特性，我决定在选举当天启动一个庄严的仪式以增强气氛。

选举前，首先举行宣誓仪式：要求全班起立，齐读本次选举活动的班级誓词。以下为誓词内容。

我希望，在我们班，每一名想改变自己的孩子都能得到赞赏，因为没有人可以轻视一颗积极向上的心灵。

我希望，在我们班，每一名同学都能积极为班级出力献计，因为班级离不开群体的智慧和力量。

我希望，在我们班，每一名为班级服务的班干部都能得到尊重，因为无论他担负什么工作，都在为我们这个班级辛劳付出。

我希望，在我们班，每一名遇到过困难的同学都能够得到帮助，因为帮助别人就是帮助我们自己。

我希望，在我们班，每一项班级事务都像今天这样民主决议，因为每一个生活其间的人都对我们这个大家庭担负着不可推卸的责任。

我希望，在我们班，今天的选举能成为每个人的舞台，因为每个人都有理由相信，我有能力让我们班级更加优秀，我希望班级因我而精彩！

宣誓人：×××

然后由主持人宣布选举注意事项（略）。接下来，正式选举开始，经过个人演讲、民主投票、最终确定人选等环节，选举出新一届班干部。

趁着选举带来的热情，我马上组织新任班干部举行就职仪式，让这些新当选的干部一一上台，一起宣誓："我荣幸成为五（3）班的一名班干部，我愿意竭尽全力把所担负的工作做好，不怕困难，不怕委屈，认真负责，大胆管理，精诚团结，一同进步！"

宣誓完毕，我向每个新任班干部颁发了"岗位责任书"，告诉他们回家认真研读，第二天要召开新班委第一次会议，每个人针对班级实际情况，对自己所担负的工作进行细致分析，补充管理办法。

选举次日早上到校，只见卫生委员正在督促值日生值日，中队长正检查同学们红领巾的佩戴情况，上操时体育委员在前，路队长在后轻声个别提醒，生活委员按时去领餐票……一种秩序在悄然生成。①

---

① 王怀玉.从班级到成长共同体：不一样的带班策略[M].上海：华东师范大学出版社,2019:48-49.

显性的仪式本身具有文化属性,但此案例中更可贵的是在热热闹闹的仪式背后所欲彰显的班级精神,即誓词中所隐藏的那些教育价值观。班主任要随时注意引导班级内部的思想舆论、行为习惯和道德风气。

一、是非观念的澄清

(一)正面教育

有这样一则案例,说明了班主任正面教育的重要性。

在语文课的一次讨论中,有两个学生都不同意张老师的一个观点。一个学生轻轻地私下说了一句轻蔑老师的话,没有几个同学听见;而另一个同学,为了一个观点跟张老师争论得面红耳赤,甚至激动得都"吵"到了讲台上,下面的同学一阵哄乱。这两个同学的行为,得到了截然不同的两种处理,张老师严厉地批评了那个轻蔑老师的同学,让其写检查反省,却只稍微说了那个争得面红耳赤的同学几句。他说:"轻蔑老师是道德问题,一定要及时纠正,决不允许!另外一个同学影响到了课堂秩序,也不应该,但其出发点没什么问题,只要今后稍加注意即可。"我想如果碰到其他的老师,处理此事的方式就有可能会截然相反。那件事情之后,班级同学的思维更活跃了,而且是那种乐于与老师交流的活跃。我们班级的黑板报、班级活动等也十分出色,想来这与张老师平时对我们的管理方式也有着一定的联系。[①]

(二)概念辨析

有个班级一段时间内经常发生捡到同学的魔方不寻找、不交还失主的现象,班主任想引导小学生了解对于自己的、他人的和无主的物品如何处理的生活常识,于是就有了上一节物权主题班会的构想。

第一步:设置问题情境,引出三个物权概念。

(1)我们去超市,发现货架上的巧克力棒掉在了地上,大家会怎么做,是捡起来吃掉,放在自己口袋里,还是放回货架去?

(2)如果同学的铅笔掉地上了,大家会怎么做?(找到失主还给他;放进自己的铅笔盒;交给老师或者放到讲台上……)

(3)如果是自己家里的东西掉到了地上,大家又会怎么办?(引出三个物权概念:第一个明确是别人的,第二个是无主的,第三个是自己的。)

第二步:延伸讨论,明确做法。

(1)这些情形经常发生在我们身边,刚才说到教室里丢失的铅笔,大家都知道要找到失主。如果不是一支铅笔,而是一叠钱或者是自己很喜欢的一个玩具(比如魔方……)呢?你心里真实的想法是什么?

---

① 李伟胜.班级管理[M].上海:华东师范大学出版社,2010:32.作者华东师范大学教育管理系学生王玲。

（2）每个人心中住着两个"我"——"大我"和"小我"，这时两个"我"会展开一番对话。现在请同学们在心里扮演两个"我"，自己说给自己听。

（3）选两名同学分别扮演"大我"和"小我"，对话表演。

（4）总结：不管是什么东西，一支铅笔，或者是一叠钱，或者自己喜欢的物品，都一样，不属于自己的，都不可以拿。

第三步：明确"捡""借"和"偷"的差异。

（1）关于"捡"。当场发现别人丢了东西应该提醒对方捡起来；没发现失主，你捡到了要设法主动寻找失主，找不到失主可以让其他人代为保管（比如交给警察等），而不是占为己有。

（2）关于"借"。需要向别人借东西时语气要委婉，在别人允许的情况下使用，使用完毕立即归还并致谢；假如损坏了要主动赔偿，并致歉。

（3）关于"偷"。让所有同学都明白：随意拿人家东西是可耻的行为，会被人瞧不起，以后难以得到别人的尊重和信任。假如曾经拿（偷）了别人的东西，自己要用稳妥的方式归还。

第四步：故事拓展，进一步深化思考。

延伸强调：自己的东西要保护好，没有自己的允许，任何人不能拿走属于自己的东西；同样，别人的东西，没有经过他人允许，也不能私自据为己有。

经由一节主题班会课，教给学生一些基本底线与原则，让他们知道哪些是对的，哪些是不对的，遇到类似情况以后怎么处理，不正确处理将会带来什么后果。针对性教育信息传递到了，后续延伸性活动重在观察与反馈引导，而不用再刻意设计教育性活动。同时，学生行为习惯的养成，离不开家长的配合。所以，教师还要设法让家长统一认识，对于孩子出现以"捡"为借口的私自拿（偷）别人物品的行为，若发现一定要及时解决，让孩子知道这样做不对，而且还必须受到相应惩罚，比如扣留孩子平日喜欢的物品，让他体会失去心爱的物品的心情和感受，和孩子讨论怎么归还等，以此达到共同教育之目的。[①]

（三）舆论引导

班级舆论是指在班级中占主导地位的态度、言论和意见。班级舆论有积极的也有消极的。消极的班级舆论，与社会主流价值体系相悖，与班级组织团结进取和奋发向上的氛围相左。如同学之间的攀比、自我中心、相信金钱万能论等思想。班级管理者应该深入班级了解情况，及早发现、引导和化解消极班级舆论，尽量避免群体性消极行为的发生。

王怀玉老师曾经接手一个众人口碑中的"好班"：撑门面的尖子生多，在学校各项活动中表现出色，一部分学生思维活跃，课堂氛围好。但是在开学第一天，从让班干部组

---

① 王怀玉.从班级到成长共同体：不一样的带班策略［M］.上海：华东师范大学出版社，2019：149－152.

织分发新书、打扫教室卫生等细节活动中,她发现本班学生对成绩差、能力弱的孩子有嘲笑讥讽的迹象;再经过后来几天的课堂发言观察,又发现本班学生急于表达个人观点,不善于聆听,对回答问题错误的同学报以嗤之以鼻的态度等。于是,她就把"相互包容,彼此接纳"作为现阶段班级文化精神核心,通过系列活动的组织,强化学生对班级文化的理解与践行。[①]

任何班级中都会有负面影响的学生,这些学生主要分为两类,一类是有反从众心理,不愿意从众,愿独辟蹊径,有与众不同的观点,以表明自身的存在。另一类便是自制力差,个人意识突出,虚荣心强,好哗众取宠,专门与纪律制度唱反调的人。这些学生往往很聪明,或某方面能力很突出,很具号召力。如果能转化这两类学生,他们会在班级工作中表现出色,可以影响一大批在是非面前动摇不定的同学,有力加强正确舆论的教育与约束力。因此,班主任要在日常学习工作生活中,找机会与这些学生谈心,肯定他们的优点,委婉道出缺点,并指出这些缺点对他的不利影响。在班级活动中,对于他们的正面作用,公开肯定与表扬,培养他们的荣誉感和是非观念,树立他们在班级中的新形象,促使他们向正确的舆论靠拢。[②]

二、民主风气的形成

班级有没有民主讨论、平等协商的议事习惯,与班级议事制度的建立密切相关。就实际情形而言,我国大多数班级还没有建立常规的、显性的议事制度的意识,所以本节内容是从隐性的班级文化角度来讨论,希望借鉴成熟班级的议事文化来阐释班级民主风气的形成。

班级议事是培养学生民主意识、促进学生主动参与班级事务的有效方式之一。低年级的议事内容可从一些生活和学习中的"小事",比如怎样才能做到上课不乱说话,怎样才能把小书包整理好等等开始;高年级的议事重点则可以从班级具体事务拓展到班级管理的各个方面,比如班级规则的制定、班干部的评议选举、班级矛盾的解决方案、对教师的评价和建议等,最终让议事成为学生的生活、学习常态,并逐步与社会接轨。班级议事不适用于解决个体个别的问题。

(一)民主议事的意义

1. 有助于班级风气的形成和班级氛围的营造

作为班级文化建设的重要形式,班级成员通过共同的协商讨论,制订班级的规则,讨论各项班级事务,这有助于班级成员以合作的态度解决问题。同时,教师允许每个学生表达自己的想法、感受与不满,倾听并理解每个学生的见解,有助于增进班级和睦的气氛。

2. 是促进民主教育的实践机制

学校教育中,议事活动是进行民主教育的重要渠道。因为通过议事,提供了学生学

---

① 王怀玉. 从班级到成长共同体:不一样的带班策略[M]. 上海:华东师范大学出版社,2019:12-13.
② 池淑琴. 班级舆论引导初探[J]. 教书育人,2005(1-2).

习社会事务的机会,学生在解决问题的过程中,通过群体智慧讨论的方式找出全班均能接受的问题解决方案,使学生获得民主参与及团队合作的经验。

3. 是孕育学生独立思考、解决问题、表达沟通能力的摇篮

在民主议事、与人沟通的过程中,首先需要学会接受信息的技巧,要能听懂别人表达的意思,才有继续沟通下去的可能;接着,在接收对方的信息后,必须对对方所发出的语言和非语言信息做出响应,此时就需要有清楚表达自己意见的能力;在双方沟通的过程中,难免会发生分歧,为了说服对方接受自己的观点,就必须具备论辩的能力;最后,由于沟通的目的之一在于达成共识,解决问题,所以沟通者必须具备问题解决的技巧。因此与其他的教育形式相比,民主议事制度在培养学生表达沟通能力以及独立解决问题方面有着积极的意义。

(二)民主议事的方式①

班级大会是全班学生和班主任共同参与的一种正式的班级议事方式,有明确的组织形式和议事规则。班级大会多用于讨论通过重要的规章制度、研究班级重大事项或进行选举表彰等。班级大会可以定期召开(比如每学期两次),也可以根据班级实际需要选择适当的时机召开。下面以某班利用班级大会通过《学生使用手机的管理规定》的实际案例,说明班级大会的议事方式。

议题:在上课时玩手机(用手机做与课堂学习无关的事),而且情况有蔓延的趋势。本次大会专门讨论手机管理问题并争取形成决议。(1)在学校里什么时间段内可以使用手机?(2)在允许使用手机的时间段内,对"用手机做什么"做出限定。(3)如果违规使用手机,班级应该如何处理?

议事规则:(1)采用自由发言的形式依次讨论上述议题,每个议题讨论时间不超过10分钟。(2)要发表意见的同学必须先举手并获得主持人同意。依次发言,不得打断别人的发言。(3)每人每次发言时间不超过1分钟。每次发言之前都要先举手示意并得到主持人的同意。(4)发言人要使用文明的语言,不得谩骂、叫嚷或人身攻击。如果出现以上情况,主持人可以取消其发言资格。(5)每个议题经过讨论,形成议案后,通过或确定后才能进入下一个议题。(6)以无记名投票的方式对议案表决。赞同议案的比例超过50%,议案通过。(7)议事过程中要服从主持人的安排。

通过议案。经过商议,同学们对手机使用问题达成共识,并表决通过以下议案。(1)尽量不带手机进入学校。可以借班主任的手机解决对外联络的问题。(全班通过)(2)非教学时间段各人妥善保管手机。如果手机在校内遗失,由本人负责。(全班通过)(3)未经老师同意,教学时间段不允许使用手机。(全班通过)(4)可以在非教学时间,即上午最后一节课后至午休前、下午放学后到班级自习前两个时间段使用手机,但不得用手机玩游戏。(经过讨论,最后获得四分之三以上赞同票通过)(5)违反第(3)

---

① 陈宇.班级管理课:班主任专业技能提升教程[M].上海:华东师范大学出版社,2021:146-153.

（4）条规定，第一次被发现，由班主任提出警告并暂扣手机到放学；第二次被发现，暂扣手机两个星期并通知家长；第三次被发现，暂扣手机一个月并通知家长。（这是讨论最热烈的一条，经过反复商议，最后获得三分之二以上赞同票通过）（6）如果遇到特殊情况需要使用手机，要向老师提出申请并得到批准。（全班通过）

班级大会的体会和后续工作。（1）学生讨论很热烈，特别是（4）（5）两条，学生充分表达了他们的意见和诉求，对方案反复研究、争论，最后经过了修改才通过。这次班级大会积累了一定的经验，特别是会前必须有成形的议案，再拿到会上讨论。不能凭空讨论，那样很容易偏题，浪费时间，最后可能不了了之。另外就是对主持人的要求比较高，不能被学生带着走而是要引导学生的发言，要严格遵守议事规则。学生要经过多次的演练才能熟悉这套流程，议事的效果会逐渐提升。（2）会议结束后，要把通过的决议形成文本，作为班级正式的规则。同学们签名承诺遵守，但可以保留不签名的权利。（3）决议文本送达家长，收取家长回执留存。（4）班主任对规定有异议的同学逐一进行回复、解释。（5）总的感觉，班级议事，不仅可以通过民主协商解决班级的问题，也可以起到教育学生的作用。学生参与议事，可以增强其民主意识，提升自我管理的意识和能力。

班级大会需要全班参加，很正式，规格高，但组织成本大。有些问题可以只召集一部分学生议事，组织起来比较方便。比如小组议事（小组讨论与班级大会的组织相似，但是因为小组人数较少，所以每个人的发言机会更多，讨论更加充分）、圆桌会议议事（在组织形式上和小组议事有相似之处，但是功能有所不同。小组议事一般不直接做决策，而圆桌会议是可以直接做决策的，这一点又与班级大会相似。参加圆桌会议的人员来源丰富，是以代表班级各类学生，所以直接通过议案）。

（三）民主议事的原则

李伟胜教授从班级管理的教育专业特性的角度来理解"民主"的内涵，指出需要超越五种情形：

（1）程序式民主，即虽有民主的形式（如投票选举班干部），但缺乏实质性的内涵（如投票之前、之中、之后缺乏有主见的辨析和思考）；

（2）垂范式民主，即有教师的示范（跟学生民主协商班级事务或共同制定班规），但缺乏学生的自主探索，包括超越教师规定内容的新探索；

（3）个案式民主，即有民主式的个别交流，特别是教师和蔼可亲、善解人意地跟学生个人交流但缺乏学生自己的群体交往，从而导致"班"主任的作用简化为对学生"个体"的关怀，进而淡化了对"班级"的教育；

（4）认知式民主，即喊出民主口号，引用标准化的民主话语或教科书定义，但缺乏民主行动，尤其是深入学生日常化的真实生活内容和成长历程的民主行动；

（5）工具式民主，即把民主当作处理事务的一种工具（如用投票表决的方式来决定班务，包括推选优秀学生或"三好学生"），但缺乏育人价值（即没有充分考虑到通过民主的生活方式让每个学生享受到做人的创造感、意义感、尊严感)。①

Parker(1977)指出,学校的民主教育应包括下列这些技能与素质的培养:(1)倾听别人说话;(2)说话;(3)轮流;(4)努力了解与自己不同的观点;(5)对事不对人地批评;(6)不仓促做决断,以便能重新组织问题或搜集更多的信息;(7)勇敢地维护不受欢迎的观点;(8)利用推理来支持自己的主张;(9)能够作类推;(10)能尊重并维护别人说话的权利。②

三、平等关怀的伦理

内尔·诺丁斯(Nel Noddings)是美国当代著名的教育哲学家,她所建构的关怀伦理学具有广泛的国际影响,在中国也广为传播。她将关怀区分为两种形式:"自然关怀"和"伦理关怀"。母亲对子女的关怀就是一种"自然关怀",自然关怀通常发生在亲近的内圈中。如果人们重视自己的关怀素养,就会召唤伦理关怀(类似于康德道德取向的义务式的关心),关怀便会延伸到外圈中,即关怀陌生人、远离自己的人。儒家思想认为,仁爱之心是人本身所具有的,"仁者,人也,亲亲为大。"亲情是人最基本的感情(类似于诺丁斯所言的"自然关怀"),但"爱人"作为人的基本品德不是凭空产生的,而是从"亲亲"(爱自己的亲人)出发,然后"推己及人",再将"仁"推广至整个社会。某种程度上,诺丁斯的"关怀他人"用儒家思想来表述就是"仁者爱人"。

对班主任来说,关爱学生是基本的职业伦理。但仅有关怀是不够,"试图用关怀伦理取代正义伦理是危险的","正义伦理是一种底线伦理,公民首先需要恪守道德底线和基本规范,在此基础上才能寻求一种高端伦理即关怀伦理。"③在班级生活中,对学生的关怀,应以"平等"这个基本正义为基础。

(一)尊重差异

多元智能理论是由美国哈佛大学教育研究院的心理发展学家霍华德·加德纳在1983年提出的。该理论一经提出,迅速产生了世界范围内的影响,尤其是在教育界。该理论认为,人与生俱来地具有多种智能(目前认定了八种智能,即语言智能、逻辑数理智能、空间智能、运动智能、音乐智能、人际交往智能、内省智能、自然观察智能),只是每个人的智能结构不一样。传统的教育过于偏重语言智能和逻辑数理智能,教育评价也是如此。如果孩子这两方面的智能较强,会在学校的各种考试中取得优良的成绩,被认为是优秀学生。与此相反,如果这两种智能较弱,即使其他智能再好,也难以被评价认可,由此对很多孩子的成长造成了不利影响。加德纳认为,如果能调整教学和评价的方式,会让更多的孩子发现自己的优势,成为更好的自己。譬如,有的学生虽然学习成绩一般,但却有很强的人际沟通能力,班主任就可以引导学生扬长避短,在人际公关方面

① 李伟胜.班主任工作的教育思路[M].上海:华东师范大学出版社,2013:36-37.
② 徐长江,宋秋前.班级管理实务[M].北京:高等教育出版社,2010:248.
③ 邓莉.诺丁斯关怀道德教育理论的考察与批判[J].全球教育展望,2015(1):62.

培养其特长,为其将来的就业和发展奠定基础。

每一个学生都是个独特的个体,呈现出各不相同的个性化特征,因此,在班级教育和管理中,关怀全体学生的发展意味着在态度上对学生一视同仁的同时,在教育策略上必须对学生进行针对性、区别化的教育。班主任要有全面的发展眼光,以多元智能理论为引导,把握每一个学生的现实发展状况和发展特点,分析他们的发展旨趣和发展优势,进行个性化的教育与指导,让每一个学生都能成为独特的"我"。

(二) 防止歧视

网上有一篇文章《"教育歧视"何时了》,历数了 2011 年全国各地连续出现各种形式的教育歧视事件,引发了人们的强烈关注。[①]

"绿领巾"事件:西安市某小学搞教育"创新",把学生按领巾颜色分成两类:好学生戴红领巾,学习不好或者调皮的学生戴绿领巾。这让戴绿领巾的孩子家长感到很难堪,认为孩子的自尊心受到伤害。但学校坚持认为这并非歧视,而是激励学生上进,下次争取戴上红领巾。(2011 年 10 月 18 日《华商报》)

"红校服"事件:2011 年 10 月 25 日下午,网友发布微博称,内蒙古自治区某著名中学,将 130 件背后印有"包 24 中优秀生,翔锐房地产"字样的红色运动服发放给初二、初三年级成绩前 50 名的学生和学年成绩进步特别大的学生。

"测智商"事件:无锡一些中小学教师因为学生学习成绩差,便要求家长带孩子到医院进行"智商测试",如果测出孩子智商低,教师就可以向上级申请,这样的孩子的成绩就可以不计入班级成绩和考核,自己的"绩效考核"也就不受影响了。而有的家长竟然希望医生给自己孩子的智商打出低分,表示如果孩子智商低,那么即使成绩差也不会影响教师的业绩。(2011 年 10 月 30 日《扬子晚报》)

"三色作业本"事件:山东枣庄某中学根据学生成绩好坏,为学校部分班级学生分发红黄绿三色作业本。有家长认为,学校这样做,容易伤害成绩差的学生的自尊心。校方称这是分层次作业,是为帮助学生缩小差距。(2011 年 11 月 1 日《齐鲁晚报》)

还有许多类似的教育"冷暴力"事件接连发生,都涉嫌教育歧视。教育歧视不仅严重侵犯了学生的人格尊严,而且违反了我国宪法规定的平等权和受教育权,侵犯了学生的权利。

(三) 推进公平

生活在班级里的学生,与班主任朝夕相处,接触最多,班主任对待学生是否公平,学生们感受最深。如果一个成年人遭到不公平的对待,会耿耿于怀,会影响工作与生活的积极性,甚至会形成反社会心理,那么,孩子对于自己遭受的不公平对待会更加敏感。如果一个学生一直受到班主任的歧视,心灵创伤可能一生都难以愈合。从这个意义上

---

① 付超军.关于教育歧视事件的宪法学分析[EB/OL].http://www.110.com/ziliao/article-258726.html,2011-11-28.

讲,在微观的班级管理层面,班主任对待学生是否公平,甚至比政府层面的宏观公平政策还重要得多。由此,褚宏启教授认为推进班级管理层面的教育公平,班主任可以大有作为,而且其所作所为是他人不可替代的。①

第一,推进平等性公平,给每个学生以平等尊重与平等机会。平等权是一种基本人权,只要是人,不分贫富、性别、民族、信仰等,都具有平等的人格尊严。班主任要平等对待每一个学生,在情感上对每个学生都给予同等关切,不能厚此薄彼。在班级管理中,班主任要尤为关注那些弱势的学生,如家庭经济条件拮据的、随班就读的、学习困难的、来自单亲家庭的学生,在情感上给予他们同等的关爱。这种关爱,不是出于怜悯,更不是为了恩赐,而是源于人人平等的信念。

第二,推进补偿性公平,给予弱势学生更多的资源、更多的关爱。弱势学生主要指贫困学生、随迁子女、留守儿童、单亲家庭子女等,这种弱势不是学生自身原因导致的,主要是由于其家庭背景导致的。这些学生的家庭资本不论是经济条件、文化条件还是教育条件都比较薄弱,对于这些学生,只是给予"平等"对待是不够的,要给予更多的资源与关爱才能对冲不利家庭条件带来的负面影响,才能实现真正意义上的平等。

第三,推进差异性公平,根据学生个体身心差异因材施教。一个班几十个学生,身体状况、智力水平、学习成绩、兴趣爱好有很大差异,对于这些差异,只是给予"平等"对待是不够的,要尊重这些差异,并给予差别性的对待,因材施教,使每个学生各得其所、人尽其才。最好的教育不是千人一面、整齐划一的教育,而是适合每个学生身心发展特点的差异化教育。

推荐阅读7-3,聚焦当前班级管理实践中班级文化建设存在的问题与关系处理。

推荐阅读7-3
班级核心文化建设:
从标签式到生成式

关键词

班级文化　班级气氛　物质文化　制度文化　精神文化　显性文化　隐性文化
主流文化　亚文化　教室环境　形象标识　理念标识　行为标识　视觉标识
听觉标识　仪式　舆论　风气　民主议事　自然关怀　伦理关怀　关怀伦理
正义伦理　多元智能　歧视　公平　平等性公平　补偿性公平　差异性公平

讨论题

1. 简述班级文化的特性及功能。
2. 班主任应该如何理解与看待青少年亚文化?
3. 教室环境布置有何意义?如何布置?

---

① 褚宏启.推进微观教育公平:班主任能做什么[J].中小学管理,2021(11):62-63.

4. 在教室门外墙上,模拟设计一块用于展现班级形象的文化标牌,内容自拟,可包括班主任寄语、班训、班徽、班级全家福、每周之星等栏目。

5. 你对班级文化建设有何看法? 有哪些好点子? 对班级显性文化规划与隐性文化引导,可否各举一个例子说明。

第三编

班级管理行为

没有信息沟通,显然就不可能有组织。

——西蒙

一个人必须知道该说什么,一个人必须知道什么时候说,一个人必须知道对谁说,一个人必须知道怎么说。

——彼得·德鲁克

第八章　班级沟通

本章导读

　　研究表明,大多数管理者花在人际沟通上的时间占他们总时间的70％～80％,由此可见沟通能力对于管理者的重要性。对于班级管理来说,有人称班主任是"人际关系的艺术家",他需要处理师生之间、家校之间、同事之间的各种沟通。因此,我们有必要对沟通的过程、要素、路径与方法等有一个清晰的认识。

本章架构

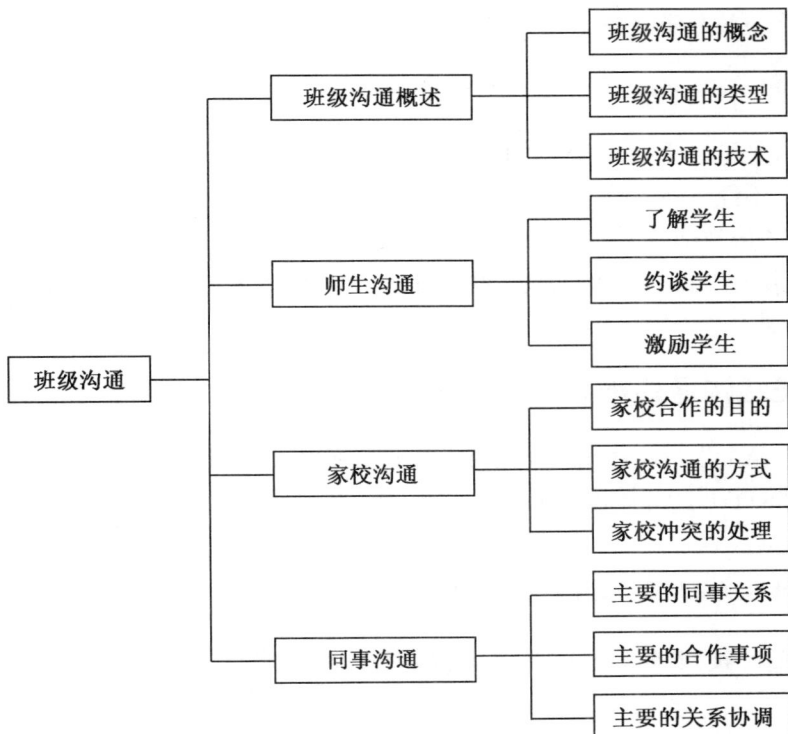

第一节　班级沟通概述

引导案例

微信群里的教师角色

目前多数城市学校都有了主要用于家校交流的班级微信群。但微信就像一把双刃剑,既有利于家校便捷沟通,又成为很多家校矛盾爆发的点。最近上海某学校三年级的班级群里就出现了尴尬的局面——教师和家长在微信群中互怼,一位家长忍无可忍质疑了教师:"如果问题都由家长来解决,老师做什么呢?"没想到,竟然被教师痛骂一顿,喊他退群。

以下是微信群里常见的老师发言:

"请各位家长检查孩子第三课英语单词掌握的情况,并签字确认。""各位家长好,进入期末复习,每天学习任务较多! 请您对照清单检查孩子没有完成的作业!"

"今天,小许又与同学打架了,该做的我们都做了,他不改我们也没办法,希望家长认真管管。""小宇妈妈,您的孩子总不做作业,屡教不改,这让老师无能为力。""上图是没有完成作业的同学名单,请家长查看! 如果您不拿孩子的学习当回事,就别指望老师拿您孩子的学习当回事!"

"小浩妈妈,孩子在学校咳嗽得很厉害,建议您把他领回去休息! 免得感染其他同学!""小兴爸爸,最近孩子学习成绩下滑得挺快,既然家里经济实力很强,为何不给孩子请一个水平高的补课老师?""知道你一个人带孩子不容易,但孩子的作业还是应该仔细督促检查的。"①

微信群是班主任与家长沟通的一种新兴方式。但在上述案例中,教师对家长命令、告状、指责、不经意间的歧视、透露家庭隐私的表达方式,是引发家校矛盾冲突的重要原因。目前,我国教师教育中的"教师表达"课程还停留在普通话训练上,对包括称谓、句型、语气、措辞在内的各种沟通技法缺乏训练,因此在班级管理中我们有必要补上"有效沟通"这一课。

一、班级沟通的概念

沟通乃是个人或团体相互间交换讯息的历程,借以建立共识、协调行动、集思广益或满足需求,进而达成预定的目标。② 这一定义包含了三个要点:

---

① 傅维利.论家校微信交流冲突中教师的角色担当[J].中国教育学刊,2017(10).案例引用时有改动。

② 谢文全.教育行政学[M].6版.台北:高度教育出版公司,2018:156.

（1）沟通是信息交换的过程，所交换的信息或为客观的事实，或为主观的见解。

（2）沟通的双方或为个人或为团体，团体可以是一群人、一个单位或一个组织。

（3）沟通是一种有目的的活动，其目的主要有五：信息传递、集思广益、建立共识协调行动、任务控制、满足需求。

根据上述定义，班级沟通就是班级个人或群体间相互交换信息的过程，主要包括师生沟通、家校沟通、同事沟通。

二、班级沟通的类型

任何组织的沟通，包括班级沟通，都可依据不同的分类标准，分成不同的类型，班级沟通常见的类型有以下几种：

1. 正式沟通与非正式沟通

依据沟通形式来分，正式沟通是指按照正规渠道与程序进行的沟通，非正式沟通是指私底下的沟通。在班级沟通中，开会、通知、家访等都是正式沟通，偶遇闲聊是非正式沟通。

2. 垂直沟通与平行沟通

依据沟通流向来分，垂直方向上的下行沟通是指由较高阶层传至较低阶层的沟通；上行沟通是指由较低阶层传至较高阶层的沟通；平行沟通是指同一阶层相互间的沟通。在班级中，虽然有任务分配、纪律管控等管理行为需要垂直沟通，但师生之间、同学之间不是上下级关系，命令—服从、汇报—检阅并不是师生沟通的全部，班主任与家长、与任课教师之间更是平行沟通。

3. 单向沟通与双向沟通

依据沟通有无回应来分，单向沟通是指由发讯者单向对收讯者传达讯息，收讯者没有回应的机会或有机会但不回应；双向沟通是指发讯者向收讯者传达讯息之后，收讯者有回应的机会，彼此你来我往，有互动交流。在班级管理中，班主任要特别注意倾听与反馈，积极回应学生与家长的需求、关切，不能颐指气使、高高在上。

三、班级沟通的技术

沟通的过程，包括人（发讯者、收讯者）、讯息、媒介、渠道、环境及反馈六个要素。良好的沟通，必须了解并掌握好上述这些要素。

比如家访。首先，平时注意观察，对学生的行为做事实性的纪录，以此来做沟通准备，这样才能保证沟通的讯息是丰富的、新颖的、真实的；其次，在谈话过程中应至少有一项对学生的赞美，描述学生在校生活的一个细节，并随时询问家长的意见和建议，以做到双向沟通；最后，教师应将对话内容做成简要纪录交给家长，以便让其了解后续的处理和发展。

谈话是沟通的核心，可运用"三明治技术"（Williams，1999）。三明治一般有5层，上、下2层是土司，比喻对孩子行为的正向陈述；中间3层是煎蛋、主食（鸡肉、鲔鱼、起司等)、小黄瓜,象征着表达老师的努力、需要家长建议和配合的事项、未来老师的计划。分述如下:(1)开始沟通时先说明自己身份,然后对学生做正向陈述,并肯定家长对学生的关心与付出的努力;(2)然后开门见山,讲到重点,陈述自己已对学生做了什么付出和努力;(3)询问家长对孩子的期待,并请家长分享应该或如何协助学生的意见或建议,并且讨论和适度建议家长在家可进行的事项;(4)说明老师将于学校为学生再做些什么;(5)仍用对学生正向陈述作为结束,并表明请家长支持、再联络和合作的意愿。[①]对话先以正向陈述开始,可以避免人们面对挫折情境时的防卫机制,比如家长听到孩子出问题时就紧张、焦虑、暴怒;而对话结束亦以正向陈述,则可以符合正向心理学的理念,建立对未来乐观、希望、具有信心和信任的正向情绪,如此可以让家长更有意愿提供协助,而学生也更有积极改善之可能。同样的技术也可以灵活应用在与学生谈话中。

伦恩伯格指出,组织管理中有些障碍会影响到沟通的效果,如参照系不同、信息过滤、组织结构不同、信息超载、语义偏差和双方地位差异。[②]

推荐阅读8-1,了解有效沟通的五种技巧:重复、移情、理解、反馈和倾听。

推荐阅读8-1
伦恩伯格:克服沟通
障碍的五种方法

第二节　师生沟通

引导案例

难忘一刻

毕业已经多年了,高中生活中最难忘记的竟然就是报到的那个上午。我到新班级的门口东张西望,这时一个年轻老师看到了我,立刻就微笑着说:"是李文同吧,我是本班班主任程老师,你先到这里登记一下好吗?"我当时很吃惊,不知道老师为什么会认识我,也许是有什么人介绍了我? 想不出有什么这样的关系。也许是老师看了我的材料觉得我很优秀? 算了吧,我真是再普通不过了。但那种集体的温暖感瞬间产生了,很快,我适应了新集体的生活,我们这个集体很团结,学习、文体各方面表现都不错。后来有一次与同学聊天才知道,原来程老师在开学前通过材料、照片努力记住了每一位同学,为的就是让我们新同学感到亲切与温暖,也便于他尽早组建一个成功的班集体。这

---

① 张民杰.班级经营:学说与案例应用[M].3版.台北:高等教育出版公司,2011:103.

② (美)伦恩伯格,奥恩斯坦.教育管理学:概念与实践(第5版)[M].朱志勇,郑磊译.北京:中国轻工业出版社,2013:221.

件事让同学们都非常感动。班集体的建设也自然有了一个好的开端。①

　　良好的人际沟通,起于用心的细节。师生沟通的有效性就在于班主任了解学生、与学生谈话以及激励学生的诸多教育细节中。

一、了解学生

　　了解是沟通的基础。有经验的班主任,在接手一个班级,拿到班级名单之后,就会赶在开学之前着手了解和研究学生了。这里有两个层次:了解是搜集材料,通过材料知晓学生的基本情况、基本特征等,而研究则是在对学生材料加工、整理和分析的基础上发现问题、探求原因、寻找规律。

(一) 全方位了解

　　班主任对班级学生的了解和研究应该是全方位的,包含三个层次:学生个体、班级群体、青少年群体。

1. 对每个学生的了解

　　(1) 基本信息:姓名、身体健康状况、原来就读学校、家庭情况等。
　　(2) 学习情况:学习成绩、学习态度、学习习惯、思维特点、智力水平、学科差异等。
　　(3) 品德与行为习惯:纪律意识、集体观念、劳动态度和其他一些日常行为习惯等。
　　(4) 个性心理:个性倾向性(动机、兴趣等)、个性心理特征(气质、性格、能力)。
　　(5) 人际关系:师生关系、亲子关系、同学关系、朋友关系等。
　　(6) 成长经历:成长过程中的奖惩情况、比较重大的事件和比较重要的人,如学生幼儿园、小学基础如何,是否转过学以及转过几次,何人对他影响比较大等。

2. 对整个班级的了解

　　(1) 学生总数、男女比例、成绩分布、生源地等。
　　(2) 学生家庭结构类型、家长教育态度与教养方式、需要帮扶的特殊或弱势家庭等。
　　(3) 班级内部的人际关系、班干部群体、学困生、边缘学生等。
　　(4) 班风、学生与任课教师的关系、班级在学校内的地位形象等。

3. 对青少年群体的了解

　　班级学生是整个青少年群体的一部分,有着鲜明的时代特征。作为与学生年龄有一段距离的成年人,班主任应该对当代学生的某些新变化有所了解,不能故步自封,以老眼光看人。比如被称为“新新人类”的 90 后学生,就与过去学生有着不同的成长特征(见表 8-1)。

_____

　　①　班华,王正勇.高中班主任[M].南京:南京师范大学出版社,2007:75.案例引用时,编者加小标题。

表 8-1　新新人类的特质与利弊分析①

	特质	利	弊
一、强调个性	1. 自我意识强烈,注意自己的权益 2. 勇于表达自己,突显自己 3. 忠于自己的感觉和体会 4. 追求自由、自主,不喜欢被强迫 5. 不肯委屈自己,迁就群体 6. 喜欢与众不同,不怕被人议论	1. 有主见、不从俗 2. 有创意、多样化 3. 突破现状与权威的限制 4. 有勇气、勇于表现	1. 自以为是、固执、叛逆 2. 自私、现实 3. 不尊重别人,易产生人际问题 4. 太突显自己而形成"自我中心"(只要是"我喜欢")
二、物质导向	1. 注意物质上的流行文化且追随流行,甚至创造流行 2. 接受广告影响而消费 3. 追求物质享受而消费 4. 偶像崇拜与模仿 5. 重视外表与装扮	1. 有弹性,容易改变 2. 生活有乐趣,富于变化 3. 幽默、风趣、不呆板 4. 有助于开拓演艺、服饰等市场	1. 易受广告及同辈的影响而盲从消费 2. 欠缺购买判断力,金钱管理能力差 3. 错误模仿(多为偶像或有钱人)而导致价值观念偏差 4. 贪图享受,只求短暂及肤浅的快乐,忽略精神层面
三、心灵脆弱	1. 习惯于享受及被照顾,稍不如意即感不幸福 2. 较少自我负责,故稍遇压力、挫折即觉无法承受 3. 自杀率及心理疾病比率增加 4. 追求外在肯定及工具价值,对自己及别人均缺乏信心	1. 促使成人更重视青少年的心理需要及心理健康 2. 开启教育的新方向,扭转目前教育的错误趋向 3. 使教育者了解两代之差异,而莫寄予太高的期望	1. 缺乏感恩的心 2. 责任感及意志力较薄弱 3. 与人相处有困难,尤其是与长辈 4. 容易有空虚、焦虑感
四、前途茫茫	1. 认为凡事不必想那么远,那么多 2. 不知如何计划未来 3. 感受到现代社会愈趋激烈的竞争性 4. 生活及工作态度不够认真 5. 较冲动、急躁、五分钟热度	1. 开创新的工作与生活方式 2. 开启教育的新领域——生涯规划 3. 有时显得更积极、开放 4. 有时显得较洒脱、放得开	1. 无远见,欠缺生活目标 2. 工作不持久,无耐心 3. 生活态度较消极、悲观,提早放弃竞争 4. 因冲动而有暴戾之气

(二)多渠道了解

了解和研究学生的方法很多,对于班级管理者来说,应该掌握主要的路径和方法,并加以综合运用。

1. 日常观察法

班主任通过上课和听课,可以观察学生的学习态度、情绪、口头表达能力、听课注意

---

① 陈奎熹,王淑利,单文经,等. 师生关系与班级经营[M]. 台北:三民书局,2006:107-108.

力,还可以弄清学生对各科学习的兴趣、对待分数及学习中成功与失败的态度。课外活动是观察发现每个学生个性特征的有效途径,它可以了解学生的集体观念、爱好、特长、友谊、情感等,可以发现一些在校内、课堂上难以发现的东西。比如有的学生在教师面前显得很拘谨,在课外活动中却十分活跃;有的学生在教师身边不露锋芒,离开教师却能表现出十分惊人的组织能力和号召力。为此,班主任应经常深入学生的各种活动中去,与学生打成一片,仔细地进行观察,积累比较丰富真实的材料,进行认真分析,通过学生的言行,掌握他们的思想本质,切忌主观臆断。

2. 材料分析法

书面材料分析法就是通过阅读学生的有关材料来了解学生的真实情况。有关学生的书面材料很多,大致有三类:一是学生档案资料,如入学登记表、学籍卡、体格检查表、历年的成绩和操行评定以及有关奖惩的记载等;二是班级记录资料,如班级日志、班会和团支部会议记录、图书借阅登记表等;三是学生个人写的资料,如作文、日记、作业、试卷、笔记等。班主任还可以创造出更多书面材料来了解学生真实的想法,比如在班里最显眼的位置悬挂"意见箱"和"建议箱",教师可定期打开查看,及时解决学生所提到的各种问题;再比如在家校联系簿上开辟一块空间,让学生填写在校或在家一天的心情,画个笑脸或画个哭脸,如果他们想表达些什么,就写一写今天的"心情故事"。这为学生们提供了一个敞开自己心扉、提高自我意识的渠道。教师和家长可以一目了然地了解孩子们的心情变化,在必要时也可以为此与学生及时地沟通,进行正确的引导。

3. 调查研究法

为了深入了解学生情况或弄清某个问题,可以通过问卷、座谈等方式,对学生、家长、任课教师等利益相关者进行调查,了解事实、行为以及被调查者对问题的态度和看法,这样有助于全面掌握各方面意见,综合判断,多元分析。调查可分为综合性调查和专题性调查。综合调查是为了了解学生德智体各方面发生的规律性的变化和表现出来的新特点、新要求等,以便制订工作计划。专题调查是为了了解学生个人或集体发生的某个问题,深入而全面地掌握有关情况,以便采取有效措施。班主任也可以在班会上开辟一个"我有话要说"公共平台,在此时间内任何人都可以针对班级事务说出心中的感受而不用担心会受到处罚。对学生反映的情况,可以接受、调整,也可以说服、疏导。全班营造一种理性沟通的氛围,大家有话公开说,有话好好说。

二、约谈学生

谈话是师生沟通的主要方式。就谈话形式而言,有找学生个别谈话的,也有召集小组或面向全班的谈话。就谈话目的而言,有发生问题行为之后的诫勉谈话,也有联络感情的交际谈话、疏解困扰的心理谈话。无论哪种谈话,都要注意运用以下一些技巧。

(一)选好时间场地

班主任找学生谈话,要选择合适的时间、地点。如找学生谈心,时间上要宽裕、地点上要安静,才能让学生打开心扉。如找学生训话,并且希望调皮的学生能够感受到压力,那就在教师办公室谈,因为其他教师的存在,会对学生形成心理威慑和权威压迫;但对那些比较敏感、脆弱,并且只是偶尔犯错的学生,要尽量选择人少的场合,给学生留足面子,不伤自尊。谈话时,让学生坐还是站,也有讲究。犯错的学生,以站为主;需要谈心的学生,最好选择能够促膝谈心的地方,人多嘴杂的教室、办公室并不合适。所以,有些学校开发出如下一些增进师生沟通的新举措。

1. 非正式空间

很多新建中小学开始重视学校建筑的"非正式空间"设计,如在宽敞的教室外过道上、花园里、树荫下设置了可以聊天的座椅,图书阅览室、心理辅导室内都布置了适宜多样化交流的环境。

2. 谈心时间

有教师一周开辟三四个时段为专门的"谈心时间",凡有问题的学生都可以和老师预约谈心;教师也可主动找最近表现异常的学生聊天,将问题化解于初始的状态。

3. 午餐约会

共进午餐可以为师生提供一种私下的非正式交往,更容易拉近师生距离。教师可以有计划地轮流安排与不同组别的学生共用午餐,也可以是一对一或一对二的午餐约会。有兴趣的学生也可以要求教师安排时间与他(她)单独用餐。午餐时的话题不应讨论学生课业或行为问题,而是较为轻松、非正式的主题,师生可分享个人兴趣,教师可以倾听学生所关心的个人或学校的问题。如果约会的对象改为校长,每隔一段时间挑选有进步的孩子(不只是成绩好的孩子),与校长共进午餐,那对孩子来说无疑是一种别样的奖励与体验。

(二)想好对话策略

找学生个别谈话,尤其是面对一些比较难沟通的学生,教师一定要事先打好腹稿,想好策略,绝不打无准备之仗。以下是一些运用在不同情境中的谈话策略。

1. 以静制动策略

在不十分清楚学生心理的情况下,教师正确的做法是先倾听,不急于表态。让学生述说,其实是给了教师观察判断的时间,也给了学生宣泄情绪的机会,往往学生说着说着,自己就开解了,有的就能平心静气地承认错误,比教师一上来噼里啪啦教训效果要好得多。

2. 先声夺人策略

如果学生已经犯了明确的过错,却还存在着狡辩、抵赖、对抗的心理,教师就应该先声夺人,确定谈话的主基调,掌握谈话的主动权。托马斯·高尔顿(T. Gordon)在其教师效能训练理论中指出,教师在学生出现偏差行为时,常常通过"你信息"(you-message)攻击学生,如"你很笨""你很懒"等,而采用这种对抗方式反而很难改变学生的行为。相反,改变学生行为的最好办法是运用"我信息"(I-message),如"我对你的行为感到生气","我对你的行为感到失望"等。比如,一个学生未经教师许可擅自离校,找到他时,教师不要怒火冲天地责骂,而试试用"我信息"回应:"你未经许可离开学校(事实的陈述),我感到很担心,也感到生气(教师心中的感受),我无法继续上课而到处找你(学生的行为对教师造成的影响)。"①教师通过传达这种"我信息",既表明了对过错行为绝不姑息的严正态度,又向学生表示出了教师的友善、尊重与诚实,使学生了解到自己的行为给他人带来的影响与后果,从而产生同理心,自发地改变原先不当的行为。

3. 情理交融策略

对很难打开心扉、不愿主动交流的学生,班主任与其沟通只能多说一些。而要想打动对方,首先要在说理的逻辑上下功夫,以理服人;其次是以情动人,准备一些案例小故事,最好是周围亲人、同学、老师的真实经历,将心比心的效果会更好。

以理服人时,教师要出奇制胜,不轻易亮出底牌。不能让学生猜到你要说什么,不能被学生的歪理牵着鼻子走,而要另辟蹊径,用不一样的、不可辩驳的事实逻辑震撼学生。

以情动人时,一个有效的策略就是先扬后抑,先说说学生的优点与进步,在确认学生对教师建立起信任之后,再指出缺点与问题,学生比较容易接受。

(三) 掌握言语技术

教师怎么说话才有人听,是有很多技巧的,比如使用"我们"而非"你们"。试想下面的两种叙述中哪一种让学生听起来感觉比较好:"这次拔河比赛输了,你们实在应该好好检讨检讨"与"这次拔河比赛输了,我们实在应该好好检讨检讨","下次生物课,你们要做实验,记得采几片叶子过来"与"下次生物课,我们要做实验,记得采几片叶子过来"。

两种叙述主要差别在于前者使用"你们"的字眼,后者则使用"我们"的字眼。两者听起来感觉并不一样。教师说"我们",会让学生感觉到老师不是局外人,老师是跟我们同一阵线的,与我们同甘共苦、一起为班级而努力的,这样的感受自然拉近了师生间的距离。因此,在班级管理中,班主任应该试试在口语上多使用"我们"字眼,而不是"你们",效果真的会不一样。

在与学生个别谈心的时候,一些运用在心理辅导中的谈话技术,值得班主任深刻领会。

(1) 开始技术。良好约谈的基础在于双方的友善关系。通常教师接待约谈的学生,一见面时宜友善地打招呼,客气地邀请入座,利用某些话题轻松地闲聊,解除生疏感。

(2) 情感反映技术。情感反映技术,须反映其态度,才能接触感情的核心。体会学

---

① 陈时见. 西方课堂行为管理的主要理论简析[J]. 教育理论与实践,1998(6):56-59.

生的语意,方能把握言外之意,并避免使用意义欠当的字眼,尤其是有伤对方人格自尊的用语。

（3）支持技术。要给予学生安全感,并加强其信心。为使学生由依赖进入独立,由困惑而清醒,由威胁而感到安全,需要充分利用双方已有的友善关系。其次给予认可,在必要时引导学生,使其思路与谈话的内容引导至预设的情境。

（4）接纳技术。为使学生毫无顾忌,自由表达其意见,需要表示接受他的一切意见,不予评断,不因他所表现的态度和所陈述的事情而加以排斥。这需要面带笑容、声音柔和或以各种足以表示关切的姿势来关心对方。

（5）引导技术。教师所用的引导性问题,是为了引发学生能更深入去思索自己的观念与感情的旁敲侧击的问题。这必须富有"渐进的撞击作用",才能使对方从混乱中清醒过来,进而自我了解。为此,引导的应用,应顾及对方的领悟能力与情感负荷的程度,否则将造成更加混乱与情绪爆发。

（6）恢复信心技术。为鼓励学生,减轻其心理上的焦虑与犯罪感是必要的。最常见的方式是预告学生有成功的可能,并可事后给予印证。

（7）终结技术。老师可以用一种诚恳的态度,要求学生做某些作业与任务,比如说阅读或办理一些事情,作为约谈有效的结束。[①]

（四）善用肢体语言

肢体语言是另一种沟通形式,教师在班级管理中应该有效运用各种肢体语言,达到沟通的目的。一般而言,教师的肢体语言分成眼神接触、手势表达、脸部表情等方式。[②]以下这些与班级管理有关的肢体语言,教师应该在师范教育阶段就反复训练。

1. 眼神接触

教师在眼神接触方面,应该针对事情的轻重缓急,表达个人对事情的看法。一般可以考虑下列方式:（1）当走上讲台开口说话前,先用眼光扫视全班,使学生知道老师正看着他,而提醒自己也必须看着老师。（2）开始讲话后,教师的眼睛要散发自信、活力、愉快的神情,如此,学生会得到"一起打起精神吧"的暗示,必会较有意愿和一位有活力的教师进行交流。（3）眼睛不可离开学生,而且配合身体的转动,让每个学生都能接收到教师的眼神。这样,教师才能时时刻刻抓住学生的注意力,才能有效地控制全场。（4）当学生有好的表现时,不妨传递出赞赏、嘉勉、期望的眼神,这样会使学生愿意变得更好。反之,当学生有不良行为时,也可用眼神制止他,传达出老师已经在注意他的信息。

2. 手势表达

有经验的老师会使用许多不同的手部动作来奖励或是制止行为。有研究指出教师

---

① 王连生. 教育辅导原理与技术[M]. 台北:五南图书出版公司,1985:88-91.
② 林进材. 班级经营[M]. 2 版. 上海:华东师范大学出版社,2020:112-113.

做手势的基本原则如下：(1)双臂离开身体，才显得大方。(2)手指合拢，才显得有精神。(3)依自己的身材决定手势的大小，不要过于夸张，也不要显得小气。(4)手势要多变化，有时劈掌，有时握拳，有时交握、击掌等，但也不要太过频繁，让人眼花缭乱。(5)化指为掌，在教室里少用食指指向学生，而要多用手掌表达友好邀请，或者张开双臂掌心相对，以传达出"我们同在一起"的隐含意义。

3. 脸部表情

好的脸部表情能传达真挚、诚恳、温暖的情感，使学生如沐春风；相反，脸部表情也能显露出厌恶、嫌弃、烦恼的情感，这些都会触发不良行为的发生。教师在教室中常用到的脸部表情及运用时的注意要点如下：(1)轻轻摇头：能事先制止不良行为的发生。(2)皱眉头：表示疑惑、不赞成。(3)闭紧嘴唇成一直线：指出老师的忍耐已到了限度。(4)时时表现出亲切、温暖的表情，让学生感到老师的平易近人，而非高深莫测、太冷漠。

三、激励学生

激励，即激发人的动机，诱导人的行为。在管理学中，组织是否有效能，组织成员是否有高昂的工作士气，都有赖于激励行为，激励是管理中必须研究的主题。

同样，在班级管理中也有激励问题。激励的方式多种多样，既有物质激励，也有精神激励；既有个人激励，也有团体激励；既有口头激励，也有书面激励。

(一)口头激励

言语激励多以赞美的方式来进行。曾任卡耐基钢铁公司董事长的高级经营家查尔斯·施瓦普曾经说过："我很幸运地具有一种唤起人们热忱的唯一有效的方法，就是赞美和奖励。没有比受到上司批评更能扼杀人们的积极性的了。我决不批评人，而是激励人自觉地去发挥他的作用。嘉许下属我从不吝啬，而批评责备却非常小气。只要我认为某人出类拔萃，就会由衷地给予赞美，并且不惜拿出所有的赞词。"作为班级管理者，班主任也应充分认识到赞美的巨大作用，并在实际工作中经常灵活地加以运用。表8-2中的赞美用语，你经常使用吗？你还有哪些更好的？

当然，赞美也要注意场合、方式，否则适得其反。比如当众表扬可能会让一些学生觉得难为情，甚至会引起他们与其他同学之间的麻烦。过分的表扬也可能会使学生造成一种错觉，以为受表扬是自己当然的权利；一旦没有表扬，他们就怨天尤人，甚至一蹶不振。

179

表 8－2　赞美用语①

1. 谢谢你！	31. 看到你这么努力，让老师很感动。
2. 看到你很高兴。	32. 你想出了解决问题的新方法。
3. 真高兴你会这么主动。	33. 你常会有些新的创意。
4. 我为你感到骄傲。	34. 好极了！
5. 恭喜你！	35. 对于不同的意见，你会仔细地听。
6. 你今天心情很愉快。	36. （竖起拇指说）好！
7. 你做得到。	37. （握着拳头说）加油！
8. 最近你长大了。	38. （微笑着说）我赞成你这个想法。
9. 你会自己想出办法的。	39. 再来一次，你就会了。
10. 做得好！	40. 你的表现让人感动。
11. 今天你做了不少事！	41. 我感觉你像个美丽的小天使。
12. 谢谢你分担了老师的工作。	42. 你唱得真好听。
13. 谢谢你告诉我一件秘密的事。	43. 这件事挺难的，但我相信你会努力的。
14. 谢谢你，若没有你真不知道该怎么办。	44. 你很细心。
15. 上课时你很专注。	45. 我能了解你所做的努力。
16. 你是个用心读书的孩子。	46. 继续加油努力。
17. 你的用词很优美。	47. 今天看来比昨天有进步。
18. 太奇妙了！	48. 看得出你学数学很有潜力。
19. 你这种想法，让我开了眼界。	49. 这是我们班的目标，go！一起努力吧！
20. 我好喜欢你。	50. 你能帮助同学温习功课，老师觉得很高兴。
21. 你是个懂事的孩子。	51. 你帮老师布置教室，谢谢你。
22. 可以继续试试看。	52. 你是个懂事的孩子。
23. 真令人惊喜。	53. 你的衣服真漂亮。
24. 你学习很努力。	54. 祝贺你，你答对了。
25. 你充分表达了意见。	55. 这次做得很顺利。
26. 你很关心同学。	56. 这可是你的强项。
27. 你会感激别人。	57. 很高兴看到你弹钢琴时快乐的样子。
28. 谢谢你今天的表现，让我们心情很愉快。	58. 我对你的能力有信心。
29. 看起来你今天心情很好。	59. 谢谢你提醒老师。
30. 我很欣赏你写的字。	60. 你的数学正在进步中。

　　其实，善意的批评是另一种激励，它让学生感到老师的关注与鞭策。可以是疾风暴雨式的批评，也可以是轻松幽默式的批评，要分批评的对象与情形。有位高年级学生，十分喜欢他们老师的幽默批评："有的学生字迹潦草不堪，于是她在其作业本上写下了这样的评语：改你的作业如同识辨'甲骨文'，赶快回到 21 世纪来，OK？有一段时间，大家都使用涂改液。面对斑斑点点的作业本，她留言道：希望你的作业本上下次不再是'星星点灯'。有同学不爱惜作业本，不到两个月，作业本的封面和封底就全掉了。她写道：我都替你的作业本叫屈——它既丢了'面子'，又掉了'底子'，太没形象了。呵，老师的幽默还有呢！对了，有一次，一位调皮的同学写保证，说今后上课时再也不讲闲话，之后又加了一句'但是，一个巴掌拍不响'。她心平气和地回答道：'当然，你甭去找另一个巴掌拍就行了。'老师这种幽默的批评虽是重话轻说，却又一语中的，能让我们在诙谐、

---

①　徐长江，宋秋前. 班级管理实务［M］. 北京：高等教育出版社，2010：62－63.

愉悦的氛围中接受批评，改正缺点。"①

（二）书面激励

据说黑格尔的大学老师给他写的一段评语"你记忆力强，判断力健全，文字通顺，作风正派，神学成绩平平，但语言知识丰富，在哲学方面有天赋且十分努力"改变了他的人生方向，他本来准备当神父，结果转向了终身的哲学研究。可见，教师专业的、鼓舞性的评语会对学生产生极大的影响。

教师的书面激励，就内容而言，主要是操行评语与学科评语；就形式而言，有批改作业时的评价符号与话语、生日贺卡上的祝福、即时性的便条或信件以及给学生的毕业留言等。班主任使用最多的就是每学期给学生写操行评语。

自 2001 年《基础教育课程改革纲要》提出"要建立促进学生发展的评价体系，要发现和发展学生多方面的潜能，帮助学生认识自我、建立自信，发挥评价的教育功能"以来，我国中小学的操行评语面貌已发生了很大的变化。比如，把传统的"该生"改为第二人称"你"，由生硬变亲切；传统上使用最多的"尊敬老师；团结同学；遵守纪律；上课专心听讲；按时完成作业；积极参加各项活动；希望今后戒骄戒躁，争取更大的进步"等一成不变的话语方式，已变成更有个性、更富感染力的文字。

有一位老师给一名属"马"的"邓俊"同学写了这样的评语："正如你美妙的名字一样，你是我们班的一匹'骏马'，运动场上为班级立下汗马功劳。但由于你的'马虎'，你这匹宝马也经常有在学习场上'失蹄'的时候。记住，宝马应该是'不用扬鞭自奋蹄'的，我相信你定能做到。"还有的班主任写道："你娴熟的舞蹈表演为我们班赢得了荣誉，你演绎的《春江花月夜》深深打动了每一位师生。生活对你来说是美好、灿烂的，如能在学习上'自信＋刻苦＋踏实'，你一定能获得更大的丰收。"

新手班主任在给学生写评语时要注意以下几点：（1）应以鼓励为主，坚持正面教育，要像放大镜一样找出学生身上的"闪光点"，肯定他们的点滴进步。（2）使用第二人称，显得更有感情，师生关系更平等，更容易引起学生的共鸣。（3）用词上，要做到客观准确、恰如其分，特别在指出学生缺点与不足时，一定要注意语气，不能伤害学生的自尊心。（4）不能孤立、静止、片面地看待学生，而要细心观察、研究分析学生的成长历程，为他们的未来指明方向。当然，给学生写评语也要谨防表扬过度、滥情、不注意保护学生隐私等问题。

（三）其他激励方式

除了口头激励、书面激励外，班级管理中还有其他激励方式可以采用，比如将学生喜爱的活动当作奖励，将信任与工作当作奖励（参见表 8-3）。

---

① 转引自熊华生.班级管理智慧案例精选［M］.上海：华东师范大学出版社，2011：200-201.作者为湖北武汉市第三职中周羽。

表 8 - 3　常用的激励方式①

激励方式	举例
赞美	"真聪明""继续保持好成绩""想法很好""感谢你的帮助""你做了大量的工作""现在你已经掌握了它""你的注意力很集中""很高兴你开始做家庭作业""你应当把这个给你父母看一下""我对此感到高兴"
接近	并肩行走、和学生一起做游戏、并肩而坐、放学后一块学习、共进午餐、一起散步
身体接触	拍肩、握手、拥抱、手拉手
表情	微笑、感兴趣的表情、使眼色、点头
评定或认证	荣誉证书、给家长打报喜电话、展示优秀的作品、校长给予批注
特权或偏爱的活动	坐在自己想坐的地方、周末将班级的宠物带回家、给全班讲一个笑话、摆弄磁铁或其他仪器设备、制作与学业有关的艺术品、和朋友一起阅读、增加或延长课间休息、在图书馆自由支配时间、参观另一个班级、黑板上写字、老师讲故事时坐在老师旁边、排队站在最前面、邀请校外嘉宾来班里做客、按自己的意愿换座位
班级工作	分发材料、为班级郊游做计划、点名、教会全班同学自己最喜爱的游戏、为班级设计一块公告板、给图书管理员做帮手、休息时为大家选择游戏、为植物浇水、做一天教师的小助手、把文件订在一起、从家里带来 CD 作为午餐音乐、擦黑板

当然,不同年龄、性别、个性、家庭背景、能力的儿童对激励的方式有不同的期望,这需要教师通过对每位学生的观察与了解,根据他们的特点有针对性地采用相应的激励方式。

推荐阅读 8 - 2,了解学生操行评语在我国的改革。

推荐阅读 8 - 2
新华文摘 1999:谈学生操行评语改革

第三节　家校沟通

引导案例

站在互联网"风口"的家校关系

中小学教育工作者都有这样一种感觉,这是家校关系比较糟糕的时代。引发关系糟糕的原因很多,互联网时代更是把家校关系推向了"风口"。

一次,一个孩子刚弯下腰,另一个孩子从后面撞了上来,将弯着腰的孩子撞到墙上,虽然被撞的孩子头上有一道明显痕印,但在场的教师看看问题不大,就安抚了一下受伤

---

① 　徐长江,宋秋前.班级管理实务[M].北京:高等教育出版社,2010:57 - 58.

的孩子,也没多了解情况,更没有告知班主任。待这个孩子回家后,家长发现头上有伤痕,问孩子怎么回事、被谁欺负的,孩子讲不明白,于是家长打电话问班主任,班主任也说不知此事。很自然,家长觉得孩子在学校被欺负了连教师也不知道,人身安全没有保障,就直奔学校,要求查看监控;但学校教室内的监控,上课时间没有启用。后来,事情虽然搞明白了,但家长的情绪一时难以控制,后经多次沟通,总算平息了事态。

假如这位家长将抱怨发到微信群里,如果这个班级的内部管理确实存在某些明显的不足,或者班主任不擅长与家长沟通,一位家长的抱怨会引来更多家长的参与,共同数落教师、学校的不是,激烈的声讨会随即在微信群里展开;如果舆情没有得到及时控制和疏导,第二天可能会有家长联名要求学校领导答复或聚众到学校讨说法。类似的由于"将一件小事当作无事搁置而引发大事"的案例,在学校日常管理中时有出现。①

在班级管理中,如果能得到家长的理解、支持与协助,老师工作就可以发挥加倍的功效;但如果班主任不经常与家长接触,或冷漠以对,甚至发生冲突,那也许就会小事变大事,让老师充满无力感甚至心力交瘁。因此,建立家校合作关系,掌握家校沟通途径与方法,预见可能的冲突并及时化解,是班主任工作的重要课题。

一、家校合作的目的

对家校合作开展研究,学术影响最大的是霍普金斯大学爱普斯坦教授率领的团队。这是一个由社会学、教育学、教育心理学等多学科专家组成的研究共同体,自 20 世纪70 年代末就开始了家校合作的系统实证研究、培训和实践推广工作。爱普斯坦的家校合作实践模型(见表 8-4)于 2012 年被系统引进到国内,引起国内中小学和学术界的进一步关注、研究和实验。

表 8-4　家校合作的基本类型②

序号	类型名称	类型定义
类型 1	当好家长	帮助家长提升自身素养,促进建立视孩子为学生的家庭环境
类型 2	相互交流	构建家校双向沟通的有效形式,交流学校教学和孩子的进步
类型 3	志愿服务	招募并组织家长志愿者支持学校工作
类型 4	在家学习	向家长提供如何让孩子在家获得更好体验的知识和技能
类型 5	参与决策	家长参与学校决策,培养家长领导者和家长代表
类型 6	与社区合作	识别和整合社区资源与服务,营造爱心社区和友好的教育氛围

从表 8-4 可以看到国际上流行的家校合作类型,知道家长参与学校教育的深度与广度。在我国,家长参与、家校共育的理念已经逐渐深入,甚至成为中小学管理中的热

---

① 林卫民.站在互联网"风口"的家校关系如何处理[J].人民教育,2017(8).引用其中一个案例。

② 吴莉,吴重涵.有效的家校合作如何在班级产生[J].教育学术月刊,2020(3):5.

门话题。在此背景下，作为班级管理者，应该如何认识家校合作的目的和意义呢？归纳起来有以下三点。

1. 增加信任

家校合作以开放、双向的沟通，建立起亲师之间正面和友善的关系，家长可以获取对学校的了解与信任，教师也可得到工作的成就和价值感（相当于类型2"相互交流"）。比如开展"暑期家访"，可以帮助班主任在新学期到来前全面了解班上每一位新生的情况；而举办"家长开放日"，就是让家长了解孩子在学校的真实生活、请家长放心的活动。

2. 增强配合

家校合作在三个层面增强家长参与教育的积极性。一是班级层面的配合（相当于类型3"志愿服务"），比如家长可以协助学生具体的课业内容，还可协助教师布置教室、提供教学器材设备和教学上的协助事项，如安全导护、演讲、教学助理、校外教学协助等。班主任事先列出家长可以协助学生的事项，使家校共育落到实处。二是学校层面的配合（相当于类型4"参与决策"），比如校服、营养午餐、校外实践计划的选择与确定，事关每个家庭的利益，需要家长委员会代表家长参与决策。三是社区层面的配合（相当于类型6"与社区合作"），家长群体中人才济济，可以共同为学校营造出好的社区环境，开发出好的教育资源。

3. 增进能力

家校合作有利于改变家长的教育观念（相当于类型1"当好家长"），增进家长的教育能力（相当于类型4"在家学习"）。班级中的有些家长认为教育孩子是学校的事，不愿参与学生教育中；有些家长借口忙，经常缺席家长会，甚至在孩子的成长中长期缺位；有些家长自身受教育程度有限，在教育学生和学校参与方面心有余而力不足；有些家长片面关注成绩、过度强调竞争等。在家校合作中，不可忽视学校的教育主导作用。如果学校没有坚持教育的品质塑造，没有积极主动引领家庭教育朝着正确方向进步，家校合作体系的建设将成为一句空话。

家校合作的意义是重大的，但在现实中，家长与学校的关系是复杂多样的。有研究依照"家长关心学校教育的程度"以及"家长愿意与教师合作的程度"，把家长分为四种类型（如图8-1所示）。教师可根据不同类型家长的特点，妥善处理与他们之间的人际关系。① 积极型。这类家长高度关心学校教育，又与教师高度合作，可以请他们协助教师来开展教学、辅导工作。② 严苛型。这类家长关心学校对其子女的教育，但却不认同教师的理念或做法，是教师最需要花时间和精力去说明、沟通、寻求支持的对象。③ 冷漠型。这类家长可能因诸多原因而处于不关心、不合作的状态，学生在行为或课业上出现了什么问题，也得不到家庭的协助，这时教师的关怀成为学生依靠的对象。④ 放手型。这类家长完全信赖学校和教师，因此放手让学校和教师去管理教育自己的孩子，对于学校或教师要其配合的事项，也会以积极的态度尽量配合。他们对于子女教育的不关心也可能是其工作太忙，或者由于自己受教育程度较低，无法对学生进行必要的辅导等因素造成的。因此，对于这类家长，教师应加强与他们的沟通，并且考虑如何提升他们的家庭教育的意识以及知识技能，使他们有意识、有能力去关心子女的学校教育，使其尽量向积极型家长转变。

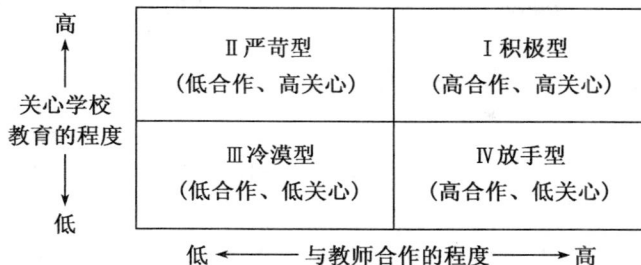

图 8-1　家长类型

二、家校沟通的方式

当前的家校沟通，主要有面对面、书面、网络与组织四种沟通方式。

(一)面对面沟通

1. 家长会

班级家长会的时间可以是开学初、期中考试后或学期结束前，一般由学校或年级组统一布置。家长会是教师、家长双方信息沟通的正式场合，一般要注意以下几点：

(1)准备充分，获得家长的信任与好感。给家长比较正式的邀请函，教室布置整洁美观，家长到时安排同学引导，介绍任课教师背景与联系方式，准备班级作息时间表、需要家长配合的事项等书面材料。从每一微小细节，让家长感受到班主任的专业可靠与高效实在。

(2)提供信息，满足家长多了解的渴望。尽量让父母得知下列信息：学生的进步状况与优秀表现、学业成绩标准、回家作业规定、班规内容及实施程序、班级群体特点、在年级中的比较、教师对学生的期望、班主任对班级发展的愿景等。

(3)预留时间，增进亲师间的双向沟通。允许家长问问题，但要考虑到大多数家长，如果个别家长想要就自己孩子问题与教师深谈，应另约时间；了解家长可以提供的资源，邀请家长做演讲等；就班级活动，征询家长的态度与意见。

2. 家访

家庭访问是最深入的沟通管道，它让教师切身感受到学生的成长环境，让家长和孩子近距离接触教师。家访的要点与方法，概括如下：

(1)事前沟通，消除疑虑。学期初，根据学生的学习情况和家庭情况，初步制订家访的实施方案，做到有目的、有计划地进行家访。家长会上统一说明家访的目的、内容和计划，以免家长担心、顾虑或戒备。与家长预约时间、地点，以免家中无人或其他不方便之处。

(2)谈话过程，注意方法。谈话开始，避免单刀直入，可先围绕一些家长感兴趣的话题聊上几句,创设良好的谈话氛围。然后,逐步引入正题,向家长了解学生在家的学习、作息、交往、劳动等情况,了解学生的兴趣爱好、性格特征、成长经历以及内心世界。不要一味地向家长告状,而要准备一两个孩子在学校生活的小细节让家长惊喜,控制谈话时间不宜过长,始终让谈话氛围保持轻松、愉悦。最后,根据了解到的情况,提出与家长合作改变学生学习与行为的具体建议,以便家访后能够跟踪观察,及时反馈,巩固家访效果。

（3）撰写报告,个案研究。每次家访后,班主任要及时地写出详尽的家访记录,把家访过程、家访达成的共识、家访中受到的启发及家访中发现的问题一一记录下来。家访是教育研究的好机会,学生成长与原生家庭有着密切联系,个别学生问题行为的背后是家庭教育的不足,班主任应该加强个案研究,并且学习用社会学、心理学、教育学等多元视角去分析,提升自己的教育研究能力。

（二）书面沟通

1. 给家长的一封信

写信也是很好的沟通方式。尤其是现在人们写信少了,信就具有了更特殊的作用。在孩子成长的每个阶段,班主任都可以通过公开信的方式提醒家长一些注意事项。比如开学之初,教师第一次写信给家长,大致上应包括以下内容:(1) 自我介绍;(2) 表示欢迎联络之意;(3) 对学生在课业和行为上之期望;(4) 邀请家长协助事项;(5) 学校行事历、教师之评分标准、班级规则和程序等。[1]

韩老师是高三(2)班班主任,开学初他给每位家长寄去了这样一封信:"尊敬的家长:欢迎您的孩子成为高三(2)班大家庭的一员。教育好您的孩子是我们应尽的职责,但如果没有您的支持,就像红花没有绿叶,蓝天没有白云,青山没有绿水,燕舞没有莺歌,我们的工作难免显得单调而黯然失色。为了您的孩子能在明年六月金榜题名、美梦成真,我诚挚地恳请您在百忙之中挤出一点时间,常到学校看看! 我们的生活一定会因您的到来而更加精彩! 期盼早日与您握手。谢谢!"一位远在深圳打工的家长收到信后非常感动,他在回信中写道:"我不识几个字,这封信是工友们帮我写的。我有三个孩子,老大老二都已经毕业了。到今天为止,我还是第一次收到老师写的亲笔信。读了您的来信,我像吃了颗定心丸。孩子交给您,我放心了! 我给您鞠躬了,老师,恩人!"从此之后,这位家长与韩老师频频联系,互通情报,他的孩子进步很大,从一个"不起眼"的学生变成了前三名的优秀生。

2. 家校联系簿

家校联系簿,是最传统也最常见的一种家校沟通方式,几乎每个孩子的书包里都拥有一本。但有的班级的家校联系簿变成了"作业记录本":学生记作业,家长签名,这样不仅班主任与家长交流的内容被单一化,交流的方式也从双向变成了单向。

---

① 张民杰. 班级经营:学说与案例应用[M]. 3 版. 台北:高等教育出版公司,2011:102.

　　班主任应该让家校联系簿名副其实,充分发挥其作用。(1)家校联系簿的内容:除作业、备忘录、通知外,还可以包括成绩通报、教师评语、学生给家长的留言、家长写给老师的心里话等常规栏目,并可增加教育问题小调查、家庭教育小知识等非常规栏目。(2)家校联系簿的批阅:班主任的及时批阅,可以给家长留下负责任的印象,进而增强这个沟通渠道的有效性。班主任应避免在上面直接写学生的缺点。班主任应增加个性留言,发挥个别教育的功能。

(三)网络沟通

1. 班级博客

　　班级博客作为学生自主学习、自主管理、人人平等、人人参与的班级建设平台,促进了班务公开,为班级文化注入了新活力,同时也为新型的家校互动提供了良好的环境,家长可以据此获得更多的班级信息,实时获取孩子的发展动态。

　　建立和完善班级博客,需要注意的是:(1)管理自主化。由不同的同学来担任博客各个栏目的版主,通过网络将全班学生、学生与教师、教师与家长联结在一起,大家共同参与班级管理。(2)展示多样化。班级博客为班里面的每一位学生提供了展示自己的舞台,同学可以写下一篇篇生动的文章,拍下学习和生活中的精彩瞬间,摄录自己手指间流动的美妙旋律。(3)沟通便捷化。班级博客鼓励大家浏览后发表评论,邀请家长积极留言,为班级管理献计献策。可以匿名留言,这可以让学生家长更加畅所欲言,使问题及时得到解决。(4)数字资源化。由于班级博客操作简单易行,可以迅捷地构建班级电子管理档案,各种文档、照片、影像视频等资料等为学生成长留下了生动形象的印记,整理出来对家长和学生来说都是永久的纪念。

2. 班级 QQ 群、微信群

　　现在很多班级都有 QQ 群、微信群,这有助于家长和老师、家长与家长之间的信息互通。这种快捷便利实时的沟通方式,越来越受到班主任和家长的欢迎,但也滋生出一些问题与矛盾。班主任要重视班级 QQ 群、微信群的管理,比如:(1)制定群内交流规则,如不能发广告、不能攻击任何人、不能出现秽言秽语。(2)采用实名制,便于班主任联系,增进与家长之间沟通。(3)班主任要主导话题,以促进班级工作为主,切忌闲聊误事。(4)充分利用其能够传递文件的功能,一些需要家长填写的档案表格、优秀的学习资源,都可通过 QQ 群、微信群传递,以提高班级管理的效率。(5)要注意到不擅长使用 QQ 群、微信群的家长,提供其他联络方式。

(四)组织沟通

1. 班级家长委员会

　　家长委员会,是由家长代表成立的组织。大多数学校都建立了校级层面的家长委员会,也有年级层面的家长委员会,据此也可以成立班级家长委员会。班级家长委员会,引导家长参与学校教育,有利于家校合作,促进学生健康成长。

有经验的班主任是这样做的:(1)选择合适的家委会成员。新学期开学,我在调查学生个人情况的信息登记表上附上了家庭信息调查栏,请家长阐述其教育观念、对孩子的培养目标、对学校教育的期望以及对老师的期望。然后向家长简要介绍创建班级家委会的目的,询问其是否愿意加入。最后,要求家长在备注栏填写个人特长以及愿意为班级建设提供哪种服务。选择哪些家长进入家委会的标准有三个:第一,是否认同学校和教师的教育观念,是否具有正确的教育观;第二,是否热心公共事务,是否愿意参与班级共建;第三,是否善于与人沟通交流,是否具备良好的个人素养。(2)进行家委会组织建设。根据学期班级工作情况设立相应职务,让家长们自选担任。我班的家委会设置了如下职务:会长、秘书长、爱心大使、读书大使、活动大使、资料大使、秘书大使。经过与家委会成员讨论,我们进一步完善了家委会的组织建设:一是制定了班级家委会章程;二是根据学生家庭住址就近划分区域,按区域选择该区域的负责人;三是制作发放全班家长联系卡。(3)精心设计教育活动。在家委会协助下,我们一切从学生出发,根据班级情况开展了丰富多彩的教育活动。我们走出校门,在春天去放风筝,参观博物馆,每月为"小寿星"举办集体生日会,创建"班级家教博客",建立家长 QQ 群,创办"家校通小报"。(4)带动家长集体发展。家委会是连接老师和家长、学校和家庭的重要桥梁。经过家委会一段时间的努力,家长们目睹了他们为大家服务的无私奉献精神,在感谢与感动中纷纷参与班级共建,在沟通中形成共同的教育观,一个和谐发展的家长集体已经形成,而真正受益的是学生。①

2. 班级教育小组

南京外国语学校仙林分校建立班级教育小组制度,以取代班主任负责制,是邀请家长参与班级管理的创新方式。

班级教育小组成员,包括班主任、部分任课教师(生活教师)、学生干部代表、家长代表。其中班主任任组长,部分任课教师(2~3 人)为核心成员,生活教师(寄宿制学校)、班长、班级家长委员会主任为重要成员。这样的班级教育小组包括了教师、学生、家长三方代表。其运行方式如下:(1)决策过程。在班主任的主持下,由班级教育小组成员集体做出重要决策(如学期工作计划、班级各项重要工作和活动、学期工作总结等),班级日常工作决策主要由核心成员做出。(2)议事方式,包括日碰头(核心成员参加,每天 5~10 分钟)、周例会(核心成员或全体成员参加,每周 20 分钟左右)、月诊断(每学期 3 次,每次 2 小时左右,全体班级任课教师参加)。(3)行动方式。做出决策后,在班主任的领导下,由班级教育小组成员分工负责落实,所有任课教师既教书又育人。在确定对全班学生的指导方案后,具体将指导工作分配给每一位任课教师。②

有效家校沟通的方法很多,每种均有其作用与限制,教师要配合实际情境、问题情形,采用合适的方法,方能发挥家校合作的实质功效。

---

① 叶茂.家长委员会:孩子成长的"助推器"[J].班主任,2009(2):17.
② 齐学红.班级管理[M].北京:教育科学出版社,2018:111.

三、家校冲突的处理

家校冲突不仅打破学校的和谐与秩序,削弱家校之间的信任,甚至会导致整个社会对学校和教师产生信任危机。因此家校冲突的解决对于学校发展、学生的健康成长和社会的安定团结具有重要的价值和意义。

(一)家校冲突的产生

比较严重的家校冲突往往发生在校园安全事故、学生严重伤害之后,解决不好甚至会出现"校闹"等社会影响恶劣的情况。研究表明,如果学校出现体罚学生、打伤学生、性骚扰或性侵害等违法事件,绝对会引起家校之间的冲突。

还有一类冲突的起因看上去是一些不起眼的小事,但可能因部分家长的自私偏狭、教师的处置失当,而成为严重冲突的导火线。日本影片《怪兽家长》中描述的一些情形就很典型:(1)家长责怪老师不公平,班级校外教学的照片,别的学生都有两张以上,她的女儿只出现在一张照片上。(2)责怪老师的日语有关西口音,非标准东京腔,吵着要求校长更换老师。(3)孩童在周日于儿童公园游戏场爬竿时发生意外伤害,家长到学校要求教师协助,但因教师开口就表示于假日校外地点发生的意外伤害,老师没有责任,而且班上学生众多,她不可能协助处理这件事,使得家长到处写黑函骚扰老师,并告到法院要求学校及教师损害赔偿。(4)家长担心正在成长的女儿,怕被绑架,怕发生意外,要老师时时刻刻盯着小孩,又怕老师对自己女儿太好构成性骚扰,吵着要更换老师。(5)孩子每天吃学校的营养午餐,家长有钱却不愿意缴营养午餐费,还直嚷嚷着那么难吃的午餐也要付钱,或说营养午餐应该是政府照顾学童的福利政策。此外,影片中也有出现教师、校长等教育人员本身的行为有问题而引起的冲突。[①]

(二)家校冲突的原因

家校冲突除了因明显的事件、事故而起外,其背后往往还有更深的原因。主要可以归纳为以下四个方面。

1. 所持教育观点有差异

家长对自己的孩子有特定的期望,而教师却是普遍的期望。就以"公平"一词来说,如果家长要求教师公平对待其子女,指的是给予其孩子特别的关注;而教师说要公平对待每位学生,指的则是给予学生相同质量的关注。这两方面的差异可能导致亲师间的冲突。

家长与教师管教风格上的差异也会造成冲突。那些主张严格管教孩子的家长,会批评教师的管教太过宽松,这些家长大多以体罚来管教孩子,但得不到效果,又希望教师的体罚对孩子产生效果。不过要说服这些本身严格的家长还比较容易,而要说服那

---

① 张民杰. 班级经营:学说与案例应用[M]. 3 版. 台北:高等教育出版公司,2011:111.

些抱怨教师太严格的家长,反倒比较不容易。因为这类家长的信念是让孩子自由、无拘无束,孩子才有被爱的感觉和安全感,所以他们反对教师对其孩子做任何限制,希望孩子在学校能和在家里一样自由自在,这就与班级的整体氛围产生冲突了。

2018年《全国家庭教育状况调查报告》显示,四年级、八年级班主任与家长沟通遇到的困难排名前三位的均为"家长认为教育孩子主要是学校和老师的责任""家长参与沟通的积极性不高"和"与家长教育理念不一致",且人数比例均超过五成。[①]

2. 对待沟通的心态不同

对于开家长会、辅导家庭作业、意外事件处理等,班级里不同的家长会有不同的态度。比如在农村地区,留守儿童比较多,父母不在身边,爷爷奶奶参加家长会的意愿不高,造成家校沟通的困难。在城市,有的家长工作时间太长或者借口比较忙而缺席孩子的教育过程,有的家庭甚至出现"丧偶式教育",其中父亲的缺位是比较多见的。有些家长因其自身受教育程度有限,在辅导孩子和学校参与方面往往力不从心。有的家长自己在学生时代有过不愉快的经历,因此对学校和教师抱有偏见,一旦出现问题,往往以对抗的方式加以解决,甚至抱着找茬的心态,蓄意采取极端化的手段扩大事件的负面影响来达到自己想要的结果。

教师这方面也有问题。有部分教师对家长参与学校教育的动机和能力充满了怀疑和不信任,他们认为家长参与就是来挑毛病、找麻烦的,因此产生抗拒和排斥的心理。在这种心理的作用下,教师在与家长沟通时可能会表现出冷漠、不尊重、不耐烦等情绪,家长的自尊心可能会因此受到伤害。尤其是当家长给教师或学校提意见时,冲突往往一触即发。

3. 亲师社会地位的变化

随着社会发展,传统上教师受尊崇、至高无上的地位受到挑战。教师在知识与讯息的获取上失去了权威的角色,家长的文化程度普遍提高,有能力质疑教师的教育教学行为。甚至有些自认为社会地位高的家长,往往以凌驾者、责备者、保护者和需求者的"高一级身份"对话学校,过多介入学校的专业领域,片面地将自己的要求强加给学校和教师,比如对班主任和其他老师的选任问题"指手画脚",一旦建议不被采纳,就会指责学校搞形式主义、学校霸权等,因此产生冲突。

不过,也存在学校把教育责任推诿给家长的现象。调查研究显示,约40.2%的家长认为自己成了老师的"助教",自己的时间、精力、财力和物力被教师随意占用,教师存在推诿自身教育责任的情况;60%以上的家长认为自己的职业资源被学校利用,承担了与家校合作无关的事务,成为学校的义工。[②] 2020年,江苏一位家长在短视频中大呼"我就退出家长群怎么了?"收获了数以亿计的点击和成千上万条的讨论,人民日报、央

---

① 边玉芳,梁丽婵等. 全国家庭教育状况调查报告[R]. 北京:北京师范大学中国基础教育质量监测协同创新中心,2018.

② 张惠娟. 让家庭教育回归生活世界[N]. 人民政协报,2018-06-13(09).

视新闻等主流媒体相继报道,成为社会关注的热点问题。

4. 家校互动制度不健全

各种家校冲突的产生,其中一个重要因素是因为家庭和学校在家校合作中权责不明确,存在争夺权利或者责任分散的情况。比如有学者分析:在现实性冲突方面,家庭和学校都有指向对方的合理或不合理要求,这些要求如果不能顺利实现,就会导致冲突。在非现实性冲突方面,则是家庭与学校为发泄不满、释放紧张情绪的需要而引发的,是一种"找替罪羊"的冲突。①

我国针对家庭与学校的互动颁布了一系列的政策文件,如2011年《全国妇联、教育部、中央文明办关于进一步加强家长学校工作的指导意见》、2012年《教育部关于建立中小学幼儿园家长委员会的指导意见》、教育部基础教育司2019年工作要点中的家校合作部分,以及地方颁布的《家庭教育促进条例》等。但仍有一些问题没有得到制度保障,导致实际工作没有政策依据。

(三)家校冲突的应对

冲突的出现,犹如警报器作响,提醒班主任在家校关系上已经出现沟通不良。但也不要过分紧张,管理者应该认识到冲突是一种普遍存在的社会形式,有冲突起码说明问题积累到一定程度已经表面化了,此时正是解决问题、化解矛盾的契机。

当教师与家长发生冲突时,教师应该:②

1. 冷静对待

分析冲突原因。教师要先省思自己最近对学生的态度、辅导管教方法、学习活动安排等是否适当,或有待改进的地方,或是对学生有误解之处。其他如作业的分量是否太多,处罚学生前是否查明事件发生的缘由,有无冤枉学生,是否尽到教师的基本职责等。

同理家长感受。当家长感到小孩受到不合理对待,或受到老师误会,或遭受教师之不当管教、过度处罚(体罚)时,当然会替小孩感到委屈与不舍,所以情绪会较为火爆,沟通口气会不好,老师要以为人父母的心情加以体谅。

2. 直接对话

厘清问题症结。教师本身要先做好情绪控制,以理说服家长,必要时,请有关学生出面说明事情经过及老师处理方法,让家长真正了解事件发生的来龙去脉。对话在于澄清问题,交换意见,解决家长的心中疑惑。

平等真诚以待。与家长对话时,教师的态度很重要,切忌居高临下、愤怒焦躁。南京六中陈宇老师提出和家长沟通时的"三个一",指的是家长到学校来访时,教师"一把

① 边玉芳,刘小琪,王凌飞.当代我国中小学家校冲突的原因分析与应对建议[J].中国电化教育,2021(5).
② 吴明隆.班级经营:理论与实务[M].4版.台北:五南图书出版公司,2017:532-533.有调整、补充。

椅子,体现尊重;一杯热水,体现关心;一句寒暄,是一份温暖,让人如沐春风"。做法简单朴素,道理却至关重要:"班主任和家长是什么关系? 合作者、朋友……从来不是领导者和被领导者的关系。"①

有效回应攻击。冲突发生时,家长往往带着强烈的不满情绪,气势汹汹。面对这样的家长,教师在保护好自己的同时,依然要进行积极有效的沟通。表 8-5 列出了此时老师该做的事与不该做的事,可供参考。

表 8-5　教师面对攻击性的处理②

该做的事	不该做的事
1. 倾听——没有中断的专注倾听 2. 写下当事人所说的重点 3. 当对方减缓抱怨事件时,询问他们还在困扰他们的事情 4. 详细记载他们抱怨的清单 5. 若当事人抱怨的事件内容太广泛时,要求他们具体的描述 6. 将抱怨清单让当事人观看,看是否有遗漏重要内容 7. 在解决特定问题方面询问当事人意见,并将其建议写下 8. 当对方大吼大叫时,教师更要轻声细语	1. 与当事人争论 2. 防卫或变成具有防卫性行为 3. 承诺教师做不到的事情 4. 将自己的问题归咎于他人 5. 提高音量与当事人讲话 6. 轻视问题或将问题简化

3. 寻求支援

寻求行政支援。经由对话,还是无法让家长心服,或解决亲师间的冲突,或无法打开家长心结,教师必须寻求学校行政人员的协助,如年级组长、教导主任、校长等,有这些经验丰富,又有领导职务的人出面或作为后盾,教师会觉得力量倍增,家长也会理智、谨慎起来。切勿意气用事,不理会家长,否则可能会演变为更严重的家校冲突事件。

寻求外部支持。当学校行政介入也无法有效解决冲突、无法达成共识时,可再寻求第三方介入,比如教育主管行政机关(教育局)、家长委员会、街道派出所、学区中有影响的人士,帮忙协调、仲裁。相信学校的积极用心、教师的诚恳态度,定能有效解决家校冲突事件。

推荐阅读 8-3,把握家校沟通的基本原则。

推荐阅读 8-3
吴明隆:亲师关系处理八原则

---

① 齐学红,黄正平.班主任专业基本功[M].南京:南京师范大学出版社,2013:342-344.
② 吴明隆.班级经营:理论与实务[M].4 版.台北:五南图书出版公司,2017:670.

第四节 同事沟通

班主任手上的记过单

宗林老师教书已有五年的时间,也当了三年班主任,他觉得班级管理有时需要班主任的人际智慧。今年宗林担任初二班班主任,班上的英语教师是位对自己及学生要求都相当严格的教师。一次考试后,她要求班上的同学订正考卷并罚写,结果班上超过四分之三的同学都未按时上交订正及罚写的作业,以至于英语老师大发雷霆,并表示要将班上所有未交作业的同学记警告一次以作为处罚。因为记过单需要班主任签名,所以当天下午记过单就到了宗林手中。

宗林面临要不要签名的两难困境。签名的话,将导致全班四分之三以上学生都要被记警告一次;不签名的话,又干涉到英语教师的权威性及教学自主性,甚至可能导致教师间的不合,那么对同学的伤害一定更大。

宗林的处理方法是在课堂上向全班表示记过单已到他手上,并再次询问经过,在确认错误者是学生之后,宗林表态支持英语教师的立场,并告知学生:"不管任课教师如何要求,绝对会支持各科教师,因为他相信各科教师有其专业,而要求必有其理由,希望同学了解这一点,所以我将在记过单上签名。但是我也不希望看到班级开学没多久就发生全班大部分被记过一次的窘境,同学们既然了解错在何处,当然也不可毫无作为地等待,女教师的心比较软,现在利用2分钟请班上推派出一位口才最好的同学,下课带饮料一瓶、卡片一张及全班几位代表同学一起去道歉,请英语教师打消原意。"至于记过单,宗林向学生表示会慢一点,等同学道歉完,再签名送去给英语教师。最后英语老师同意不再把记过单送出去,而有了圆满的结局。①

这位班主任的处理方法,体现了其在人际方面的智慧。他以双赢的思维方式,既维护了任课教师的权威,又给予学生改过向善的机会,他在学生与任课教师之间的居中协调能力尤其可贵。

一、主要的同事关系

有经验的班主任十分清楚,班级管理的顺利开展离不开教师之间的通力合作。为了班级的发展,班主任需要加强与学校各部门同事的日常联络。这些同事包括:

1. 班级以前的班主任或任课教师。可从他们那里了解班上学生过去的表现,以及

---

① 张民杰. 班级经营:学说与案例应用[M]. 3版. 台北:高等教育出版公司,2011:186-187.

师长们的评价。

2. 班级现在的任课教师。学生的发展是各科教师齐心协力的结果。

3. 教导处(学生处)的相关行政主管。尤其当学生出现了较为严重的偏差行为时,更需寻求他们的协助。

4. 保健室或医护室人员。不管是学生健康安全的维护、传染病的预防,还是意外事故的处理,都需要寻求学校保健室或医护室人员的协助。

5. 心理辅导教师。可以针对学生的教育以及心理辅导工作,与其进行咨询、协商与讨论。

6. 学校中经验丰富的专家教师。可以向他们请教班级管理的宝贵经验与实践智慧。

另外,学校的保安、门卫、宿舍管理人员等其他同事,也与班级安全及班级行政事务管理息息相关。

二、主要的合作事项

在上述合作同事中,班主任与任课教师之间的合作是最重要的。这种合作主要包括以下五个方面:[①]

1. 掌握学生出勤情况

通常学生到校后或在早自习时班主任会了解学生的出席情况,然而学生的作息是动态的,每节课都可能会有些变化,这时除班干部的通报外,更有赖于任课教师的协助与处理。班主任可以准备班上学生的座位表,供任课教师清点人数之用。很多有经验的教师上课一开始会先扫视全班学生,核对出席人数,发现有空位或缺席的,马上询问班上同学以了解状况,这是很不错的做法。

2. 了解学生学习情况

班主任对学生们在其他教师任教的学科上的学习状况,有赖于通过任课教师才得以掌握。教师们如果能彼此交换班级信息,就更能全面地了解学生的学习状况,并在相关的教育措施上能够协调一致。如在家庭作业上,教师彼此如果能了解各科教师要求学生完成的家庭作业分量及期限,学生就可以有比较适量和适度的课后学习。而任课教师对于学生有课业要求,也可通过班主任的协助,督促他们如期完成。

3. 了解学生行为表现

班主任大多是通过自己任课期间、全班活动以及个别接触中对学生的行为表现加以了解,但这种了解有时是片面的,因为有时学生在班主任面前表现得会比较乖巧,而在任课教师面前则会表现出真实的面目。所以通过科任教师提供的信息,班主任才能对学生的行为表现有较为全面的了解。

---

①　徐长江,宋秋前.班级管理实务[M].北京:高等教育出版社,2010:220 - 221.

4. 沟通家长与科任教师的桥梁

家长与科任教师往往很少有直接的接触。家长如果对科任教师的教学措施有不同意见或学生在该科学习上有问题时,通常会先向班主任反映,班主任也因此成为家长与科任教师的沟通桥梁,可以协助科任教师和家长之间的沟通与了解。

5. 协助处理个别事件

由于班主任对学生有充分的认识和了解,有时科任教师在课堂上发生的个别事件,如果能够获得班主任的协助处理,则可以得到更圆满的解决。如果科任教师和学生发生冲突或误解时,班主任也可以充当沟通的桥梁或润滑剂,从中协调或协助师生相互了解,使学生达到学习的目的。

三、主要的关系协调

班主任经常会面对这样两种场景:一,刚下课的任课教师脸色铁青地走进办公室,尚未坐下,便发出无奈的话语:"气死我了! 我最不愿意给你们班上课了!"听到任课教师这样的抱怨,班主任应该怎么去处理? 二,新学期,学校给我们班换了一位年轻女教师来上化学课,还没上几堂,班上的学生几乎要闹翻天了,很多学生都跑来向班主任反映:"这是什么化学老师,给我们讲题时,她自己都讲冒火了,还没把我们讲懂,而且脾气很不好,我们强烈要求换老师。"在面对学生来告任课教师状的时候,班主任又该怎么做呢?

班主任应该有两手准备:一是注重平时的关系维护,二是在冲突发生后,巧妙处置。

1. 平时就注意维护班上学生与任课教师的关系

（1）让任课教师愉快地走进教室

班主任要主动承担起向任课教师介绍学生情况、班级情况的责任,让任课教师对于学生和班级有较为全面的了解,从而消除对于班级的片面认识。

班主任应当带领学生共同营造良好的教学环境,让教室窗明几净、一尘不染。在教室里为任课教师提供一杯水,帮任课教师搬一张椅子等,都可以温暖任课教师的心。注重课堂礼仪,对任课教师要彬彬有礼,让任课教师感受到被尊重。

班主任要了解任课教师的课堂管理情况,在此基础上给予一些意见和建议,使任课教师课堂管理与班级管理在目标上保持一致。

班主任应当协助任课教师共同提高学生的学科成绩,尽可能地在教学上为任课教师提供帮助。对于任课教师其他方面的困难,班主任也应当能够体谅,给予力所能及的帮助,让任课教师感受到来自班级的温暖。

（2）让学生亲近任课教师

为了使任课教师的教学更加有效,班主任应该帮助任课教师树立威信。虽然教师威信与教师自身的素质有着最直接的关系,但是班主任可以通过对任课教师的介绍,让学生看到任课教师的长处,帮助任课教师树立起威信。

班主任可以通过活动的组织拉近任课教师与学生的距离。通过座谈,可以让任课教师和学生增进相互的了解;通过联欢活动,可以让任课教师和学生真诚互动,愉悦地接纳对方。还可以邀请任课教师指导学科性强的课外活动,在这样的活动中,任课教师能够充分发挥其学科优势,提升在学生心目中的地位。

2. 当学生与教师发生冲突时,要妥善处置

（1）班主任要扮演好中间人的角色,既不一力偏袒自己班学生,也不一味维护教师群体的权威。要不偏不倚,公正客观。本节引导案例中宗林老师的态度与立场就值得学习。

（2）了解事件原委,倾听学生声音。学生一旦对任课老师有抱怨,同学之间的相互影响又会放大这种负面情绪,所以表现出来的就是班上同学群情激愤,一致要求换老师。学生冲动之下提出的这个要求,学校是不会轻易采纳的,这学生不理解,班主任应该知道。所以这个时候,班主任千万不能火上浇油,而要努力平息学生的情绪。一个好办法就是先专注地倾听学生的抱怨,并对他们报以了解之同情。

（3）维护教师形象,主动给台阶下

即使了解到任课教师有教育行为不当的地方,自己班上学生有委屈的一面,也坚决不在学生面前贬低同事,要维护教师集体的荣誉与权威,也不轻易上交矛盾,让学校领导知晓或介入。班主任应当帮助学生正确认识任课教师,体谅任课教师的难处,理解任课教师的良苦用心。引导案例中的那位班主任就比较智慧,他在帮助学生认识到问题的严重性和自身的错误之后,派学生代表去与任课教师认错,主动消除对立情绪,进而达成最终和解。

推荐阅读8-4,了解更多有关班主任与任课教师关系的思考。

推荐阅读8-4
李镇西:班主任如何处理与任课老师的关系

关键词

沟通　班级沟通　正式沟通　非正式沟通　垂直沟通　平行沟通　单向沟通
双向沟通　三明治技术　师生沟通　家校沟通　同事沟通　新新人类　观察法
材料分析法　调查法　非正式空间　我信息　肢体语言　激励　口头激励
书面激励　操行评语　家校合作　口头沟通　书面沟通　网络沟通　组织沟通
家长会　家访　家校联系簿　班级博客　班级微信群　班级家委会　家校冲突
亲师关系　同事关系

讨论题

1. 了解学生,包括哪些内容与方法? 你是如何看待90后、00后学生的?

2. 班主任约谈学生,有哪些注意点? 就与学生谈话的言语与非言语技术,做小组练习。

3. 有哪些激励学生的好方法？试做归纳总结。模拟给三个不同水平、性格的学生，分别写一段学期评语。

4. 家校合作的目的有哪些？家校沟通的方式有哪些？试画思维导图，明晰这里面的关系与要点。

5. 列出准备一次家长会的工作清单。利用见实习机会，做一次学生家访，写好家访报告。

6. 家校冲突的原因以及解决思路是什么？

7. 班主任与同事有哪些合作关系与合作事项？班主任应如何处理学生与任课教师之间的关系？

领导者面对的主要挑战是释放组织的智力资源。

——沃伦·本尼斯

儿童的种种直接经验，可以说是从活动中得来的，是在人为的环境或自然的环境里面所生发的一种关系。但在学校里面，教师往往不注意这种活动，以至于其被减少到最低的程度。我们要知道，儿童的活动必须要靠着全身心与环境作用来产生某种关系，但可惜的是，我们的课堂仅仅用耳目和发音器官来实行所谓的"教学"，好像学校就应该采取"静坐"的态度，不要儿童动什么、做什么，于是教师就想出种种办法来压制儿童的活动。

——杜威

第九章　班级活动

本章导读

活动与学科学习同等重要，是学生成长与班集体建设的催化剂。活动开发是班级管理的重要内容以及班主任专业能力的重要体现，就像产品开发是企业的核心业务与核心竞争力一样。本章集中介绍一些优秀班主任在晨会、主题班会、课外实践等方面的活动开发，辨析其中的教育设计思路与操作要则。

本章架构

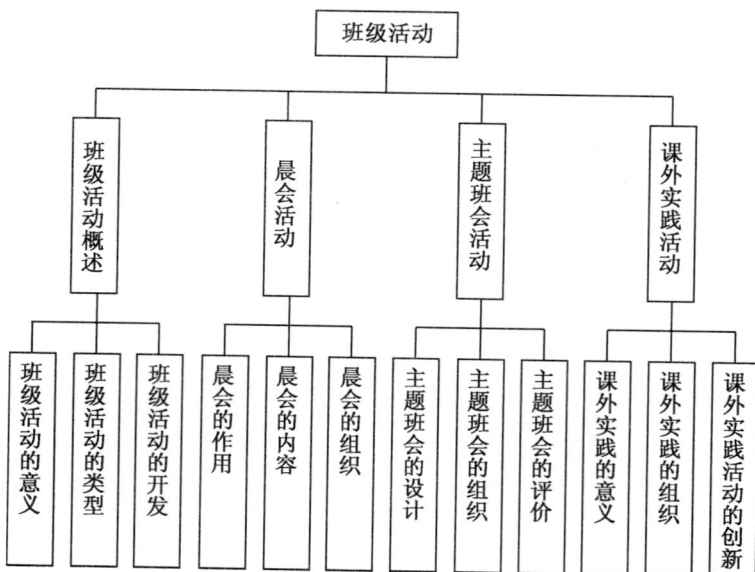

班级活动
- 班级活动概述
  - 班级活动的意义
  - 班级活动的类型
  - 班级活动的开发
- 晨会活动
  - 晨会的作用
  - 晨会的内容
  - 晨会的组织
- 主题班会活动
  - 主题班会的设计
  - 主题班会的组织
  - 主题班会的评价
- 课外实践活动
  - 课外实践的意义
  - 课外实践的组织
  - 课外实践活动的创新

第一节　班级活动概述

活动,想说爱你不容易

你喜欢班级活动吗？对于这个问题,学生、家长、班主任有着不同的认识。

来自学生的声音:"我对班级活动既爱又怕！班级活动可以让我们暂时放下课本,身心得到放松。可是每次我都要负责制作 PPT,写主持稿,找资料或者一遍一遍地排练,作业都写不完,还要被老师说、家长骂！"发出这个声音的一定是个班干部,是组织班级活动的骨干。"我觉得班级活动挺好的,可以放松一下！可是每次都是那几个班干部在忙,我们大部分人只是观众,其实我们也能组织一次活动的。而且有的班级活动实在没意思,画画、征文、表演就这老三样,老师还常常在班级活动时间讲好多大道理,烦死了！"这个观点说出了大多数普通学生的心声。

来自家长的声音:"我家孩子是中队长,每次班里搞活动,她的事情很多,忙得不亦乐乎,能力确实得到了锻炼。可是,太影响学习啊！所以,我们不是非常支持！""活动太多,要孩子做这做那的,有的事情孩子根本做不了,还要我们家长上阵,真是折腾人！搞得孩子学习成绩都下降了！在我们家长眼里,孩子的学习是最重要的！"

来自班主任的声音:"其实我挺喜欢搞活动的。可是教学任务这么重,还有许多杂事,真是心有余而力不足啊！""搞班级活动？烦死了！上面要检查我就搞搞,不检查就算了,没心思搞什么活动！"[①]

你是怎么认识班级活动的？在升学压力下,为什么有的班级很少有活动,有的班级活动给学生留下了终生难忘的印象。本节将围绕以下三个问题展开:班级活动的意义何在？班级活动有哪些类型？为什么说班级活动需要开发？

一、班级活动的意义

班级活动是指为实现教育目的,在班主任引导下,由学生参与,在学科教学以外时间组织开展的教育活动。据此定义,班级活动有如下三个特征:(1)班级活动是以班级为单位开展的活动,它不是小组活动或个别活动。(2)班级活动是一种以学生为主体开展的活动。从活动主题的确定、活动内容的选定和组织到活动的实施以及活动的评价,都应当让学生参与或主持。(3)班级活动是一种教育活动,班主任要时刻关注、把握教育效果。

---

① 齐学红.班级管理[M].北京:教育科学出版社,2018:200-201.标题为编者所加。

　　班级活动是班级生活的重要组成部分，它与学科学习同等重要，是学生成长与班集体建设的催化剂。然而，现实中的班级活动却存在与学科学习冲突的现象。有的班主任认为，活动与学习是对立关系。小学阶段还好，学业轻松，可以开展活动，而学生一旦上了初中、高中，学业负担繁重，不仅学生没有时间参与更多班级活动，班主任思考的重心也在如何提高学习成绩上。在这样的班主任领导下，班级活动几乎没有，学生有些课外活动，也要受到劝诫与打击。另外有的班主任认为，活动是学习之外的附加。也就是说，班主任在抓成绩的同时，也会按照上级的安排组织班级活动，不过这些活动都是应景性的、形式化的，班主任认为不要花费过多精力，走走过场就好。当然，我们也看到总有一批智慧型班主任在完成孩子学业、学校任务的同时，创造性地开发出独具特色的班级活动，给所在班学生留下了终生难忘的印象，班级成绩不光没掉下去，甚至在良好班级文化的影响下，实现了成绩与能力的双赢，这样的班级氛围与班主任的工作能力着实让人羡慕。

　　王老师就是这样一位优秀的初中班主任。在他所带的班级中，三年共开展了下列有代表性的、丰富多彩的班级活动：班干竞选、班级布置（属于班务活动）、批评与自我批评会（属于民主生活会）、课外阅读（属于学习活动）、文艺联欢、游园活动、文艺比赛（属于文娱活动）、养蝌蚪、科技制作（属于科技活动）、跳绳比赛、足球比赛、象棋联赛（属于体育活动）、手工制作、制作书签（属于劳动技术）、乡俗调查、社区服务（属于社会实践）、讲座、报告、影视、参观访问（属于主题教育活动）等。这些活动丰富了学生的生活，成为他们成长过程中宝贵的基石和不能磨灭的记忆。①

　　一名从中学毕业了3年的在校大学生趁着感恩节怀念母校——南京外国语学校仙林分校："我们学校有艺术节、读书节等，爱心义卖、社会实践、问候日之类的活动也很多。到了大学以后跟其他地方的同学交流，发现他们都没有这些活动，这才觉得在仙林一边学习一边游戏是多么惬意的事情。最重要的是，学校教给我们的东西让我们终身受益。在大学里，我的独立性比较强，很会策划活动，交往能力也不错，而这些都是从中学丰富的活动中积累的。"②丰富多彩的活动是优质学校的特征，而正是这种优质的教育资源使学生终身受益。

　　因此，班级活动与学习不是矛盾对立的关系，只要安排好时间，活动与学习可以是相辅相成的。首先，活动本身就是一种学习，当然是广义上的学习，活动可以丰富学生的知识，锻炼学生的能力，塑造学生的品格，提高学生的审美；其次，活动还有促进学习的重要作用。例如，有老师在班内每月开展才艺展示活动，表面上看，这与学科学习没有直接关联，但是因为给学生搭建了个性展示平台，学生更容易得到同学和老师的认可，自信心增强了，对班集体更认同了，这种效能感会促进学生更加热爱学习、努力学习。

　　不同班级之所以有不同的活动现象，除了应试压力、家长支持度、学生能力等外部因素外，班主任自身的认识、态度与能力才是问题的关键。从教育本质上看，班级活动

　　① 张作岭.班级管理［M］.3版.北京：清华大学出版社，2019：142.
　　② 齐学红.班级管理［M］.北京：教育科学出版社，P219-220.

具有回归生活世界、促进自我发现、形成集体氛围的价值。

1. 回归生活世界

"生活世界"这一理论摒弃传统的二元对立的认识路线,关心现实,注重人的生活的价值和意义。从这方面看,班级活动可以改变德育过去高高在上的布道说教形象,成为"对人的生活意义的求索和生存质量的提升"的一种主动尝试,更接近德育的本质。[①]人的德性分成理智的德性和道德的德性两种,它们分别构成做事的能力和做人的能力。无论是作为理智德性的智慧、明智、理解、体谅,还是作为道德德性的大方、温和、友善、诚实、机智、羞耻、公正,[②]都需要生活的培育。活动正可以丰富学生的班级生活,平衡学业的压力与偏狭,促进德性的成长,让学生的生命得到更充沛的滋润。

2. 促进自我发现

社会学家米德说,人类与动物不同,在于人类有自我:我们会针对自己采取"行动",就像我们针对另外一个人一样。在"行动"中,我们与我们的自我交流,与一个内在的"人"交流,和我们与另外一个人交流一样。这是人类意识的最重要、独一无二的特征。[③]在基础教育阶段,学生在生物性和心理上都是不成熟、不完善的人,对自我的认识与接纳都处于发展中。活动可以激发学生进行自我发现,引导学生对自身的积极人格特质进行探索,挖掘自身的兴趣、才能与创造性,形成开朗活泼、冷静踏实等良好个性。学生的自我发现是学生个体主体性的体现,可以促进学生社会化与个性化的统一,使学生成为一个真正意义上完整的人。

3. 形成集体氛围

没有活动就没有集体,活动是促进班集体建设的重要载体。在健康、有益的班级活动中,正确、合理的东西得到肯定、弘扬,错误、不良的东西则为大家所不齿。这样,正确的舆论和班风就会逐步形成、发展起来,成为班主任对学生进行集体教育和个别教育的资源与契机。一位来自一线的资深高中班主任说道:"如果能抓住时机,及时举行班级主题活动,可以收到意想不到的效果。为此,我做了一些尝试。如校运动会后的'校运会的启示',艺术节时的'团结就是力量',文明班牌被摘下后的'文明班牌被摘走了'。随着一系列班级主题活动的开展,集体的智慧和力量得到充分发挥,每个学生在活动中受到教育和熏陶,良好的班风逐渐形成!"

二、班级活动的类型

从活动空间上看,班级活动可分为三大类:在教室内组织的班级活动,如晨会、班级例会、主题班会等;在校内课堂外组织的班级活动,如文娱活动、体育活动、科技活动等;在校外组织的班级活动,如社会调查、志愿服务、春游野炊等。

---

①　檀传宝. 学校道德教育原理[M]. 北京:教育科学出版社,2001:23.
②　班建武,付涛. 在超越中适应:德育回归生活世界的必由之路[J]. 教育科学研究,2009(7).
③　(美)戴维·波普诺. 社会学[M]. 李强,译. 北京:中国人民大学出版社,2007:131.

1. 班会活动

这里的班会,是指正式列入班级课表,一般在本班教室内,由班主任或同学主持的全班活动。包括晨会和班会两种课型,班会又分班级例会与主题班会两种形式。

(1)晨会。也有人称之为微班会,顾名思义就是小型的班会。它具有时间短、针对性强、容易操作等特点。

(2)班级例会。班级例会是班级践行民主生活的例行会议制度,常围绕班级公共事务展开民主讨论、民主选举。

(3)主题班会。主题班会是主题先行,围绕一个独立的主题进行的教育活动,具有较强的针对性。

2. 课外活动

这里的课外活动主要指在校内进行的文体活动、学习活动、科技活动。

(1)文体活动。主要以丰富学生的课余生活、活跃班级气氛、增进心理交融、增强班级的凝聚力为目的。主要形式有诗歌朗读会、音乐晚会、故事会、文娱晚会、庆祝节日的联欢会,还有体育竞赛、各种文体兴趣小组活动等。一般而言,活动前要有策划,节目应事先排练。

(2)学习活动。主要是指为了调动学生学习的积极性,扩大学生的知识视野,以班级全体成员为对象而开展的活动。例如作业展览、学习经验交流会、学习方法指导会、知识竞赛、智力竞赛、课外阅读活动等。

(3)科技活动。主要是为了丰富和开阔学生的视野,满足学生的求知欲和多方面的兴趣爱好。如组织科技参观、指导进行科技制作、设置科技兴趣小组等。

3. 社会实践

社会实践活动主要是指为培养学生的创新能力和实践能力而开展的班级校外活动。形式有参观访问、社会调查、社会公益劳动、社区服务、春(秋)游等。

从活动时间上看,晨会活动时间最短,每次 10 分钟,周一至周五每天都有;班级例会与主题班会都是一节课 45 分钟左右,每周一次;课外实践活动的时间不定,可能是一次性的,每次一小时或半天,也可能是周期性的,延续一个月或一个学期。

从班级管理的实用性出发,本章重点探讨三种活动:晨会、主题班会以及课外实践(包括校内校外)。班级例会也很重要,已在班级制度、班级文化等章中介绍,这里不再赘述。

三、班级活动的开发

汉语词典对"开发"的解释是:通过研究或努力,开拓、发现、利用新的资源或新的领域。管理学中有"产品开发"的概念,是指企业为满足市场需求,对新产品进行研究、试制,以扩大和完善产品品种的一系列工作。学校教育中有"课程开发"活动,指通过需求分析确定课程目标,再根据这一目标选择某一个学科(或多个学科)的教学内容和相关教学活动进行计划、组织、实施、评价、修订,以最终达到课程目标的整个工作过程。

本书认为，像企业开发自己的拳头产品，企业才有生命力一样，班级也需要开发自身独一无二的教育活动，班级才能有更好的发展。教育管理学认为，"学与教是所有学校的技术核心。"①同样，活动开发也可以被理解为班级管理的核心技术。具备班级活动的开发能力，最能体现班主任的专业素养。

班级活动的开发，可以参照课程开发理论。作为一种技术理论，课程开发的内容包括理念（教育观、课程观、学习观等）、方法技术（具体的课程开发技术，如需求分析技术、设计技术和评价技术）和技术组织（灵活、合理的技术过程步骤，如课程开发模式）三部分，其中方法技术是课程开发理论的核心内容。

本书认为，班级活动开发是"以学生为中心"的活动课程开发，有三个技术要领：首先是对学生需求的分析。活动主题要满足学生成长的现实需求。其次是对学生参与的设计。活动设计要体现学生的参与性、主体性。最后是对学生满意的评估。活动评价要包含学生满意度。

推荐阅读9-1，了解南京市小营小学着眼儿童视角的活动开发。

推荐阅读 9-1
守护童真：从读懂童心开始

第二节　晨会活动

引导案例

孩子的新闻

我们班的晨会10分钟常常很热闹，原因就在于我们把新闻请进了晨会。学生以自己的小队命名每天的新闻时间，如"快乐新闻播报""QQ新闻"和"银河新闻时间"等。

学生的新闻可不一般，他们更关注与他们的生活息息相关的新闻。10月1日要放假了，9月30日的晨会正好轮到红花队的"红花看天下"节目。

红花队的队员走上讲台，他们的开场白居然是：国庆放假，同学们有7天的休息时间。我们小队来给大家介绍一下在国庆期间，常州的好去处。

——焕然一新的红梅公园就要在10月1日对外开放了，听说里面姹紫嫣红，非常漂亮。而且还新增了许多游乐设施，如青蛙跳、泡泡球等。现在，红梅公园是开放式公园了，门票就省掉了。大家可别错过了呀！

——恐龙园的变化更大。我妈妈就在恐龙园工作，她告诉我鲁布拉新增了许多惊

① （美）霍伊，米斯克尔.教育管理学：理论·研究·实践（第7版）[M].范国睿，译.北京：教育科学出版社，2007：37.

203

险刺激的游乐项目,比香港迪斯尼乐园还好玩。让我们一起结伴去玩个痛快吧!

——常州的国际动漫节开幕啦!各种卡通人物齐集我们家乡,有米老鼠、唐老鸭、黑猫警长等。我们可以与卡通人物一起唱歌,一起跳舞,也成为快乐卡通中的一员啊!

……

虽然这些新闻都与"玩"有关,但是却折射出孩子热爱家乡的感情,以及与同伴分享的快乐。①

印象中,晨会课往往是班主任"一言堂"与训话时间,而上述案例却呈现出不一样的晨会风景。晨会到底是什么性质的课程?晨会课要不要规划?晨会课可以怎么上?能不能好玩?本节将全面阐述晨会活动课的意义、内容与组织。

一、晨会的作用

晨会,顾名思义,就是早晨把学生集中起来开会。我国中小学规定:周一至周五每天十分钟晨会时间,它作为活动课程的组成部分,被正式排入课程表。虽然一天只有十分钟,但以每周5次、一学期19周计算,总共有950分钟的时间;以小学六学年算,就有11 400分钟,相当于285节40分钟的课。这可是一个不小的数字。

晨会分学校晨会、年级晨会和班级晨会。比如周一"国旗下讲话"、周五"红领巾广播"等是学校统一组织的晨会活动。班级晨会是由每个班级根据学生实际,自主安排的晨会活动。本节讲的是班级晨会。

晨会是一天学校生活的序曲。从教育的角度看,晨会是一种短小精悍的活动课,具有丰富的教育价值,尤其是学生思想教育的阵地。从管理的角度看,晨会还是一种有效的组织管理方式。比如企业也有晨会,它是指利用上班前的5～10分钟时间,全体员工集合一起,互相问候、交流信息和安排工作的一种管理方式。

据此,班主任应充分认识班级晨会的管理价值。第一,振奋群体精神。新鲜刺激的晨会内容,可以带给班级学生一天良好的精神风貌。第二,提高工作效率。一日之计在于晨,晨会通过简洁评点班务,可以明确今日工作重心。第三,增进师生交流。晨会虽然不长,但对于班主任与全班学生来说却是一天中最宝贵的正式交流时间,因为在接下来的一天中,时间更多地被学科教学与个别事务所分割。第四,锻炼学生能力。很多优秀班主任会系统利用晨会时间,锻炼学生某一方面的能力,比如播报新闻就对信息搜集能力、语言表达能力有帮助。第五,打造文化特色。有的班主任将晨会课开发成新颖的、有个性的、能产生持续影响力的班级文化品牌。

二、晨会的内容

晨会活动,不应该是语数延长课,也不应该是单一的思品课或单调的班务工作布置。优秀班主任常常将一学期或一学年的晨会课打造成内容层次丰富的、自成系列的

---

① 王一军,李伟平.班级活动设计与组织实施[M].北京:教育科学出版社,2007:55-56.

综合性、创造性活动。例如以下这些。

(一) 常规训练系列

对低年级学生和新生入学来说,班级管理需要有一个对全班学生进行常规训练的阶段,此时充分利用晨会课是比较合适的。内容既可以是对班级规章制度的解读宣传,也可以是对某一种常规进行专门的行为示范与练习,如排队、卫生值日等,还可以通过角色扮演、小品表演等方式,让学生对正确或不正确的行为进行辨析。

(二) 班务议事系列

晨会课可以被打造成小小的班级事务议事厅。比如,由班委轮流或值日班长对上一天的班务进行"一分钟点评",形成惯例。也可以就班级偶发事件的处理、个别制度的调整,提出不同意见,公开讨论。还可以专门表扬或批评一种现象、一个同学,一事一议,形成正确的班级舆论。

(三) 思想教育系列

根据社会发展与学校要求,晨会课还可以在一个阶段集中进行理想、爱国主义、感恩、集体主义、民族精神、红色文化等方面的思想教育。通过讲故事、诗歌朗读、影视作品欣赏、歌曲联唱等多样形式,提振精神,弘扬正气。

(四) 知识拓展系列

根据不同年龄段学生特点与学习要求,安排创造性学习活动,比如每日一诗、每日一句英文对白、讲述历史上的今天、介绍一本好书等。或将学科知识应用于创造实践的活动,如争创学科类技能"吉尼斯"活动、学习方法经验介绍、百家讲坛、音乐世界、体育大看台等各种融知识性、趣味性、创造性于一体的活动。

(五) 生活交流系列

从学生生活实际出发,进行生活技能指导,比如与人成功交往秘诀探讨,做个合格的社会小公民等,也可以是生活指南针、生活小窍门、新闻播报,为学生交流见闻、心得提供机会。对承受成长烦恼的孩子来说,晨会课是难得的精神放松与舒缓的时刻。

三、晨会的组织

(一) 精选主题

活动的主题选择不好,活动就搞不好。主题设想要注意以下几个方面:第一,是否适合当前班集体建设内容的需要;第二,班集体现实情况是否有急需解决的热点问题;第三,是否与学校教育计划和教育活动安排冲突。这几个方面是确定班级活动主题的重要依据。

另外,班委会要充分讨论。班主任可以把自己的设想向班委会说明,也可以引导班委会进行酝酿,要允许学生提出独立的见解,在大家畅所欲言的基础上进行归纳。班委会还要征求全班学生的意见,对同学的反馈信息,班委会要认真收集整理,作为组织活动的重要参考。有的活动还可以征求任课教师、校领导以及部分家长的意见。

有班级开展"晨会招标活动",一个阶段的晨会课由学生以个人或组合的形式申报、承办,这种创新形式比较适合自主教育意识与能力较强的高年级同学。班主任要认真参与配合,及时给予帮助和引领,促进晨会质量的不断提高。

(二)精心准备

主题确定以后,班主任和班委会共同制订活动计划,并且落实组织工作。在组织工作中,有两点要特别注意:一是发动全体学生参与活动,给全体学生同等发展的机会。二是考虑可以借助的力量,请能为活动增色的其他成员加入,如请家长、大队辅导员、社区负责人等参加活动。

开弓没有回头箭,有些活动即使有难度,也要尽可能帮助学生完成。比如有的学生没有活动经验,不会写稿子、害怕上台等,要鼓励学生,必要的情况下请家长配合指导。有些活动需要花费精力,比如班级"气象先生"每天要播报气象新闻,这是锻炼能力的机会,也是一项锻炼意志的活动,要鼓励学生克服困难,坚持到底。

晨会是学生自主教育的阵地。晨会活动切忌过于程式化和成人气,要尽可能以学生喜闻乐见的方式进行,有时班主任要学会放手。比如某班的"小先生晨会"即是根据一定的晨会内容,采用学生教育学生的课堂组织形式,达成学生自我教育与自我管理能力的一种课型。再比如本节引导案例,这里的新闻播报不是指读现成的新闻,而是用孩子的口吻播孩子想知道的新闻。在这个过程中,不仅锻炼了学生的口头表达能力,更提高了学生的社会素养,加快了学生的社会化进程。

(三)精彩呈现

活动的展示需要考虑以下三点:第一,是否发动每个学生出来展示成果。并不是每个学生都必须成为展示的主角,但应当给予配合。第二,是否借助多种媒体来展示成果。可以借助新媒体手段,也可以通过学生表演来展示成果。第三,展示现场的布置直接关系到活动的气氛和效果。会场布置要适合活动的主题,创造良好的环境氛围。黑板、灯光、桌椅摆放、必要的装饰物,都要从活动的主题出发进行设计。当然,晨会课的呈现方式不能像主题班会那样面面俱到,要考虑时间成本。

活动究竟搞得怎样,学生收获有多大,存在什么问题,都要通过活动总结才能促使大家想清楚。晨会活动的总结可以按时间来进行,比如月末由班委进行点评;或者可以按内容来进行,比如一个系列活动结束后,可以评选最佳选题、最佳演讲、最佳剧本、最佳 PPT、最佳表演等。总结的目的是不断提升晨会活动的质量,培养学生的自主能力。

推荐阅读 9-2,了解南京市三牌楼小学是如何以儿童公共精神培育为主线,开发出系列活动课程的。

推荐阅读 9－2
儿童公共精神培育的时
代价值与校本实践

第三节　主题班会活动

引导案例

我爱我"家"

一、活动背景

初一年级的班级刚刚组建,能否迅速激发学生的集体荣誉感,尽快形成班集体凝聚力,是班级能否良性发展的关键。可是我带的这个初一班,有些学生对自己要求不够严格,导致班集体荣誉受损;还有些学生想为班集体作贡献,但又常常感到没有机会、无从下手。针对这些情况,我设计了这次活动,旨在使学生明白要热爱班集体,更要会爱班集体。

二、活动目标

以"激情—感悟"策略为依据,回顾班级组建以来取得的成绩,激发学生的集体荣誉感;指出班级存在的问题并开展讨论,消除学生的情感障碍,使学生逐步形成关心班集体的意识,增强班集体的凝聚力。

三、活动准备

1. 调查班级成员最不满意的班级现象;

2. 准备音频、图片、文字等材料;

3. 准备心愿卡、心愿瓶;

4. 准备节目表演;

5. 两位主持人做好组织、准备工作。

四、活动过程

环节一:诗朗诵导入,营造班会气氛

"星空是星星的家,树林是树木的家,花园是花朵的家,大海是水滴的家。"通过主持人深情的配乐朗诵,再配以相应内容的背景图,营造一种温馨的"家"的气氛使学生尽快进入情境,受到感染。

环节二:回顾班级成绩,激发自豪之情

由副班长带领大家回顾《我家大事记》,并且通过三句半表演强调班级成绩的取得与每一位同学的努力分不开,以激发大家的集体荣誉感。

展示男女生取得的成绩,并由男女生分别演唱歌曲《奔跑》《风雨彩虹铿锵玫瑰》,再次强化学生的自豪之情。

环节三:指出班级存在问题,教会学生怎样爱班集体本环节包括三部分：① 通过几个小品以及"咱家你最不满意的事"的调查统计结果，集中反映班里目前存在的几个问题，让学生明白"班荣我荣，班耻我耻"的道理。② 请大家进入"我家议事厅"，建言献策，看看有什么切实可行的办法可以改善这一状况。③ 主持人小结：其实爱我们的家可以有很多种表达方式。比如努力学习，积极锻炼身体，认真做值日；再比如上课认真听讲，不搞小动作，下课不打闹等。用一句话概括，爱家即"勿以善小而不为，勿以恶小而为之"，使学生树立"班级荣辱，人人有责"的意识。

环节四：展望未来，鼓励学生以实际行动珍惜集体荣誉

播放背景音乐《让爱住我家》，学生填写心愿卡，把对"家"的美好祝愿写下来，也把以后打算为"家"做的事写下来；并将心愿卡折成千纸鹤，放到心愿瓶中。纸鹤是吉祥和祝福的象征，心愿瓶将在三年后开启，意在激起学生对美好明天的期盼，在这三年内携手并进，共创辉煌。

全班一起朗诵诗歌《全班联名谱诗篇》(略)。

五、班主任小结

通过"一屋不扫，何以扫天下"的故事，让学生明白：不仅要志存高远，还要脚踏实地；既要胸怀"扫天下"的壮志，还要有"扫一室"的耐心。只有真诚地爱小家并为之奋斗，将来才有可能爱我们的大家——祖国，甚至是人类家园——地球。

最后，送学生一首班主任自己创作的小诗《我爱我家》作为结尾：

初一(5)班我的家，

家事牵动你我他。

他日看我凌云志，

志在必得扫天下！①

这是一份完整的主题班会活动方案。在中小学，主题班会的设计与实施是班主任的专业基本功。对年轻班主任来说，常常有主题班会活动方案设计与活动现场展示的任务，因而十分有必要了解好的主题班会的设计、组织与评价标准。

一、主题班会的设计

主题班会是指围绕一个专题，在班主任的组织和指导下，根据学生的兴趣和身心发展特点，以班集体的智慧和力量为依托，以学生为主体，经过一系列精心设计、策划的班级教育活动。主题班会的设计是班主任专业素养的综合反映。本书认为，主题班会设计的专业性表现在主题选择、内在逻辑、系列规划以及品牌意识四个方面。

(一)班会主题选择

叶澜教授的"新基础教育"研究团队认为，"班级活动应以满足和提升学生的成长、发展需要为核心主题……学校班级活动如若离开了这一核心主题，就会失去教育价值

---

① 张玉英. 我爱我"家"[J]. 班主任，2009(10). 作者为北京市安慧北里中学老师。

的根基。"活动可以分为这样两大领域,一是与外部世界发生关系的领域,一是与学生自我发展相关的领域。①

与外部世界发生关系的领域,其中涉及社会物质、政治、文化精神生活,每一方面还有当代问题:如文化精神生活中的价值多元化倾向和网络世界带来的一系列问题;全球化背景下对自己、国家、民族的认识、热爱和责任的培养问题。在对待自然的态度上,对自然生命的关爱、环保意识、节约能源等都是当代社会突出的与每个公民相关的问题。学生对外部世界的认识,还涉及学校、班级群体生活、家庭生活中的一系列问题,主要是各种人际关系的处理。其中最为核心的是同伴关系(包括好友与冲突者、合作者与竞争者)、师生关系、父母与子女关系、社区邻里关系、公共场合的各种相关行为人之间的关系等。

与学生自我发展相关的领域,包括在与外部世界相互作用中内在的感受、体悟,内需的激发与提升,也包括自我反思、同伴间或与相关成人一起进行的直接指向活动主体内在精神世界发展的活动。有认识的、情感的、意志的、价值取向的、行为的等方面,这里将更多涉及心理发展、心理健康的主题,这是以往班级活动中容易受忽视的一面。

两大领域班级活动的系列建设,服务于当代社会需要,服务于新人精神培养。这些主题在不同年级,以及同一年级的不同时段、不同班级乃至每个学生都会有不同的表现和关注的重点。总之,主题班会的内容安排要体现时代性,把握时代脉搏,与时代息息相关,使学生有一种亲近感、迫切感、现实感。班会的主题切口要小,挖掘要深。

(二) 班会内在逻辑

主题班会内容的展开要有层次、有内涵、有深度。李伟胜教授将个体在班级中获得主动成长的过程整理成班级教育的思路,即"个体经验世界"在班级中得到"敞现—交流—辨析—提升"的过程。② 本书认为,该思路可以作为主题班会设计的内在逻辑。

1. 敞现:敞开心扉,坦诚相对

让学生将其真实生活内容,尤其是真实的成长体验在班级中主动呈现,从而形成最真实,也是最宝贵的教育资源。例如,通过周记或日记,让学生放心地袒露自己的内心世界。在此过程中,"个体经验世界"向着更多的其他人的经验世界和更开阔的人类文化世界开放,同时也为接受其他人和人类文化的影响提供基础。

2. 交流:沟通思想,知心知情

要使敞现出来的真实生活内容成为教育资源,就需要引导学生对其进行反思和提炼。为此,要在学生之间、师生之间形成良好的沟通渠道,使之充分交流各自的成长体验和人生智慧,由此让每位学生的"个体经验世界"在开放中得以丰富,并构成班级共同

---

① 叶澜."新基础教育论"——关于当代中国学校变革的探究与认识[M].北京:教育科学出版社,2006:320-322.
② 李伟胜.班级管理[M].上海:华东师范大学出版社,2010:48-49.

拥有的精神世界的内容。例如,在学生袒露自己内心世界的基础上,组织学生交流对班级生活和个体发展中的某些事情的看法,如讨论怎样看待"追星"现象。

3. 辨析:辨明价值,澄清认识

这是最需要班主任教育智慧和学生成长智慧的一环,在这一环节中,学生要运用不断增强的思维能力和人生经验,辨别已经敞现出来的真实生活中的内容构成、形成原因、成长体验、生活境界。这既是对智慧的运用,也是增进智慧的过程。在此过程中,每一位学生的"个体经验世界"和整个班级共同拥有的精神世界的内容与品质得到每一位发展主体的透彻理解,从而为他们做出明智的选择奠定基础。例如,可以组织学生了解青少年"追星"过程中的种种现象,并对这些现象进行原因分析、价值判断。

4. 提升:提升境界,追求高尚

师生和生生间的群体交往,最终应促进学生的发展,即,使每一位学生在面对已经得到辨析的精神世界时,都能主动做出明智的选择。其中,既有"个体经验世界"和班级精神世界的拓展,也有个体和班级精神生活境界的提升,而这两方面都意味着学生精神生命质量的提升,即班级发展目标的实现。例如,组织学生对不同的"追星"行为进行充分讨论,形成有充足理由的、明智的选择,包括组织更高雅的班级活动。这既能充实学生的学校生活内容,满足学生的多元文化生活需求,又能不断提高学生的精神生活品位。

以一堂初中生的主题班会课"与父母主动沟通"为例。"回顾成长感受"是敞现,"主动面对成长烦恼"是交流,"感悟自己的责任"是辨析,"发出给同龄人的建议"是提升。(见表9-1)

表9-1　"与父母主动沟通"主题班会过程①

一、导入,班会开始
二、活动交流
(一)回顾成长感受
1. 播放十四岁生日仪式的录像剪辑。
2. 思考:十四周岁意味着什么?(有责任心,有明确的生活学习目标,有调节心理变化的能力,有尊严地学习和生活,能学会为家庭分担责任等)
3. 播放"父母是你特别的朋友"主题班会的录像剪辑。
4. 学生分享感受。
5. 小结,过渡进入下一个板块。
(二)主动面对成长的烦恼
1. 身边的小故事(录像)
(1)片段一
月考后在得知英语和数学成绩后,及时告诉父母,但却引起了他们之间的争执。
从学生角度讨论:引起争执的原因在哪里?如果你身边的同学遇到这样的事情你会怎样做?

---

①　李伟胜. 班级管理[M]. 上海:华东师范大学出版社,2010:61-62. 案例作者为上海市曹杨二中附属学校缪红。

（续表）

（2）片段二 第二天,这位同学来上学,当同学们了解了这一情况后,给予他真诚的问候和关心,其中有一位同学的家长更是主动上门找这位同学家长谈心。(体现出学生与学生之间、家长与家长之间的沟通) 2. 小组讨论 同学和家长的关心只能起到外因的作用,这位同学今后应怎样避免这样的事再次发生? 3. 提炼感悟 指责对指责,会引发争吵;沉默抗拒,会引发冷战。青春期的心理是变化莫测的,时不时地,你会惹点事情让你的父母头痛劳神——其实父母没有变,真正变了的是你自己。学会主动沟通,才是化解冲突的关键。 （三）感悟自己的责任 1. 活动:你有"小孩子气"行为吗? 逐一出示题目,以小组的形式完成。全班同学根据自己的情况回答,并统计结果。 2. 领悟:你表现得越小孩子气,你的父母越把你"拴牢"。 3. 故事:《在沟通中成长》。 (通过身边同学的小故事,分享与家长主动沟通后所带来的成就感) 4. 讨论:根据活动中全班回答"是"最多的题目,结合"亲子兵法三招"讨论双赢的对策。 5. 领悟:积极主动的沟通,双赢策略是化解亲子冲突、促进家庭和谐的好办法。 三、活动总结 点明主题,深化内涵,提出希望,让每一位学生都能主动承担应负的责任,发出《我们怎样与父母沟通——给同龄人的建议》,促进自我发展,回报父母和社会。

"敞现—交流—辨析—提升"的教育思路,反映了教育活动的内在逻辑,是班会活动设计的主导线索,但它不应被机械地搬用,而需要班主任创造性地运用。

（三）班会系列规划

主题班会不应该是"为活动而活动"的应景式活动,而应该是班主任为了学生成长与班级发展主动开发的有目的、有计划的教育活动。南京市建邺高级中学的袁子意老师,通过班会课与学生共同规划了高中三年的六大板块、七大系列的主题班会活动。[①]

1. 六大主题版块

高一上以理想为主线,高一下以感恩为主线:突出融合、理想、目标、视野、感恩、文化。高二上以团队为主线,高二下以亲职为主线:突出挫折、定位、升学、亲职、心理、情感。高三上以学业为主线,高三下以意志为主线:突出意志、细节、减压、团队、技巧、心理。

2. 七大活动系列

（1）规划高中系列

让学生对自己高中三年如何度过有所规划,有计划、有准备地安排好高中生活,具

---

① 齐学红,袁子意. 班会课的设计与实施[M]. 上海:华东师范大学出版社,2013:49-53.

体活动有："校园教育心理剧高中的困惑""认识自我""放飞理想""我的一生该如何度过""方向比距离更重要"等。

（2）学习指导系列

通过教师引导或同学交流对学生进行学习方法指导，提高学习效率。如"班级同学学习方法交流""高中学习方法和生活习惯指导""如何有效管理自己的时间"等。

（3）生涯设计与理想教育系列

引导学生对未来人生进行规划，激发学习的热情和动力。如"中国大学，你了解多少""我与课外书""职场应聘 abc""职场应聘与热点问题讨论""我的大学你在哪里""名人成长记录"等。

（4）快乐高中系列

对高中学生进行心理指导，让他们在高中保持健康的身心，在奋斗过程中既体会失败的痛苦也感受成功的快乐。如"快乐就在我们身边""压力与动力（校班会展示课）""做情绪的主人""学会自我修炼""残缺的一角"等。

（5）集体主义与团队精神教育系列

引导学生共同构建良好的班级氛围、和谐的集体环境，这样也能更好发挥学生潜力。如"竞争与合作（雁行理论的介绍）""班级与我共同成长""短片回顾""班委竞聘与述职""优秀班干部三好生的民主选举"等。

（6）感恩与责任教育系列

教育学生懂得感恩与理解，懂得付出与回报，增强社会责任感，激发学习动力。如"理解，架起爱的桥梁""谢谢你，老师""朋友，相识是缘分"等。

（7）意志教育系列

教育学生成功需要不懈的努力与奋斗，坚强的意志是成功的必要条件。如"细节决定成败""自信是成功的基石""意志·性格·命运"等。

总之，优秀班主任的班会课设计都不是零打碎敲、形式主义的，而是根据学生与班级的发展阶段特点、总体目标进行系统规划，这样才能使活动主题新颖，内容切合学生需要，活动效果明显。

（四）班会品牌意识

优秀班主任超出常规的素质还表现在强烈的班会课品牌意识上。也就是说，他们不把班会课当作简单的"差事"，而是把其中的精品，通过不断打磨，塑造成班级的文化品牌与班主任的专业教育品牌。成熟的活动方案，可以长久使用，推广开来，发挥更大的教育功效。

比如袁子意老师在长期的探索与实践过程中，形成了三个品牌化活动：高一的理想愿景诗歌朗诵；高二的职场应聘教育心理剧；高三的压力与动力心理剧和成人仪式活动。比如教育心理剧。教育心理剧是基于心理剧的理论基础之上，通过学生扮演当事人或由当事人自己借助舞台来呈现他们各种典型的教育问题与心理问题，在老师和全体参与演出者以及观众的帮助下学会如何应对和正确处理心理问题，从而使全体受到教育启发的一种团体教育与心理辅导治疗方法。已开发了《职场应聘》《隐形的翅膀》《一个女孩跳楼的背后》《睡神》等并在全国班主任网络培训中发表。①

二、主题班会的组织

主体班会的组织工作一般包括四个方面：方案策划、筹备落实、开展活动和总结提升。

（一）活动方案

对主题班会进行活动策划并撰写活动方案，是开展主题班会活动的基础，活动方案是否有新意，关系到班级主题活动质量的高下。活动的策划常常是对班级主题活动提出原则性的意见，而将策划内容撰写成活动方案，就是将活动进一步具体化、细节化的过程，所以撰写活动方案的过程也就是对活动内容和活动步骤进一步设计的过程。一般来说，主题班会活动方案包括以下几个部分：

1. 活动名称

揭示活动主题，文辞富有创意。如本节引导案例的标题：我爱我"家"。

2. 活动背景

介绍活动缘起，分析班级实际。活动既可以是落实学校布置的教育要求，也可以是针对班级内部的实际问题。

3. 活动目标

阐述活动意义，设计行为目标。包括活动对学生发展与班级发展的抽象目标，以及具体的行为目标，即在本次活动中，学生要经历什么、学会什么、体验什么。

4. 活动准备

包括活动场地、设备、资料、节目、主持等方面的提前筹划落实。

5. 活动过程

一般将主题班会设计为四五个活动环节，每个环节下又有若干小节目。环环相套，逐次展开。环节名称设计要考虑文采。各环节之间，还要设计部分主持人串词。

6. 活动总结

提前设计好班主任的总结陈词。如本节引导案例中的班主任作诗激励。

7. 活动拓展

活动之后，可以布置心得交流、作品展示、调查研究、实施行动等，巩固活动成果。

---

① 齐学红，袁子意. 班会课的设计与实施[M]. 上海：华东师范大学出版社，2013：50－51.

表 9 - 2 主题班会活动方案模板(仅供参考)

活动名称
(名称比较正式、醒目,彰显活动的主题与内容)
一、活动背景
(活动的缘起,包括主题的教育价值、适合班级的什么情况)
二、活动目标
(活动的具体目标,表述为学生的行为目标)
三、活动准备
(场地、设备、服装、节目、资料、主持人等)
四、活动过程
(活动的主要环节/板块与具体内容)
五、活动总结
(班主任总结陈词)
六、活动拓展
(本次主题班会的后续活动,如成果板报、调查研究、行动方案等)

(二)活动筹备

从制定出活动方案到班级主题活动举行之前,可以看作是开展主题班级活动的第二阶段,这一阶段的任务,就是在班主任的组织指导下,依靠学生做好活动的各项准备工作。主题活动的准备过程,就是培养学生学习能力、交际能力、自我管理能力的过程,也是培养他们团队合作精神的过程。

1. 制作文字音像材料

搜集、整理活动所需的科学、历史、文学等方面知识以及相关影视、视频、音乐资料,制作成活动所需的文本、PPT、背景音乐。

2. 培训活动主持人

对活动主持人的台词、仪表等提前把关,帮助其熟悉活动流程,针对有可能出现的突发情况,考虑备用方案。

3. 准备活动用品及设备

事先购置或商借活动所需要的多媒体设备、道具服装等。

4. 邀请来宾

班级主题活动有时会邀请学生家长、学校领导、社会人士参加。通过发放请柬、电话联系等方式正式邀请来宾。

5. 排练节目

游戏、小品、歌舞等是主题班会中学生喜闻乐见的节目,为达到表演效果,需要提前进行排练。

6. 布置美化活动场地

根据活动内容的要求,对活动开展的场地做必要的布置和美化,安排专人落实完成。

充分的准备工作是班级主题活动成功的保证。准备工作的组织要做到:统筹安排,分工明确,各显其能,各尽其职,指导认真,检查到位。

(三) 活动实施

经过第二阶段的工作,班级主题活动应当是"万事俱备,只欠东风"了,一切准备就绪,在活动正式开始前,班主任一定要做最后的检查。如果邀请来宾,要有专人接待,要安排好座位。在预定的时间和地点,班级主题活动正式开始了,这是将活动设计的蓝图变为活动实践的现实的过程。在这个过程中,班主任主要起指导和保障的作用。

1. 指导

班主任要帮助班干部维持好活动现场的秩序和纪律。班主任要指导主持人的主持。如活动现场气氛不热烈甚至出现冷场,或活动现场太热闹,主持人控制不了现场,或主持人和参与的同学因紧张出了差错,这时班主任一定要沉得住气,不要埋怨学生,而是帮助主持人采取相应的对策。

2. 保障

班主任要保证班级主题活动准时开始和结束;保证活动按照活动方案顺利执行;要及时处理解决活动中出现的一些技术性的问题。

(四) 活动总结

对班级主题活动进行总结,这既是对本次活动的一个回顾评价,也是巩固和提升活动效果的方法,更是为今后的活动积累经验。

1. 口头总结

总结时应充分肯定成绩,以鼓励为主。总结也应实事求是地分析不足和问题,找出原因所在,总结教训。对存在问题,班主任应当主动承认,切忌指责批评学生。

2. 书面心得

除了口头总结的形式外,让学生记日记、写作文、出墙报交流体会和收获,这些也是很好的活动总结的方式。学生通过回顾自己在班级活动中的所见所闻,总结收获和体会,促进情感和认识的升华,也是巩固和提升活动效果的有效途径。

3. 优秀评选

可以在学期末评选出班会最佳策划、最佳表演、最佳剧本、最佳主持、最佳后勤等,对积极参与主题班会活动的个人、小组予以表彰。

三、主题班会的评价

一节好的班会课,大约有五大要素:主题具有思想性,内容具有真实性,形式具有新颖性,氛围具有感染性,师生具有互动性。

以下是某校"主题班会评价标准"实例,评价项目分为活动主题、活动内容、活动形式、活动过程、活动效果、班主任六个方面,每项评价内容按评价等级(有 ABCD 四级,分别赋予不同权重与分值)打分,最后得出总分。① 此定量评价表既关注了活动本身的设计与实施,又关注了活动中的学生主体性与班主任主导作用的表现与收获,比较全面。以下列出其中的评价项目与评价内容,供参考。

(一) 活动主题

1. 主题鲜明,具有教育性、时代性和创新性,符合新道德教育思想。

2. 主题符合学生实际,关注学生在认识水平、情感态度、心理特征、价值观等方面的差异。

(二) 活动内容

1. 根据学生的生活实际和发展需要确定内容,挖掘学生生活经验中的道德素材,形成满足学生道德发展需要、易于接受的具体教育内容。

2. 活动内容正确合理,具有科学性,紧扣学生生活,符合班集体的建设和学生个体发展的要求,有利于良好班风、学风的形成。

(三) 活动形式

1. 活动形式新颖多样,切合主题;设计合理,运作完整,时间把握得恰当。

2. 活动形式生动、活泼,符合学生的年龄特征和身心健康发展的需要,体现班级活动的层次性和创新性,体现教育行为的艺术性、丰富性。

(四) 活动过程

1. 设置恰当的情境,师生在情境中参与活动,师生互动、生生互动,在活动过程中得到体验和感悟。

2. 活动过程充分体现主题,体现学生活动的主体性、全员性和合作精神,学生能积极主动参与,学生能创造性地提出问题、解决问题。

3. 各活动环节紧凑有效、科学合理。

(五) 活动效果

1. 课堂气氛适宜,全体学生参与的积极性高,师生互动,班会主题能渗透到学生内心,起到润物无声的效果。

2. 实现活动主题目标,学生兴趣浓厚,有发现,有收获;能展示班级文化风采;学生参与班级活动的能力得到发展。

---

① 齐学红. 班级管理[M].北京:教育科学出版社,2018:221-222.案例源自山东省新泰市青云三中网站。

（六）班主任

1. 体现教师的主导作用(包括显性指导和隐性指导)，体现新型的师生关系，能够妥善处理活动中生成的问题。

2. 积极参与学生活动，以真情感染和引导学生。评价适时、恰当，发现并肯定学生的闪光点，满足学生的发展需要。注重引导学生跨越思维障碍，提升精神境界。

3. 能合理、有效地运用现代教育技术手段。

推荐阅读9-3，了解李伟胜教授团队开发的班级活动研究工具。

推荐阅读9-3
李伟胜：引领学生自主开展
班级活动的研究工具

第四节　课外实践活动

引导案例

史老师的思考与行动

"下雪了!"上午第四节正好是体育课，以往热热闹闹的操场只有我们班和四班两个班级，显得稍许冷清。楚河汉界划定后，马上战火纷飞，心里只恨这雪下得还不够大，雪仗打得还不尽兴。这一仗对于我、对于学生都是一次彻底的放松。下个星期就是期末大考，外面飘着的片片雪花正好是留住学生在班级学习的最好理由。诚然，这节课我也可以堂而皇之地占用，说不定考试中还能多考个五分什么的。但若干年过去后，这个五分能被几个人记得。可这场雪中体育课，我相信会留在很多人心中很久很久。而且，结果证明，大考前夕组织学生打雪仗，班级的成绩并没有受到影响，反而还很不错。

五一长假期间，《金陵晚报》举办"虎凤蝶行动"，即去南京的母亲山——紫金山，捡拾路人丢弃的垃圾。本来我很担心学生们对放弃假日休息时间来在众人面前捡拾垃圾会有些想法，事先都没敢说太多，还强调是去爬山。可当学生们穿上《金陵晚报》统一发放的文化衫，拿着统一配备的工具，在几面鲜艳的大旗下整齐的开始活动时，大家都充满新鲜感和好奇感。活动过程很辛苦，平时光是爬山就是件累人的事情，现在还要边登山边不停地弯腰捡拾路旁的垃圾，对这些娇生惯养的独生子女来说更是挑战。可当学生们看到路上的游客投来赞许的目光时，心中的自豪感油然而生。看到被自己打扫后干净整洁的路面，更是感受到自己作为南京市民所应有的社会责任感。

国庆长假前学校给每个学生布置了作业，去感受和谐发展中的南京，这么有意义但略显空洞的题目要想完成好就需要多动脑筋。我脑海里闪现出南京图书馆新馆，它应该是南京新时代发展的一个标志性建筑，于是就冒出带学生去图书馆做义工的念头。

打通了电话,说明了来意,那里的工作人员也是非常热情。这活动能让学生来到条件这么优越的图书馆,亲身感受到南京的发展,明白和谐发展不只是一句空话,又能培养他们服务意识、劳动意识、责任意识,还可以感受到那种浓浓的书香氛围,真是一举多得啊!这次活动跟以往的班级活动不一样,不是班级整体一起参加的,图书馆的工作分别在少儿期刊阅览室、报纸杂志阅览室、文化用品商店三处,定在四、五、六三天,每天上下午各五名同学。班级三十名同学正好分成六组全部参与进去,每组都有得力的组长负责,我不需要每次都到现场,由组长负责安排,组内每个成员都有具体负责的事情,都能亲身感受、亲历成长。①

以上案例摘自南京第二十四中史菁老师的班主任博客中的《打雪仗》《虎凤蝶行动》《今天南图我当家》三篇。作为初中班主任,同样面临中考压力,同样有各种各样的事务缠身,但史老师看到了学生课外实践的教育意义,动脑筋去发现身边的课外实践资源,把它变成学生一辈子难忘的经历。

一、课外实践的意义

本书所讲的课外实践活动,是指课堂教学之余、学科教学之外的实践活动,包括校内与校外活动。现在的学生在校内的大部分时间被课堂学习所占据,他们的校外生活也被学科培训、特长培训所占据,缺乏对自然、社会的亲身体验与实践。其实,与正式课程相比,课外实践活动对学生的成长具有同等重要的意义,主要体现在以下五个方面。

(一)感悟自然

自然教育是一种身体与感官体验。让儿童体验自然的教育有助于摆脱现代工业社会对儿童生活的主宰,以寻求一种精神上的独立与自由。卢梭提出,"自然的景色和生命,是存在于人的心中的,要理解它,就要对它有所感受。"②恩格斯说,自然美使人的"精神沉入物质之中",进入那种"大乐与天地同和"的物我两忘、天人合一的境界。③ 自然美的体验可以升华人的情感,启迪人的智慧。

以体验自然为主题的课外实践活动就是给儿童提供一个开放的自然环境,让其身处其中,真实地体悟、表达自我,真正获得精神上的独立与自由。

(二)关心社会

关心社会是指个体善于发现社会生活中存在的问题,能够正确看待社会问题,并通

---

① 转引自周晓静. 中学班主任[M]. 南京:南京师范大学出版社,2008:90 - 91,94 - 96. 引用时略有改编,标题为编者加。

② 卢梭. 爱弥儿(上卷)[M]. 北京:商务印书馆,1978:218.

③ 马克思,恩格斯. 马克思恩格斯论艺术(第四卷)[M]. 曹葆华,等译. 北京:中国社会科学出版社,1985:333.

过实践、研究等方法积极有效地解决社会生活中的真实问题,以促进自身综合素养的不断提升。

以关心社会为主题的课外实践活动就是鼓励学生主动参与社会生活,积极发现社会生活中存在的问题,通过调查、访问、观察、探究等社会实践活动,深入了解社会问题并立足社会实践,提出合理化的意见和建议,以有效解决社会问题,更好地为今后的生活服务,其之于学生幸福成长、社会实践能力培育、学习方式转变、思维品质提升及人格完善具有重要意义。

(三) 了解科技

当前世界发达国家都把发展科技教育作为国家的头等大事来抓,视为教育改革的重中之重。只有具备科技素养的人,才能正确认识科学技术的双重价值,即真理价值和实用价值,正确认识科学、技术与社会三者的关系,才能用理性思维和科学精神驾驭科技,真正实现人与自然的和谐发展。

以科技教育为主题的课外实践活动就是使每一个青少年都能沐浴在科技文化的熏陶中,乐于思考,敢于探索,勇于质疑,使青少年成长为富有科技理性、注重科技伦理、遵守科技行为规范、富有科技素养的人。

(四) 提高审美

审美素养与当今社会发展之间的关系日益紧密。大审美经济时代的到来,意味着审美体验、艺术创意在产品设计、生产、营销等经济活动中占有越来越重要的地位。

以艺术和生活审美为主题的课外实践活动旨在通过博物馆、艺术馆、文化站等社会机构和团体,大量地欣赏古今中外优秀的艺术作品,增加艺术史方面的知识,感受艺术家的创作手法与表达手段,感悟生活中随处可见的审美元素,激发想象力与创造力,从而提高学生的审美品位和艺术创作能力。

(五) 增强劳动

2020年3月,中共中央、国务院印发《关于全面加强新时代大中小学劳动教育的意见》,指出"劳动教育是中国特色社会主义教育制度的重要内容,直接决定社会主义建设者和接班人的劳动精神面貌、劳动价值取向和劳动技能水平"。劳动素养以深入传承和弘扬劳动精神为内核,具体培养劳动观念、劳动能力、劳动习惯和品格三方面,三者不可或缺、相互联系。

以劳动教育为主题的课外实践活动就是让学生在长期劳动实践过程中,逐步形成适应个人终身发展和社会发展所需要的价值观、必备品格和关键能力。

二、课外实践的组织

本节以一次校级义卖活动为主,说明优秀班主任在课外实践活动的策划、实施、总结合各环节的组织策略。① 此次活动的起因是:某地教育局为支援精准扶贫学校,要求学校组织爱心义卖,将所得款项统一上交教育局后统一购买教学用品。面对上级安排的义卖活动,如果班主任不做义卖环节的结构性思考,不深入考虑义卖各个环节学生的介入程度及所得到的锻炼意义,而只是被动参与,只为能上交一定义卖款项,也无可厚非。然而,如果班主任想借助这一契机让义卖活动成为学生成长中的一次节点活动,那么班主任的关注点就很不一样了。

(一)活动策划

纵观我们平常的活动组织,活动多是出自教师和家长的策划。比如六一演出,表演什么节目,需要什么道具,甚至请谁指导,动作怎么编排,在小学阶段,一般全由班主任和核心家委包揽,学生只负责参与排练和表演就可以了。要真正发挥实践活动的作用,就要改变这种让学生处于被动服从状态的前期准备。

一方面,让学生成为活动策划主体。真正具有生长性的活动,从主题拟定开始就引导学生参与进来,充分发挥学生的主观能动性。比如义卖活动,在前期策划环节,除了让学生考虑带什么物品、定什么价格、在义卖中承担什么角色等前期工作之外,还要让学生协商摊位分工、宣传策略、义卖物品的市场热效度的调研、各个人员的分工及具体职责等。有了这些参与态度和能力考虑,学生在这个策划过程中,已经在培养自己的复杂性思维了。

另一方面,教师有针对性地介入指导。在充分发挥学生的参与意识、提高其策划能力的同时,也要做好针对性引导。比如,组织学生调研义卖商机时,引导学生充分调研和讨论,发掘学生的创新性思考,培养其创意性思维意识。又如,指导学生的团队合作,分组准备义卖商品、设计摊位,促进学生沟通能力和合作能力的提高。再如,项目组岗位分工之后,要做好岗位培训:店长、采购、宣传、销售、收银等各个岗位责任人,该承担哪些职责,工作中需要注意哪些问题,通过头脑风暴让学生预设问题,班主任或核心家委再辅以巧妙的问题提醒,让学生明晰各自的工作职责。

有了这样的前期准备,学生带着心理和能力准备上场,会更加得心应手。而班主任则有更多精力去关注活动过程中生发的新的教育契机。

(二)活动实施

活动实施环节,班主任要根据活动目标及规划高效组织,全方位关注,充分发掘活动过程中的生成性资源,促成活动意义的最大化,以及个体与群体之间的高质量互动。

在正式义卖活动中,班主任要密切关注学生根据策划方案的实施情况,包括每个人的角色承担及同学间的协作情况,还有在义卖过程中表现出来的财经素养、与人沟通能力、应急问题的处理能力等,有的问题可以进行现场指导和调控,有的问题则可以在活

---

① 王怀玉.从班级到成长共同体:不一样的带班策略[M].上海:华东师范大学出版社,2019:143,146-148.

动结束后做总结反思时提出来。比如,义卖活动中因恶劣天气需更换场地怎么处理?某个同学突然不能到场,如何保证活动的顺利进行? 如果有家长参与,如何与家长合作? 如何与前来购物的家长沟通? 要引导学生主动、智慧地应对突发问题。

在组织参观、访问、野营、旅行、公益劳动等校外实践活动时,则需要考虑的因素更多。(1)对外联络。首先应与访问对象联系,说明活动的目的意义,提出访问的请求,征得对方的同意;其次是要向访问对象提出协助请求,说明需请对方做哪些准备和提供什么条件;再次,要与访问对象商定双方都适宜的访问时间和地点。(2)安全教育。组织学生外出活动,学生的安全是第一位重要的,班主任要花专门时间对学生进行安全教育和纪律教育,确保学生在活动过程中的人身安全。(3)安排交通饮食。外出活动地点较远时,除有意识的远足锻炼活动外,应安排好交通工具,还要注意交通工具的安全性能,切忌超载;活动时间长时,应安排好用餐方式,一定要注意用餐环境的卫生和饮食的卫生。(4)经费管理。首先要有经费预算,并明确出资对象,有的活动可以争取到社区单位赞助。其次在使用经费上,应使用得法,争取在活动结束的时候有结余。可把多余的钱买些纪念品送给活动的参与者,也可以把这笔钱留下来,作为下次活动经费的一部分。最后账目公开透明。(5)做好活动预案。比如天气变化导致活动不能如期进行,一般将活动顺延到下一周,或者将活动计划中不受天气影响的部分提前举行。

(三) 活动总结

常态下,历次活动结束后,班主任会组织学生或自己就本次活动做总结,而总结什么决定了活动的衍生性意义得以多大程度地实现。比较系统并有创意的活动总结,至少要包括以下三个方面:

第一,对活动目标达成度的回顾。这是对活动本身的回顾性总结,总结出此类活动在今后开展中可以复制的好经验,以及今后需改进的地方:在组织实施中哪些还可以做得更好? 哪些目标本次暂时没有得到很好的实现? 原因是什么? 后续可以安排什么活动将本次活动向纵深推进?

第二,对活动中人的发展的回顾。活动的根本目的是促进参与者本身的成长。因此活动结束后,要组织学生对个人参与过程作个简要反思,也要推动学生对小组(小队)、群体表现做个反思,总结得失,看见成长,也看到下一步努力的方向。

第三,对活动生成性资源的再提炼和再开发。任何活动的开展一定有很多预料之外的情况发生,有无法预料的精彩,也有无法预料的挑战。它们都是滋养人心的宝贵资源,活动后班主任要组织学生进行回顾,使其成为新的生长酵母。

有了以上三个层面对活动本身、相关人和事的回顾,一次活动对学生成长的意义就更大了。

三、课外实践活动的创新

班级活动必须要创新,不能老生常谈,否则不能保持活动的吸引力,更难获得最佳效果。

创新首先表现在活动内容上。我们必须善于敏感地、及时地发现学生日常生活中的教育契机,也要善于整合社会热点问题与学生成长的关系,将其纳入班级活动中来。把基本的、常规的教育活动内容与班级独特性需要有机结合起来,是班级活动创造性的根本。

创新还表现在活动形式上。再好的内容,没有学生主体性参与,没有学生积极的创造性努力,都会变成任务,失去了活动本义。要想班级活动具有创生性,班主任要开放心态,鼓励学生大胆构思、讨论,形成成熟的活动方案,再进行组织实施。以下是一些创新案例。

(一)案例一:职业体验[①]

南京市金陵中学的职业体验活动发端于 2006 年。该校以"体验百行生活,理解劳动甘苦,懂得感恩奉献,规划美好人生"为宗旨,对职业体验这一课程进行了具体实施。时间为每年的 6 月 7—10 日。活动形式是联系各种企事业单位,让学生走进社会的各行各业,参与其中,体验不同的职业生活。

2009 年 6 月,高二年级刚刚进行过的职业体验活动又使学生们受益匪浅。此次活动中,该校学生的活动体验基地已达 52 个,几乎涉及了社会的各个方面。有南京师范大学附属小学、汉口路小学、南京大学幼儿园、六一幼儿园等学校,南京市儿童医院等医疗单位,南京市明城垣史博物馆、南京博物院等文物保护单位,秣陵路社区、张府园社区等居民委员会,新华书店、凤凰国际书城等书店,还有中央商场、五星电器长乐路卖场、中央饭店、浦发银行城北支行、苏宁环球套房饭店、南京佑佐管理咨询有限公司……真是遍及城市的每一个角落。

同学们被分配到了社会的各行各业,成了小老师、小护士、小收银员、小售货员……一个个忙得不亦乐乎,无论哪里都有他们辛勤劳动的身影和热情奋斗的痕迹。从第一天的无知、胆怯,到最后一天的热情、主动;从开始的无所事事,到后来的全心投入……每一天,他们都在改变;每一分,他们都在成长;每一秒,他们都在努力!

2009 年的职业体验活动结束后,高二年级召开了主题为"体验、理解、感恩、奉献"的总结交流会。

(二)案例二:博物启蒙[②]

如何从环保教育过渡到引导孩子关注自然环境,从精神层面唤起孩子内心深处对自然万物的好奇?笔者带着孩子们开始了三年的博物启蒙品牌课程之旅。

博物启蒙活动课,是从学生身边熟悉的自然万物切入,带领学生从熟悉的校园、社区里认识那些熟悉而陌生的植物开始,引导学生回到"生活世界",从小与自然建立起亲

---

① 齐学红.班级管理[M].北京:教育科学出版社,2018:207.

② 王怀玉.从班级到成长共同体:不一样的带班策略[M].上海:华东师范大学出版社,2019:152-155.案例引用时有修改。

密的心灵链接,通过适当"嵌入"背景知识和小主题研究,让孩子们在学习中感受人与自然的紧密联系,为他们开辟一条探索周围世界的新途径,唤起他们对自然的敬畏意识。

当年在班级推进博物启蒙系列活动课,主要经历了两个阶段:低年段主要是家长和老师合作,以成人引领为主,给学生一把探索自然的钥匙。比如在二年级,我们从认识身边熟悉的植物开始,以"识名"为基本目标。到了中高年级,限于孩子们的生活空间和眼界,在唤起学生对身边常见植物认识兴趣的基础上,辅以 BBC《植物私生活》等影视资源的赏析,让学生了解植物的生长过程、鲜为人知的生活习性等,进一步激发他们的探究热情。

随着植物知识的积累,孩子们各自不同的兴趣点逐渐显露,这就为后续小组小主题探究奠定了基础。小主题探究始于三年级下学期班级集体种植"多肉植物"。当时班内共同种植多肉植物 70 多盆,每名学生在家至少精心种植一盆,然后以小组为单位,研究某一科,并把网上学习、实践观察、影视欣赏和"肉肉书"创作等形式结合起来。四年级,与科学学科教学结合起来,在班内分小组进行生态瓶制作和管理。再到后来"动植物共生共栖""神奇的石头"等专题中孩子们自由组合,以小组小项目研究为基本形式,课下自主探究,每周以一个小组为主讲,其他小组和老师做听众,进行展示交流、深入探讨。

三年的博物启蒙课程的内容及实施:老师确立每学期的大主题,学生则分组按研究时段及主题确立自己感兴趣的小子题,由课内延伸到课外,由面对面交流延伸到网络互动,由一个班延伸到年级、学校。这一切的发生,都源于学生在持续性活动过程中,逐渐形成的稳定的研究兴趣点,并在外在激励与个人内在动力的驱动下,不断探究和发现。

作为班级博物启蒙这个品牌活动课程的延续,2016 年 7 月 9 日,刚刚小学毕业的 12 岁男孩小赫,开通运营一个名为"博物频道"的微信公众号。历经两年,该微信号发布原创文章 100 余篇,分为九个系列,赚得过千的人气。作为他曾经的班主任,我深感自豪,也被学生爆发出的潜能震撼!

(三) 案例三:定向越野①

我班体育社团成立于 2017 年春,体育社团成立初期的目标是通过周末趣味体育活动,提高班级学生的运动兴趣;通过家长轮值陪伴孩子运动,增进亲子之间的情感;通过小组对抗性游戏活动,增强学生的团队协作能力。体育社团经过几轮小组模拟游戏之后,选取了适合低年级小朋友集体运动的大沙河公园,在里面进行首次定向越野赛。

第一次活动主要由家长设计实施,活动过程有序,但家长包办了活动所有的筹备工作,学生仅仅属于活动参与者。为此,我号召再开展一次升级版的定向越野赛。在第二轮活动中,我们有意增加学生的全程参与意识,从组长选举、小组组建到活动总结等,均体现学生的主体地位,学生参与性高,兴趣也高涨。在总结第二轮活动(2.0 版)的基础上,我们将活动再次升级为 3.0 版,邀请邻班共同开展活动,让学生多了与平行班级学

---

① 王怀玉. 从班级到成长共同体:不一样的带班策略[M].上海:华东师范大学出版社,2019:146.

生和家长之间互动交往的机会。而 4.0 版则是通过变换场地、变换比赛规则,把定向越野和小组自主野炊结合起来,给了学生全新的体验。

推荐阅读 9-4,了解 2016 年公布的中国学生发展核心素养总体框架及基本内涵。

推荐阅读 9-4
中国学生发展核心素养(2016)

关键词

班级活动　生活世界　自我发现　班会　晨会　班级例会　主题班会　课外活动
社会实践　活动开发　活动方案　活动评价

讨论题

1. 简述班级活动的意义。

2. 晨会的内容、作用有哪些?

3. 主题班会设计的专业性表现在哪些方面?试画思维导图,明晰这里面的关系与要点。模拟设计一次完整的主题班会活动方案。

4. 课外实践活动的价值何在?课外实践活动的组织有哪些注意点?

> 21世纪,没有危机感就是最大的危机。
>
> ——理查德·帕斯卡尔
>
> 领导者的首要任务是思考,组织未来的成败,完全取决于领导者是否能够清晰、严密、富有创意地思考。
>
> ——彼得·德鲁克

第十章　班级危机

本章导读

　　班级生活不可能是一帆风顺的,常有各种矛盾、冲突爆发,处理不好就是管理中的危机。本章以课堂冲突、意外事故、欺凌行为三种危机事件为例,探讨班主任作为班级管理者应有的危机意识和危机处理能力。一方面要把偶然看作必然,平时防患于未然;另一方面,要把危机看作契机,理性专业地应对挑战,促进班级组织发展更加成熟。

本章架构

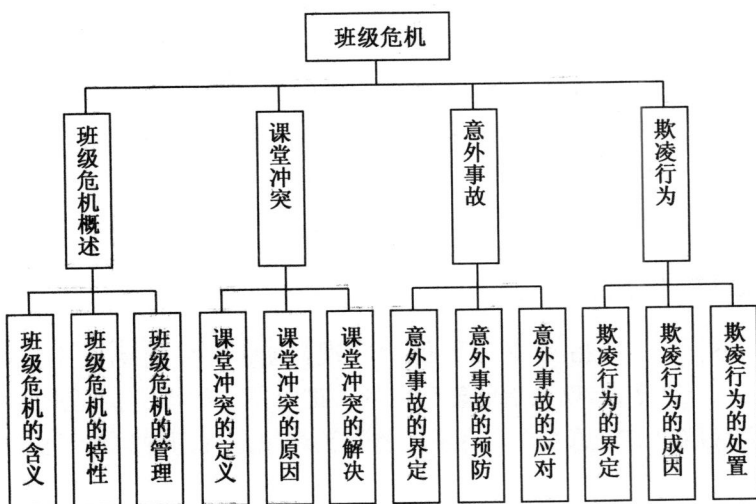

第一节　班级危机概述

意外事件所引发的危机

有一位班主任 A 老师给我讲了自己的一个教育故事:学校运动会上他们班的一学生在男子 100 米决赛中扭伤了踝关节住了院,家长十分恼火,要找学校"算账"。班主任急了,怎么办? 按照《校园安全事故责任认定办法》,学校可以不承担医药费等,但家长会"胡搅蛮缠",领导也会因为自己没有"搞定"家长而迁怒于班主任。班主任选择了"爱心感动法",每天下班后都要去医院看望,甚至动用妻子,让她炖鸽子汤、排骨汤然后送到医院,还安排同学每天放学后给他去补课。这一招果然有效,家长再也"没好意思"找学校"算账",A 老师的"爱心感动法"也因此多次被校长在各种场合传播,似乎这已经是"专业"最佳表现了。真的吗?[①]

如果对学生意外事故缺乏正确有效的处理,往往会发展成为舆论风潮,损害学校的声誉和形象,对学校正常教育教学秩序和学生身心健康发展造成严重影响。2021 年 5 月,西南某中学发生学生自杀坠亡事件。从该同学母亲发布第一条微博到区公安分局正式通报调查情况,短短 68 个小时内,该同学母亲的单条微博转发量就超过 30 万,评论数超过 15 万,点赞超过 200 万,百度搜索相关网页达 540 多万个,舆论持续发酵引发社会热议。[②] 本来是一则单纯的悲剧事件,因为信息不透明、处置不及时,引发公众对学校强烈的质疑,甚至影响到政府的公信力。

任何组织发展中都会出现危机,学会正确地危机处理方式是管理者的必修课。当前有些学校和教师受传统观念的影响,认为出现危机事件是十分糟糕的,因此采取"封、堵、压"的手段,刻意隐瞒、回避,不愿及时与各方面沟通,企图大事化小、小事化了,结果反而更糟糕。因此,我们十分有必要了解危机的概念、特性以及危机管理的原则。

一、班级危机的含义

危机(crisis)一词系指突变与不稳的状况,也是指关键或决定点(crucial or decisive point),概括来说,就是指危急存亡的关键时刻。组织危机是指突发于组织内外且须尽速因应解决的危急事件。有学者将学校组织危机的种类作了详细的划分,有

---

① 转引自齐学红,黄正平.班主任专业基本功[M].南京师范大学出版社,2013:12 - 13.
② 白玉萍,王广新.社交媒体背景下学校危机事件中的舆情管理[J].中小学管理,2022(4):31 - 33.

以下七种情况：①

1. 依形成来源

可分为：（1）自然危机：源于自然因素形成的，如水灾、地震等；（2）人为危机：源于人为因素形成的，如组织冲突、校园霸凌等。

2. 依发生地点

可分为：（1）组织内危机：发生于组织内的，如校内霸凌、教室倾倒等；（2）组织外危机：发生于组织外的，如校外霸凌、家长反抗等。

3. 依涉及对象

可分为：（1）人的危机：涉及人的，如成员冲突、士气低落等；（2）事的危机：涉及事的，如工程纠纷、政策争议等；（3）物的危机：涉及物的，如校舍震毁、植栽有毒等。

4. 依形成动机

可分为：（1）蓄意危机：故意造成的，如自残、性侵害等；（2）意外危机：意外发生的，如校舍震毁、水淹校园等。

5. 依危机来源

可分为：（1）自发危机：指自身造成的，如自杀、自我堕落等；（2）外来危机：源自外部的，如地震、水灾等。

6. 依事务性质

可分为教务危机、训辅危机、总务危机、人事危机、公关危机。

7. 依行政程序

可分为决策危机、计划危机、组织危机、领导危机、沟通危机、评鉴危机等。

班级危机是指突发于班级内外，须尽快应对解决的危急事件。与"校园危机""学校危机"概念息息相关，但范畴要小。常见的班级危机有：安全事故（如学生食物中毒）、意外伤害（如学生体育课受伤）、冲突事件（如师生冲突、学生欺凌）等。本书将从课堂冲突、意外事故、欺凌行为三个方面来谈危机处理。

二、班级危机的特性

班级危机的形成是由班级内外因素造成的。在处理班级危机之前，应该了解班级危机本身的特性，才能做好事前预防工作。

1. 破坏性

危机可能会对组织或成员造成伤害。班级危机的破坏性表现为：第一，影响正常的教学秩序；第二，学生生命安全和健康成长环境受到威胁；第三，学校名誉受到损害，很可能短时间内无法降低负面影响。

---

① 谢文全.教育行政学[M].6版.台北:高度教育出版公司,2018:282-283.

2. 不确定性

危机的发生发展过程呈现出模糊不定的状况。第一,危机的发生具有无预警性。对危机事件,常常无法事前预警,也无法在事情发生前有所警觉。第二,危机的形成原因复杂,一般是由内外在因素造成的。外在因素指的是整体的社会环境、时代风气等。例如,家庭结构与功能的解体,使得家庭矛盾越来越多,进而形成校园危机事件。内在因素指的是学校的组织气氛,如有的学校出现体罚与变相体罚现象,进而导致师生冲突、家校冲突。第三,危机的结果无法预知,可能恶化,也可能好转。

3. 紧急性

危机往往事出突然而难以按惯例慢慢处理。一方面,危机事件的发生在时间上具有紧迫性。例如,学生意外事件的发生都是迅雷不及掩耳的,教师必须立即采取行动应对,才能将意外事件的影响降至最低。另一方面,危机通常无法以例行性程序加以处理,必须针对危机本身的特性做各种处理应对。当班级危机发生时,班主任必须作立即性的处理,针对危机本身特性、形成原因、可能影响层面,进行危机处理的检讨,这十分考验班主任临场的随机应变与果断能力。

4. 关键性

危机是组织转危为安的关键契机。对组织发展而言,危机是突发的,但也可看作是内部矛盾长期积累之后的集中爆发。所以,处理危机,正是把握组织发展方向与命运的关键点。处理得好,组织转危为安,有助于组织进一步发展;处理得不好,组织将遭遇更大的破坏。班主任应该有意识将危机转化为教育契机,促进班级良性发展。

三、班级危机的管理

危机管理(crisis management)是对组织危机所做的系统性因应策略与措施,积极预防其发生或于发生后妥为处理,避免对组织带来伤害,使组织得以有效运作。①

危机管理的流程可分为事前预防、事中处理及事后补救。班级要做好危机管理,宜注意下列原则:

1. 防患于未然

危机管理以事前预防最为优先,平时就应针对危机可能形成的原因,防患于未然。例如定期维修或排除班级环境中的安全隐患,以预防伤人的危机;又如平时就重视成员间的沟通协调,以预防冲突危机的发生。参与学校举办的教育训练活动,培养学生危机意识及面对危机的勇气,并充实危机管理知能,进行模拟演习,如防地震训练。协助配合学校行政制作"危机处理手册"与成立"危机管理小组",比如撤离路线、紧急事件处理方案、人员训练计划、成员相关资料(姓名、地址及电话等)、可支援人员或机构资料,以及其他需要之资料。

---

① 谢文全.教育行政学[M].6版.台北:高等教育出版公司,2018:283-284.

2. 及时性与系统性

危机发生时,处理的行动要迅速,但内心要保持冷静,要立即做出适当的决策或应变,切莫推卸责任或拖拖拉拉。

危机管理必须机制化,建立系统化的模式,方能有条不紊且快速地进行,发挥效率。逐步建立健全班级危机管理机制,包括教育机制、检查机制、救护机制、报告机制、发言机制、善后机制。

3. 生命安全第一

危机管理应优先考虑到人的维护或救助,然后再考虑其他事与物的处理,并且处理时,应尊重人性与当事者的身心状况。如有学校为确保学生上下楼梯的安全,将台阶边沿用彩色橡胶带包裹起来,美观又实用;很多小学将校内热水房和洗手间的水龙头按年段设置成高、中、低三档,尽可能为孩子的校园生活提供便利。这些事虽小,体现的却是学校对学生生命个体的充分尊重。

班级管理中要重视生命教育。生命教育旨在帮助学生能更好地理解生命的意义,确立起生命质量与生命尊严的意识,使他们能拥有一个美好的人生。内容包括:(1)让儿童远离意外伤害的教育,如熟悉安全防护标志、火灾和地震演习;(2)意外伤害的救护和自我救护;(3)了解个体生命的成长历程,如青春期教育;(4)艾滋病和毒品预防教育;(5)珍爱生命与预防自杀。[①] 据卫生部2005年上半年公布的调查,15岁到34岁人群死亡的第一原因不是医学上束手无策的什么疑难病症,而是自杀。并且自杀者年龄也越来越低龄化。2004年,北京大学儿童青少年卫生研究所在北京选取了11所有代表性的重点、普通和职业中学,对初一到高二年级的4 622名学生进行了意外伤害和自杀相关行为的调查,发现特别想自杀的中学生占到17.4%,而为自杀做过计划的学生约占4.9%,目前中学生的自杀发生率依然呈上升趋势。对此,作为教育工作者,必须重视预防和辅导。

4. 持续善后与检讨改进

危机的影响常是长远的,因此,处理结束之后,仍应持续做善后,直至完全妥善为止。如对受伤的师生及其家人,应持续给予抚慰、辅导及提供必要的法律咨询;对有贡献的人员应给予奖励(如颁感谢状);对于破坏的设备应予修复或拆除;协助相关人员康复;提供必要的补偿等,如此方能化危机为转机、化阻力为助力。

最后,应检讨此次危机管理的应变历程,根据得失修正相关危机管理方案。

推荐阅读10-1,了解面对意外事故时,学校应有的专业处理流程与应对方案。

推荐阅读10-1
吴明隆:学生坠楼事件的学校危机处理报告

---

① 肖川. 生命教育的三个层次[J].学术评论,2006(3):53-55.

第二节　课堂冲突

引导案例

在平静中解决纠纷

那天我刚走到本班教室门口，就听到里面有嘈杂声，伴随有学生的惊呼声、桌凳的摔倒声，还有同学们的劝阻声。我立刻意识到出事了，于是紧走几步推开门进教室。看到我的出现，班里马上安静了下来，两个正在扭打的学生王宝柱和彭超也立刻停了下来，但双方都瞪着眼睛，扭着脖子怒视着对方。其他同学都在看着我如何处置他们。我意识到如果当面批评教育他们会影响到别人的学习，也不一定能解决好，何况事情的缘由也没有弄清楚。于是我平静地说："请同学们抓紧时间学习，你们俩和我去办公室。"同学们又投入学习中去了。

在办公室，他俩似乎都感到很委屈，当我让他们分别给我叙说打架的理由时，双方不断争辩，各说各有理，试图把责任推给对方。在他们的辩解中，我还是了解了事情的经过。他俩是前后座位，因为前排碰掉了后排的文具盒而发生争执，以致矛盾激化。面对他们的争辩，我没有做他们的审判官，而是说："我知道你们俩都很委屈，老师能理解，现在我只想让你们想想整个事件中哪些地方自己做得不够好，想好了再和我说说。"听我这么一说，他们停止了争辩，都不吭声，低头不语。我趁机悄悄地离开办公室，到教室巡视自习情况，并故意多待了一会儿。当我再次来到办公室时，王宝柱主动上前对我说："老师，是我不对，不该背靠桌子，弄掉了他的文具盒，影响他的学习，而且出口骂人。"彭樊见对方态度诚恳，也赶忙说："老师，我也做得不对，再怎么也不该动手打人，还严重影响了全班的自习纪律。"我一看火候已到，就用商量的语气问："你们说今天的问题怎么处理？"这次，先动手打人的彭超态度诚恳地走到王宝柱跟前，主动握住对方手说："真对不起，我不该动手打人，请你原谅。"碰掉东西的王宝柱也忙说："我也请你原谅。"就这样，一场不大不小的纠纷在平静中排除了。在整个处理过程中，我几乎没说什么，但是效果出奇的好，也没有给学生留下后遗症。[①]

班级生活的重心在课堂，师生之间、生生之间常有各种矛盾冲突发生。班主任如何看待课堂冲突、如何解决课堂冲突，考验着每位班主任的管理能力。

一、课堂冲突的定义

冲突（conflict）乃是组织、团体或个人因知觉到彼此有某些不一致或对立，因而产

---

①　转引自徐长江，宋秋前.班级管理实务［M］.北京：高等教育出版社，2010：192.

生争执或争斗行为的历程。这个定义包含以下几个重要概念：（1）组织冲突产生于两个以上的组织、团体或成员之间，个人内部冲突不属于组织冲突；（2）组织冲突必有产生原因，例如目标、情感、需求、利益的不一致或对立；（3）不一致或对立的现象必须被当事者知觉到，冲突才会产生；（4）组织冲突表现出争执与争斗行为，例如语言上的争执、情绪上的敌视或肢体上的争斗等。[①]　课堂冲突，是指班级成员在教育活动以及相互交往中，因不一致和矛盾而导致的表现为抵触、争执、争斗的一种社会互动形式。课堂冲突，按冲突时间来分，包括上课期间与下课时段发生的冲突；按冲突空间来分，包括班级内部冲突（内部成员之间）与班级外部冲突（与外部成员之间）；按冲突对象来分，包括师生冲突与生生冲突等。

二、课堂冲突的原因

冲突看上去是突然发生的，但实际可能是酝酿已久才爆发的。张铎严（1985）综合学者的研究，将冲突的历程分为下列 5 个时期：（1）冲突潜在期：冲突的原因和情势，已经存在于冲突双方，不过因未察觉，只以潜在方式存在。（2）知觉冲突期：当冲突的一方或双方已知觉了上述存在的潜在冲突。（3）调适期：冲突为一方或双方所知觉后，个体开始做调适，可能是漠视、合理化、寻求解决、妥协、逃避、顺应等，如果调适成功，只是存在双方或一方内心的内隐冲突；如果调适失败，就成为就进入冲突外显期。（4）冲突外显期：冲突行为显现，从意见不一致、温和反对、口语谩骂到武力攻击，希望击败对方已达成目的，双方都知觉到冲突的存在，个体需要再一次的因应策略。（5）冲突解决期：透过互动历程谋求冲突化解，如获解决回到调适期，如失败会再有下一次冲突出现。[②]

了解冲突的产生过程，便于我们从更深层次去寻找冲突爆发的原因，这样才能找准脉搏，获取解决问题的钥匙。冲突产生的原因主要有以下五个方面：[③]

1. 班级管理不善引发冲突

这是导致班级冲突的一个主要原因。班主任在班级建设中存在不妥之处，往往易导致冲突的爆发。比如，在班级组织的建设中，缺乏民主，导致班级组织建设不健全，班干部职责不明确；在处理纪律问题时，简单粗暴；在处理各种班级事务中，不能秉持公平、科学的原则；在对学生的评价中，以偏概全等，都会引发种种形式的冲突。

2. 资源的有限性引发冲突

班级教育、教学、管理中的资源是有限的，比如，教师的关注、教室里的座位、时间的分配、各种活动的参与机会、班干部职位、评优评奖、考试排名和升学竞争等，无不存在资源有限的状况，无法满足每个学生的全部要求，进而引发对短缺资源的争夺。同样，

---

①　谢文全. 教育行政学［M］. 6 版. 台北：高等教育出版公司，2018：286.
②　张民杰. 班级经营：学说与案例应用［M］. 3 版. 台北：高等教育出版公司，2011：111 - 112.
③　周晓静. 中学班主任［M］. 南京：南京师范大学出版社，2008：114 - 115.

231

这种对资源的争夺和摩擦也会存在于班级与班级之间，导致班级之间的矛盾。

3. 学生问题行为引发的冲突

大多数课堂冲突是由违纪型问题行为引起，指经常违反学校和班级的纪律规章的行为，大错不犯、小错不断的学生就属于这一类型。问题行为的产生和发展是一个从轻微到严重的过程，如果缺乏有效的教育引导，就会使学生的问题行为加重，不仅妨碍学生自己身心健康的发展，而且会对班级纪律造成不良影响，对全班学生的身心健康发展带来不利影响。问题行为是可以通过一定的教育矫正的，班主任应注意对问题行为的教育。

4. 信息沟通渠道不畅引发冲突

在班级管理、班级交往过程中，由于信息渠道不畅，导致学生对班级管理的目标、班级活动的开展等了解程度不高，因而认识模糊不清，甚至扭曲。而认识上的差异又往往会变为行动上的矛盾与冲突。另外，学生之间缺乏沟通而造成误解，也可能会引发冲突。

5. 学生个体差异引发冲突

班级中的每一个学生都是独特的，他们在兴趣、爱好、性格与修养方面存在着个性差异。有的好静、有的活泼，有的冷峻、有的平和，有的踏实，有的浮夸等，这些都会造成学生间的隔膜、误解、反感，妨碍彼此了解与信任，容易导致个人间的冲突。此外，价值观念不同也会导致冲突，由于不同的社会背景和成长经历，使学生形成了不同的价值观念，因而可能对同一事物的评判标准不同，价值取向不同，进而使学生之间、学生与班集体之间产生分歧与隔阂，导致冲突的出现。

三、课堂冲突的解决

冲突管理（conflict management）是以系统方式对冲突做妥善的管理，包括积极的事前预防发生与消极的事后妥善处理，让组织得以顺利运作，有效达成组织目标与维持成员之向心力。

托马斯（Thomas，1976）提供了一个考察框架，揭示出五种冲突管理模式，即面对冲突，管理者有五种态度与行为：(1) 规避型：既不果断，也不合作。管理者忽视冲突，希望这些冲突自生自灭。问题只是悬而不决。当人们要顾及这些问题时，就会用老办法压制冲突，以暗箱操作的方式避免对抗。管理者往往求助于科层规则来解决冲突。(2) 妥协型：是一种组织需要与个体需要之间的平衡。这种类型的焦点是协商、寻找中间地带、妥协、寻求双方都满意或都能接受的方案。(3) 竞争型：运用这一模式会产生输-赢格局。管理者果断行事，采用非合作的方式解决冲突。毫无疑问，竞争导致对抗，在这种情况下，常常是以牺牲他人利益为代价，以实现自己的目标。行使权力是要实现降服——取得胜利。(4) 顺应型：不够果断，但有合作性。管理者屈服于下属的要求，是一种谦恭的、依从的方法。(5) 合作型：果断，具有合作性。这是一种解决问题的办法。人们将问题和冲突看成是一种挑战。能够正确地面对分歧，并能实现观念与信息的共享。大家齐心协力,共同寻求整合性的问题解决方案,使每个人都成为赢家。[①]

显然面对冲突时,逃避、非此即彼不是好的处理方式,果断又合作的冲突管理模式将取得最好的效益。为此,班主任应该掌握课堂冲突处理的基本步骤控制事态、冷静处理、理性分析、教育转化。

(一) 控制事态

在面对冲突时,班主任必须采取措施,迅速、坚决地予以制止,不让事态扩大,必要时甚至强行制止。比如,在冲突趋向暴力、趋向精神伤害、趋向扩大化时,首先应当制止事态的进一步发展,以免造成更大的伤害。

课堂冲突严重影响教学秩序,处理的一般原则是通过禁令、隔离、安抚的方式制止冲突双方再有言语与非言语上的争执。比如,要求双方闭嘴,有什么课后再说;拉开打架的双方,不让他们再有动手的机会。此时,教师的处置要果决,以不进一步激化矛盾为准绳,有时需要两方面适当安抚,平息事态,唯一的目的就是不让教学中断,迅速把全班注意力拉回到正常的教学活动中。比如本节引导案例中老师的处理。

有的教师在处理此类课堂冲突时,惯于运用权威一顿猛训。其结果,有可能使原本吵闹不休的学生霎时不再吱声,但这只是一种表面的平息,冲突其实并没有得到真正的解决;或者,当场遇到学生的反抗,学生敌意更甚,而教师因为说了过头的话或做了过激的行为,比如要求学生从课堂上出去——学生不肯——教师上前拖拉,如此这般,其结果往往是教师下不了台,师生矛盾激化到不可收拾的地步。

为避免上述情况,班主任要学会坚定又温和地制止冲突。制止冲突,主要是为了不破坏课堂秩序,最大程度控制冲突的负面影响,维护大多数学生的学习权利,同时,又为后续的调解创造条件。如果学生的敌意特别强的时候,教师可能在很短的时间内无法解决问题,这时教师应该先行退让,暂时把事情放到一边,这样课堂才能继续。稍后再与学生私下交谈。

(二) 冷静处理

班主任一定要控制情绪,使自己处于冷静、放松的状态。教师只有在冷静的状态下,才能理智地做出判断,找到合理有效的处理问题的方式。同时,你的冷静放松的态度也会影响学生,他们也会逐渐地趋于冷静。

要区别公开的和隐蔽的对峙。当教师制止学生的偏差行为或者制订限制措施时,难免会出现与学生对峙的局面。此时如果处理不好的话,很容易令师生产生激动的情绪,从而使教师处于被动、难以收场的局面。在隐蔽对峙的情况下,学生会喃喃自语或者轻蔑嘲笑,但不会在言语上攻击你。在这样的情况下,先离开该名学生,稍后再和他或她私下交谈。公开对峙则表现为学生公然藐视教师的要求,引起了其他同学的注意。

---

① (美)霍伊,米斯克尔. 教育管理学:理论·研究·实践(第 7 版)[M]. 范国睿,译. 北京:教育科学出版社,2007:225 - 226.

在这种情况下要保持冷静,不要充满敌意地与学生交战。相反,要以善意的方式,顾及学生的感情,重申学生应该做的事情。如果该生还有敌意,可以先把他或她从班上叫出去,表达你对他的尊重,再次要求他的合作。

班主任不介入有时也是解决冲突的必须,尤其是当学生之间发生并不严重的冲突时,班主任则完全可以不要介入学生之间的冲突。学生与学生之间的冲突,往往他们自己就能解决了,而一旦解决了以后,他们很快就会忘却曾经的冲突,不存芥蒂。而班主任的介入有时会导致问题的复杂化。当班主任在主持处理学生之间的问题时,便会令学生感到问题的严重性。而对自己利益或形象的维护又会使他们不太容易能够承认自己的错误,体谅对方,进行换位思考,这便为化解冲突制造了障碍。比如本节引导案例中,班主任就坚持不介入原则,只为冲突的学生双方创造了一个冷静思考的环境,事情就得到了圆满解决。

(三)理性分析

班主任不要急于评判,要注意倾听。班主任在解决冲突的过程中要让每个人自由坦诚地表达自己的意见,只有这样,班主任才能了解冲突双方各自的想法,揭晓事实的真相,防止偏听偏信或主观武断,从而找到解决冲突的最佳方案。当各方在陈述事实及表达自己的观点时,班主任要仔细倾听。倾听是对学生的尊重,倾听也有助于学生稳定情绪,平静下来。当一个人平静下来时,他便更有可能接受别人的意见。班主任不要只听某一方面的诉说,这样会给其了解真实情况带来片面性,从而导致亲一方、疏一方。一定要从多方面了解事件的原委,多方听取意见,这样才有利于问题的处理。

班主任要尊重冲突各方的利益。在解决冲突时,一定程度上存在着一种利益倾斜的现象,即冲突一方的利益大于另一方的利益,一方会得到更多的尊重。比如,当学生和任课教师发生矛盾时,有的班主任会不由分说责令学生向任课教师道歉,把家长请到学校来,或者让学生写一份检查。在这里,任课教师的利益是大于学生利益的,任课教师的自尊心和情感是优先于学生的自尊心和情感得到保护的;这样做,很可能引发进一步的矛盾。因此,在调解冲突、化解矛盾时,最基本也是最重要的是尊重每一个人,尊重每一个人的利益,无论他是老师还是学生,是成绩好的学生还是成绩不好的学生。当班主任能够做到这一点时,他才能使学生心服口服,才能树立威信。

(四)教育转化

一方面,课堂冲突表现为抵触、不合作甚至是激烈的对抗,它扰乱正常教学秩序,损害教师权威,甚至会形成不良的示范效应,对学生造成不利的影响,因此,班主任在进行班级管理时,要注意减少冲突可能带来的负面影响,防止一些具有较大破坏性的冲突的发生。

但另一方面,冲突也有一些积极功能。比如,冲突释放被压抑的情绪,缓解对立和紧张状态,起到"减压阀"的作用。另外,冲突是问题和矛盾堆积到一定程度的显现,通过冲突,可以使人发现问题所在,了解不同学生的利益和需求,对现行班级制度的不足进行调整,从而不断提高班级管理水平。

因此,有经验的班主任将冲突看作教育的契机,通过转化,借冲突事件的圆满解决来教育全班汲取教训,将坏事变好事,有力推动学生的思想转变与精神健康成长,班级面貌也会焕然一新。

推荐阅读10-2,正确全面认识冲突的功能。

推荐阅读10-2
冲突的功能

第三节 意外事故

引导案例

小学生嬉闹致同学骨折

1997年3月21日上午,某地一小学的学生在学校做体检。10点多钟,二年级学生小李(当时未满10周岁)和几个做完了体检的同学走出教室,来到校园里玩耍。这时小李的同班同学小魏走过来要与小李互相背着玩,并且爬上花坛扑向小李。由于小李没有防备,被突然从花坛上扑下的小魏压倒在地。小李倒地后顿时感到左腿疼痛难忍,无法起身,放声痛哭起来。同村一位高年级的学生把他背进教室。此后,小李一直忍着剧痛哭哭啼啼地熬到第四节课上完。放学后,小李因腿痛不能走回家,老师就让别的学生带口信,让小李的父亲到学校把小李背了回去。第二天,小李的父亲把小李送到医院进行检查治疗,诊断结果为左大腿中段骨折。为此,小李家用去医疗费、交通费等约1万元。事后,小李及其家长将学校告到法院,要求学校承担法律责任。

对于小李骨折一案的处理:根据我国民法,未满10周岁的未成年人属于无民事行为能力人。小李是不满10周岁的未成年人,而且他受伤不是他自己的过错,这样,他自己及其法定监护人(家长)不应承担责任。学校由于没有周密的管理措施,明显存在过错,应当承担全部责任。由于小魏也是未满10周岁的未成年人,他在缺乏监护的情况下,对其行为造成的超出其预料能力的损害后果也应由学校承担。[①]

在班级管理中,可能因为疏忽或其他因素造成学生意外受伤,进而引发法律纠纷。2002年教育部颁布的《学生伤害事故处理办法》是界定学生事故中学校的法律责任和处理、防范学生事故的基本依据。但在实际执行中,还有许多亟待厘清的地方。作为班

① 李晓燕.中小学生意外伤害事故的预防与处理研究[J].河北师范大学学报(教育科学版),2000(3).

级管理者，班主任对意外事故应该有何专业认识与专业准备呢？本节从意外事故的界定、预防与处理三个方面来作初步分析。

一、意外事故的界定

意外事故，一般是指学生在学校发生的人身伤害事故。日本学者将学生伤害事故分为广义与狭义。广义的意外事故包括在学校内发生的学生、教师、设施、设备的事故以及偷盗、火灾等其他灾害的总称。狭义的意外事故是指与教育活动密切相关的生活场地中发生的学生受伤、疾病、死亡事故。[①]

学生伤害事故的范围、种类极其复杂。从产生的原因看，可分为两大类：一类是由于不可抗拒力产生的，如地震、洪灾等；一类是过错事故，一般是由于学校、教师或学生的过错导致的。从责任承担的方式上来看，可分为学校直接责任事故、学校间接责任事故、学校无责任事故。

学生意外事故，与校园安全管理密切相关，也因事故常常引发学校危机而引起管理者的重视。

二、意外事故的预防

学生意外事故的发生，与学校在管理中对可能存在的事故隐患缺乏关注、疏忽大意、考虑不周有关。林进材罗列了人、时、事、地、物等六个方面的"校园危机警讯"[②]，从预防事故发生的角度，给班主任很好的提醒与警示。

（一）人的方面

1. 歹徒侵入校园

国内外都发生过歹徒闯入校园行凶的重大事件，因此，学校在校园安全与警卫的管理上面，必须多加注意，并对师生进行一定的防范教育。

2. 亲子关系不良

由于亲子关系不良所产生的校园危机事件，最常见的是监护权问题。因此，班主任对来自特殊家庭的学生应该多加注意，尤其是在家长接送孩子上下学时注意观察，防止年幼的孩子被冒领或被挟持。

3. 师生关系不佳

师生关系不佳可能导致的校园危机事件，通常是发生在父母不当介入的情况下。例如，家长认为教师管教过当或管教不当，从而到校长室或班级教室讨说法。

---

① 杨建华. 班级管理学[M]. 西安：陕西师范大学出版社，2012：158.
② 林进材. 班级经营[M]. 2版. 上海：华东师范大学出版社，2020：265-270. 主要参考框架，内容有所修改。

4. 同伴关系恶化

最常见的是校园暴力事件、校园恐吓勒索事件等。在班级或学校生活中,教师应该引导学生培养良好的同学关系,避免因不必要的冲突而酿成校园危机事件。

(二) 时间方面

1. 教师不在时

教师不在教室或请假时,是意外事故最容易发生的时刻。因此,教师如果临时要离开教室,必须嘱咐班干部维持班级常规;如果需要长时间离开教室的话,尽量委托隔壁班级的教师加以管理。

2. 下课时间

一般而言,下课时间是学生最容易出现意外事件的时段,教师应该在平时就不断叮咛学生,在下课时间注意安全,不可以到比较偏僻的地方,更不可以离开学校。在下课使用各种游戏器材,如秋千、单杠等,应该随时注意器材本身的安全。学校总务人员应该定期检查,避免因为年久失修或是不当使用造成器材的损坏而影响学生使用上的安全。

3. 午休时间

午休时间是学校最安静的时刻,学校一般都会强调学生午睡的重要性。在此期间,应该加派人员轮流担任巡逻工作,降低学校危机事件发生的可能性。

4. 打扫时间

由于学生在打扫时间处于动态状态,容易发生意外事件,因此教师在学生的清扫工作分配上面应该多花些心思,避免将过于活泼的学生分派在同一组,以免因打扫时嬉戏而发生意外事件。

5. 放学时间

放学时间是一天学习活动的结束,学生在心理方面难免比较放松,易导致意外事件发生。放学时间同时也是学校秩序最乱的时刻,全校学生要在短时间内离开学校,难免因为秩序乱而发生推挤或意外事件。学校对放学队伍的安排与学生路队的安排,应该利用各种时间进行练习。班级教师也应在放学时间确定学生已经离开学校,不可以擅自将学生留在学校,以免发生意外事件。

6. 长假时间

假期过长,学生的行为缺乏有效的约束而发生各种意外事件。因此,教师在学校放长假之前,必须不断叮咛学生假期中的注意事项,最理想的方式是由教师写一份"假期安全备忘录"并交给学生家长,让学生和家长了解假期应该注意的事项。此外,教师可以在班级学生中以"安全编组"的方式实施小组相互关怀策略,每一安全小组选定一位小组长负责假期安全汇报事宜,由小组长将小组成员的安全情况汇报给班长,再由班长汇报给老师。

7. 天气酷热

炎热的天气由于气温升高,学生容易出现中暑或意外事件。每年的夏季是学生最容易出现意外事件的季节,例如,学生三五成群地到溪边或海边玩水,往往导致溺毙事件的发生。

8. 庆典活动

学校举办庆典活动,容易发生意外事件。为防止由于人员集中、拥挤而出现踩踏事故等,必须提前设计行进路线并操练。此外,庆典活动期间人来人往十分复杂,学校必须特别注意出入人员,提醒学生特别注意陌生人员,同时在交通安全方面也应特别注意。

(三)事情方面

1. 实验方法问题

学校实验室是最容易发生意外事故的地点,由于实验课程的进行需要各种化学器材或实验仪器,如果实验室管理不佳的话,容易发生各种无法收拾的事件。因此,学校的实验室应该采取专人专管的方式,严加管制并严格要求使用人员。属于管制的化学药品应该加锁集中管理,并由专人列册管制使用。危险的药品应该加上标签,以提醒使用的师生加以注意。

2. 游戏过程疏忽

学生在学校游戏时,往往因为疏忽或过当而发生意外事件。因此,教师在学生游戏前应该随时提醒学生注意安全事项。学校的各种游戏器材也应该加上安全告示牌,提醒学生在使用游戏器材时随时注意安全。教师在平日班级生活中,应该随时提醒学生游戏的安全注意事项,尤其在下雨天时更应如此。

3. 学校工程进行

学校工程的进行应该尽量安排在学校放长假时,避免因施工不当或学生擅入而发生意外事件。如果学校无法将施工时间安排在寒暑假,总务处立刻严格要求施工单位在工地做好"安全围栏"设施,并且立安全告示牌提醒师生注意安全。另外,施工现场也应该标示工程进度与危险性,让社区民众与学生家长随时了解,并提醒自己的子女在学校注意安全。

4. 体育课程进行

体育课是所有课程中比较容易发生意外的一门课,因此担任体育课程的教师在教学时应该特别注意学生的安全。如果体育课程是由任课教师担任的话,班主任应该有义务提供学生的健康记录,或是需要注意的事项(例如,某学生有心脏病不适宜跑步),作为体育教师教学时的参考。

5. 艺术及手工类课程进行

艺术及手工类课程的教学也会因为使用各种器材而导致危险事件的发生。例如,使用美工刀的课程就必须随时提醒学生注意工具使用的安全,不可以过于粗心大意;上工艺课程时会使用各种刀具,应该随时提醒学生注意安全,不可以随意嬉戏。

(四) 地点方面

1. 厕所

厕所虽是学生每日生活必需场所,然而厕所是校园危机事件发生最频繁的地点,学校应该在厕所装置各种使用安全告示,可能的话,应该在厕所里装置安全警铃,以供意外事件发生时之用。

2. 地下室

学校的地下室如果年久失修或是废弃不用,学校应该上锁或是加以封闭,以避免学生无意中擅入而发生意外事件。学生也有可能会将学校地下室作为犯罪的场所,或作为恐吓、欺侮同学的场所。

3. 楼梯间

一般学校的大楼建筑,在楼梯间都会设置安全措施,预防学生在楼梯间发生意外事件。例如,在楼梯间应该设置消防安全绳索,将各种意外事件加以阻绝。对于学校楼梯间的各种装置,学校应该定期检查并填写检查单,要求相关人员随时检视学校设施的安全性。

4. 屋顶

楼梯往屋顶的通道应该设置安全门并且上锁,避免学生下课时因好奇而上天台玩闹,或者发生失足坠楼或自杀等意外事件。在楼梯往屋顶的通道上,应该设立禁止标志,严禁学生进入。

5. 活动中心

学校活动中心通常会摆设各种器材,如果器材管理方面不够妥善的话,就容易发生意外事件。因此,有关学校活动中心的使用注意事项,应该贴在活动中心适当的位置上,提醒全校师生注意。

6. 专科教室

专科教室通常会摆设各种教学器材,例如各种实验仪器或实验药品,因此学校在专科教室的管理方面必须特别用心,以避免师生意外事件的发生。专科教室平日应该上锁并请专人管理,如上课需要时再向保管者商借,使用完毕之后回复原位。

7. 偏僻地点

每个学校都有一些偏僻的地方,教师应该随时提醒学生注意安全。尤其要注意部分区域因荒废而形成学校危险地带。

239

（五）物品方面

1. 建筑物老旧问题

针对学校每一栋建筑物应该建立定期检查维修制度。在地震、台风等重大的自然灾害之后，更应该进行结构体的安全检视工作，避免因建筑物老旧而突然酿成意外事件。

2. 游戏器具失修

学校应对游戏器材进行定期检修并追踪考核，在各个游戏器材旁边应该加装检修记录表，以维护学生使用上的安全。如果器材本身有问题的话，应该在器材旁边设立警告标志，禁止学生使用，以免酿成意外事件。

3. 废弃物未即时处理

学校教学用的废弃物，应该立即处理，不可因疏忽而造成学校的危机事件。例如，学校实验室使用的实验废弃物或废弃污水等，都必须在教学结束之后立即进行专业处理，以免发生意外。

（六）管理方面

1. 师生关系问题

师生关系的经营应该保持密切的专业关系，如果师生之间未保持良好的互动，容易形成校园的另一种危机。相关的研究指出，教师与家长之间的冲突往往来自教师与学生关系不好，学生回家之后恶意评论教师或渲染教师在班级的教学行为，引起家长与教师间的误会。

2. 校长领导问题

校长在学校的领导风格，影响学校组织气氛与教师同侪之间的关系。如果校长过于专断的话，容易形成行政人员与教师之间的对立关系，进而产生彼此之间的不信任问题。

3. 非正式组织问题

学校非正式组织的运作，如果未能有效掌握的话，就可能会造成校园危机。

4. 压力管理问题

如果教师本身在心理卫生与情绪管理方面出问题的话，容易在执行专业时因个人情绪问题而形成校园危机。例如，脾气暴躁的教师因管教学生而采取体罚、集体惩罚方式等，都容易形成校园危机事件。

5. 各种个人因素

除了上述的问题之外，各种个人因素也是导致意外事件的主要症结。学校行政主管和教师应该针对各种影响校园危机的潜在因素，有效地掌握并加以应对，才能将意外事故发生的概率降至最低，将其对学校的影响减至最小。

三、意外事故的应对

为降低班级意外事件的负面影响,具体可从三方面着手:一为发生前之预防性措施;二为发生后之即时性处理;三为后续处理。

(一)预防性措施

1. 危险警示

学校在有可能发生意外事件的处所要张贴醒目的警示标志,并且班主任要履行事前提醒的责任。教师要利用课程空余时间,明确告诉学生班级中曾发生的意外事故,以作为同学相处时的警惕,避免再犯。如故意将脚伸出绊倒同学;后面同学故意将尖锐东西置于同学座位上,以刺伤同学;或当同学要坐下时,故意将椅子拿开,让同学跌得四脚朝天等,这些事件可能是同学间玩笑或无心之过,但其对当事者可能造成严重的身体伤害。

2. 案例教学

教师若能以以前发生的案例作为教育素材,学生的接纳度会更高。比如要明确告知同学,若是对方身体受到伤害,同学可能要负民事赔偿与刑事责任,让同学知道其严重性,而能谨言慎行。教师也要列举一些不经常发生、但一旦发生可能会引起严重后果的事件对学生进行教育,如不良分子的闯入滋事、学校工程施工期间的危险、擅自爬上或进入学校禁止的处所或地方,如顶楼、未经使用的教室、跨越阳台等;使用相关硬件设备或游戏器材时,未依指示规定操作使用等。提高学生对可能产生的校园危机的警觉性与敏锐度,进而减少意外事件的发生。

3. 实际训练

预防意外事故的发生,有的是需要事先训练的。如学校有很多大型集会场合,每个班级如何行进、如何就座、如何退场等,都必须提前加以规划与实操训练。再比如地震、火灾等不容易发生,但一旦发生就会造成人员的重大伤亡,学校应该组织中小学生定期举行避险、消防、救护等方面的演习。通过实际训练,增强学生的危机与安全意识。

(二)即时性处理

1. 基本事项与流程

发生班级安全问题与校园危机事件,需要重视并立即处理的事项有:(1)现场处理,要掌握时机,将伤害降至最小,平息抱怨;(2)通知家长,尽快赶至现场,协助了解状况和处理,减少误会;(3)深入了解案情,召集相关人员相互支持,迅速有效地处理;(4)通报上级单位,动员有关资源;(5)作成报告,明确对外发布单位,统一发布新闻,避免不一致的报道导致误会增加,造成困扰;(6)安定师生情绪,事件发生会造成恐慌,对师生的身心所造成的伤害甚大,因此必须一切透明化,以取得师生的信赖,以安定情绪;(7)慰藉受害者及家属,实时派遣相关人员包括专业人员慰问和稳定相关人员的心情,避免二度意外事件发生。

教师应于平时注意从报章杂志、电视媒体、网络资源等渠道搜集校园意外事件的案例，从中吸取经验教训。学校方面应该制定出比较完善的危机处理手册，供教师和学生学习。

2. "第一时间"原则

意外事故各种各样，一旦发生、任由其发展，后果将不堪设想。班主任在面对班级发生意外事故时，不要慌张，掌握三个"第一时间"原则，有助于控制事态的发展，降低危害，减少酿成公关危机的概率。

第一时间到达现场。意外发生后，教师应该立刻放下手边工作，赶赴现场进行事故处理。切记，班上学生在教学时间（或在校时间）发生事故，班主任与任课教师都是责任人，应该第一时间到达现场。若是学生受伤转送医院住院，教师最慢应于当天放学后，立刻赶往医院探视；若受伤情况非常严重或有生命危险，教师应立即请人代课，与相关行政人员至医院陪伴家长，这是学校的职责，也是教师应表现的专业与关怀，学校没有课的老师或行政人员应有一人留守医院，以协助学生家长处理相关事宜，并作为学校与家长、医院沟通的桥梁。教师若能"掌握第一时间"，对于意外事件的后续处理皆有正面的助益，多数能获得家长的认同与肯定。

第一时间控制风险。当教师发现学生于校园中受到伤害，要根据教师的专业判断妥慎处理。若是学生伤害较轻可立即带至医务室处理，若是学生受伤严重或骨折，不能随意移动学生，而应第一时间拨打120，请求专业人员协助处理。若是学生可能受到性侵或性骚扰，应保护学生隐私，由学校负责处室及相关人员处理，避免学生受到二度伤害。处理过程以保护学生的人身安全为原则，送医急救、危险排除等为第一优先考量，其后再考虑财物损失、善后处理与辅导等事宜，最后才是追究人员责任归属等，因此，现场不要责难谁、批评谁，也不允许逃避，大家应该共同积极面对。如果事故现场涉及重大案情，应立刻掌握事件发生的现场，并做必要的管制，避免不必要的人员进出，若为犯罪现场，更应保持原状，等待相关单位的调查处理。

第一时间协调关系。妥善通报上级，按危机的影响程度和范围大小进行分级，相应通报年级组长、教导主任、副校长、校长、教育局等，一般不越级报告。如果紧急事件或危机牵涉到学生，在第一时间内一定要通知家长，向家长简短但清晰地说明事件发生的原因和经过，以及学生目前的状况与学校的处理，并给予家长联络方式，协助家长抵达现场或做其他必要之处置。

（三）后续处理

意外事件发生、即时处置后还要注意后续处理：

1. 危机小组全面运作

当意外发生时，当事教师处于高度压力下，情绪不免紧张、容易手忙脚乱，因此事先拟定危机处理计划，组成危机处理小组就显得相当重要。由于有了标准作业程序及组织的编组与分工,一旦有危机发生,才能在最短的时间内完成最多的事情或做最有效的处置。学校危机小组开始运作后,将全面戒备,系统防范,以防更多伤害发生。特别是对可能爆发的各种后遗症,比如责任不能厘清、医药费不能及时赔付、对学校或其他利益相关人有新的法律诉求等,必须定期召开危机处理会议,通过各方专业人士沟通协调、合理处理,以免节外生枝,形成更多不必要的冲突。班主任此时只要配合校方执行即可。

2. 统一发言制度

当事件非比寻常,而有新闻媒体前来采访报道时,危机处理小组一定要设置一个新闻组,以准备新闻稿,并设置发言人,统一对外发言。学校对外的发言,主要应以利益相关者的立场来说明事件发生的原因、经过和目前学校的处理状况,如食物中毒事件,要简单地说明发生的原因与经过、中毒的学生人数、送医后目前医师的诊断情形等。换句话说,我们只要设身处地设想利益相关者想要知道的事情,即可了解对外说明的重点。对外说明时应针对事实,若被问及不清楚或尚待厘清的问题时则不做揣测和推论,也不说“无可奉告”,但可表示等待事实厘清后再进一步说明。班主任与班上学生,不应随意接受媒体采访,而应把整个处理机制提升到学校行政层级,由校长、主任等发表事情的来龙去脉,及后续的处理状况。

3. 开展心理辅导

聘请专业人士,对事件波及的个别学生、班级及全校师生进行心理辅导,以重建学生学习的心理环境,恢复校园平静状态。

推荐阅读 10-3,案例分析一位校长对一起紧急事件的专业处理。

推荐阅读 10-3
回顾一起紧急事件的处理

第四节　欺凌行为

引导案例

校园欺凌现象

中国青少年研究中心针对 10 个省市的 5 864 名中小学生调查显示,32.5％的人偶尔被欺负,6.1％的人经常被高年级同学欺负。笔者受教育部政策法规司委托承担“学校安全风险防控研究”项目,课题组在 2016 年 4 月至 6 月对全国 29 个县市 104 825 名中小学生的抽样调查发现,校园欺凌发生率为 33.36％,其中经常被欺凌的比例为 4.7％,偶尔被欺凌的比例为 28.66％。这一调查表明,高达 1/3 的中小学生遭受了校园欺凌。一个尴尬的现状是,在公众广泛关注的校园欺凌事件中,一般都同时有施暴者拍摄施暴过程并肆意通过网络广泛传播的行为。这种"炫暴"行为,一方面是青少年心理与行为特点的体现,另一方面也是对法律的"蔑视"与公然"挑战"。2016年11月,一篇名为《每对母子都是生死之交,我要陪他向校园霸凌说NO!》的文章开始在微信朋友圈等平台流传,校园欺凌事件再次引起公众广泛关注。

2016年4月,《国务院教育督导委员会办公室关于开展校园欺凌专项治理的通知》印发,要求各地对校园欺凌进行专项治理,这是首次从国家层面提出对校园欺凌治理的要求。《通知》的发布显然受到了2016年两会期间人大代表、政协委员对校园暴力问题关注的影响,也是对社会各界日益广泛关注校园暴力现象的回应。距《通知》的发布过去仅数月,教育部、中央综治办、最高人民法院、最高人民检察院、公安部、民政部、司法部、共青团中央、全国妇联等中央九部门又于11月1日联合发布了《教育部等九部门关于防治中小学生欺凌和暴力的指导意见》,这一指导意见主要是在现行法律与政策框架内对校园欺凌的防治提出了更加具体的要求。①

这两年,校园欺凌问题进入公众视野。但在以往的教师教育中,对欺凌行为的全面介绍、科学认识还相当薄弱。面对欺凌,班主任应该如何辨别、如何应对?

一、欺凌行为的界定

有关欺凌行为的定义相当复杂。林进材认为,欺凌行为是刻意地暴露出某个固定的学生,让其长期地、一再地在口头、财物、感情、生理、心理上被其他同学拒绝,意图伤害而造成直接或间接的人际关系排挤。② 马雷军认为,校园欺凌是指发生在学校内或学校外,施加于学校成员(学生或教师)并导致其身体或精神感到痛苦的行为。③ 教育部将校园欺凌界定为"发生在学生之间蓄意或恶意通过肢体、语言及网络等手段,实施欺负、侮辱造成伤害的行为"。④

关于欺凌行为的类型,一般有以下几种:

1. 肢体欺凌

校园欺凌中最容易辨别的一种,这种校园欺凌的实施者通常会以殴打、推搡、抢夺他人财物等方式欺凌受害者。这种欺凌,轻者会使受害者肉体感觉疼痛、不适,重者则有可能导致受害者伤残,甚至死亡。肢体欺凌也是当前最受社会关注、亟需加以防范的校园欺凌类型。

① 颜湘颖,姚建龙."宽容而不纵容"的校园欺凌治理机制研究 ——中小学校园欺凌现象的法学思考[J].中国教育学刊,2017(1).
② 林进材.班级经营[M].2版.上海:华东师范大学出版社,2020:301-302.
③ 马雷军.让每个学生都安全:校园欺凌相关问题及对策研究[J].中小学管理,2016(8):4.
④ 教育部.国务院教育督导委员会办公室组织开展全国中小学校校园欺凌专项治理[EB/OL].[2016-07-29].http://www.moe.edu.cn/jyb-xwfb/gzdt-gzdt/s5987/201605/t20160508-242514.html.

2. 言语欺凌

指欺凌的实施者以语言来刺激或者伤害他人,具体采用恐吓、侮辱、嘲笑等方式。在这种欺凌形式下,欺凌实施者更多的是对被欺凌者的心理给予伤害,使被欺凌者产生恐惧、自卑等负面情绪,我国甚至发生过多起因为遭受侮辱或者恐吓而导致学生自杀的事件。虽然肉眼看不到伤口,但它所造成的心理伤害有时比肢体伤害更严重。此行为通常伴随着关系欺凌。

3. 关系欺凌

指欺凌的实施者通过孤立受害者,使其人际关系受到影响,不能正常和同学交往、活动。这种校园欺凌也时常伴随着言语欺凌、散布不实言论等情况的发生。关系欺凌经常发生在同班同学、同宿舍同学之间,也有可能由教师发动班级其他学生对个别学生实施关系欺凌。主要是操弄人际关系,与语言欺凌经常一起发生。两者通常发生在欺凌发生刚开始阶段。

4. 性欺凌

指通过语言、肢体或者其他暴力,对他人实施基于性别指向的骚扰,甚至侵犯,或者对他人的性别特征、性别倾向进行贬损或攻击。这种欺凌既包括身体上的触碰,也包括通过言语上的侵犯对他人性特征进行骚扰。这种校园欺凌对学生的伤害也是非常大的,情节严重的有可能会构成刑事犯罪。

5. 网络欺凌

近些年新出现的一种校园欺凌形式,这种校园欺凌既包括通过电话、短信、微信、邮件等形式,对受害人实施恐吓、侮辱、威胁或者传播不实谣言,也包括在网络公开或在一定范围内上传可以羞辱受害人的图片或者录像。随着信息网络技术的发展,这种欺凌形式也有愈演愈烈的趋势,需要引起我们的重视。[①]

欺凌行为是一个群体所形成的暴力行为。参与者包含执行欺凌行为的欺凌者、欺凌行为下的受害者、处于欺凌行为当中却非欺凌者也非受害者的旁观者。这三种角色的并存,产生了一个完整的欺凌行为,也才能使欺凌行为一再地在校园内上演。对于欺凌者而言,其危害主要包括以下几项:(1)儿童时期对于欺凌行为未加控制,成人后易发生刑事案件;(2)学习时期对于欺凌行为未加控制,进入社会后易使用相同手法来与人相处;(3)短期影响是更有权力与势力,长期影响则是出现反社会行为。对于欺凌受害者而言,其长期影响包括:(1)身体的伤害;(2)辍学;(3)离家出走;(4)有人因此讨厌家人;(5)怪罪同学没有出手帮忙而讨厌同学;(6)觉得自己很差劲;(7)消极地任人欺凌。这些都和在学校场域中的被欺凌经历有关。

二、欺凌行为的成因

对于欺凌行为的形成,研究者一般认为,是学生个体、家庭、学校与社会四方面因素

---

① 马雷军. 让每个学生都安全:校园欺凌相关问题及对策研究[J]. 中小学管理,2016(8):5.

综合作用的结果。

（一）学生个体因素

1. 性格因素

欺凌者本身有以下的特质：(1) 心态较坚强，无同情心，以伤害他人为乐；(2) 滥用权力、掌控他人、支配他人的需求度高；(3) 个性具攻击性，充满敌意，冲动，报复性高。[①] 一般而言，校园欺凌的受害者往往性格内向、孤僻，平时难以融入班集体的活动，也较少有相对固定的关系密切同学。这部分学生在遭受欺凌后，往往难以获得其他同学的援助，使得其更容易遭受校园欺凌的侵害。

2. 年龄因素

随着年龄的增长，未成年学生实施校园暴力的程度和频率都有所增加。例如：最初级的校园暴力行为包括脚踢、殴打、吐唾沫以及骂人等，随着年龄的增长，青少年之间会发生更加好斗的行为，包括以强凌弱、敲诈勒索、打架斗殴等。恶性校园欺凌事件更多的还是出现在高中和初中阶段，在小学阶段极其偶发。

3. 成绩因素

学生的欺凌行为与其学业成绩直接相关，实施欺凌行为的学生大多学业成绩相对落后。这部分学生因为在学业上存在着自卑心理，往往希望从其他方面获得同学的重视甚至是崇拜。而他们在吸引其他人注意力时，则往往通过采取暴力欺凌的方式获得"老大"的威信。还有一部分学业成绩不佳的学生则是抱着"破罐子破摔"的心理实施校园欺凌，抵制教师和家长的教导。同时，学业不佳的学生也往往是校园欺凌的侵害对象。这部分学生因为学业不佳，如果又不能得到教师的重视，甚至受到教师嘲讽，就很可能遭受同学的歧视和欺凌。也有些孩子在学校的成绩很优秀，受到关注与表扬，但他们到了公共的场所，例如等待校车时，他们成为被欺凌的对象。

4. 烟酒因素

国内外的研究均表明，学生的欺凌行为与吸烟、饮酒等不良嗜好存在直接的相关性。这说明对于未成年人实施严格的戒烟戒酒法令是非常必要的。

（二）家庭因素

1. 社会经济地位

父母的经济收入较低、从事特种行业、受教育程度不佳的家庭，子女容易受到欺凌或实施欺凌。

2. 亲子关系

家庭关系淡漠的家庭，子女受忽视，尤其是单亲家庭的子女实施校园欺凌的概率明

---

① 林进材.班级经营［M］.2版.上海：华东师范大学出版社，2020：307.

显大于一般家庭的子女。从我国近几年新闻媒体曝光的校园欺凌事件来看,无论是欺凌的实施者还是欺凌的受害者,他们较多集中在农村留守儿童和城市随迁子女。这两部分群体的父母因为工作原因都无法给予其子女足够的关照和爱护。

3. 管教方式

父母亲的管教方式简单粗暴、不一致,易导致孩童没有同理心,容易造成孩童在校欺凌他人与被欺凌的情况。父母亲的管教开明权威,则孩童较不易在学校欺凌他人与被欺凌。

(三) 学校因素

1. 教师管教

欺凌行为与教师的管教不力有直接关系。前几年,我国中小学教师在对学生进行管教尤其是惩戒时,往往受到家长和社会的质疑。这就使得教师在面对学生的违纪行为时如履薄冰,甚至束手无策,无法对其进行及时适当的批评教育,导致这部分学生缺乏必要的管教,从而使一些轻微的违纪行为逐渐转化为严重的不良行为。

2. 校风校纪

在安全学领域里有"破窗理论",即一所管理规范、校风校纪严明的学校发生校园欺凌事件的概率相对要低。美国的研究发现,学校不良环境和学生对学校缺乏归属感会增加发生暴力行为的频次。具体来讲,学校的管理规范程度、学校的法治教育效果、教师的法治素养、学校的文化建设、学校的硬件建设等都与学校的欺凌事件发生率有关。例如:国外有研究证明,一所寄宿制学校如果晚间照明好,学校发生欺凌事件的概率就会明显降低。

3. 事件处理

当欺凌行为已经发生,学校的处理态度与方式将严重影响到欺凌行为发生的频率。学校应该表明反欺凌的态度,并有具体的防范与惩罚措施。教师要及时发现、妥善处置。林进材(2016)提到,旁观者有义务和责任去预防及制止欺凌事件;在处理欺凌事件时,不要把重心摆放在欺凌者向受害者道歉上,这样的做法不但没有效果,反而很容易在教师不在现场时,让受害者再次被欺凌者所伤害。

(四) 社会因素

社会大环境中影响校园欺凌的因素也是多方面的。尤其值得注意的是,当今的网络、影视、动漫、新闻等传播工具,对凶杀、暴力、色情等内容过分宣扬,直接导致未成年学生的效仿。另外,一些学生因为自身或者家庭遭受到社会的不公待遇,便通过实施欺凌的方式对社会进行报复,宣泄自己的不满情绪。邱珍琬(2001)指出,大环境、社会本身对于性别角色的表现与要求,鼓励竞争比较,还有加上媒体传播之力,这些都是导致欺凌行为发生的环境因素。"以暴养暴"是社会环境的结果,"观察模仿"是社会环境的力量。

综上所述,学生本身无论是欺凌者或是被欺凌者,都处在不友善的环境中,致使形

247

成欺凌行为。家长应对孩子适时关心,才不易造成欺凌与被欺凌事件的发生。教师要赏罚分明,并对所有学生一视同仁。在社会因素上,应减少暴力影片的播放与传播,避免模仿效应发生。

三、欺凌行为的处置

当学生欺凌行为发生后,学校不是简单的处罚了事,而应该有一套系统的因应策略。首先是营造反欺凌的校园环境,其次是班主任鲜明的态度与有效的措施来营造班级小环境。

(一)学校应有的作为

学校的反欺凌政策是非常重要的,因为多数的欺凌事件发生在班级之外。学校的反欺凌政策建议如下:

1. 建立反欺凌的环境与氛围,校园欺凌事件是不可接受的;
2. 所有相关人员都必须接受反欺凌的教育训练;
3. 树立新的观点,任何人都不应该被欺凌;
4. 清楚地定义并制定反欺凌政策,让全体师生皆可清楚理解;
5. 父母亲也需要清楚知道学校反欺凌政策,学生必须清楚明白欺凌行为的后果是什么;
6. 所有的家长及师生都必须知道欺凌后果的严重性。

综上所论,学校在行政组织与文化上必须建立反欺凌的条约并且赏罚分明,建立学校反欺凌的文化。行政人员必须帮助教师去辨别欺凌与玩闹之间的不同,甚至帮助教师去搜集相关资料,作为教师教学上的反欺凌教材。有效的反欺凌政策是需要时间的,行政人员应给予教师与学生在反欺凌上的支持与支援,让学校整体借由学生本身与教师教学上的集体合作,形成公平而又安全的学校环境。①

(二)班主任应有的态度

林进材(2016)提出了在班级管理中,班主任的反欺凌策略明细:(1)建立彼此尊重的班级气氛;(2)鼓励学生遵守反欺凌的班规;(3)在课堂中随时讨论如何尊重他人;(4)建立同伴反欺凌的决心;(5)在课程内设计反欺凌教案;(6)将角色扮演、创意写作、合作学习等的焦点放置在同理心与同伴关系的建立上;(7)关于反欺凌及网络欺凌的政策,请家长协助;(8)学校应明确欺凌的定义及无法接受的范围;(9)反欺凌政策中应建立对新同学的友善欢迎及提供相关的咨询途径与手册;(10)对欺凌者与受害者提供一对一的协助与辅导;(11)对受害者提供人际关系的建立技巧;(12)全体成员随时对反欺凌提供建议;(13)教师应教导学生如何面对欺凌事件。

本·惠特尼(Ben Whitney,2004)认为:(1)资深的教师应有能力观察到学生非意

① 林进材.班级经营[M].2版.上海:华东师范大学出版社,2020:310.

外性的受伤或是表现出沮丧;(2)在处理事件上,不要一次问受害者太多问题,友善地给予支持,必要时交付专业人员辅导;(3)在关怀上要小心谨慎,避免受到误解,总是在自己能力所及之处保持最大的关心;(4)任何不适合的碰触,对于孩子而言都有可能是一种欺凌,类似这样的行为都可能构成犯罪;(5)教师勿处罚孩子,必要时交给专业人员处理;(6)观察到任何状况时,都应与同事交流,以确定事实;(7)告诉家长,与家长一起关心。①

　　综上所述,班主任在班级活动的设计上,应包含社交技巧的训练,以及阅读有关同理心、情绪控制、冲突管理等的文章。这些活动主要是帮助学生建立新的态度和建构班级人际关怀的气氛。因为同伴关系才是反欺凌政策是否能够成功的关键;而旁观者的角色,更是反欺凌成功的核心。在班级管理上,应该建立友善的班级气氛,对于学生彼此之间的相处,应以合作与和平为主,一旦有任何学生超越此界限,应立即有效地制止,才不会姑息养奸、养虎为患。当前,对于班级欺凌行为的认识还有很多不足,班主任在面对实际问题时很有可能束手无策,需要我们及时关注最新的研究成果与相关建议。

　　推荐阅读10-4,探讨如何帮助孩子面对校园欺凌。

推荐阅读10-4
边玉芳(2017):如何帮助孩子面对校园欺凌

关键词

危机　班级危机　危机管理　冲突　课堂冲突　冲突管理　意外事故　校园安全
危机处理小组　危机处理手册　预防　处理流程　第一时间　发言人制度
利益相关者　欺凌行为　校园欺凌　肢体欺凌　言语欺凌　关系欺凌　性欺凌
网络欺凌　反欺凌政策　反欺凌策略

讨论题

1. 简述班级危机特性及班级危机管理的基本思路。

2. 发生课堂冲突的原因有哪些?班主任解决课堂冲突的基本步骤和方法是什么?能够运用此理论进行案例分析。

3. 要从哪些方面预防校园安全事故?利用见实习机会,走访了解学校预防意外事故的安全举措。

4. 班级发生意外事故后,班主任应如何应对?

5. 你对校园欺凌现象有何了解?其成因有哪些?班主任的应对态度与策略是什么?

---

①　林进材.班级经营[M].2版.上海:华东师范大学出版社,2020:311.

我们的学校、社会都认为成功来自能力和动机。当失败时,通常被认为是能力或动机不足。但失败也可能是在能力和动机都很足,但乐观不足的情况下发生的。

——马丁·塞利格曼

学生都渴望被关怀、被聆听、被教师及同侪肯定。教育是零拒绝的,教师不应排斥任何学生于班级之外,损及学习权及受教权。

——吴明隆

第十一章　班级辅导

本章导读

本质上,班级管理是以组织建设为载体的培养人的活动;而培养人的活动,除了正面教育、纪律管束外,也包括心理辅导。辅导是助人的专门技术,它面向全体学生,不让任何一个学生被排斥在班级之外。本章通过介绍学生发展中的普遍心理问题、个别偏差行为以及常见身心障碍,帮助班主任形成基本的专业认知。

本章架构

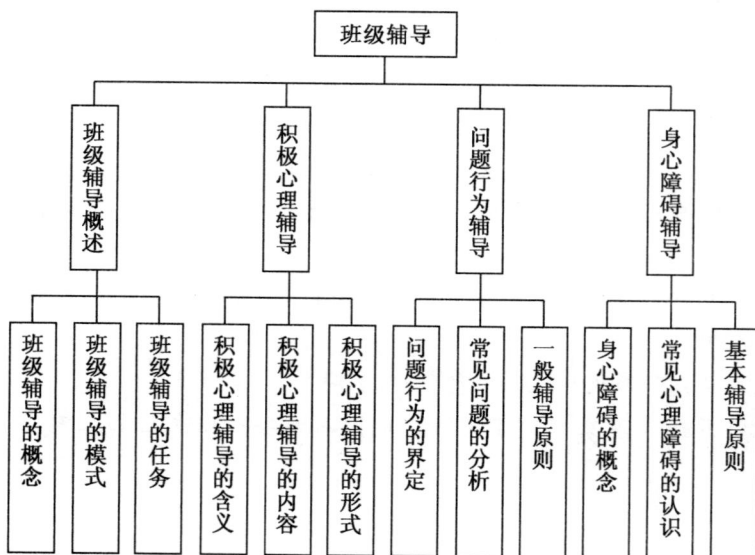

第一节　班级辅导概述

面对贫困

下午，我正在备课，刘威(一个家境贫寒、学习后进的学生)冲进办公室，强烈要求把他的名字从特困生名单中去掉，他的脸因为激动和生气涨得通红。"我不要补助，太瞧不起人了！"话还没说完，他就"砰"地带上门跑了。

"这孩子的脾气真够大的！""你辛辛苦苦为他争取的名额，他还不领情。现在的孩子真是搞不懂！"大概是看到我尴尬的神情，一旁的同事纷纷为我解围。我也只能无奈地摇摇头。

我正在心里纳闷这孩子到底怎么了，班长来报告说刘威回家了。这种情况以前出现过两次，第一次是因为一点小事与同学争执起来，第二次是因为没有及时完成作业，被任课教师批评了几句，这次又是为什么？咳，这孩子也太怪了，难怪当初安排座位时没人愿意和他挨着坐。没有办法，只好把刘威的同桌王勇喊来问个究竟，王勇是他的邻居，也是他在班上唯一的朋友，兴许他能知道些情况。

……

原来就是刚才的事：班长当众宣布了特困生名单，而刘威正好穿了一件新衣服，后排的几个学生就开始议论起来了。

"他不是特别困难吗？怎么还穿新衣服？""就是，我看他吃穿都不比咱差。""你要羡慕，你也申请困难补助呀！"……①

除了学习，学生还要学会面对生活中的各种境遇。案例中的教师，对贫困生尽到了物质帮扶的责任，却忽视了精神关怀的重要性。贫困生的最大问题也许不是经济弱势，而是精神弱势；而班上同学的做法很可能加剧贫困生的自卑、愤怒。人们对"马加爵事件"还记忆犹新，其启示意义就在于学校教育不能忽略学生的精神健康。

一、班级辅导的概念

"辅导"一词源于英文的"guidance"，有引导与辅助的意思，也有向需要的人提供服务与帮助的意思。也就是说，辅导是一种专门的助人技术，帮助人更好地了解自我、认识环境，以便更好地适应社会。

———————

① 黄正平.班集体问题诊断与建设方略[M].北京：教育科学出版社，2007：183.案例标题为编者所加。

班级辅导是指教育者运用心理学、社会学、教育学、行为科学乃至精神医学等多种学科的理论与技术,帮助学生自我认识、自我接纳、自我调节,让他们充分发挥自身的潜能,促进他们精神健康的一种教育活动。班级辅导的定义有以下几层含义:

首先,班级管理者有责任帮助学生成长为精神健康的人。表 11－1 对比了精神健康的人与精神不健康的人的特征形象。

表 11－1　精神健康的人与精神不健康的人①

精神健康的人	精神不健康的人
积极的自我评价 · 喜欢自己 · 了解自己的长处 · 充满自信	消极的自我评价 · 嫌弃自己 · 只了解自己的短处 · 只关注他人的评价
信赖客观世界 · 信赖他人 · 想与他人合作 · 自我与他人无需作对比	猜疑客观世界 · 对他人抱有不信任感 · 与他人竞争 · 时刻将自己与他人比较
对团体的归属感 · 感到自己是团体的一员 · 感到自己与他人都是平等的 · 关心他人	对团体的疏离感 · 感到自己不过是一个次级品 · 感到自己被抛弃 · 只关心自己
责任感 · 对自己的行为负责 · 承认他人享有和自己一样的权利 · 宽容他人的见解与行为	无责任 · 把自己的行为责任转嫁于他人 · 主张自己享有特权 · 把自己的见解强加于他人
贡献感 · 希望有所建树 · 审时度势地采取行为 · 为他人服务	利己主义 · 即使是破坏性的也为所欲为 · 只凭自己的意愿处置问题 · 让他人为自己服务
勇气 · 承认自己不是十全十美的 · 给他人以勇气 · 脚踏实地,不患得患失	胆怯 · 虚张声势 · 挫伤他人的勇气 · 只会唉声叹气,不付诸行动
诚实 · 对人对己正直无私 · 承担失败的责任 · 冷静地处理问题	欺骗 · 自欺欺人 · 不敢承认错误 · 感情用事,惊慌失措

其次,班级辅导是一种服务,为全体学生以及问题学生、弱势学生提供教育帮助。如果把管理、教育、辅导看成一个连续体,它们对人的控制与约束变得越来越弱:管理对

---

① 　钟启泉.班级管理论［M］.上海:上海教育出版社,2001:217－218.

人的行为有更强的控制,教育在于使受教育者行为朝好的方向改变,辅导是帮助学生认识自己与所处的环境,进而主动调整自己的行为。① 遇到"中途辍学、长期缺课、身心障碍、特殊境遇、文化或经济弱势及其他明显有辅导需求"之学生,班主任应主动提供辅导的资源。

最后,班级辅导需要专门的知识与技术。比如强化学生的利社会行为,重视学生的多元智能,不标记学生以免学生产生负向的自我认定,提高学生情绪与压力管理的能力等。对于多动症、自闭行为、学习障碍、感觉统合失调、抑郁症以及自杀行为的讯号等,教师也应知悉,以便于最短时间对学生的行为性质、行为类别做出初步判断与适当处置。

二、班级辅导的模式

面对人类的心理行为问题,常用的有以下四种模式理论②,它们也是班级辅导的理论来源。

1. 医疗模式

医疗模式的理论基础为心理分析论,其基本假定为偏离常模标准的负向行为,必须借着治疗过程予以改变个体。医疗模式中的学生问题,多数与其生理因素有关,如多动症、自闭症、学习障碍或感觉统合失调等学生,并非靠教师的辅导知能所能胜任,必须借助其他专业辅导者(如专业医生、心理咨询师等)的共同合作,才能有效改善学生的行为问题。

2. 行为模式

行为模式多用代币增强(提供次级增强物以使个体达到某种特定目标行为)、家中增强(家长与教师建立共识,在家中采取措施)、行为改变技术(利用行为主义的基本原理来对个案行为加以矫正)、认知行为改变治疗(透过自我意向促进学生合宜的外显行为)等方案,矫正学生的偏差行为。

3. 生态模式

生态模式的基本假定为人类行为是环境因素与个人特质之间复杂的交互作用所造成的。生态模式是最适合分析所有儿童问题行为的模式,而不仅是潜在不正常儿童的问题处理。如学生学习动机不佳、学习意愿不高,可能与教师教学态度有密切关系,教师从自己的教学方式、教学过程、教学态度方面进行改变,有助于学生学习投入。另外,在良好的教学情境下,学生会有较佳行为表现,干扰学习活动或不当行为的发生自会减少。

4. 交互决定模式

交互决定模式结合行为与生态模式理论,其基本假定为人类行为是个体思想、行为和环境因素之间持续的交互作用结果。交互决定模式对人类行为提供了最完整的解

---

① 王洪明. 从"管理"到"辅导":班级变革研究[D]. 上海:华东师范大学,2011:14.
② 吴明隆. 班级经营:理论与实务[M]. 4版. 台北:五南图书出版公司,2017:701－707.

释。班级学生的不当行为,除受学生个人特质影响外,也受学生所处情境与环境影响。比如偷窃、说谎、暴力、不守秩序、逃学、不服管教、课堂分心、作业不写、上课迟到、与人打架、抽烟、恐吓勒索、师生冲突、自我伤害、自杀等行为中,多数学生神经心理功能并无异常,其行为是自我可控制与可掌握的;但部分问题行为可能是先天生理缺陷或神经心理功能异常所致,没有经由诊断治疗,学生问题行为很难自我掌控。

综上所述,在班级学生心理问题的探究中,应以多元决定论观点加以分析探讨,而不要有先入为主的成见,认为均是由学生个体本身所造成。教师应采用生态模式与交互决定模式观点,从学生所处情境、学生个人特质、学生与班级情境的互动情形等方面加以综合探究,才能真正找出学生问题原因所在。

三、班级辅导的任务

我国台湾地区于 2014 年颁布《学校辅导法》,规定"学校应视学生身心状况及需求,提供发展性辅导、介入性辅导或处遇性辅导之三级辅导。"(1)发展性辅导。为促进学生心理健康、社会适应及适性发展,针对全校学生,订定学校辅导工作计划,实施生活辅导、学习辅导及生涯辅导相关措施。(2)介入性辅导。针对经前款发展性辅导仍无法有效满足其需要,或适应欠佳、重复发生问题行为,或遭受重大创伤经验等学生,依其个别化需求订定辅导方案或计划,提供咨询、个别咨商及小团体辅导等措施,并提供评估转介机制,进行个案管理及辅导。(3)处遇性辅导。针对经前款介入性辅导仍无法有效协助,或严重适应困难、行为偏差,或重大违规行为等学生,配合其特殊需求,结合心理治疗、社会工作、家庭辅导、职能治疗、法律服务、精神医疗等各类专业服务。①

近年来,"发展性心理辅导"成为我国大陆地区中小学心理健康教育工作的发展方向。发展性心理辅导与其他心理辅导模式相比,有以下五个显著的特征:第一,在辅导目标上强调心理潜能的开发和人格的完善,而不仅仅停留在心理障碍的消除与心理危机的处理上。第二,在辅导内容的构建上体现人本主义潜能论。第三,以预防性干预为主,反应性干预为辅。反应性干预是当学生发生问题之后心理健康教育工作者做出的反应,采取的对策;而预防性干预是在预测问题发生之前,设法加快完成相应阶段的发展任务,以预防问题的发生。因此,发展性心理辅导更加重视"防患于未然"。第四,评估学生心理健康水平的标准着眼于学生的可持续发展。第五,发展性心理辅导的对象是全体学生。②

综合以上观点,我们认为班级辅导,可以具体划分出以下四方面任务:

1. 营造成长环境

根据生态模式的观点,最好的辅导是创设有利于学生成长的综合环境。班级可以是一种充满信任、融洽、安全和支持氛围的关系系统,其中包括师生关系、同学关系及亲子关系,班级常规的设定以关怀为原则。

① 吴明隆. 班级经营:理论与实务[M]. 4 版. 台北:五南图书出版公司,2017:697.
② 刘宣文. 论学校发展性心理辅导[J]. 教育研究,2004(7).

2. 发展积极心理

秉持预防重于治疗的观点,学校应该实施系统的发展性心理辅导,班级是其主渠道。因为班级具有团体辅导的优势,能够把握学生发展中的常见共同问题,并能结合主题班会、学科教学等班级教育资源,系统地开展与学生积极心理品质相关的活动。

3. 介入行为问题

虽然班级辅导把重点放在发展和预防上,但不是要削弱早期干预和治疗。对于班级中有特殊成长问题与发展需要的学生,班主任的观察与判断显得尤为重要,及早介入、个别辅导有利于学生行为问题的矫正。

4. 联系专家支持

班级毕竟不是专职的辅导机构,班主任也不是专业的辅导人员,班级中个别学生的心理行为问题还需要其他辅导资源的支持,在这个过程中,班主任可以凭借自身的辅导知能,起到介绍、联系专家与机构,整合辅导资源的作用。

当前,在我国学校心理辅导体系还不够完善的情况下,班级工作的特点决定了班主任更能了解学生,更能将心理辅导与班级日常管理、德育以及家校合作结合起来,班主任是实施学生辅导的主力军。

推荐阅读 11-1,了解我国中小学心理健康服务体系的建设情况。

推荐阅读 11-1
俞国良,侯瑞鹤(2015):论学校心理健康服务及其体系建设

第二节　积极心理辅导

引导案例

提升特殊学生群体社会情感能力

X 同学的网络成瘾症状较为明显,时常逃课上网,各科成绩一落千丈。对 X 同学的相关行为进行归因分析,发现其家庭关系不甚和谐,自身缺乏归属感且性格较为内向,平时与老师同学缺乏交流,选择沉溺于虚幻世界以获取归属感和满足感。基于此,A 校教师团队以 X 同学对电脑的兴趣为网瘾转化的突破口,信息技术老师主动邀请 X 同学参与到自己的教学工作当中,并答应为其讲授更多的电脑操作知识,教会其电脑绘画技能,前提是 X 同学不再逃课。在教师团队的密切关注和干预下,X 同学逐渐将自己对网络的兴趣转移到信息技术的学习上来,并开始主动与各科老师进行交流,社会情感能力发展初见成效。面对 X 同学的积极转变,各科任教师也会及时给予 X 同学肯定与表扬,并号召其他同学向 X 同学学习。在教师团队的全力配合下,X 同学不仅改掉

255

了原先网络成瘾的习惯,更收获了同学们的认可和尊重。在和谐的人际氛围中,X同学开始认真学习,其电脑绘画作品也获得了区级奖项,这进一步提升了X同学的自信心。X同学的社会情感能力得到了显著发展,开始乐于与老师同学们交流,各科成绩也有了明显进步,和父母的关系也有了一定改善。

B校的学生来源构成中,进城务工人员随迁子女占比超过了80%。该校教师普遍反映随迁子女群体的学习基础较为薄弱,学习习惯较差,尤其是课堂参与程度不高,甚至恐惧进行课堂发言,自信程度较低。为提升随迁子女课堂参与度,B校教师团队制定了一系列干预方案。如召开集体班会活动,邀请不同家乡的学生担任"方言小老师",教师和学生一起学习各地方言,增强随迁子女的融入感;以学校为单位开展研学主题活动,由来自不同地区的同学担任"小导游",为大家介绍自己家乡的风土人情等。上述策略既增强了随迁子女在异地学习的融入感,也加深了他们对家乡的了解,增强了归属感,提升了对自身的认可,学生们在人际关系、课堂表现和学习成绩上均有了显著提升。在随迁子女获得积极的课堂体验后,各科教师也趁热打铁,在教学过程中加强了对随迁子女的关注,鼓励他们积极参与到课堂活动当中。此外,还开展了"大手拉小手"活动,通过活动促进教师对随迁子女学习、生活情况的了解,增进师生间信任,帮助随迁子女提高自我表达能力。①

对中小学生的健康成长与发展而言,社会情感学习与传统的学术性学习同等重要。有研究证明,社会情感能力的发展有利于学生的学校适应,提升学生的学业成就,改善学生的心理和身体健康、社会关系和就业能力。社会情感能力属于正向、积极心理的内容,对于班级中某些学生个体与群体来说,班主任掌握一些积极心理的辅导知能,可以更好地帮助到他们。

一、积极心理辅导的含义

当代学生普遍面临着社会压力大、原生家庭复杂、学业成就低、幸福感不强等方面的困扰,引发诸多心理疾患。教育部2012年修订的《中小学心理健康教育指导纲要》明确提出,要"提高全体学生的心理素质,培养他们积极乐观、健康向上的心理品质,充分开发他们的心理潜能,促进学生身心和谐可持续发展,为他们健康成长和幸福生活奠定基础。"

1998年美国心理学教授马丁·塞利格曼(Martin Seligman)创立积极心理学,也称为正向心理学。作为一种新的心理学理论流派,积极心理学的研究分为三个层面:在主观的层面上,研究积极的主观体验,如对过去的幸福感和满足感、对未来的希望心态和乐观主义以及对现在的快乐感和价值感;在个人的层面上,研究积极的个人特质,如爱的能力、工作的能力、人际交往技巧、对美的感受力、毅力、宽容、创造性、关注未来、天赋和智慧;在群体的层面上,研究积极的组织系统,建立积极的社会、家庭和学校系统,以

---

① 卢立涛,等. 以班本教研提升特殊学生群体社会情感能力[J]. 中小学管理,2021(2).

培养公民美德,使公民具有责任感、利他主义、有礼貌和有职业道德。[①]

　　班级积极心理辅导,是指班主任从学生成长的心理需求出发,在班级工作中进行正向意义的心理辅导,引导学生发展自身拥有的潜能、力量和美德等积极的因素,培养积极心理品质。[②]

二、积极心理辅导的内容

　　有学者将积极心理辅导分为"自我认识、情绪管理、学习辅导、人际关系、社会责任"五个主题,通过开发活动增强学生的积极体验,强化其积极心理信条。具体内容如下:(1)自我认识主题,活动有"我是谁""悦纳自我";(2)情绪管理主题,活动有"做情绪的主人""我的积极标签";(3)学习辅导主题,活动有"我爱学习""积极应对考试";(4)人际交往主题,活动有"我有好朋友""换位思考话冲突";(5)社会责任主题,活动有"感恩的心""我的责任我担当"。[③]

　　目前中小学心理辅导课有专门的老师负责上课,内容比较庞杂。班级辅导不是另开一门心理辅导课,而是根据班级的实际情况,运用积极心理辅导的原理,帮助学生形成积极的生活体验,养成乐观的人生信条。具体可分为学习辅导、生活辅导、生涯辅导三方面。

(一)学习辅导

　　学习辅导的目标:发展批判思考的技巧;确认学业上的优点、缺点及个人的学习风格;发展在教室中负责任的学习行为;适应学校的学习环境。

　　杭州市景芳中学2017年以来与华东师范大学合作开展"学法指导"探索,他们的一些做法可以给班级学习辅导一些启发。(1)系统构建初中三年的学法指导序列。他们通过调查发现,初中学段学生核心学力的关键结构由学习习惯、思维方法、反思策略三个要素构成,因此要从这三个关键要素出发,开展有针对性的学法指导。又经过对学生学习实践的研究,提取了初中学习方法的六大主题词:自主、结构、联系、比较、辩证、融通。最后形成整体框架,初中三年每学期围绕一大主题词,再从学习习惯、思维方法、反思策略三个维度进行分解,开展一体化的序列研究,培养学生的核心学力。(2)从初二年级开始在每班挑选骨干分子组建学生导师团,培养学生成为"学法导师"。学法导师在本班级担任小先生角色,利用同伴相处机会多、时间长等优势,实现学生同伴之间的互相指导,产生了1+1>2的学习倍增效应。在此阶段推进中,学校形成了初一接受指导、初二同伴互助、初三自我指导的分阶段指导格局。(3)以学科指导为主、以通用指导为辅的指导路径,促进学生在课堂学习中的学力增长。例如在七年级下学期,围绕

①　王鉴.学校积极心理辅导的核心问题[J].教育理论与实践,2008(11).
②　王鉴,陶莉.班级积极心理辅导培养初中学生积极心理品质的实验研究[J].中国健康心理学杂志,2013(8).
③　王鉴.积极心理活动课的理论模式研究[J].中小学心理健康教育,2010(10).

"结构"主题,语文学科中分三个维度开展学法融合教学。一是培养结构化学习习惯,在阅读概括中普遍运用思维导图梳理内容结构,在叙事类文章写作中运用结构图快速确定"事情—心情—感悟"的写作思路,实现结构化思考习惯的可视化。二是培养结构化思维方法,指导学生体会托物言志类散文中"景物(特点)—联想想象—思想情感"的结构规律,把握此类散文的文体规律。三是在反思策略的指导中,指导学生回忆、图示老师教读托物言志类散文的教学过程,从而归纳学习过程,并在托物言志类古诗学习中反复运用,还以学习日记的形式进行回顾、反思,建立起对结构化思维的反思策略。另外,年级里还组织了"结构"专题学法研究课,语文、数学、英语、科学、社会五大学科集中展示研讨;同时在通用指导中,组织"结构"专题辅导报告,推荐学生交流分享,与学科教学遥相呼应。①

(二)生活辅导

生活辅导的目标:了解在团体生活过程中的角色;发展自我觉察与自我接纳;发展个人的责任感;发展有效的人际沟通技巧;学习有效的决策技巧;发展了解及尊重他人的想法。

以社会技巧训练为例。(1)积极的同伴关系有利于儿童社会价值的获得、社会能力的培养以及认知和人格的健康发展。该活动旨在通过干预方案的实施,帮助同伴关系不良的儿童掌握与同伴交往所必需的知识和技能,从而改进其同伴关系。(2)社会技巧训练是一种高度结构化的再教育过程,其范围可包括一般社会角色、朋友的交往、同事的相处、工作的调适以及与家人的相处等,也包括从基本的生存技能到复杂的人际互动与生活管理技能,如金钱管理、交友、休闲时间的安排等。戈德斯坦(Goldstein)等人在1989年提出的青少年社会技巧训练内容主要有十项:表达怨言、对他人情感的反应、为有压力的会谈做准备、对愤怒的反应、避免吵架、帮助他人、处理被责骂的情况、处理团体压力、表达情意、对失败的反应。(3)社会技巧训练方式一般分为个别和团体两种。团体训练一般以6~10人为宜,由两位治疗员带领,治疗员通常扮演较主动的角色为治疗对象作讲解及行为示范。社会技巧训练一般是每周训练3次,每次1小时,连续进行12周。社会技巧是一种个人经由学习而获得的行为表现能力,训练的方法应从行为的小单元着手,当被训练者从学习中获得满意与成功的经验之后,再逐步扩大学习的行为项目。常用的社会技巧训练方法有讲解、示范、角色扮演、回馈与社会增强、家庭作业练习等。②

(三)生涯辅导

生涯辅导目标:能够知晓自己的个人特质、兴趣、性格和技巧;发展自己对世界各行业工作内容的了解;了解在学校的成绩表现与未来职业选择的关系;发展自己对工作的

---

① 陈金兵,姜建平.学会学习:建设基于核心素养的学法指导课程[J].中小学管理,2019(06).
② 程晋宽.班级管理[M].北京:高等教育出版社,2016:183-185.

正向态度。

比如帮助不自信的学生：① 放大他们的成就。提醒自己：自信通常来自成功。尽量给自卑的学生安排一些他们能很好完成的任务。② 要知道学生对反馈信息的敏感反应。给因为自卑而特别敏感的学生反馈信息时要特别小心。要避免使用任何消极的"决定性语言"，如"不满意""错误"等。③ 帮助学生发现自己的长处。帮助自卑的学生，提醒他们所擅长的方面，以及在哪些方面能证实他们的成就。④ 帮助学生接受自己的弱点。鼓励学生把弱点当作是一种还没有得到提高的能力，使他们相信，现在不会做某事并不意味着永远都不会做。⑤ 表明缺点其实是成长的机会。建议学生将缺点当作成长的机会而非障碍，告诉他们：认识到缺点本身就是一种力量，是一种肯定自尊的开始。⑥ 说明自卑只是某一阶段生活的一部分。提醒学生，大多数人都经历过自卑的阶段，在成长过程中，这是一个非常普遍、自然的阶段。可能的话，可以以自己的经历为例子，说明处在这一时期的感觉以及该怎样对待这种感觉。⑦ 帮助学生找到使自己独特的地方。做一次小组练习，让学生问这样的问题："哪些方面让你对自己感觉良好？"也许有的学生会发现自己也有一些以前没有注意到的优点。⑧ 教会学生分享感情。鼓励学生至少与同学分享一部分感情。在需要时做一些极其敏感、极其老练的处理。比如说，在教室一侧设立一条"感情洗涤线"，让学生可以在那里贴上写着当日感情的小纸条。①

三、积极心理辅导的形式

班级积极心理辅导的主要形式是团体辅导，一般利用班会课，由班主任主持。因此，班主任有必要了解一些团体辅导的操作要领，以下是中小学心理健康教育专家钟志农于 2001 年提出的"中小学班级团体辅导活动教师操作须知"，以供参考。

1. 营造氛围

班级团体辅导活动课成功的关键在于营造一种真诚、和谐、宽松而不庸俗化的团体氛围。构建这种辅导氛围的技巧在于：教师精心设置活动情境、善于抓住学生反馈中的共性问题，以及教师准确把握学生的情感共鸣、心灵共振的团体互动时机。

2. 构建关系

辅导教师要注意改变"教育者"的角色定位，和学生平等相处，具有"积极关注""真诚""接纳""共情""尊重"等基本态度，使学生感到温暖、安全，从而在团体中真正开放自己，形成相互信任、相互关怀的师生关系和同学关系。

3. 认真倾听

倾听是最基本的班级辅导反应技术，是每位辅导教师的基本功。教师要"心耳并用"，认真听懂学生在活动中语言表述的真正含义。必要时，教师要采用"复述"和"澄

---

① （美）尼克·帕卡德，等. 美国中小学教学技巧 2000 则［M］. 尚志强，等译. 北京：首都师范大学出版社，2003.

259

清"的技术,把学生所表达的信息加以浓缩、精简,突出重点,并使信息明朗化、具体化。

4. 注重互动

班级心理辅导活动的目标,主要是在学生的互动中达成的。教师要把关注的着力点放在推动学生团体的互动关系上,其操作要领则是改变传统师生"对峙"的课堂组织模式和座位排列形式,积极使用小组合作学习模式,并使小组活动与全班回馈有节奏地流畅地组合起来。互动的最终目的是为了达到团体成员之间的沟通、理解与互助,以促进学生在同龄人的启发下自我成长。

5. 适时引导

班级团体辅导活动主要应该是"非指示性"的,但这并不排斥辅导教师必要的引导和点拨。老师引导的关键在于把握将问题引向深入的契机,或者运用"面质"技术对学生的认知方式及思维方法提出"挑战"与异议,或者将学生共同的感受或意思加以衔接、产生并联,或者把学生未察觉到的易混淆的问题加以澄清,从而增加学生的认同感,并引导他们走向改变认知和行为的积极方向。

6. 聚焦中心

辅导教师必须明确辅导主题及其理念,在活动中将辅导的焦点集中在中心问题上,防止因界定不清、似是而非而出现辅导理念的错位或辅导主题的偏移。

7. 及时调停

当班级团体辅导活动在学生互动过程中出现偏离主题、漫无边际、浪费时间、氛围不融洽甚至个别成员反应含有敌意等特殊情况时,辅导教师要及时施加适度而巧妙的干预,以保护团体氛围不受干扰,团体成员不受极端的刺激。

8. 临场应变

班级团体辅导活动的辅导理念和辅导主题必须是明确而稳定的,但辅导活动的设计和活动素材的选择则是灵活的。班级辅导活动过程中最生动、最感人、最富有教育启示意义的素材往往来自团体互助及全班回馈的过程。每当这种难得的辅导素材突然在团体活动中闪现时,辅导教师必须紧紧抓住,随机应变,调整原有的活动方案。

9. 自我发展

班级辅导活动的最终目的是促进学生的自我发展与自我成长。这种成长首先来自学生自身认知的改变和情感的体验,它的影响也许不会立竿见影,却可能会长期伴随学生的人生历程。因此,辅导教师不要习惯于自己得出结论并对学生加以灌输,而应积极带领学生在参与活动中进行探讨、思考反省、感悟和升华。

10. 包容歧见

班级团体辅导过程追求一种真情的流露和真我的风采、言不由衷或屈从压力不是辅导所期待的结果。因此,辅导教师要鼓励学生在活动中讲真话,为学生创造一种各抒己见的宽松氛围,允许并尊重学生的不同看法,不要强制改变学生的原有认知或行为方式,并相信学生在不同见解的争议当中,终会做出适合自我发展的正确抉择。

260

推荐阅读 11-2,案例分析班级中是如何开展积极心理辅导活动的。

推荐阅读 11-2
在寻找美的活动中提升群体交往

第三节　问题行为辅导

引导案例

教育比"破案"更重要

我最近偶获三则案例,思忖几日,感慨颇多,深觉教育是一项充满智慧与艺术的事业。

[案例一]一天,小军同学的钱夹子不翼而飞。刘老师把全班同学集合起来,问:"有谁看到或拾到了小军的钱夹子?"大家都说没有。刘老师只好又说,如果谁拾到的话,请立即归还给小军。可大家还是说没有看到。这时刘老师又换了一种说法:"如果有人拾到了,但现在不好意思拿出来,回家后好好想想,明天早上送到我这里也不迟。"第二天早上,仍然没有人把钱夹子送来。

[案例二]小学一年级的班主任王老师为了"侦破"班里的失窃案,给每位学生发了一根一样长的小棍子,让学生把小棍子拿在手里,并把手放在课桌下面。他说:"这些小棍子是被施了法术的,谁拿了别人的钱,他的小棍子就会长长。"过了五分钟,他收回学生手中的小棍子,收一根比一根,终于破了案——有一个学生的小棍子比别人的短了一截,因为他怕自己的小棍子长长,所以暗中掐掉了一截。

[案例三]周老师班上一位学生的 20 元钱不知被谁"拿"走了。周老师让大家围绕下列问题进行讨论:假如这 20 元钱是我丢的,我会怎样? 如果有人拿了或拾到了,但不归还给失主,这是一种什么行为? 长此以往将会有怎样的结果? 犯了这种错误,该怎么办? 大家踊跃发言,各抒己见。然后,周老师发给每人一张小纸条,并告诉学生,如果没拿这 20 元钱,便写上"我没拿"三个字及自己的名字,如果认识到了自己的错误,便写上"我错了"三个字。对于小纸条上的内容,学生不准偷看,老师将绝对保密。最后,有一个学生在纸条上写了"我错了"三个字,并主动向班主任讲了事情的经过,还把钱如数还给了同学。

班主任想通过处理这类事件达到两个目的:一是弄清事情的真相,二是教育学生。但如何才能使犯错的学生既不失"面子",又受到教育? 案例一中的刘老师采用提问的方法,先直截了当地问,继而委婉地问,最后消极应对,结果当然是一无所获。刘老师的这种处理方式过于普通,学生对此习以为常,尤其是会让那位拿了或拾到钱夹子的学生产生"我如果承认就会在全班同学面前丢面子"的心理,因此,他绝对不会在这种情况下主动交出钱夹子。

从结果来看，案例二中的班主任王老师似乎达到了预期的效果。但细细思量他的整个教育过程之后就会发现，"骗"贯穿始终，这是一种教育欺诈。学生将小棍子掐去一截，这说明他还是有自尊心的，他不想老师将自己"拿"钱的事在全班同学面前公布，而王老师却用"骗"的手法来"破案"。也许，这位学生以后在同伴们面前再也抬不起头来；也许，这位学生暂时改掉了"拿"东西的毛病，但他从老师身上学会了"诈骗"的伎俩。

教育的功能在于引导、纠偏和提高。对于这些"拿"别人东西的学生，教育者既要保护他们的自尊心，又要诱发他们的内疚感，还要帮助他们改正错误。为此，案例三中的周老师先让学生讨论，然后让学生在小纸条上写字，这样的做法取得了不错的效果。在前两个例子中，犯了错的学生一直处于紧张、没有安全感的氛围中。而案例三中的讨论环节，则淡化了教育的痕迹，并使犯了错的学生和其他同学处于平等的地位。在讨论过程中每位学生都会受到不同程度的教育和启发，特别是犯了错的学生会产生心灵的触动。周老师处理这件事情的巧妙之处就在于，在答应保密的前提下，让学生在小纸条上写字，这既具有一定的隐秘性，又带有一定的游戏色彩，会使小学生产生某种外在的愉悦；另外，讨论环节撞击了犯了错的学生的心灵深处，使他获得了某种类似于正义战胜邪恶的内在愉悦，因此，他很自然地认错了，而且会彻底改变这种不良行为。①

学生中存在偷窃、作弊等问题行为，对此不能包庇、回避、视而不见，但学生又都是未成年人，不能以警察抓小偷的心态对待他们。班级管理中对问题学生的处理应以保护、教育为主，因此，班主任更需要了解问题行为的复杂成因、多样特征与一般辅导原则。

一、问题行为的界定

问题行为，又称偏差行为、不良行为、不当行为，通常是指个体在发展过程中表现出来的不符合或违反社会准则与行为规范，或者不能良好适应社会，从而给社会、他人或自身造成不良影响甚至危害的各种内外部行为。

中国台湾师范大学吴武典教授认为"显著有异加有害，即是偏差行为"，具体又分为以下几种类型：(1)外向型问题行为，即通称的违规犯过行为或反社会行为，如打架、撒谎、偷窃、逃学、离家出走等。(2)内向型问题行为，即通称的情绪困扰问题或非社会行为，如自卑、畏缩、自恋、做白日梦、自我伤害等。(3)学业适应问题，成绩不理想而非由智力因素所造成，往往兼具有情绪上的困扰和行为上的问题，如考试作弊、低成就、注意力不集中等。(4)偏畸习癖，或称之为不良习惯，多与性格发展上的不健全有关，如咬指甲、吸吮手指头、性不良适应等。(5)焦虑症候群，由过度焦虑引发而来，又称之为精神官能症。(6)精神病症候，其行为已明显的脱离现实，如精神分裂、忧郁等。

---

① 作者：江苏如皋磨头小学程伟老师。转引自熊华生，李慧. 班级管理智慧案例精选[M]. 上海：华东师范大学出版社，2010：179-181.

学者王晓春对"问题生"的界定是：品德、学习态度、习惯、心理等方面存在较为严重的问题，而且用常规教育手段不能解决其问题的学生，才是"问题生"。这个定义指出了"问题生"的主要特点：他们的问题不是常规教育手段所能解决的。也就是说，通过一般的表扬、关爱、批评、写检查、请家长能解决问题的学生，其实不算"问题生"；他们应该是有严重问题，而且这些问题只有通过个案诊疗才可能解决。从问题类型上，可分为：不良行为习惯型、厌学型、心理障碍型、品德型、"好学生"型。从问题严重程度上，可分为轻度、中度、重度。（1）轻度。这类"问题生"生活学习基本能随上大流，对集体没有很大破坏作用。老师的教育时有效果，家长没有完全失控。他们的问题，班主任可用个案诊疗与常规教育手段结合的方式解决。（2）中度。对学校生活已经很不适应，跟不上多数同学，心情焦虑痛苦，对集体破坏作用较大，抵触教育，但是心还没有完全离开校园，家长基本失控。这种"问题生"的问题，常规教育手段不起作用，光靠班主任进行个案诊疗也难以解决，需要学校介入，专家指导或介入。（3）重度。他们一般是边缘生，徘徊在学校与社会、学校与家庭之间，或三天打鱼两天晒网，或已经辍学，心已经不在学校，家长完全失控。这种"问题生"的问题，不但班主任，即使学校也已经很难单独解决，需要社会工作者、医院、公安机关介入，专家诊疗。一般所说的"问题生"教育，指的主要是轻度和中度的学生，重度"问题生"基本上不属于学校的工作范围。

本书所指的问题行为，既不是轻度的违规行为，这部分靠班级常规管理与教育就可以解决；也不是重度的违法行为，这部分单靠班主任和学校的力量已无法解决；而是中度的失序、脱序行为，具有明显的社会适应不良，需要从思想教育与心理辅导两方面配合才能解决；但又不包括身心障碍类问题行为，那是更加倚重心理诊断与治疗的行为，本书归为另一类问题，见本章下一节。

二、常见问题的分析

（一）偷窃

偷窃行为是个体发展与成长过程中，最严重的偏差行为之一。个人的偷窃行为往往是其他民事和刑事犯罪行为的前奏，也是更复杂问题行为的起始点。教师在班级管理中面对学生的偷窃行为时，应该给予积极的辅导。

偷窃行为的形成是个体与环境交互作用的结果。（1）个人因素，包括占有欲的作祟、需求无法满足、病态的人格等。比如，学生因为缺乏物权的概念，在占有欲的驱使下产生偷窃行为，或者受到过度保护或较贫困家庭的学生会因为缺乏自制能力而行窃。另外，学生会因物质的或心理的需要未获得满足而偷窃，例如有自卑感的学生为获得同学的认同，以偷窃物质之后分享的方式来换得同伴的承认。英雄主义、借以引起注意或反抗等个人因素也是导致偷窃行为的重要原因。还有部分学生因为人格分裂或病态原因产生偷窃行为，此类偷窃行为必须转入精神医疗单位通过治疗加以改正。（2）家庭因素。偷窃的学生大部分来自缺乏爱与温暖的家庭，比如父母管教不当、过分严厉、家庭破碎、父母离异、家庭重组等，让孩子感到不快乐，对家庭生活缺乏认同感与归属感。

一般情况下,偷窃行为学生的父母常常是无法花更多时间在孩子的教养上,放任孩子模仿不良榜样,或因为缺乏道德观念而出现偏差行为。(3)学校因素。通常是同学团体之间的不良示范,学生在学校里交友不慎,或是在受到暴力威胁下养成偷窃的行为。学生成就动机低落、师生关系不良、教师处理不当等也是导致学生偷窃行为的重要学校因素。(4)环境因素。通常指的是成人社会的诱导、金钱方面的诱惑等外在的因素,导致青少年不正常的心理与价值观念的形成。大众媒体对负面现象的过度报道,直接或间接提供不良的社会示范。

教师在面对偷窃行为时应该深入了解学生行为背后的动机并给予适当的辅导,协助学生建立正确的行为观念,并当各种诱因出现时,他们可以通过道德良知,适时地抗拒诱惑。一般遵循以下原则:(1)培养正确的行为观念。(2)关怀学生需要的满足。(3)成人要有正确态度。(4)加强法制教育。(5)培养学生的自我控制能力。(6)实施个别辅导策略。

(二)说谎

说谎是一种不良行为,对处在人生观、价值观和道德品质形成时期的学生来说,说谎行为的危害性很大。为此,我们要分析原因并进行积极干预。(1)如果家长、教师对学生要求过分严格,使他们难以达到时,就迫使他们用谎言来应付。(2)一些说谎行为是由学生品德不良引起的,比如报复性说谎。(3)一些学生与社会无业人员等进行交往后受到不良影响,往往大肆挥霍浪费,其经济来源,就是骗取父母的钱财。(4)如果孩子的正当需要得不到满足时,他们往往会用说谎的方式来满足自己的需要。(5)心理因素,如逃避惩罚、自我夸大、否认失败、出于好奇。(6)家长与孩子沟通不良,家长管教不当,家庭环境不好。(7)社会学习因素,如模仿,忠于帮派团伙。

针对说谎的不同类型,制订不同的辅导策略。(1)混淆性说谎的矫治。对于年幼的学生来说,常常分不清头脑里想的东西与现实的东西。对于这种说谎,家长和教师要引导孩子辨别事物,提高他们的判断能力。(2)牟利性说谎的矫治。这种说谎的动机是利用说谎来骗取钱财、用具、名誉等,满足自己不同的需要。如果说谎的原因是合理的,就尽量满足他们的正当需要;但要告诉他们合理的需要必须用合理的方式来满足。如果说谎的原因是不合理的,就应拒绝他们的要求。如果这种行为与他们的不良交往有关,就应采取措施,使学生摆脱不良交往。(3)防卫性说谎的矫治。这种说谎行为的动机是保护自己不要被伤害,使自己摆脱不利的情境。在学生说谎行为中,这种说谎有相当大的比例。对于性格外向、活泼开朗的孩子,应当直言不讳地指出,无论什么原因,说谎都是不对的,应当受到惩罚;对于性格内向、平时安静自律的学生,宜用平静、温暖的语气询问原因,并引导他们用自我修正的方式加以纠正。(4)模仿性说谎的矫治。许多家长为了诱导孩子做一件事,就漫不经心地许下诺言,而事后大人不兑现承诺,孩子就会觉得父母在欺骗自己。所以,若要纠正孩子说谎,父母首先要检讨自己平日的生活态度和处事方法,不要在不知不觉中为孩子树立说谎的样板。(5)报复性说谎的矫治。这种说谎行为的动机是利用谎话对别人进行报复,发泄对别人的敌意、愤怒等情绪。发现报复性说谎行为后，必须给说谎者严厉的处罚，让他们认识到这些行为对他人造成的痛苦。(6)恶作剧性说谎的矫治。这种说谎行为的动机是为了戏弄别人，从中获得心理满足。在发现这类情况后，应给他们严厉的处罚。使他们知道说谎行为引起的不良后果并记住这一深刻的教训，在以后的生活中不再发生类似的行为。(7)表现性说谎的矫治。这种说谎的动机是吸引别人的注意，在别人面前夸耀、表现自己，获得别人的表扬。对于这类说谎，首先，不予理睬，不要强化这种行为。其次，引导学生用建设性的行为去赢得别人的赞扬和关注。

(三)暴力行为

学生间的暴力行为主要是指由在校学生以口头或身体的方式对他人的心理、财物、身体进行侵犯的攻击性行为。产生暴力行为的主客观原因主要有如下几点。主观原因：(1)情绪上的躁动与不安，在行为上表现出来，往往引发学生间的暴力行为。(2)行为上缺乏自制力，行动鲁莽，逞强好斗，富有攻击性，常常以暴力形式宣泄情感、处理问题。(3)态度上缺少同情心，对同学尖酸刻薄，嫉妒猜疑，容易引发矛盾。客观原因：(1)不良文化的心理暗示作用。如某些影视片过度渲染武力、打斗和凶杀，甚至详细地展示犯罪过程。这些内容所包含、透露的若干信息对青少年具有负面影响。(2)家庭教育的错位。统计分析表明，暴力倾向严重的学生大部分都在家庭受到过棍棒式教育或强制管理，日积月累，耳濡目染，攻击性人格逐渐养成。(3)学校教育的扭曲。不论是吸毒、斗殴等严重的行为，还是抗拒社会的暴力行动，其中体现出来的都是青少年对自己和他人生命的漠视。因此，教育者应从人最本质、最朴素的感情出发，教孩子懂得要遵从基本的道德底线。这种教育对正处于危险年龄段的青少年尤为重要。

辅导学生的暴力行为，家庭、学校、社会应当共同努力。(1)学生需要有一个良好的家庭教育环境。父母不能将打骂作为解决与子女冲突或争吵的方法，更不能将粗暴的躯体惩罚作为教育子女的方法。(2)学校避免滥用劝退、勒令退学等手段对违纪学生进行简单的行政处罚，避免体罚学生，以免使学生形成一种敌视教师和优等生的逆反心理。学校应组织学生参加各类丰富多彩的文体活动，使学生远离各种精神污染，培养学生积极向上的人生观。对学生要加强法制教育，教育学生遵纪守法，要警惕黑社会团伙入侵校园。(3)指导学生参加积极有益的社会公益活动，以净化他们的思想，帮助他们养成良好的道德行为，降低实施暴力的概率。

(四)逃学

学生逃学，主要有下列的原因：第一，学校方面的因素。主要是学生感到在校学习负担过重，困难太多，特别是一些有学习障碍的学生成绩跟不上，在教师和同学面前觉得抬不起头来。这样，其心中逐渐产生在学校没劲、学习让人苦恼的想法。由厌学发展到逃学，是最常见的情况。第二，家庭方面的因素。父母对子女的教育，有的娇生惯养，有的专横管教，还有的对子女不闻不问，使子女感受不到家庭的温暖和父母的关心，从而放任自流，纪律观念淡薄，自制力差。

学生逃学行为的发生,反映了家庭教育和学校教育中存在的问题,以及青少年个性的缺陷。因此,在班务工作中,班主任要改进教育方法,经常深入班级,了解学生的心理,了解他们的思想状况,与学生保持良好的关系,关心和爱护他们,做他们的良师益友。努力创造条件,使学校和班级集体成为吸引学生的地方。对于多次逃学的学生,不能简单地给予严厉的责备和处罚,必须先弄清他逃学的原因,在明白症结的基础上,制订教育和帮助的方案措施。深入细致地、耐心地对逃学学生进行启发引导,使他们深化对逃学危害的认识,增强自尊心,明确责任,用行动来克服学习障碍。实践证明,班主任必须与家长密切配合,矫正学生的逃学行为,否则只靠学校或家庭的单方面努力是不行的。班主任要注意师生全力合作,关心逃学学生,使他感到学校和师生有吸引力。矫正逃学行为不能操之过急,更不能强迫行事。要真正解决问题,即使学生逃避问题,教师和家长也不能逃避问题,一旦学生的心理症结解除了,他们会重新回学校学习的。班主任要加强和家长的联系,指导家长不仅要在生活上关心子女,而且更应该从情感上亲近自己的子女,这样才能及时矫正孩子的逃学行为,让他们适应学习生活。在对待学生逃学这个问题上,班主任或教师不仅要有满腔热忱的园丁精神,更要有运用教育学、心理学中科学的教育方法,以有效地减少直至杜绝逃学现象。

三、一般辅导原则

吴明隆指出:责备处罚,只会强化学生的问题行为;只有辅导启发,才能改善学生的问题行为。他认为,班级环境中学生定有问题行为发生,只是其严重的程度不一,对于学生的问题行为,教师不应忽视不管,相反的,应积极介入处理,这是教师的职责与义务。正由于班级学生有不同程度的困扰行为,教师若能具备相关知识,则能发掘学生困扰行为的原因所在,采取有效的辅导策略。为此,他提出了以下九条建议:(1)了解学生问题行为的成因;(2)熟悉基本行为辅导的知能;(3)应用行为改变技术的策略;(4)适时转介至社会医疗机构;(5)安排多元活动与同伴影响;(6)强化法律知识知能与常识;(7)具有敏锐的观察与判断力;(8)尊重当事者的隐私与尊严;(9)采用民主管教与慎用权威。[①]

心理学家界定学生心理行为的四大模式中,生态模式及交互作用模式最具实用性,行为模式与医疗模式也有一定的适用性。据此本书认为,班主任对问题行为的辅导可以遵循以下四条原则:

(一)生态分析原则

若班上有学生发生异常行为,班主任需要全面思考:会不会这些学生并不是故意的,而是因为生理或心理的障碍或疾病所导致,抑或是家庭出现状况,需要我们提供适当的安置及有效的介入来帮助。采用生态模式观点,才能真正发掘学生问题行为的原因,为诊断辅导奠定基础。当代社会纷繁复杂,导致学生问题行为增多的因素主要有个

---

① 吴明隆.班级经营:理论与实务[M].4 版.台北:五南图书出版公司,2017:721-726.

人、家庭、学校和社会因素（见表 11 - 2）。

表 11 - 2　导致学生问题行为增多的因素[1]

个人因素	家庭因素	学校因素	社会因素
先天生理的变因	家庭功能失衡	班级氛围不佳	社会媒体误导
价值观念的偏差	单亲家庭增多	欠缺成功经验	错误楷模学习
人格特质所导致	亲职教育不彰	学习动机低落	负向新闻影响
玩笑好玩过头	管教方法错误	优势智能未被发掘	社会负文化的浸染

以校园暴力行为而言，其成因可能有个人生理因素、个人心理疾病因素、家庭因素（如父母亲管教态度不适当、父母离异、长期不睦、缺乏家庭温暖等）、学校教师因素（师生冲突、教师管教不当、学习低落不受重视、受到同侪歧视等）、社会因素（电视媒体反向影响、受人怂恿唆使等）等，教师应针对其原因加以引发导正，如此才能达到治标又治本的功效。

（二）专业知能原则

当教师知道学生偏差行为的原因、动机后，要根据其缘由，运用专业知能加以导正，包括心理学知识、医学知识和法学知识。

首先，学会应用行为改变技术，如增强相克行为、敏感递减法、饱和满足法、远离增强物、撤除正增强，消除个体不适当行为。例如：某一学生惧怕在大众面前讲话，可运用敏感递减法以逐渐降低恐惧，首先让学生在没有人的地方讲话，其次再安排一位同学与之对话，之后在小组活动中面对成员讲话，最后鼓励学生在全班面前讲话。相互抵制是安排无法并存的两种行为，以好行为代替不当行为，如某生好动，若选为纪律委员，为了维持班上秩序，某生自己就不能再吵闹好动。远离增强物是改变学生所处的生态环境，移开引起不当行为的刺激物，如某位坐在后面的学生上课喜爱捣蛋，老师将其调至前面来坐，因离教师较近，不敢再捣蛋。撤除正增强是将学生的正增强物移走，如某生是篮球代表队，却犯抽烟的不当行为，老师警告他，若再抽烟就要取消代表队资格。

其次，当学生的偏差行为班主任无法单独处理时，应适时由学校专业辅导老师介入个别辅导，也可向专门辅导/医疗机构咨询，获取更多困扰行为的辅导知识与技能策略。

再次，许多学生由于法律意识不强，以致游走在违法边缘而不自知，教师有必要将相关法令以案例教学或故事解说的方式融入课堂之中，让学生从实际发生的案例里，体会到守法的重要性，进而产生自律行为。

（三）交互影响原则

当教师与学生平时互动沟通良好，师生关系和谐融洽，学生才会愿意将其遭遇到的问题告知老师：如学生遭受家暴、性骚扰，家庭发生变故，有自杀倾向，有自残可能，有学

业困扰、情绪困扰、人际困扰、感情困扰等。在一个紧张、不快乐、责骂、恐吓的班级环境中,学生会表现退缩、内向、畏惧,长期下来,此种情境不仅不适合学生发展与学习,更会助长学生问题行为的产生,因而教师要采取民主的管教态度,营造良好的班级气氛,才能减少学生的问题行为,即使学生有问题或困扰行为发生,教师也能较易掌控,并于最短时间内有效处置。

教师若能安排丰富多元的班级活动,则可以纾解学生的体力,并使其压力获得不同程度的解放,还可以培养师生同学间感情。让问题学生有为班上服务的机会,一方面表示教师对他们的重视,激发其荣誉感、责任心;另一方面从服务过程中,学生可以获得自我肯定,表现正向行为,以融入群体生活。同学的关心、老师的关怀,是问题行为学生回归学校生活的关键。

(四)尊重隐私原则

在班级辅导过程中,教师要恪守辅导与咨商伦理,不能任意让当事者曝光,以免损及学生的人格权或遭受二度伤害。此类的个案如遭受家暴、性侵、有自杀行为、自我伤害行为等学生。而在辅导咨商的历程中,辅导者应尊重当事学生的文化背景、个别差异,不应强制学生接受教师的想法做法。

推荐阅读11-3,了解专家对"问题生"教育的分析。

推荐阅读11-3
王晓春(2008):让"问题生"教育走向科学

第四节　身心障碍辅导

引导案例

随班就读个案

8岁女童刘芳,在特教学校接受了2年的听力康复训练后进入普通学校随班就读,现在是小学一年级的学生。刘芳在佩戴助听器的情况下基本能与人交流,但在对方说话语速太快或声音太小的情况下,听懂有困难;有语言表达能力,但较难被他人听懂。刘芳存在着许多不被其他人接受的问题行为。班上同学反映,刘芳会欺负其他同学,在教室里发出尖叫声,喜欢拿别人的东西,对人不礼貌,还会打人。刘芳对老师的教导和批评也无动于衷。刘芳为家中的独生女,由于先天障碍,家里人都很宠爱甚至是溺爱她,尽可能满足她一切要求,在家里刘芳表现出霸道、倔强、脾气大等。

我们认为,刘芳需要积极行为支持系统的介入,以社会可接受的行为方式来替代现有的问题行为,从而使问题行为减弱甚至消失。第一步,界定被干预的目标行为。刘芳目前存在而急需矫正的问题行为主要有:(1)课堂破坏;(2)注意力不集中;(3)肢体攻击。第二步,确定合作者。主要包括普通班级教师、资源教室老师、学生家长、普通班级同学等。第三步,行为观察及功能评估。通过对刘芳的三项问题行为的直接观察,详细记录了刘芳问题行为发生的情景、行为表现和结果等信息,并对这些行为进行了功能评估。我们发现,刘芳课堂破坏行为受到了教师的关注强化,从而使她更乐意用不恰当的方式吸引教师的注意;刘芳上课时注意力不集中的行为主要是因为对课堂不感兴趣,而老师温和语言的提示使她得到了关注,强化了她的行为;刘芳在课间采用不恰当的方式吸引同学,希望和同学一起玩的行为也被同伴的关注得到了强化。第四步,实施积极行为支持策略。从以上分析可知,刘芳出现问题行为的主要原因是为吸引老师同学的注意。在刘芳没有表现出问题行为时,获得关注的机会很少,而出现问题行为时,教师及同学恰恰对她关注。这强化了她的问题行为,导致她采用不恰当的方式来和人沟通交流。因此,我们决定采用以下积极行为支持策略全方位地干预刘芳的行为问题,促进其正确行为的树立。

1. 心理辅导。随班就读聋生渴望与其他同学打成一片,但由于听力的损害及语言缺陷,在人际交往中存在障碍,心理往往容易受挫伤。教师应多与随班就读聋生沟通,指导正确的交往方法,鼓励刘芳与普通同学交往,并为他们的交往创造条件。比如让刘芳为班上其他同学服务,选举她为小组长,帮助老师发放作业本等。另外,教师还要指导刘芳用正确的方式与人打招呼,不能用推人、打人的方式和人打招呼等。

2. 问题行为的干预。对刘芳问题行为的干预主要把握两个原则:一是增加对其适宜行为的关注;二是撤离对其问题行为的关注。在刘芳出现适宜行为时,教师给予表扬关注,同学主动找她一起玩;而当她再出现问题行为时,应采取忽视的态度,撤离对她的关注。例如在上课期间,教师可有意无意地多关注一下刘芳,让她回答问题,给她眼神的肯定,给予积极的引导,而不是一直忽视她,直到她问题行为出现时才予以关注。

3. 教学环境的改变。刘芳由于听力的局限,离说话人太远便无法听到说话的声音。刘芳的座位在教室的第4排,距离较远,而且教室本身空间就大,学生人数又多,刘芳上课时要听清楚老师所讲内容是很困难的。这就导致她上课干脆不听讲,出现了注意力不集中和破坏课堂的问题行为。因此,我们建议老师将刘芳的座位重新安排到了第一排的中间,便于她清楚听到老师上课讲的内容。

4. 教学内容的调整。刘芳课堂破坏行为及注意力不集中行为除了为吸引注意外,还有一个重要的原因是对教学内容不感兴趣,不能理解老师所讲的知识点。因此,课堂上教师的讲解速度适当放慢,尽量面对刘芳。多一点直观手段,运用多媒体辅助教学。课前让刘芳预习,使她在上课之前就熟悉所学内容,降低课堂中听课的难度。对刘芳的提问应多让她上台演示而少采取口头表达的方式。

对刘芳进行了为期1个月的干预,每10天进行一次观察记录。观察发现,刘芳的问题行为呈逐步减少的趋势,1个月后肢体攻击行为完全消失,其他两项问题行为出现的次数也减少了很多。老师反映,通过环境的改变和教学内容的调整,刘芳开始能听懂课堂的内容,还主动回答问题,学习成绩有所提高;同学反映,刘芳和人打招呼和找人说话时再也不用推、打的方式了，看到同学还会叫同学名字；家长也反映刘芳在家里也变得听话了，没有以前那么爱发脾气了。①

新修订的《义务教育法》第十九条规定："普通学校应当接收具有接受普通教育能力的残疾适龄儿童、少年随班就读，并为其学习、康复提供帮助。"随班就读政策的出发点是好的，但具体落实是靠"人"的力量。班级老师是否有特教方面的背景、是否愿意去学习特教的知识、是否愿意接纳孩子、是否能感染其他学生接纳孩子……都会影响随班就读的质量。因此，作为班级管理者，应当事先储备一些有关儿童身心障碍的知识与相关技能。

一、身心障碍的概念

身心障碍，包括生理障碍与心理障碍，前者如智障、听障、视障、肢障等，后者如感觉统合失调、情绪障碍、注意力缺陷、自闭症等。生理上的障碍，较易为人所辨别，而心理上的障碍，不容易被充分了解和掌握，需要借助专业人员的鉴定。

传统上，有障碍的儿童被送入特殊教育机构进行专门培养，他们得到特别的关爱和照顾——专门的特教机构、专任的特教老师、互不歧视的同类群体。但随着"回归主流"的呼吁，全纳教育（inclusive education，又称融合教育）的思想产生了广泛影响：残疾只是生命的一种形态，残疾人与普通人权利平等、地位平等、机会平等。残疾儿童如果能够从小在普通学校接受教育，长大后才能更充分地参与社会生活，实现个体和群体的最优发展。1994年，世界特殊需要教育大会发布著名的《萨拉曼卡宣言》，声明"每一个儿童都有受教育的基本权力"，"有特殊教育需要者必须有机会进入普通学校，这些学校应该将他吸收在能满足其需要的、以儿童为中心的教育活动中"，"实施此种全纳性方针的普通学校，是反对歧视、创造欢迎残疾人的社区、建立全纳性社会和实现人人受教育的最有效途径"。全纳教育的对象除了身体残疾的孩子外，也包括因贫困、特殊家庭、心理障碍等原因而需要得到特殊帮助的孩子。

目前我国随班就读主要针对低视力、重听、轻度智力障碍、（轻度）自闭症和脑瘫学生等有特殊需要、但能力比较好，可以在普通学校学习的学生。在实践中，有随班就读学生的学校，已有一些成功经验，比如：① 教师会降低对孩子学业上的要求，其成绩不会纳进班级的平均分，这一定程度上可以缓解孩子因跟不上教学进度，而带来的焦虑；教师也可以分摊精力，转而重视孩子除学业外的其他能力的发展。② 学校安排有特教背景的教师或者经验丰富的教师，承担资源教师的工作，帮助孩子进行日常辅导。③ 有随班就读生的班级，校方会适当缩减班级人数，为孩子入学后的学习、生活提供便利和条件，保障他们平等参与教育教学和学校组织的各项活动。④ 一些学校会同意家长或影子老师陪读，帮助孩子掌握在校学习、社交的相关技能等。⑤ 生均拨用经费的提高。以上海为例，上海地区随班就读学生的生均公用经费标准是每年7 800元，而

① 何静.建立随班就读积极行为支持系统的个案研究[J].现代特殊教育，2014(4).根据论文内容改编案例，标题为编者所加。

2016 年中央确定的生均公用经费基准定额为：普通小学每生每年 650 元、普通初中每生每年 850 元、特殊教育学校和随班就读残疾学生每生每年 6 000 元。[①]

二、常见心理障碍的认识

班级管理中，以下四种是比较常见的青少年心理障碍，班主任应该加强了解，及早判断，必要时为学生和家长提供力所能及的帮助。

（一）多动症

多动症的正式名称为注意力缺陷。多动症儿童常出现下列两种类型的特征行为：（1）好动、易冲动。好动显示孩子的活动量偏高；冲动是指无法控制而做出过度的反应。其行为表现如：经常手忙脚乱或坐时扭动不安；时常离开座位、跑来跑去、跳上跳下，动个不停；无法从事静态活动，无法定下来专心听人说话；经常说话过多、在他人问题未说完时即抢答；需轮流或排队时无法依序等待；只要喜爱，未经他人同意，会擅自拿取他人物品；无法控制冲动和判断危险情况，因而与同学冲突时，会先出手打人，而不会考虑到事后的结果。（2）注意力不良。注意力无法持续，常因为外来的刺激分心，做事较难专心，欠缺耐心。因此其行为特征表现如下：念书或书写作业时常会有漏字、加字或跳行；在日常生活中经常丢三落四；无法专注倾听对方讲话；事情或功课无法一次做完；不喜欢或排斥需全神贯注的事；经常难以规划工作程序及活动等。

多动症儿童如没有适时辅导与治疗，极易衍生下列症状或困扰问题：（1）有学习障碍，低学业成就；（2）有攻击行为，与人态度对立、触犯法令行为；（3）情绪困扰、有焦虑倾向；（4）低自尊、低挫折容忍度、人际关系不佳；（5）在青少年阶段，出现反社会人格与滥用药物等问题。

（二）自闭症

自闭症是一种先天脑部功能受损伤而引起的发展障碍，通常在幼儿二岁半以前就可以被发现。

自闭症儿童行为有三大特征：（1）显著口语、非口语之沟通困难者；（2）显著社会互动困难者；（3）表现固定而有限之行为模式及兴趣者。

自闭症患者有能力孤岛、缺陷与杰出并存的现象，约有 10% 的自闭症儿童拥有超乎一般能力的特殊注意力，因为其注意力集中在某些小范围事务上，所以有的患者可能有过目不忘的记忆力、数字计算能力、音乐组合能力、机械或空间方面的才能等。如能适度开发潜能，自闭儿也可能是天才。

① 七维 family. "随班就读"里那么多疑惑，看这一篇就够了 [EB/OL]. https://www. sohu. com/a/155363981 _ 556293？ scm ＝ ＆·spm ＝ smpc. channel _ 248. feed-slideload-author-data-1. 1. 1662967123432AKpJEQH_324，2017 - 07 - 07.

（三）学习障碍

学习障碍是指个体在听、说、读、写、算等能力的习得与运用上，表现出注意力、知觉辨识、记忆、理解、推理或表达等能力有显著困难者。其鉴定标准有三：（1）智力正常或在正常程度以上者。（2）听觉理解、口语表达、基本阅读技巧、阅读理解、书写、数学运算、推理或知觉动作协调等任一能力表现出显著困难，且经评估后确定一般学习辅导无显著成效者。（3）非因智力、听力、视力、文化环境的缺陷所引起。

学生学习障碍主要是大脑的结构和功能在处理符号和语音信息上异常所导致，或是大脑损伤、大脑神经系统传导信息误差等认知神经系统因素所造成，并非因感官、智能、情绪等障碍因素或文化刺激不足、教学不当等环境因素所直接造成之结果。

根据国内外研究专家推算，学习障碍的学生约占全部学生的1%，也就是说，一个班级中约有一个或两个学生存在学习障碍。而班级教师实际感受到的存在学习障碍的学生比重可能比这个还要大。其中，有80%都是阅读障碍。阅读障碍是终身性的，目前也没有任何有效的药物可以治疗，但一些有效的辅导措施可以起到作用。随着身体的发育与教育成长，有些患者可以在求学期间赶上学业，并在成人后取得很大成就。2021年首播的纪录片《我不是笨小孩》，通过对三个阅读障碍儿童家庭长达三年的系统追踪跟拍，真实而深入地反映了他们的生存困境和成长变化。其中，阅读障碍儿童及其家长、教师的不懈努力，可以给我们很多启发。

（四）情绪障碍

有情绪障碍的学生，其行为与常态学生有显著不同，且会持续出现一段长的时间。其行为分为两大类型：一是外显行为，如无法参与课堂活动、注意力不集中、攻击他人、干扰他人、完成工作有问题；二是内隐行为，常出现较多自我导向行为，如焦虑、沮丧、担忧等。

当前我国青少年中抑郁症、焦虑症、双相情感障碍比较高发。（1）抑郁症具有连续且长期的心境低落、思维迟缓、意志活动减退、认知功能损害等临床特征，是现代人心理疾病最重要的类型。（2）焦虑症是指无明确客观对象的紧张担心，坐立不安，还伴随有心悸、手抖、出汗、尿频等自主神经功能失调症状。与正常的焦虑情绪不同，病理性的焦虑表现为焦虑严重程度与客观事实或处境明显不符，或持续时间过长。（3）双相情感障碍，又称躁郁症，它是指患者有非常显著而且持久的两种极端情绪问题：当躁狂发作时，患者有情感高涨、言语活动增多、精力充沛等表现；而当抑郁发作时，患者又常表现出情绪低落、愉快感丧失、言语活动减少、疲劳迟钝等症状。

这三类障碍，社会大众的认知度不高，家长、老师常常发现不了或即使发现了也有错误认识，比如认为学生就是懒、意志薄弱，没其他毛病。周围人这样的看法与指责，长期下来会导致患者病情加重，可能走向休学、自杀。应根据情况，及早进行专业的心理辅导与药物治疗。

三、基本辅导原则

（一）接纳、不排斥原则

英国全纳教育专家托尼·布思教授认为，"我们的学校存在很多排斥的现象。许多学生被排斥在学校的课程、氛围和团体之外，尽管他们在名义上还是这个学校的一员"，他认为全纳教育的实质就是"增加学生的参与，减少学生的被排斥"。

本书认为，我们还可以把名词 inclusion 翻译成"包容、包容性"，把形容词 inclusive 翻译成"包容的"，这样可以更好地理解全纳教育思想。"包"是指普遍性接纳：每个孩子都重要，不单指残障儿童，还指处境不利的儿童，也包括天才儿童，学校将以宽阔的胸怀接纳有着各种不同教育需求的儿童。但也并不刻意将他们全部纳入，因为家长、学生还有选择学校的权力。"容"是指实质性接纳：学校不仅追求教育起点上的平等，儿童入学没有歧视；而且追求教育过程中的平等，使儿童在学校学习和同伴交往中不被排斥；更追求教育结果的平等，保障来自弱势群体的儿童在未来社会中也不被排斥，能取得良好的社会地位和工作成就。

（二）专业诊疗原则

身心障碍者的鉴定、安置与教育辅导工作，绝非普通班主任在班级管理范围内一人可独立完成，务必要寻求校内外卫生医疗、心理咨询、特教机构等专业的协助，并邀请身心障碍学生家长参与拟定个别化教育计划，才能让身心障碍者得到最好的教育与辅导。

（三）个别辅导原则

教师要针对学生的特性来教学和辅导，例如对学习障碍的学生，教师应尽量给予不同的说明和提示，并且要求他们写下来，尤其是家庭作业更应如此，教师的教学应更完整、彻底并放慢速度，教材资料可事先影印提供等；再者，教师也可教育班上其他学生认识这些生理或心理的障碍，对身心障碍的同学伸出援手，这不但帮助了身心障碍者，对一般学生未来适应多元社会也有好处。

徐老师是北京市一名小学数学教师，在她的班上曾经陆续接纳过 13 名聋童。总结她的成功经验主要有两方面，一是针对聋童开发有效的教学策略：（1）说题——把内隐的思维过程说出来；（2）运用手势符号——将抽象的数学概念具象化；（3）同学每人每天和聋生说一句话——创造语言环境。二是配合有效的班级管理策略：（1）教育班上学生，每个人坦然接受差异；（2）每个人都有共享的机会才是真正的平等。基于长期不懈的探索，徐老师被评为北京市"随班就读工作"先进个人，退休后返聘为特教巡回辅导教师。[①]

推荐阅读 11-4，分享原北京师范大学校长、心理学教授董奇的文章。

---

① 杨希洁.一位成功的随班就读数学教师的个案研究[J].中国特殊教育,2005(1).

关键词

辅导　班级辅导　精神健康　医疗模式　行为模式　生态模式　交互决定模式
发展性辅导　介入性辅导　处遇性辅导　积极心理学　积极心理辅导　学习辅导
生活辅导　生涯辅导　团体辅导　问题行为　问题生　偷窃行为　说谎行为
暴力行为　逃学行为　生态分析　行为改变技术　身心障碍　回归主流
全纳教育　融合教育　随班就读　多动症　自闭症　学习障碍　情绪障碍
包容　不排斥　专业诊疗　个体辅导

讨论题

1. 简述班级辅导的基本含义与任务。

2. 简述班级积极心理辅导的意义、内容与形式。搜集有关班级积极心辅活动开展的案例。

3. 班级常见问题行为有哪些？班主任应该如何对待？

4. 青少年常见心理障碍有哪些？班主任应该如何对待？

5. 调查研究当地小学随班就读情况，探讨全纳教育背景下班主任应该如何作为。

领导者很重要,这是因为他们充任组织的精神支柱,为组织指引方向,并对组织效能负责。

——霍伊和米斯克尔

以为过去的沉淀就是自己,其实,生命的可能性与发展性才是最值得珍视的。未来唯一持久的优势,是你有能力比你的竞争对手学习得更快。

——彼得·圣吉

第十二章　班级领导

本章导读

人们常说"一个好校长就是一所好学校",讲的是一位校长的领导力是一所学校成败的关键。套用这句话,"一个好班主任就是一个好班级",班主任的领导力对班级发展也是至关重要。领导是更高层次的管理能力,它可以帮助班主任摆脱日常管理的思维束缚,以更饱满的工作热情去面对未来。本章着眼于分析班主任领导力的表现以及领导力提升的策略。

本章架构

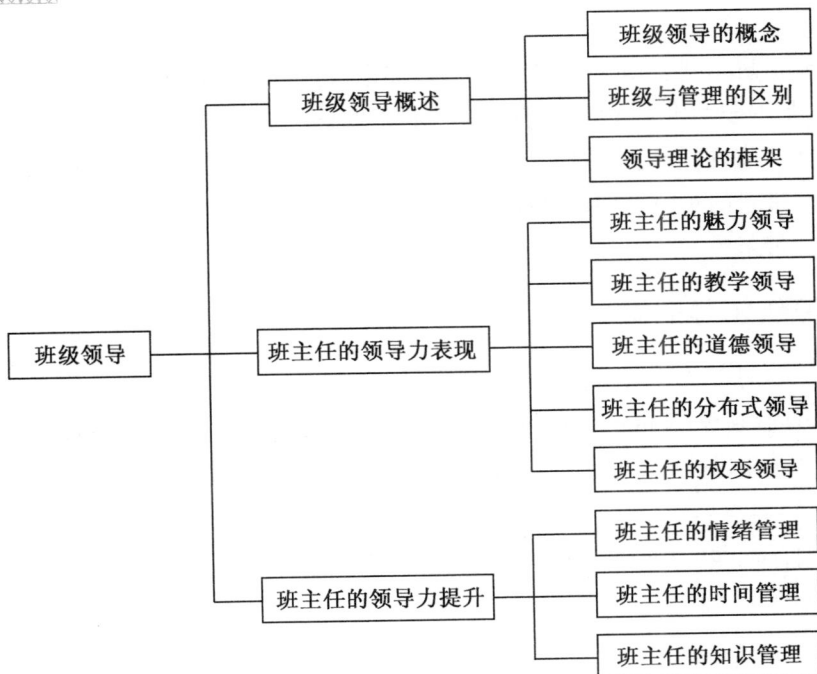

班级领导
- 班级领导概述
  - 班级领导的概念
  - 班级与管理的区别
  - 领导理论的框架
- 班主任的领导力表现
  - 班主任的魅力领导
  - 班主任的教学领导
  - 班主任的道德领导
  - 班主任的分布式领导
  - 班主任的权变领导
- 班主任的领导力提升
  - 班主任的情绪管理
  - 班主任的时间管理
  - 班主任的知识管理

第一节　班级领导概述

引导案例

班主任的苦恼

"你愿意当班主任吗?"如果校长这么问我,我会毫不犹豫地说:"我不愿意。""这是学校的安排,这是工作的需要,你还是不愿意当吗?""是的,我还是不愿意,但是我会接受学校的安排,当好班主任。"

做班主任就意味着负责任。出安全事故是班主任最忌讳的。可是谁敢保证不出问题呢?而家长一遇到这样的安全事故,他们第一个找的是班主任,好像这已经成了习惯,出了事就是班主任的事。一旦一个班级出了安全事故,班主任的苦心经营就会付之东流。学生的安全是班主任的一块心病,是挥之不去的噩梦。

做班主任意味着满负荷地工作。班级的卫生,学生的做操、吃饭、午睡,班级的黑板报、晨会、班会、运动会,每一个细节都离不开班主任。这还不包括其他不在计划中的事。另外折磨班主任的是一大堆记录材料。学生的花名册、成绩单、素质报告书……日复一日的满负荷工作让班主任产生职业懈怠,这怎能不正常呢?就这点来说,班主任就像学生的保姆。

最可笑的是,管班主任的"官"很多,班主任头上有个庞大的体系,德育的、教学的、后勤的、文体卫的,甚至一日常规检查的,只要他们在黑板上信手一画,洗耳恭听、跑得最快的一定是班主任。①

谁都知道班主任工作辛苦、责任重大。如果我们只要求班主任充当"埋头苦干"的"老黄牛",却不鼓励班主任做"志在千里"的"千里马",那么许多班主任就会看不到自己工作的主体价值,更会视班主任工作为一个非自我的、异己的"负担"。班主任不应只停留在班级管理者的角色,更应超越成为班级的领导者。从领导学的角度看班级管理,可以给班主任带来更广阔的视野。

一、班级领导的概念

"领导"一词,在中文语境中有名词、动词之分。

作为名词,领导(leader)是一种职务,更是一种角色。领导者是拥有愿景、信心以及明确的方向和目标,能激励他人的热忱和动机,以达成更高层次承诺和目标的人。比

---

① 转引自黄正平. 班集体问题诊断与建设方略[J]. 北京:教育科学出版社,2007:211 - 213. 原文出自网络。

如古今中外一些权力强大、精力充沛的国家领袖、行业精英等。

作为动词,领导(leadership)是一种活动,它是指领导者为实现目标,运用其法定权力和自身影响力影响被领导者的行为的过程。

leadership 也被翻译成"领导力",是领导者的一种有关前瞻与规划、沟通与协调、真诚与均衡的能力,其核心是领导者的影响力,它使人们超出常规、高质量地去完成任务,并且乐意这样做。

概括地说,领导是活动和过程,领导者是职务和角色,领导力是影响力和能力,它们是三位一体的。

二、领导与管理的区别

美国著名领导学专家彼得·诺思豪斯认为:领导是个体影响一个群体实现目标的过程。这是一个十分简洁明了、直抵本质的定义。

借鉴这个说法,班级领导就是班主任影响班级学生实现共同目标的过程。班主任作为班级领导者,其行为特征与管理者有何区别呢?见表 12-1。

表 12-1 领导者与管理者的行为区别

领导者的行为特征	管理者的行为特征
建立在创新和适应性基础上的成功	建立在可预见性基础上的成功
愿景和价值观	目标
资源	计划
做正确的事情	把事情做对
各个层次都有领导,每人都有战略性	自上而下的战略
强调长期和整体结果	强调短期结果
系统、联系整体、直觉	线性、合理、分析性
注重软性方法,如士气、责任等	注重员工的硬性方面,如行为、服从等
激励	控制
多种适应环境的领导角色和方式	只有一种最好的方式
关注客户	面向内部
奖励团体和个人	奖励个人
集体知道得最多	管理者知道得最多
他人成功才是成功	个人成功就是成功

通过表 12-1 的对比,可以概括出领导者与管理者的主要区别:

第一,管理是维持,领导指向变革。管理者的成功建立在可预见性基础上的,而领导者的成功是建立在创新和适应新趋势基础上。管理者善于制定目标,而领导者善于规划愿景;管理者依赖计划完成任务,领导者却在整合资源进行创新。表现在班级管理中,有的班主任循规蹈矩,完成上级交代的任务就行;有的班主任勇于突破常规,敢于创新。

第二,本尼特有句名言:"管理是把事情做对,领导是做对的事。"管理强调短期成果,领导着眼长远利益。在班级管理中,有的班主任注重眼前利益,片面看重分数和成绩,忽略教育的本质和学生的长远发展,就是缺乏领导者眼光的表现。

第三,在管理的手段与方法上,管理者比较强调绩效、喜欢控制,领导者则善于通过激励、鼓舞人心来发挥影响力。在班级中,班主任如果只是管理者,那么学生通常表现为畏惧、服从,但如果班主任在管理的同时更具有领导力,那么学生就会真心拥护,甘愿追随。换句话说,管理者通常以力服人,领导者是以心、以智服人。

三、领导理论的框架

领导理论十分庞杂。秦梦群教授将已有的教育领导理论分为三大类,梳理出一个比较清晰的理论模型(见图 12-1),可以给我们很多启发。

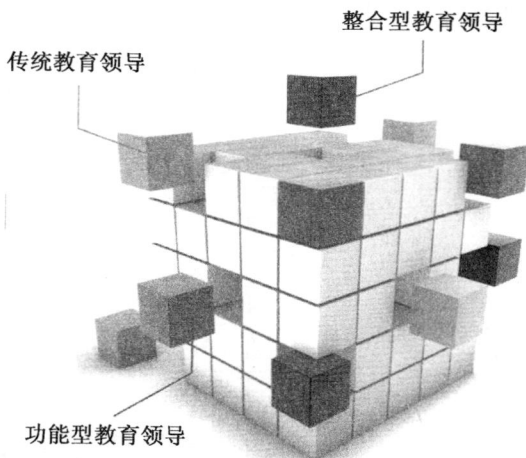

图 12-1　教育领导理论模型①

第一类,传统领导理论。(1) 20 世纪初到 30 年代,领导特质理论最早出现,它强调领导的个人特征,如具有领导气质的人一般有超强的自信心、远大的抱负、卓越的演讲能力与沟通能力等;而且认为领导力是天生的,人才靠选拔。(2) 20 世纪 40 年代到 60 年代末,也就是二战后研究领导行为的理论层出不穷,这些理论认为领导才能不是天生的,可以靠后天学习得到;并且发现有两种基本领导行为:一种以工作为中心,关心任务、成绩;一种以人为中心,对员工嘘寒问暖。(3) 20 世纪 70 年代开始,认识到领导行为与领导风格不是一成不变的,而是随环境而改变,称之为领导权变理论。上述传统领导理论的三个发展阶段,并不是后者取代前者的关系,而是认识逐步深化丰富的过程。传统领导理论对班级管理的启发就是:班主任的个人特征、领导行为都对班级有影响,

---

① 秦梦群.教育领导理论与应用[M].第 2 版.台北:五南图书出版公司,2013:封面图,41-42.

而且班主任的领导风格应该适应班级环境的变化而变化。

第二类，整合型领导理论。20世纪80年代以后，传统领导理论依然活跃，但新兴领导理论以更全面的态势发展起来，具有整合之形态。（1）变革型领导理论强调领导者必须扮演积极创新与变革的角色；（2）道德领导理论强调领导者要先信奉，管理中有价值引导；（3）分布式领导理论强调组织中不只一个领导者，组织各个层面的人都能成为领导者。进入21世纪，整合型领导理论已经成为主流、经典理论。整合型领导理论对班级管理的启发就是：班主任是不是变革型领导、道德领导、分布式领导，将极大影响班级发展的品质、境界。

第三类，功能型领导理论。就其发展时间而言，该类理论也属于新兴领导理论，但就其内涵而言，功能型领导理论侧重将领导理念应用于日常教育运作中，如课程与教学领导、知识与科技领导等。功能型领导理论对班级管理的启发就是：班主任应该成为教育方面的行家里手，特别是对学生学习进步和人格培育有十分专业的知识与能力，那么班级管理会更成功。

推荐阅读12-1，探讨班主任超越日常管理事务的可能性与必要性。

推荐阅读 12-1
李镇西：解放班主任与班主任的解放

第二节　班主任的领导力表现

引导案例

浪漫的高95级一班

如果要用一个词来概括这个班的特点，我想只有"浪漫"这个词了。

我曾经说过，教育不能没有浪漫气息，学生的生活不能只有考试和作业。令我自豪的是，当初带这个高中理科班的时候，我同样面临升学压力，也要考虑如何才能完成上面给我的升学指标，因此也补课，也排名，也模拟，也不停地找踩线生谈心……但是，这个班留在我和我学生心灵中的记忆绝不仅仅是这些，还有——

周末的狂欢，然后我们骑着自行车沿成都市一环路狂奔，青春的笑声冲向夜空；每一个小组轮流到我家里吃饺子，或火锅，然后我们打扑克；春天，我们走向原野，用双脚丈量美丽的成都平原，我们的谍战游戏"南下风暴"席卷开满油菜花的土地；我们第一次的韵律操比赛，同学们整齐的手臂将优美的弧线划过在场每一位观众的眼帘，激起一片惊叹；"一二·九"歌咏比赛，我指挥着青春勃发的少男少女们"军歌联唱"——《我是一个兵》《在太行山上》《游击队歌》《中国人民解放军进行曲》……最后我们毫无悬念夺得第一名；在银厂沟，我们徜徉于青山绿水之间，迎面吹来凉爽的风；课堂上，我给大家朗诵中篇小说《凤凰琴》，同学们泪如雨下，倾泻着我们共同的悲伤和善良；高三最后两个月了，可我的语文课并没有做大量的练习，而是让同学们读刚刚出版的余秋雨散文《文化苦旅》《文明的碎片》；新年前夕，我们在野外点起篝火，数着星星，迎接着新年的到来；毕业前，最后一次去野外，我们在游泳池里疯狂，溅起的水花洗净了蓝天……

同学们想起这些，都觉得我们班很温馨很幸福。孙任重甚至说："进大学后，同学们都诅咒高三，我却特别怀念我的高三！"陈蓓也说："我给人家说我们高中搞了很多活动，人家都不相信！"

能够给我的学生留下充满人性的温馨记忆，就是我的教育追求。如果他们感到在李老师身边生活的三年，是他们生命中一段阳光灿烂的日子，我便有了职业幸福。

这个班的学生们纯真，这个班的老师们纯正，这个班的生活色彩斑斓。在最后的高考中，成都市玉林中学高九五届一班创造了奇迹！

这个班的一千个充盈而充实的日子，被我们凝固成一本书《恰同学少年》。这本书伴着同学们继续在人生的路上前行。今年二月，我去新加坡讲学，已经定居新加坡的夏亚卉同学还来到我讲学的现场，翻开她一直珍藏的《恰同学少年》，给所有听课的老师朗读她当年的文字《班级风景谈》。十五年过去了，当初的少男少女，如今大多做了爸爸妈妈了，而且个个都在自己的领域干得不错，我很欣慰。①

有教育家说过，当班主任是做教师的光荣、幸福所在，可现实中很多教师视当班主任为畏途，体会不到工作的乐趣与价值，更不用说"浪漫"了，这是为何？进入21世纪，班级管理求新求变，更需要班主任懂得一些教育领导理论，进而主动地提升自己的班级领导力。

一、班主任的魅力领导

（一）理论来源

20世纪初，德国社会学家韦伯最早提出charis，即"魅力"这一概念，意指领导者对下属的一种天然的吸引力、感染力和影响力。1977年美国学者豪斯（Robert House）提出的魅力型领导（Charismatic Leadership）理论，在20世纪80年代开始流行。该理论比早期的领导特质理论丰富，认为具有非凡的自身特征的领导，能对下属产生深远的情感上的影响，使得下属表现出对领导的追随，对工作有更高的满意度和绩效。

研究表明，个人的才智、管理能力、首创性、自信以及个性等，与领导的有效性有重要的关系。比如班主任的是否具有高度的才智、广泛的社会兴趣、取得成功的强烈欲望，以及对待学生的关心和尊重。吴明隆认为，班主任作为班级中的领导者，至少应具备以下几个特质：耐心的倾听者、完整的表达者、积极的协助者、友善的讨论者、有效的

---

① 李镇西.我这样做班主任——李镇西30年班级管理精华[M].桂林:漓江出版社,2012:213-216.有删减。

评鉴者、正向的回应者与责任的承担者。① 班主任应是一个有魅力的领导者。

（二）实践启示

回想一下我们的学生时代，你身边是不是有这样极富个性魅力的班主任？也可以调查一下你校"受欢迎的班主任"特征。国内外相关实证研究有不少，可以检索一下文献。这里我们给出一些增加班主任魅力的小建议。②

第一，外表魅力：仪容、服装。每天在出门前再次照个镜子，确认自己的服装仪容是否整齐干净。多留意一些时尚信息，可以改善衣服样式及颜色的搭配，让你穿的衣服看起来更有朝气。留心一些不雅的小动作，可以让你的举止礼仪更加的得体。

第二，言行魅力：亲切、幽默。多充实一些教学课堂外的知识与技能，展现你另一方面的才华。善加练习一些口语表达，如念报纸等，让你更好地侃侃而谈、口若悬河。

第三，人格魅力：正直、热情、平等。每天回顾 3～5 个自己表现得不错的地方或事件，适时地鼓励自己增加自信心。学习控制自己的情绪，多加冷静思考与替别人想想，以和平的方式解决纷争。别把个人的不良情绪带给学生、家人或同事，迁怒别人只会为你的人际关系带来副作用。诚意待人，不敷衍。重承诺，答应的事一定尽力做到。

二、班主任的教学领导

（一）理论来源

教育管理学认为，就像任何一个企业有自己的核心技术一样，学校也有自己的核心技术，那就是学与教。③ 20 世纪 90 年代以来，教学领导（Instructional Leadership）理论发生了明显的重心转移，一是研究内容从研究"教"转向研究"学"，强调学校管理者是"以学习者为中心的领导者"角色；二是研究对象从研究校长一人的作为转向发挥教师团体的作用，探讨管理者如何领导"学习共同体"。

班主任应是一位深刻领悟教育教学本质并将有效的教学策略不断运用在班级管理实践中的领导者。班主任一方面要懂学，就是清楚知道学生学习的原理，比如行为主义、认知主义、建构主义三大心理学流派对学生学习的理解与建议。另一方面班主任要懂教，班主任是教学领导者，扮演本班教学上的领导角色，协调任课教师共同提升教学效能，进而帮助全体学生完成学业。

（二）实践启示

具体来说，懂教学的班主任有三方面表现。

---

① 吴明隆. 班级经营：理论与实务[M]. 第 4 版. 台北：五南图书出版公司，2017：23 - 24.
② 林玫伶，等. 教师魅力百分百. 转引自徐长江，宋秋前. 班级管理实务[M]. 北京：高等教育出版社，2007：362 - 363.
③ （美）霍伊，米斯克尔. 教育管理学：理论·研究·实践（第 7 版）[M]. 范国睿，译. 北京：教育科学出版社，2007：37.

第一，能教好自己的学科，这样才能在学生面前树立起专业威信。

第二，善于综合判断班上学生的学习问题并有针对性的指导，这样的班主任更能满足学生的需要，让学生铭感于心。

第三，影响全班的学习风气，包括"发展班级的教学目标、确保教学品质、形塑学习氛围、构建支持型的教学环境等四个层面"，这样的班主任对学生终身都会有影响。

三、班主任的道德领导

(一) 理论来源

道德领导(Moral Leadership)理论是当代西方教育管理学界颇具影响的一种思想，它在 20 世纪 90 年代由美国教育管理学家萨乔万尼(Thomas J. Sergiovanni)阐发。

萨乔万尼指出学校与企业不同，学校本质上是一种学习共同体，因此学校的领导者与企业领导不一样，学校领导更应该注重道德因素——教育不能以追求暂时性的工具性效果为目的，教育在本质上是的一种兼顾实效的价值追求，是一种道德的事业。这里的"道德"，既具有普通的含义，如善意、正义、信任、尊重等，也具有特殊含义，如义务的履行、团队精神、专业精神等。道德不仅是目的，而且是依据和手段，要靠道德权威来进行领导。

(二) 实践启示

道德领导理论对班级管理实践有这样两方面的启示：一方面，班主任要有道德自律，以身作则，以人格影响学生；另一方面，班主任要经常宣讲、阐释班级的价值追求，形成精神共同体。比如班级里要倡导平等、包容、关爱、接纳等人文精神，还有爱国主义精神、环保理念等等。班级管理中真的信奉这样的价值观，就能对学生产生真正的长远影响。

教师的信念影响班级活动的进行与教师决策。教师的信念是教师对班级人、事、物所持的态度或心理倾向，教师内在信念会影响其外在行动与行为准则。班主任具有正向而理性的教师信念显得十分重要。在班级管理中，班主任应具备以下几种信念：第一，坚守全人教育与价值性的目标理念；第二，坚信民主、人性、多元化学习原则；第三，坚守言教、身教、境教的领导示范；第四，坚守教师专业知能与终身学习信条；第五，坚守教育热忱与工作投入经营理念；第六，坚守身为教育人员应有的行为操守。[①]

四、班主任的分布式领导

(一) 理论来源

分布式领导(Distributed Leadership)是 20 世纪 90 年代提出的一种新的教育领导

---

① 吴明隆. 班级经营：理论与实务[M]. 第 4 版. 台北：五南图书出版公司,2017:39 - 40.

理论理论,目前没有一个固定的定义。其基本思想主要有四点:第一,领导不只是主要领导的事,而是大家的事,领导要分布于组织的各个层面;第二,领导不应该是个体行为,而应该是集体行为;第三,创建合作性的工作关系和团队精神是分布式领导的核心工作;第四,领导者要注意培养领导者。

领导不是领导者一个人的单打独斗,领导角色可以由多人共同担任,领导行为或职能可以在组织成员中共享或分布,领导者要把普通成员也培养成领导者。领导者要学会分权、授权于他人,集大家的智慧,这样才能应对复杂多变的环境。

(二) 实践启示

分布式领导理论,是让领导者学会"授权予能",这给班级管理的启示有两方面:

一方面,班主任要转变观念,学会放权,班级事务大家干,不要一个人大权独揽、单打独斗。全国知名班主任郑学志的著作《做一个会"偷懒"的班主任》说的就是这个道理:班级工作琐碎繁杂,如果班主任事无巨细,事必躬亲,那么肯定会身心俱疲甚至焦头烂额,班级管理不会理想。因为那样的班主任没有时间观察与思考,只能穷于应付班级中每天出现的各类事务。"偷懒"是指班主任主动走下班级管理中发号施令的圣坛,简政放权,师生全员参与,自我管理,而非消极的懈怠。"偷懒"得法,就能培养一帮勤快能干的学生。[①]

另一方面,班主任要注重培养学生的领导力。学生领导力,是指在学生青少年时期就有意识地培养他们在未来的专业领域、社会岗位上的影响力。[②] 未来的国力竞争,是人才的竞争;而人才的竞争,更是青年才俊的领导力竞争。美国常春藤名校更看重学生在高中阶段所展现出的领导力。一场"全球学生领袖峰会"在中国召开,其中有记者提问"请描述你眼中的领导力",结果"沟通能力、执行力、愿意牺牲、责任感"等核心词汇被频频提及。

五、班主任的权变领导

(一) 理论来源

"权变"一词有"随具体情境而变"或"依具体情况而定的意思"。

权变领导(Contingency Leadership)理论认为无论领导者的特质与行为风格是什么,只有领导者使自己的个人特点与领导情境相匹配,他才能成为一个优秀的领导者。领导的有效性是领导者行为与领导情境相互作用的结果。

(二) 实践启示

权变领导理论对班级管理的启示是:班级管理的情境复杂多变,班主任的管理方式

---

① 郑学志. 做一个会"偷懒"的班主任[M]. 北京:中国轻工业出版社,2011.
② 翁文艳. 学生领导力[M]. 北京:中国法制出版社,2013.

也应该随之变化,不要一成不变。不同班主任有不同的管理风格,掌控型、影响型、严谨型、沉稳型,每一种管理风格都有其利弊,熟练掌握、自如转换才能使你的班级管理游刃有余。

一方面,要懂得宽严相济。管理中的宽严相济,可以理解为在班级发展的不同阶段,班主任应配合不同的管理风格,比如一开始以严格要求为主,等端正班风之后,再加入柔性管理。

另一方面,要能够与时俱进。班级管理者要有与时俱进的积极心态,不能一味沿用过去好用的老法子。比如过去社会氛围尊师重教,学生的"向师性"很明显,老师说什么都是对的,今天的老师却不能一味师道尊严,而要学会与学生平等相处。

推荐阅读12-2,加深认识班主任的领导者角色定位与担当。

推荐阅读12-2
汪明(2017):班主任角色定位与担当的课层追问

第三节　班主任的领导力提升

引导案例

班主任的七种表情

表情一:疲惫。早上5:30爬起床,学生做早操要跟班,开始了一天的忙碌。上完晨读,又要准备上课。两节课下来,只觉口干舌燥。正瘫在办公椅上闭目,总务主任过来拍拍我的肩膀:"你班上的卫生区还不干净。"忙起身去安排。接着备课,批作业……中午吃饭时间到了。有学生来报告,说班上两个同学打架。把两人叫来办公室,先逐个击破教育,再一起教育。由"情理动人"到"苦口婆心"。终于,眼冒金花到了下午上课时间。急忙忙又去准备生物实验课。下午放学,宣布对两个打架学生的处理意见,强调纪律,一边喝水一边在讲台上口沫飞溅。吃过晚饭,上晚自习又要守班。下自习后,去寝室查寝。查完寝,学校万籁俱寂,已是十点半了。倒在床上,只觉得床是最幸福的去处。

表情二:快乐。校长走过来,拍拍我的肩膀说:"小伙子,班上情况还不错嘛。"只觉得当时好感动,觉得校长是伯乐再世。到镇上买菜,有位卖鱼的大叔说:"啊,是我细伢子的班主任!这鱼不要钱,真的不要钱……"死活要把鱼塞在我手中。我提着鱼,像拎着沉甸甸的快乐。

表情三:气愤。听说一个同事只批评了学生几句,学生便负气离校。家长找上门,气势汹汹要打人。只觉义愤填膺。这么脆弱的学生,这样蛮不讲理的家长,唉!

表情四:委屈。有家长上门质问:"学校怎么又要收钱?简直是乱收费!"校长也来了,说:"你收了什么钱?"我惊诧莫名,找来学生问。学生承认是为买零食而撒谎。隔壁班班主任找上门,说:"你的弟子今天在我班借了扫帚,还没归还,你帮我整治他啊!"我忙不迭点头,叫学生归还。见我没做处罚,那同事见面就说:"包庇学生!"天地良心,学生犯错,已经教育了,总不能让我揍他一顿吧!

表情五:高兴。有个学生要转学,非拉着我留影,说是要留下美好的回忆。我心里高兴得像喇叭花。学生在作文里写:"班主任老师是我一生遇到的最好的老师。"被同事瞧见了在办公室大声宣读。任课老师醋意大发。我忙不迭解释,学生懵懂,童言无忌,可心里却像吃了蜜。教师节,收到学生的卡片最多;节假日,收到学生的短信最多。放暑假,当班主任生发的感想和思索,被省报刊发了,又觉得当班主任还是有点收获的。

表情六:疑惑。同事迎面对我大喊,主任,你班怎样怎样……班主任嘛也是主任,我心里还颇有些阿Q般的小得意。可领工资时,我这个"主任"比发工资的总务主任少了许多。"补贴"一项瞧了又瞧,心总在想,我比普通任课教师怎么才多二十多块呢?顿时大有我这主任是天下最廉价的主任之感。

表情七:魔幻。通常我在一天工作中,表情很魔幻。上课时和蔼,批评学生时痛心疾首,见了领导笑容可掬。听说上面来检查,马上告诫学生注意事项。检查完了,又大陈"诚信"二字的功德。一边大数天下应试痼疾,一边又要求学生加班补课,告诉学生"天道酬勤",就要不眠不休。[①]

这个案例呈现了基层学校普通班主任的日常生活。表面上看,是有关班主任的情绪波动,深入下去看,还有班主任的时间问题,以及更为根本的困惑:日复一日,班主任如何突破生活局限,获得职业发展与生活幸福感?本节将从情绪管理、时间管理、知识管理三个层面,寻求班主任的领导能力提升。

一、班主任的情绪管理

(一) 情绪管理的含义

情绪管理(Emotion Management)是对自己与他人情绪的觉知、表达、调节、驾驭的能力。现代管理教育均将情商及自我情绪管理视为领导力的重要组成部分。

1995年,哈佛大学心理学博士丹尼尔·戈尔曼提出"情商"(Emotional Intelligence)概念,风靡一时。该理论认为,一个人的成功,智商IQ的作用只占20%,其余80%是其他的因素,其中情商占很大比重。他将情商EQ与情绪管理画上等号。他认为一个人的情绪管理包括五种能力:情绪的自我觉察能力、有效处理情绪低潮的能力、在逆境中维持乐观与毅力的内在动机能力、同理的能力、彼此关心合作的社交能力。

优秀的领导者都有极高的情绪管理能力。美国精神科医师大卫·霍金斯博士的研究表明,平和、喜悦、爱、明智、宽容、主动、淡定、勇气,属于积极的情绪状态,有利于正能量的输出;自尊、愤怒、欲望、畏惧、悲伤、无助、罪恶感、羞耻感,有一定的负能量,但也可

---

① 欧阳明勇.班主任的七种表情[J].中国教育报,2005-10-10.

以转化为正向力量。

(二) 班主任所面临的情绪问题

正如本节引导案例所示,班主任在工作中的情绪是复杂多变的。学生、家长、上级、同事的态度与行为,都可能促发教师的不良情绪。其中,班上学生的表现与行为是班主任的主要情绪来源,有时会为孩子的懂事、进步而高兴、欣慰;有时却不得不面临因学生的屡屡犯错而产生的暴躁、沮丧、焦虑等消极情绪。

有研究表明,应避免因学生的不良表现而陷入负面情绪的恶性循环,如:(1) 灾难化:"怎么会发生这种事? 真可怕! 不得了。"(2) 受不了:认为自己没办法处理,自己承受不了打击。(3) 发命令:发出命令,要学生一定、绝对、非如何做不可,造成师生双方的对立和冲突。(4) 自我菲薄:学生不听话,我真没用。(5) 非难学生:转而认为只有这些学生这样,真是不成器,朽木不可雕也。

其实,换种思考方式,教师的情绪就可能走向良性循环:(1) 学生的行为只是让我失望、遗憾、不方便。(2) 还有办法可以处理,这些不是什么大不了的事。(3) 对学生提出忠告和建议,教师最有可能协助学生让其为自己的行为负责。(4) 难免会有这种事发生,不必因这件事,就断定自己不适合当教师,仍可想办法来加以改变。①

(三) 班主任的情绪管理策略

心态积极、情绪稳定、精力充沛、全心投入、幽默风趣的班主任,才能营造出良好的班级气氛。为此,班主任要努力做到以下两方面。

第一,必须学会情绪控制。对教师而言,面对班上学生、处理班级事件时,需要很强的自制力。尤其当学生一再表现出不良行为或没有学习动机时,教师难免会产生沮丧、厌倦、忧伤、焦虑等情绪,此时需要教师克制自己,不随意把不良的情绪反应传递给学生,表现在学生面前。尤其不要在情绪激动时做决定,以免在不理性、冲动的情况下,说了不该说的话(如辱骂),做了不该做的事(如体罚),令自己事后后悔。这是每一位教师的职业修炼。

第二,善于自我情绪调节。班主任要擅长处理自己的情绪低潮,当遇到困难和挫折的时候,懂得为自己减压。比如积极的自我肯定(如"我能行"的自我暗示)、经常的自我支持(如做自己喜欢的事,换种心情)、必要的自我安慰(如"否极泰来",坏事也能变好事)。

二、班主任的时间管理

(一) 时间管理的含义

时间管理(Time Management)是指通过事先规划和运用一定的技巧、方法与工具

---

① 吴明隆. 新时代有效能教师行为之探究[J]. 教育实习辅导季刊,1998(1):73-79.

实现对时间的灵活以及有效运用,从而实现个人或组织的既定目标的过程。

在管理学中,时间管理一直是个重要的、有用的管理技术。时间管理技术经历了一个发展变化的过程:第一代是建立备忘录;第二代是强调事先的计划和准备;第三代是根据你对任务的理解排列优先顺序;到了第四代,就是分工合作的授权管理。主流的管理学课程均将时间管理能力作为一项对管理者的基本要求。

(二) 班主任所面临的时间问题

有人说:不能管理时间,就什么都不能管理。管理者不仅要把事情做得多、做得快,更要把时间运用在完成生命的意义与目标。以教师而言,时间管理需与教育意义和目标结合,不仅要把事情做对(do the things right),更要做对的事情(do the right things)。

班主任应该特别学会时间管理。因为班主任的时间有三个特征:

第一,作为任课教师的教学事务占去大部分时间;

第二,作为班主任需要处理的突发事件、行政事务琐碎,具有不确定性;

第三,班主任剩下的自主时间十分有限,因此有人会觉得天天忙于奔命,却少有收获。

如何"忙而不乱,提高工作效率,增进职业幸福感",是班主任时间管理的目标。

(三) 班主任的时间管理策略

根据时间管理的理论,我们给班主任如下建议:

第一,学会系统规划,即指按年、季、月、周、日列出工作计划。"备忘录"是一种常见时间管理方法,班主任工作需要一个这样的笔记本,除了列出待办事项外,还可以把工作中的所思所想及时记录下来,作为今后班级管理研究的素材。"工作清单"也是一种有效的时间管理技术:班主任可以将每日要做的工作事先列出一份清单,完成一项划掉一项。

第二,学会优先选择,即依事情的轻重缓急做出理性决策。管理学家科维(Covey)在《与时间有约》一书中,提出了一个著名的时间"四象限"法,即把工作按照重要和紧急两个不同的程度进行了划分,形成四个"象限":(1) 有些重要和紧急的事情必须"马上做",如学生意外、家长到访、领导交代的任务等;(2) 有些重要但不紧急的事情"计划做",如班级发展规划、人际关系建立、个人进修等;(3) 对不重要不紧急的事情要"减少做",如无目的的闲聊、闲逛、网络购物等;(4) 对紧急但不重要的事情"选择做"或交由下属做,如某些会议、临时性应急任务、重复性常规工作等(见表12-2)。

表 12 - 2　班主任可能遇到的事情分类表①

	急迫	不急迫
重要	象限Ⅰ · 学生意外事故或冲突事件 · 联络簿之批改 · 家长到校拜访 · 每节课的教学工作 · 其他学校交办的工作事项	象限Ⅱ · 班级的常规和结构 · 学生认知、技能和态度的学习 · 师生、同事及亲师等人际关系的建立 · 教师在职进修
不重要	象限Ⅲ · 讲话、离开座位等轻微干扰行为 · 某些信件、报告 · 不重要的会议 · 许多迫在眉睫的琐事	象限Ⅳ · 浪费很多时间在非教学事务 · 上课时花过多时间在与主题无关的聊天上 · 不需要的等待或排队时间

第三,学会合理分配。教师在时间的管理方面,可以考虑运用 60、40 法则。此法则强调应该将 60% 的时间运用到重要事情的处理上面,全心全力地投入;将 20% 的时间放在处理一般事务上面;另外 20% 的时间弹性分配,在人、事上有更多的弹性安排,使个人的时间管理不至于过于僵化。

第四,学会化零为整。教师在时间管理上,应该有目的、有计划地运用各种零碎时间。比如学校生活中除了固定的作息时间之外,尚拥有相当多的零碎时间,教师应该通过整合各种零碎时间,将各种班级的例行公事处理完毕。另外,每天至少有半小时到一小时的"不被干扰"时间,做自己最想做的事,比如阅读、研究等。

以上这些时间管理技术看上去十分简单,但却是被很多管理学家推崇,并被实践证明是十分有效的。班主任学会时间管理,会在提高班级工作效率的同时,最大程度增加职业幸福感。

三、班主任的知识管理

(一)知识管理的含义

知识管理(Knowledge Management)是知识经济时代涌现出来的一种最新管理思想与方法,它融合了现代信息技术、知识经济理论、企业管理思想和现代管理理念。主流管理课程如 EMBA、MBA 等,均将"知识管理"作为一项管理者的必备技能要求包含在内。

知识管理是对知识、知识创造过程和知识的应用进行规划和管理的活动。知识管理包括显性知识管理和隐性知识管理,但以隐性知识管理为重点,并注重显性知识与隐性知识之间的共享与转换。知识管理要遵循以下三条原则:

1. 积累原则

知识积累是实施知识管理的基础。班主任应通过正规的职前教育并持续不断的职

---

① 张民杰. 班级经营:学说与案例应用[M]. 第 3 版. 台北:高等教育出版公司,2011:232.

后培训,系统学习教育、心理、管理等方面知识来促进自身的专业成长。

2. 共享原则

知识共享,是指一个组织内部的信息和知识要尽可能公开,使每一个成员都能接触和使用组织的知识和信息。与班主任工作有关的最新研究成果,以及优秀班主任的经验应该公开出版、发布、传播,为班级管理专业夯实知识基础。

3. 交流原则

知识管理的核心就是要在组织内部建立一个有利于交流的组织结构和文化气氛,使成员之间的交流毫无障碍。与校内同事、区域同行、高校专家之间的合作文化,能够有效地提高班主任工作水平。

(二) 班主任所面临的知识问题

知识管理学的相关研究表明,专业知识可以分为"显性的"和"隐性的"两类。哈佛学者布鲁克(Brucker,1998)在其《知识管理学》一书中指出:隐性知识存在于人们的经验和诀窍中,存在于员工的头脑中。同时,知识创新并不仅仅是对客观信息进行的简单加工处理,更重要的是,发掘员工头脑中潜在的想法、直觉、灵感和智慧。

教师知识管理就是教师运用知识管理策略,对教育知识的获取、储存、转化、分享、运用过程的管理以寻求知识增值的有效方法,使教师有机会将个人的外显知识和内隐的实践性知识转化成系统性且能相互传承与保存的资料,促使教师不断地获取知识以达到教师知识的创新,使教师知识结构不断完善,教育效能得以提高。①

从上述概念出发,我们发现当前班主任的专业知识面临着两方面的问题,同时也意味着有两个发展方向。

第一,通过读书促进显性知识的积累。班主任应该是终身学习者,应该比常人更加重视从多样化的途径和方式来获取多元的知识类型,并将所获取的知识在班级管理实践中加以运用,以促使所获取的知识得以内化,更新知识结构。苏霍姆林斯基在《给教师的建议》的第二篇《教师的时间从哪里来?》中建议教师"每天不间断的读书,跟书籍结下终生的友谊","读书不是为了应付明天的课,而是出自内心的需要和对知识的渴求",而且"要读学术著作"。②

第二,通过叙事促进隐性知识的转化。班级管理是一个存贮着大量隐性知识的专业,即该领域的专业知识和能力远不止已经被教育专家发现、归纳和格式化、编码为书本的那些知识,更丰富的知识还潜藏在教师的教育实践经验中。那么,如何实现这些隐性知识显性化呢?"叙事研究"是一种路径,即教师通过对特定教育事件和活动的描述与揭示,把日常的教育经验组织成有价值结构的事件,串缀成有现实意义的链条,从而

---

① 陈列. 中学教师知识管理研究[D]. 重庆:西南大学,2008:50.
② B. A. 苏霍姆林斯基. 给教师的建议[M]. 修订版. 杜殿坤,编译. 北京:教育科学出版社,1984:4-6.

将看似平凡、普通、单调重复的活动赋予独特的体验和韵味。这些"故事"样式的实践记录，具体地、情景性地、活灵活现地描绘出教师的经验世界，记录的是教师心灵成长的轨迹，道出的是教师在教育活动中的真情实感。

（三）班主任的知识管理策略

一个人怎么做，取决于怎么想。班主任也不例外，班主任的思维方式决定其工作方式。如果其思维墨守成规，或者简单粗放，其教学工作就很难有创新，就很难优质化。可以说，班主任思维水平的高低决定着其工作水平的高低。会研究、善思考、能探索的班主任是"有智慧"的班主任。思维或者反思，不是天马行空、漫无边际的空想或幻想，不是"为思而思"，而是要解决工作、学习、生活中的问题。就班主任而言，其反思就是研究学生，解决班级管理工作中的问题。

班主任的思维或反思应该是理性的、科学的、系统化的，不应该是随意的、情绪化的、零散的。班主任的思维能力如何磨炼和培养，褚宏启教授认为包括以下五个方面。①

第一，问题大致是什么。例如：教师在日常教学中"感觉到"学生们学习兴趣不高，这不是一个空想出来的问题，是教师在真实的教学情境中发现的"真问题"。但这只是对问题的"初步锁定"，主要是基于自己的观察、其他任课教师的反映等，至于问题的具体表现以及背后原因，尚不清楚。

第二，问题到底是什么。对初步锁定的问题予以明确化和具体化：是全体学生都兴趣不高？还是部分学生？兴趣不高的具体表现是什么？有没有学科差异、性别差异、成绩高低差异、家庭背景差异？有的学生是不是偏科？这就需要运用问卷或者访谈等方法，对上述问题进行全面、细致的调研，然后做出准确的问题描述。这个过程就是问题的具体化和明确化的过程。俗话说，没有调查研究就没有发言权。而搞好调研首先就要求教师掌握调研的技巧和方法，保证获得的信息是真实的。

第三，到底为什么。教师要学会问"到底为什么"，分析产生问题的原因。思维的核心是找到事物之间的联系，尤其是找到因果关系。只有找到成因，搞清楚"到底为什么"，才能对症下药并药到病除，才能真正回答"怎么办"。不问为什么，就主观臆断、直接出招去解决问题，往往会犯经验主义和教条主义的错误，实质上都是主观主义。在"是什么"和"怎么办"之间没有"为什么"，是思维方式与工作方式理性化程度不高的表现。

第四，应该怎么办。教师根据问题产生的原因，设想各种可能的解决问题的策略、办法和措施。例如：两个学生数学成绩都比较差，在问题"是什么"方面是一样的，但是原因可能不同，一个是基础差，另一个是沉迷于打网络游戏，也就是在"为什么"方面有差别。原因不同，对症下药，"应该怎么办"也应该因人而异，如对基础差的，我们可以通过补课补短板提升成绩：对沉溺于游戏的，首先要解决其网瘾问题。

---

① 褚宏启.改善教师的思维方式与工作方式[J].中小学管理，2021(09).

　　第五，到底怎么样。对提出的解决问题的措施，需要通过实践进行检验，看看到底解决了什么老问题？有哪些老问题还没有解决？又带来了什么新问题？对这些新问题又该怎么解决？这样，就形成了一个螺旋上升的问题链。在解决问题的过程中，教师获得专业成长，不仅增加了教学经验与理性认识，还克服了职业倦怠问题，走出了"教书匠"的陷阱，因为思维或反思能给教师带来新鲜感，让教师对于教学工作保持长久的热情。

　　推荐阅读 12 - 3，让班主任走向研究，才能更好地适应现实，又超越现实。

推荐阅读 12 - 3
周耀威，张泽芳（2008）：让班主任走向研究性的班级管理实践

关键词

领导　领导力　班级领导　传统领导理论　整合型领导理论　功能型领导理论魅力型领导　教学领导　道德领导　分布式领导　权变领导　情绪管理　情商情绪控制　情绪调节　时间管理　备忘录　工作清单　时间四象限法　知识管理显性知识　隐性知识

讨论题

1. 简述领导与管理的不同。
2. 简述不同领导理论对班级管理的启示。
3. 分析自我的情绪管理、时间管理、知识管理能力，并做出相应调整。

参考文献

[1] （美）M. Lee Manning & Katherine T. Bucher. 班级经营的理论与实务[M]. 单文经，主译. 台北：学富文化公司，2004.

[2] （美）Willard Waller. 教学社会学[M]. 白亦方，等译. 新北：联经出版公司，2018.

[3] （美）霍伊，米斯克尔. 教育管理学：理论·研究·实践（第7版）[M]. 范国睿，译. 北京：教育科学出版社，2007.

[4] （美）伦恩伯格，奥恩斯坦. 教育管理学：概念与实践（第5版）[M]. 朱志勇，郑磊译. 北京：中国轻工业出版社，2013.

[5] （美）斯蒂芬·P·罗宾斯. 组织行为学（第10版）[M]. 孙健敏，李原，译. 北京：中国人民大学出版社，2005.

[6] （美）彼得·德鲁克. 管理使命、责任、实务[M]. 王永贵，译. 北京：中国机械工业出版社，2007.

[7] （美）约翰·古德莱德，等. 提升教师的教育境界：教学的道德尺度[M]. 汪菊，译. 北京：教育科学出版社，2012.

[8] （美）希斯. 卓越、公平与效率：校长和政策制定者如何在"三角张力"中求生[M]. 肖晓，王乐荣，译. 北京：北京大学出版社，2013.

[9] （美）斯特赖克，索尔蒂斯. 教学伦理[M]. 黄向阳，译. 上海：华东师范大学出版社，2017.

[10] （日）片刚德雄. 班级社会学[M]. 贺晓星，译. 北京：教育科学出版社，1993.

[11] （日）佐藤学. 教育方法学[M]. 于莉莉，译. 北京：教育科学出版社，2016.

[12] 白铭欣. 班级管理论[M]. 天津：天津教育出版社，2008.

[13] 班华，王正勇. 高中班主任[M]. 第2版. 南京：南京师范大学出版社，2007.

[14] 曹长德. 当代班级管理引论[M]. 合肥：中国科学技术大学出版社，2005.

[15] 陈爱蕊. 春华秋实每一年：班主任的每一年[M]. 北京：高等教育出版社，2009.

[16] 陈宇. 班级管理课：班主任专业技能提升教程[M]. 上海：华东师范大学出版社，2021.

[17] 程晋宽. 班级管理[M]. 北京：高等教育出版社，2016.

[18] 丁榕. 班级管理科学与艺术——我的班主任情[M]. 北京：人民教育出版社，2004.

[19] 葛新斌. 学校组织与管理[M]. 北京：北京师范大学出版社，2015.

[20] 郭继东. 学校组织与管理[M]. 上海：华东师范大学出版社，2012.

[21] 郭毅. 班级管理学[M]. 北京：人民教育出版社，2002.

[22] 黄正平. 班集体问题诊断与建设方略[M]. 北京：教育科学出版社，2007.

[23] 教育部师范教育司,基础教育司.班级管理[M].北京:北京师范大学出版社,2008.

[24] 林崇德.21世纪学生发展核心素养研究[M].北京:北京师范大学出版社,2016.

[25] 林进材.班级经营[M].第2版.上海:华东师范大学出版社,2020.

[26] 李辉华,等.教室管理[M].修订版.高雄:复文图书出版,1998.

[27] 李佳琪,等.班级经营:教室百宝箱[M].南京:南京师范大学出版社,2005.

[28] 李明敏,李渭侠.班级管理原理与方法[M].北京:中国社会科学出版社,2017.

[29] 李伟胜.班级管理[M].上海:华东师范大学出版社,2010.

[30] 李伟胜.班主任工作的教育思路[M].上海:华东师范大学出版社,2013.

[31] 李学农.班级管理[M].北京:高等教育出版社,2004.

[32] 李镇西.我这样做班主任——李镇西30年班级管理精华[M].桂林:漓江出版社,2012.

[33] 齐学红.班级管理[M].武汉:武汉大学出版社,2011.

[34] 齐学红.班级管理[M].北京:教育科学出版社,2018.

[35] 齐学红,黄正平.班主任专业基本功[M].南京:南京师范大学出版社,2013.

[36] 齐学红,袁子意.班会课的设计与实施[M].上海:华东师范大学出版社,2013.

[37] 乔建中.班级德育理论与操作[M].南京:南京师范大学出版社,2007.

[38] 秦梦群.教育领导理论与应用[M].第2版.台北:五南图书出版公司,2013.

[39] 任小艾.我的班主任工作[M].北京:光明日报出版社,1989.

[40] 谌启标,等.班级管理与班主任工作[M].福州:福建教育出版社,2007.

[41] 檀传宝.德育与班级管理[M].北京:高等教育出版社,2007.

[42] 唐迅.班集体教育实验的理论与方法[M].广东:广东教育出版社,2000.

[43] 田恒平.班主任理论与实务[M].北京:首都师范大学出版社,2007.

[44] 万玮.班主任兵法[M].修订版.上海:华东师范大学出版社,2009.

[45] 王怀玉.从班级到成长共同体:不一样的带班策略[M].上海:华东师范大学出版社,2019.

[46] 王晓春.做一个专业的班主任[M].上海:华东师范大学出版社,2008.

[47] 王一军,李伟平.班级活动设计与组织实施[M].北京:教育科学出版社,2007.

[48] 王鹰,等.班主任工作技能训练[M].北京:人民教育出版社,1995.

[49] 魏书生.班主任工作漫谈——献给青年班主任[M].桂林:漓江出版社,1993.

[50] 吴康宁.教育社会学[M].北京:人民教育出版社,2019.

[51] 吴康宁.课堂教学社会学[M].南京:南京师范大学出版社,1999.

[52] 吴立德.班级社会学概论[M].成都:四川大学出版社,1996.

[53] 吴明隆.班级经营:理论与实务[M].第4版.台北:五南图书出版公司,2017.

[54] 谢维和.教育活动的社会学分析:一种教育社会学的研究[M].北京:教育科学出版社,2007.

[55] 谢文全.教育行政学[M].第6版.台北:高等教育出版公司,2018.

293

[56] 熊华生.班级管理智慧案例精选[M].上海:华东师范大学出版社,2010.

[57] 徐长江,宋秋前.班级管理实务[M].北京:高等教育出版社,2010.

[58] 杨建华.班级管理学[M].西安:陕西师范大学出版社,2012.

[59] 杨颖秀,李宁.学校组织与管理[M].北京:高等教育出版社,2016.

[60] 余保华.学校课堂中教育机会平等的文化分析[M].北京:教育科学出版社,2012.

[61] 张春心.教育心理学[M].杭州:浙江教育出版社,1998.

[62] 张民杰.班主任工作理论与实务[M].上海:华东师范大学出版社,2008.

[63] 张民杰.班级经营:学说与案例应用[M].第3版.台北:高等教育出版公司,2011.

[64] 张万祥.给年轻班主任的建议[M].上海:华东师范大学出版社,2006.

[65] 张作岭,宋立华.班级管理[M].北京:清华大学出版社,2014.

[66] 郅庭瑾.教育管理的伦理向度[M].北京:教育科学出版社,2015.

[67] 钟启泉.班级管理论[M].上海:上海教育出版社,20018.

[68] 周晓静.中学班主任[M].南京:南京师范大学出版社,2008.

[69] 诸东涛,周龙军.班主任工作理论与实务[M].北京:首都师范大学出版社,2013.

索　引

表索引

图索引

案例索引

推荐阅读索引